조선시대 석가산 연구
― 문헌 연구와 복원계획을 중심으로 ―

조선시대 석가산 연구

― 문헌 연구와 복원계획을 중심으로 ―

2008년 4월 21일 초판 1쇄 인쇄
2008년 4월 28일 초판 1쇄 발행

책임저자 | 박경자
펴낸이 | 권혁재
책임편집 | 선시현

펴낸곳 | 학연문화사
등록 | 1988년 2월 26일 제-501호
주소 | 서울특별시 금천구 가산동 371-28 우림라이온스밸리 B동 712호
전화 | 02-2026-0541~4
팩스 | 02-2026-0547
이메일 | hak7891@chol.com
홈페이지 | www.hakyoun.co.kr

ISBN 978-89-5508-150-3 93600

저자와의 협의에 따라 인지를 생략합니다.
잘못된 책은 바꾸어 드립니다.

조선시대
석가산 연구

― 문헌 연구와 복원계획을 중심으로 ―

● 책임저자 _ **박경자**

학연문화사

머 리 말

본 연구에서는 조선시대 석가산의 원형 복원을 목적으로 『한국문집총간』을 중심으로 석가산, 괴석, 목가산, 옥가산의 가산기를 조사 번역했고, 국내와 중국, 일본의 국외 유적·유물 조사답사를 수행했으며, 자료분석 연구결과 가산에 대한 세 가지 유형의 복원도를 작성했다.

산수는 경관의 중국어 표현이며 동양에서 경관의 주체가 된다. 옛 조상들은 아름다운 대자연의 산수 승경을 본떠서 자신의 집 마당 정원에 석가산과 연못을 만들어 대자연을 대신하여 즐겼던 것이다. 석가산 조영의 기본은 연못을 파서 물을 끌어오고, 돌을 쌓아 가산假山을 만드는 것이다.

문헌 연구에 의해서 석가산의 조영 배경, 입지, 규모, 형상과 샘물, 연못, 폭포, 간수澗水, 입수, 물고기 서식 등의 물 처리 기법과 골짜기, 봉우리, 골목, 동굴, 절벽 등을 만드는 가산 기법과 건물조영 그리고 화초, 숲 등 식재 등의 조영 기법 등을 규명할 수 있다.

또한 국내, 국외의 유적·유물 조사답사에 의해서 가산의 실체와 조영 기법 등 조영양식을 확인할 수 있다.

본 연구는 한국 학술진흥재단의 지원을 받아서 1년간(2005. 12~2006. 11) 수행했으며, 본 연구 수행과정에서 한문 감수를 맡아 주신 온지학당의 일평 조남권

선생님께 깊은 감사를 드리고, 석가산 연구에 계속적인 자문과 협조를 해 주신 서울대학교 이종묵 교수님과 본 책의 상당 부분을 차지하는 가산기 번역의 교열과 평설, 다수의 추가자료 번역을 맡은 서울대학교의 장유승 군에게 감사드리고 섬세한 표현으로 복원도를 작성해 주신 김영택 선생님과 참여 연구진의 협조에 감사드린다. 끝으로 이 책의 출판을 기꺼이 해 주신 학연문화사의 권혁재 사장님께도 감사드린다.

2008. 4
책임연구원 박경자

차 례

제1편 석가산 조영 연구

제1장 | 서 론 • 11

제2장 | 석가산 조영 역사 • 13

    1. 중국 • 13

    2. 일본 • 13

    3. 한국 • 14

제3장 | 문헌 연구 • 16

    1. 대상문헌 양식별 분류 • 16

    2. 조영 배경 및 사상적 배경 • 16

    3. 조영 기법 • 24

제4장 | 유적·유물 조사 • 59

    1. 국외 유적 조사 • 59

    2. 국내 유적 조사 • 84

제5장 ｜ 복원도 • 87
  1. 채수 석가산 복원도 • 87
  2. 담양 서하당 석가산 복원도 • 89
  3. 옥가산 복원도 • 93
제6장 ｜ 결론 및 제안 • 95

제2편 문헌 속에 나타난 가산

제1장 ｜ 개　괄 • 101
제2장 ｜ 조선 초기 • 109
제3장 ｜ 조선 중기 • 156
제4장 ｜ 조선 후기 • 185
제5장 ｜ 목가산 • 225
제6장 ｜ 옥가산 • 272
제7장 ｜ 괴　석 • 276
제8장 ｜ 중국 관련 문헌 • 339
  ▪ 인명 찾아보기 • 356
  ▪ 일반 찾아보기 • 359

본문에 삽입된 그림 목록

그림 1 | 중국 당대 귀족주택 명기

그림 2 | 중국 서안 당묘 출토 석가산

그림 3 | 중국 호남성 황학루 석가산

그림 4 | 중국 형주荊州 박물관 석가산

그림 5 | 간악평면설상도

그림 6 | 중국 강남 소주蘇州 원림 석가산

그림 7 | 중국 청대 옥가산(미국 스탠포드대학 박물관 소장)

그림 8 | 도인東院정원(나라시, 나라시대)

그림 9 | 도인정원(나라시, 나라시대)

그림 10 | 다이센인大仙院정원(교토시, 무로마치시대)

그림 11 | 니조성 니노마루(교토시, 모모야마시대)

그림 12 | 무기연당 석가산(경남 함안)

그림 13 | 윤증 고택 석가산(충남 논산)

그림 14 | 정여창 고택 석가산(경남 함양)

그림 15 | 채수 석가산 복원도

그림 16 | 서하당 석가산 복원도

그림 17 | 옥가산 복원도

제1편

석가산 조영 연구

제1장

서 론

'가산假山'은 동양에서 정원을 만들 때 산악을 본뜬 조경물을 설치한 데서 비롯되었다. 대개 크고 작은 못이나 하천을 만들 때 파낸 흙을 처리하기 위해 산을 쌓거나, 또 땅의 기운이 허虛한 곳에 지기地氣를 보강하기 위해 인공의 산을 만들기도 하였는데, 이와 같이 인공으로 만든 산이 바로 '가산'인 것이다.

가산에는 석가산石假山, 목가산木假山, 옥가산玉假山과 그 밖에 괴석이 있다. 가산의 대부분은 돌로 만든 석가산이고, 나무뿌리가 서로 얽히고 설켜서 마치 산처럼 생긴 것을 가져다 정원 또는 실내에 설치하는 것을 목가산이라고 한다. 재료가 썩는 '나무'이기 때문에 돌로 쌓은 석가산에 비해 오늘날 전해지는 수효가 많지 않다. 옥가산은 실내의 사랑방 문갑 위에 옥으로 가산을 만들어 벼루와 함께 비치했던 연적이다. 괴이한 돌을 완상玩賞했던 괴석도 있다.

중국과 일본의 유적과 기록 등을 통해서 한국에서도 예로부터 석가산이 조영造營되었을 것으로 추정되었지만, 구체적으로 어느 시대부터 어떠한 조영을 해왔는지 알 수 없었다. 석가산 연구나 특히 구체적인 기록과 유적에 대한 연구가 없는 상황에서 석가산의 원형原形 추정은 어려운 문제로 남아있었다.

이러한 상황에서 석가산의 원형 추정을 목적으로 본 연구에서는 조선시대 문집을 대상으로 하여 문헌 조사연구와 중국, 일본의 국외 유적과 국내의 유적 조사 연구를 병행함으로써 분석결과에 의해서 석가산 복원을 위한 세 가지 유형의 복원도를 만들어 제시하고자 한다.

산수는 경관의 중국어 표현이며 동양에서 경관의 주체가 된다. 본 연구를 계기로 해서 연못 등의 수공간과 함께 한국 전통조경 공간의 핵심적 구성요소였던 석가산의 원형을 복원하여 우리의 전통경관을 반드시 원래의 모습으로 복원시켜야 할 것이다.

제 2 장

석가산 조영 역사

1. 중국

현존 유물 중 가장 오래된 것은 서안西安시 서쪽 교외의 당묘唐墓에서 출토된 당唐대의 석가산이다. 문헌상으로 송宋 이격비李格非의 『낙양명원기洛陽名園記』에는 당의 동도東都인 낙양의 명원에 있는 석가산 기록이 있고, 송 『간악기艮岳記』에는 휘종徽宗 정화政和 7년(1117년), 평지에 만세산萬歲山을 만들기 시작하여 어원御苑의 주요한 경관으로 삼았는데, 수도 개봉開封(당시에는 동경東京)에 위치하며 가산의 형태, 축조방법 등이 상세히 기록되어 있다. 남송 이후 원, 명, 청대에 강소성과 절강성의 강남지역에 활발히 조성된 문인들의 사가私家원림에는 연못 주변에 조성된 석가산이 유명하며 중국 강남 원림의 석가산은 태호석太湖石으로 구성되어 있다.

중국에는 가산 관련 유적과 기록이 풍부하며 현재 상당수 전해지고 있다.

2. 일본

중국과 한국에서는 석가산이라 부르지만 일본에서는 축산이라고 한다. 나라시대 도인東園정원의 축산은 발굴결과에 근거하여 복원된 것으로 일본 고대의 축산 즉 석가산이며 그 조영양식을 확실히 알 수 있다. 헤이안平安시대, 무로마치室町시대, 모모야마桃山시대 그 이후에도 정원 안에 축산 유적이 잘 보전되어 있어서 일본 축산 조영양식을 확실히 규명할 수 있고, 현재 축산에 대한 상세한 기록도 상당수 남아있다.

3. 한국

문헌상 원림에 가산이 등장한 것은 고려 중엽이다. 『고려사절요』에 의하면 내시 윤언문尹彦文이 괴석을 모아 수창궁壽昌宮 북원北園에 가산을 쌓고, 그 곁에 만수정萬壽亭이라 이름 지은 조그마한 정자를 세우고 황색 비단으로 벽을 덮어, 극도의 사치가 사람의 눈을 황홀하게 하였다고 한다. 그 후 문헌에 가산에 대한 것이 보이지 않다가 조선 초기 안평대군安平大君이 인왕산 북쪽 넓은 골짜기 깊숙한 곳에 조선 후기 무계동武溪洞이라 불리던 곳에 지었던 비해당匪懈堂에 가산을 만들었다. 비해당 바깥에 여러 종의 수목을 식재하고 뜰에는 온갖 화초를 다 갖추었으며 외국의 기이한 것들도 가져다 놓았다. 유리석琉璃石, 거거분[玉車玉渠盆] 등 기이한 물품도 두었으며 이끼 낀 괴석도 여러 곳에 있었다.

15세기 성임成任(1421~1484)은 인왕산 기슭에 위치한 아름다운 집안에 인공의 산을 꾸몄다. 서거정의 「가산기假山記」에 의하면 성임의 원림은 바깥으로 숲과 대나무가 둘러쳐 있고 그 안쪽에 아름다운 화초가 있으며, 그 뒤편 빈터에 금양의 바위를 가져다가 가산을 만들었다.

이종묵李鍾黙[1] 교수에 의하면, 벗 성현과 힘께 성임의 집을 출입하였고 또 석가산을 두고 「석가산폭포기石假山瀑布記」를 쓴 채수蔡壽(1449~1515)도 성임의 가산을 본며 가산을 만들었다. 채수의 석가산은 규모도 크고 화려했고 조영술이 뛰어났으며, 성임의 석가산과 함께 조선시대 석가산을 대표하는 조선 초기의 석가산이다.

조선 중기 석가산은 향리로 물러난 사족들의 원림으로 확산되었다. 『산림경제山林經濟』와 『임원십육지林園十六志』에 못가에 석가산 만드는 방법이 기록되어 있어 조선 후기에는 석가산이 일반화되었을 것으로 추정된다. 이에 따르면 재질이 부드러운 돌을 가져다가 쪼아서 괴석을 만들어 쌓고, 단풍나무, 소나무, 오죽, 진달래, 철쭉, 석죽, 흰나리꽃, 범부채꽃 등을 심으며 못가에는 여뀌를 심는다. 또 가산 뒤쪽에 큰 옹기를 두어 물을 저장하고 대나무 홈통을 이용하여 물을 끌어와 가산 꼭대기에서 못으로 떨어지는 폭포를 만든다고 한다.

조선 중기 이후에는 간편한 목가산이 문인의 사랑을 받았다.

조선 후기에는 석가산을 만들 능력이 떨어지는 사람들 사이에서 괴석을 완상했다는 기록이 많이 남아있다.

옥으로 산 모양을 만든 화려한 옥가산도 등장하여 연적으로 사용되었다.

조선시대 석가산은 전기에는 규모도 크고 화려하고 아름다웠으나, 후기에는 비쩍 마르고 날카롭고 괴상망측한 형상이 특징이다.

---

1 이종묵, 「집안으로 끌어들인 자연—조선시대의 假山」, 『한국한문학 연구의 새 지평』, 소명출판사, 2005.

제 3 장

문헌 연구

1. 대상문헌 양식별 분류

| 표 1 | 대상문헌 양식별 분류

양식	석가산	목가산	옥가산	괴석	중국
문헌수	65건 (조선 초기 19건, 조선 중기 24건, 조선 후기 22건)	23건	2건	40건	3건

(총 133 건)

2. 조영 배경 및 사상적 배경

가. 조영 배경

석가산이 생겨난 배경을 보면, 먼저 중국 남조南朝 송나라 때 종병宗炳(375~443)의 '와유臥遊¹' 고사를 말하지 않을 수 없다. 그는 학문과 식견을 갖추었으면서도

---

1 와유臥遊 : 직접 산수山水를 노닐지 않고 누워서 그림의 경치를 보고 즐기는 것을 말한다.

일생토록 벼슬살이를 즐겨하지 않았다. 여러 산을 두루 유람하였으며 말년에는 집안에 온갖 산수를 그려놓고 '와유의 흥'을 즐긴 것으로 유명하다. 그는 자신이 한 번 다녀온 곳은 반드시 그림으로 그려 집안에 붙여놓았다고 한다.[2] 이와 관련하여 조선 후기 문인 서파西坡 오도일吳道一(1645~1703)의 「석가산 주인에게 써서 주다書與石假山主人」라는 시 한 수를 소개하면 다음과 같다.

　　何年五嶽落中庭　　어느 해에 오악이 뜰 안으로 떨어졌는가
　　枕席尋常蒼翠生　　잠자리에서도 싱싱한 푸르름이 예사로 생겨나네.
　　若使少文逢此境　　만약 종소문이 이 경개를 만난다면
　　畵工應不費經營　　응당 화공을 경영할 필요가 없으리라.

석가산은 한마디로 자연을 집안에 끌어들이려는 데서 비롯되었다고 본다. 이런 의미에서 이종묵 교수가 가산을 '집안으로 끌어들인 자연'이라고 표현한 것은 적절하다고 할 것이다.

동양의 산수화는 와유지계臥遊之計와 밀접한 관계가 있다. 다만, 그림을 통한 '와유의 흥'은 한계가 있을 수밖에 없다. 모든 것이 '마음心'에 달렸다고는 하지만, 실경實景이 아닌 '그림'이라는 데서 오는 한계는 자재自在하는 것이다. 그래서 자연을 집안으로 끌어들이려는 생각이 나오게 되는 것이다. 강희맹姜希孟의 「가산찬假山讚」, 이승소李承召(1422~1488)의 「석가산시서石假山詩序」, 채수의 「석가산폭포기」 일부는 이를 잘 대변하고 있다.

---

2 『南史』 권75, 「列傳―隱逸上」, 〈宗少文〉 참조.

나. 조선시대 '가산' 경영經營의 경전적 근거

1) '인자요산仁者樂山'-『논어論語』[3]

어진 이는 산을 좋아한다는 논어의 구절이며 석가산 만들기를 좋아했던 선비들의 의식 배경이라고 할 수 있다.

2) '今夫山, 一拳石之多'-『중용中庸』[4]

오도일(1645~1703)이 당시 조백흥曹伯興의 집에 있는 가산을 보고「조씨석가산기曹氏石假山記」를 지었다.

여기 있는 이 가산은 기이奇異하고 고고高古하며 험하고 괴이한 자태인데, 산은 모두 돌을 모아 이룬 것으로 하나의 돌이 바탕이 되어 이 큰 가산을 이룰 수 있기 때문에 하나의 본질이 매우 주요하고도 진짜이면, 이 가산 또한 진짜라는 것이다. 다만 자연적 산과 가산이 다른 것은 그 만든 주체가 하늘과 사람이라는 점에서 다르지만, 그 완성의 의미에 있어서는 결국 같은 것이라고 한다. 그러면서 오도일은 여기 이 가산이 완성된 연유와 같이 인간이 성인의 경지에 나아가는 즉 존심양성存心養性의 길 또한 같은 것이라고 하고 이에 대한 경전적 근거로서 그는『중용』26장의 '이제 그 산은 한 자잘한 돌이 많이 모인 것인데 그 광대廣大함에 미쳐서는 초목草木이 자라고 날짐승과 길짐승이 감추어져 있다.[今夫山, 一拳石之多, 及其廣大, 草木生之, 禽獸居之]'에서 찾고 있다.

---

[3]『論語』·「雍也」, "子曰, 知者樂水, 仁者樂山, 知者動, 仁者靜, 知者樂, 仁者壽."
[4]『中庸』26장, 원문, "今夫山, 一拳石之多, 及其廣大, 草木生之, 禽獸居之, 寶藏興焉. 今夫水, 一勺之多, 及其不測, 黿鼉蛟龍魚鱉生焉, 貨財殖焉."

3) 제물적齊物的 관점 – 『장자莊子』[5]

장자莊子가 주장한 바 있는 '만물제일萬物齊一'의 제물론齊物論적 삶의 이치를 터득한 경지이다.

수산修山 이종휘李種徽(1731~1797)는 자신의 평소 깊이 근심하는 병으로 마음 둘 곳이 없어 분지盆池 안에 돌 두 개를 놓았는데, 그 돌 두 개 중의 한 돌이 봉우리가 둘이었기 때문에 세 봉우리의 기세가 자못 기이하게 빼어나 높직한 모습을 드러내고 있었다.[6] 그는 이 세 봉우리를 바라보면서 「분지소석기盆池小石記」를 지었는데, '통달한 사람은 한결같이 보는 것이다. 내 비록 통달한 사람이 되기엔 부족하지만, 그 원하는 바는 스스로를 중히 여기고 외물을 가벼이 보며, 욕심을 줄여서 구하는 바를 쉽게 하는 것이니, 응당 분지의 작은 돌을 보면서부터 시작되었다. 이것을 기記로 삼는다'[7]고 하여, 장자의 제물론에 입각하여 작은 분지를 만들어 소석을 두고 가산을 만든 의미를 부여하며 자신 일상생활의 성찰처省察處로 삼아 경계하였던 것이다.

해좌海左 정범조丁範祖(1723~1801)의 「석가산기石假山記」에는 '대저 사물은 진실로 크고 작음이 있지만, 나의 관점이 사물로 인하여 국한되지 않는다면 곧 큰 것이라도 처음부터 그 크게 된 것을 보지 않고, 작은 것이라도 처음부터 그 작게 된 것을 보지 않는다. 그러므로 사물의 크고 작은 것에 정해진 것이 없으니, 사물의 밖에서 보는 자가 아니라면 능히 할 수 없는 것[8]이라'고 하였다. 여기서의 '사물의

---

5 「제물론」의 萬物齊同 사상 – 『莊子』의 內篇 7편 중의 제2편, 만물을 齊一하게 보는 이론으로서 '모든 만물은 하나이고 평등하다'는 관점에서 사물을 보는 관점이다. 선과 악, 미와 추, 나와 너 등의 차별은 무의미하며 모든 사물을 차별하지 않는 절대적 평등의 관점에서 바라보는 것이다.
6 『修山集』, "余嘗有幽憂之病, 無所寓意, 爲置二石盆池中, 其一雙峙, 有三峰之勢, 頗奇峭偃塞. 巖罅小松三二株, 石竹間之, 又被以苔蘚, 蒼潤可愛. 空其底, 爲數穴, 小魚十數尾潛其中, 時出游萍藻之間, 噞喁撥刺, 往來翕忽, 如有江湖之趣, 觀者稱奇."
7 『修山集』, "是以, 達人一視, 余雖不足爲達人, 其所願者, 自重而輕物, 寡欲而易求, 當自觀小石始. 是爲記."
8 『海佐集』, "夫物固有大小, 而吾之觀不因物而局, 則大未始見其爲大, 小未始見其爲小, 而物之大小

밖에서 보는 자'는 앞서 이종휘가 말한 '통달한 자'에 속한다. 이런 면에서 이종휘의 가산에 대한 접근 방법과 정범조는 같은 궤도에 서 있는 것으로 모두 장자의 제물론에 근거하고 있음을 알 수 있다.

다. 사상적 배경

사상적 배경으로는 우선 신선사상 내지 노장사상老莊思想, 더 나아가 종교로서의 도교사상을 들지 않을 수 없다.

순수한 유가적 입장에서 석가산을 만들거나 석가산을 주제로 한 문학 작품을 남긴 경우는 매우 드물다. 촌은村隱 유희경劉希慶(1545~1636)의 시 「지가운의 석가산에 붙이다[題池駕雲石假山]」는 석가산과 도교사상의 관계를 엿볼 수 있게 하는 자료이다.

용재慵齋 성현成俔의 「석가산부石假山賦」는 우리나라 한문학 작품 가운데 석가산을 도교사상 내지 신선사상과 관련시켜 서술한 작품으로 손꼽힌다. 『노자』 제45장에서는 "큰 솜씨는 서투른 것 같다[大巧若拙]"고 하였다. 위의 '부'에서 말한 경지에 이르면 '인공의 산'이라는 것이 문제될 수 없고 또 졸렬한 것이 문제될 수 없는 것이다.

한편, 삼탄三灘 이승소李承召의 「석가산」[9] 부는 분량은 성현의 것에 훨씬 미치지 못하지만 처음부터 끝까지 신선사상 내지 도교사상에 연결시켜 석가산을 읊었다.

신선사상과 관련된 문장을 예시해 보면 다음과 같다.

無定. 非觀於物之外者, 弗能焉."
[9] 『삼탄집』 권9, 「石假山」.

- 「지가운池駕雲의 석가산에 붙이다[題池駕雲石假山]」[10]

我見君家石假山	내가 자네 집의 석가산을 보건대
層巒競出白雲間	층층 봉우리가 흰 구름 사이에 솟아 있네.
從今若遇安期子	이제 만일 안기자를 만난다면
共入烟霞學鍊丹	안개 속에 함께 들어가 연단술 배우리.

- 「가산의 안개[假山烟嵐]」[11]

一點羅浮忽眼前　한 점의 나부산이 홀연히 눈앞에 나타났구나.

- 「사십팔영갱운응제[四十八詠賡韻應製]」[12]

김일손은 석가산을 삼신산三神山과 도화원桃花源에 비겨 신비롭게 묘사하였다.

- 「석가산石假山」[13]

飛上太淸謁虛皇	태청太淸으로 날아 올라 허황虛皇을 알현하고
玉堂金殿長周旋	옥당玉堂과 금전金殿에서 오래 활약하였네.
……	
歷遍雄州與名都	큰 고을과 이름난 도시 두루 거치고
靈山福地探幽玄	그윽한 영산靈山과 복지福地를 찾아다녔네.
麻姑仙子喜相迎	마고선녀麻姑仙女가 기뻐하며 맞이하니

---

10 유희경劉希慶, 『촌은집村隱集』 권1.
11 최항崔恒, 『태허정집太虛亭集』 권1.
12 김일손金馹孫, 『탁영집濯纓集』 속집續集 상上.
13 이승소李承召, 『삼탄집三灘集』 권11.

- 「최태보의 집에 석가산 세 개가 있는데, 봉우리와 골짜기가 영롱하여 아름다웠다[崔台甫家有石假山, 三朶峯巒, 洞穴玲瓏, 可愛也. 欲易其一, 置之書室傍. 僕之家, 無一物可相直者, 姑用東坡壺中九華韻呈台甫]」[14]

君家曾眄碧三峯　　그대 집에서 일찍이 푸른 봉우리 세 개를 보니
塵土襟懷忽已空　　속세에 물든 마음 홀연히 사라졌다네.
萬里仇池來脚底　　만 리 떨어진 구지가 다리 밑으로 오고
千尋圓嶠列庭中　　천 길 높이의 원교가 뜰에 늘어섰구나.

- 「가산연람假山煙嵐(가산의 안개)」[15]

三山嵐翠落賓筵　　삼산의 푸른 안개는 손님 자리에 내려앉네.

- 「서하당棲霞堂 성산에 있다[在星山]」[16]

方丈三韓外　　삼한 밖에 있는 방장산
奇峯千萬重　　기이한 봉우리 천만 겹이라네.
波衝餘瘦骨　　파도에 부딪혀서 골격이 수척해졌으니
來對古仙翁　　옛 선옹을 마주한 것 같네.

- 「송이율의 시에 차운하다 2수. 이율이 일찍이 가산을 쌓았다[次宋而栗韻二首 而栗嘗築假山]」[17]

仙居縹緲碧溪潯　　아득한 신선 세상이 푸른 시냇가에 있어

---

14 김종직金宗直, 『점필재집佔畢齋集』 권16.
15 채수蔡壽, 『나재집懶齋集』 권2.
16 임억령林億齡, 『석천선생시집石川先生詩集』 권4.
17 김응조金應祖, 『학사집鶴沙集』 권1.

■「조씨의 석가산기문[曹氏石假山記]」[18]

'집안을 벗어나지 않고도 아득히 천리 밖에 있는 방장산을 생각나게 하니, 참으로 기이한 구경거리이다.'

■「조석우 백흥의 석가산에 쓰다[題曹錫禹伯興石假山]」[19]

人道蓬壺在海濱	사람들은 봉래산이 바다에 있다 하는데
誰將秀色箇中分	누가 그 속에서 빼어난 모습 분별할까.
……	
高枕僊遊摠讓君	편히 누워 신선놀음 하는 것을 모두 그대에게 양보하노라.

■「청주 김첨지를 애도하며[輓淸州金僉知]」[20]

人間聞有小蓬萊	인간에는 소봉래 있다는 말 들었는데
此老前身上界來	이 늙은이 전신은 상계에서 왔으리라.

■「석가산기石假山記」[21]

'담장 안에는 삼신산이 아스라이 솟아 있었는데.'

■「단산丹山(=丹陽) 원님에게 보내어 산개山芥, 해청海靑, 괴석怪石을 청하다[投丹山守, 乞山芥海靑怪石]」[22]

---

18 오도일吳道一, 『서파집西坡集』 권17.
19 오도일吳道一, 『서파집西坡集』 권8.
20 신광수申光洙, 『석북집石北集』 권8.
21 오달운吳達運, 『해금집海錦集』 권2.
22 박상朴祥, 『눌재집訥齋集』 권4.

汨沒湖塵今幾年	속세에 골몰한 지 이제 몇 해나 되었는가
蓬萊何處訪群仙	어느 곳에서 봉래산의 신선들을 찾으리오.
倩君一片沈沙石	그대에게서 모래 속에 파묻힌 한 조각 돌을 빌려오니
玄圃閶風轉眼邊	현포玄圃 낭풍閶風을 눈 앞에 옮겨온 듯하네.

■ 「침향 괴석沉香怪石」[23]

| 葛洪如可遇 | 갈홍 같은 신선을 만날 수 있다면 |
| 留與鍊金丹 | 머물러 함께 금단을 만들리라. |

■ 「목가산기木假山記」[24]

'마침내 세 개의 목가산을 얻었다. 하나만 있어도 이미 기이한데, 두 개, 세 개에 이르렀으니 더욱 기이하였다. 마침내 삼신산의 이름을 따서 이름을 지었다.'

3. 조영 기법

가. 대표적인 문장

조선시대에 석가산 조영에 관한 대표적인 문장은 15세기와 16세기에 걸쳐서 조영된 성임과 채수의 석가산기를 들 수 있다. 이 문장들에는 석가산 조영에 관한 규모, 형상, 샘물, 연못, 폭포, 간수澗水, 입수, 물고기 서식 등의 물처리 기법, 골짜

---

23 유희경劉希慶, 『촌은집村隱集』 권1.
24 김약련金若鍊, 『두암집斗庵集』.

기, 봉우리, 골목, 동굴, 절벽 등을 만드는 가산 기법, 건물 조영과 화초, 숲 등 식재 등이 상세히 표현되어 있다.

1) 성임의 석가산

성임의 가산은 높이가 한 길, 밑둥이 몇 아름이나 되는 규모가 매우 커다란 것이었다. 봉우리, 고갯마루, 골짜기와 산기슭의 모습이 모두 갖추어져 있었으며, 물을 부어 폭포와 급류, 연못을 만들었다. 마치 중국의 이름난 산수를 축소하여 집안에 들여놓은 듯하다고 하였다. 이종묵 교수의 연구에 따르면, 성임은 인왕산 물길이 내려오는 언덕 아래, 자신이 거처하는 정자 뒤쪽 적당한 위치에 가산을 놓아 물줄기를 가산으로 끌어 폭포와 개울을 만들 수 있었을 것으로 추정된다.

'정원의 주위는 무성한 대나무 숲과 기이한 화초로 둘러싸여 있는데 모두 빼어난 경치였다. 또 금양衿陽에서 기이한 바위를 얻었는데, 이빨이 나고 뿔이 돋아 좀먹은 것 같기도 하고 물어뜯은 것 같기도 한 기괴한 모습이 참으로 귀신이 잘라 놓은 것 같았다. 이것을 캐다가 뜰에 가산을 만들었는데, 이 또한 기이하여 감상할만 하였다.

나는 예전에 가서 본 적이 있다. 그 산의 높이는 한 길이 넘고 그 밑둥 또한 몇 아름이나 되었다. 산의 기세는 좌우로 이어지면서 뾰족한 것은 봉우리가 되고, 뭉툭한 것은 고갯마루가 되며, 오목한 것은 골짜기가 되고, 빽빽한 것은 산기슭이 되었다. 잠깐 꺼졌다가는 다시 솟아나면서 푸른빛과 흰빛이 감도는데 그 모습이 한 가지가 아니었다. 또 물을 부어 폭포와 급류, 연못을 만들었다. 연못의 깊이와 너비는 몇 자 되지 않지만, 물이 맑고 모래가 희어 머리카락도 찾을 수 있을 정도였다. 아! 산이 우뚝하고 물이 넘실거리니 몇 발짝 내딛지 않더라도 형산衡山과 여산廬山, 태산泰山과 화산華山, 동정호洞庭湖와 팽려호彭蠡湖의 승경이 하나하나 그 자태를 드러낸다.'[25]

---

25 「가산기假山記」, 서거정徐居正, 『사가집四佳集』「문집文集」권1.

또한 강희맹은 석가산의 정교한 모습에 감탄하며 석가산의 모습을 형용한 찬讚을 지었다.

'나의 벗 창녕昌寧 성중경成重卿(成任) 씨가 집 뒤의 빈 땅에다 돌을 쌓아 산을 만들었는데 그 높이는 겨우 한 길이었다. 그 뒤에 항아리를 두어 맑은 샘물을 담고, 그 항아리 배에 구멍을 뚫어 산허리로 통하도록 하였다. 가느다란 물줄기가 졸졸 흐르다가 떨어지면 거센 폭포가 되고 다시 흘러 평지를 이루는데, 거기에 소나무와 대나무, 여러 가지 꽃을 심으니, 푸르고 울창하여 숲을 이루었다. 아침저녁으로 바라보면 봉우리들이 우뚝 솟아 중앙의 산에게 절을 하는 듯하고, 골짜기들이 깊고 그윽하여 동부洞府를 이루고 있다. 비스듬한 봉우리들과 가로지른 고개들이 보는 방향마다 모양이 다른 것이 마치 삼산三山과 오악五嶽이 모여 한 덩어리를 이룬 것 같았다. 물이 부딪쳐 튀어 오르면 성난 파도와 몰아치는 바람결에 구슬 같은 물방울이 흩어지는 듯하고, 마치 황하의 물이 용문龍門에 부딪쳐 산과 계곡을 우레처럼 뒤흔드는 것 같았다. 그러다가 물이 조용히 흐르면 맑고 깊고 고요하고 넓어서 마치 동정호洞庭湖와 팽려호彭蠡湖가 해와 달을 삼켰다가 뱉어내는 것과 같아, 내가 생각하는 대로 제각기 참된 형상을 드러내니 진실로 기이한 것이었다.'[26]

拳石之多	주먹만한 돌멩이가 많으면
累爲恒岱	쌓여서 항산과 대산이 되고
勺水之多	한 잔의 물이 많으면
瀚爲江海	모여서 강과 바다가 된다네.
撑天浸地	하늘을 떠받치는 산과 대지를 삼키는 바다가
汪洋巍嵬	넓디넓고 높고 험한데
高不可凌	높아서 올라가지 못하고
深不可測	깊어서 헤아릴 수 없다네.

---

26 「가산찬假山讚」, 강희맹姜希孟, 『사숙재집私淑齋集』 권5.

愚公移之	우공이 산을 옮길 때
竭其神力	정신과 근력을 다하였고
精衛啣石	정위는 돌을 입에 물었지만
竟誰塡塞	끝내 누가 메웠던가.
孰能轉徙	누가 이것을 옮겨다가
納我門闥	우리 집 뜰에 들여 놓았나.
博雅成公	박식하고 단아한 성공이
默存爲德	말없이 간직함을 덕으로 삼았네.
闢開山河	산하를 쪼개고 여는 것은
巨靈爲則	거령을 본보기로 삼았고
縮大爲小	큰 것을 축소하여 작게 만든 것은
神仙是式	신선을 본받은 것이지.
有水其洋	물줄기는 넘실넘실거리고
有山其嶡	묏부리는 높고도 높도다.
蘚紋蒸潤	이끼 무늬 윤택하니
浮爲黛色	검푸른빛이 떠오르고
灘瀨淙潏	여울물 흐르는 소리
揚而復抑	드높다가 다시 가라앉지.
煙朝月夕	안개 낀 아침과 달 뜨는 저녁에
氣像千億	모습이 천만 가지로 달라지니
馳我神遊	내 정신을 달려서 노닐며
橫際八極	팔방의 끝까지 가로질렀네.
釋云須彌	석가는 말하였지, 수미산을
納于芥子	겨자씨 속에 넣을 수 있다고

莊言澤中	장자는 말하였지, 연못 속에
山可藏只	산을 숨길 수 있다고.
神變無窮	신묘한 변화가 무궁하니
孰究其理	누가 그 이치를 궁구하리오.
我思成公	내가 생각하기에 성공은
實同所以	실로 그와 같구나.
舒縮地脈	지맥을 폈다가 축소하여
幻成山水	산수를 만들어 내었네.
峨洋在眼	산과 바다가 눈앞에 있으니
咫尺萬里	지척이 곧 만 리와 같구나.
九仞一簣	아홉 길에 한 삼태기 흙조차
竟不吾止	끝내 내가 멈추지 않았기에
不騫不崩	부서지거나 무너지지 않았으니
百壽介祉	백년토록 큰 복을 누리겠네.

2) 채수의 석가산

終南山의 별장에 샘이 있는데 남쪽 담장 밖 돌 틈 바늘귀 같은 데서 샘물이 나온다. (샘물은) 달콤하고 향기로우며 차고 시원하다. 그래서 바로 마루 앞에 못을 파고 흐르는 샘물을 가두고는 연을 심었다. 괴석을 모아 그 못 가운데 가산을 만들고는 소나무, 삼나무, 회양목을 심되 늙고 왜소한 것을 골랐다. 또 샘물이 나오는 돌 틈 바늘귀만한 곳을 헤아리건대, 지면보다 석 자쯤 높았다. 땅속에서 잠류하도록 물을 이끌어 못에 이르게 하였는데, 동쪽으로는 대나무를 잘라 이리저리 굽혀서 연못 아래 묻어두고 물이 통 속으로 들어가게 하였다. 그리하여 가산의 위로 물이 세차게 올라갔다가 흘러서 폭포를 이루는데, 대개 두 단계로 연못에 떨어지니, 이미 샘이 담장 밖에 있는지는 알지 못하겠고, 또 물이 연못 아래 통속에서 나오는지를 알지 못하겠다. 홀연히 청류가 가산 위에서 솟아나는 것을 보게 되면, 모두들 경괴驚怪

함을 헤아릴 수 없었으니, 그 물이 곧장 가산에서 솟아나오는지 의아해 하였다.

고금에 산을 좋아하여 석가한 자가 많다. 비록 더러 폭포를 만들기도 하는데, 으레 모두 산 뒤쪽을 높이고 지면에서 물을 끌어올려 산 앞으로 흘러나오도록 폭포를 만들었다. 이로 말하자면 사면에 못물이 고리처럼 빙 둘렀는데, 폭포의 물은 청철淸澈하여 연못의 물이 혼탁한 것과는 다르다. 위로 산 정상에서 흘러나와 폭포가 되는데, 유달리 기이하고 절묘하여 그 옛 것을 생각해 보더라도 역시 이와 같은 것이 없으니, 작은 것을 통해서 큰 것을 깨닫고 쉬운 것을 통해서 어려운 것을 도모하는 것이다.

이 연못은 둘레가 겨우 몇 발이고 깊이도 겨우 몇 자이며, 산 높이는 다섯 자이고 둘레는 일곱 자이며, 폭포의 물줄기는 두 자 남짓하고 林木들은 네다섯 자이지만, '봉만추줄峰巒推崒', '동학요조洞壑窈窕', '비폭쟁류飛瀑爭流'라는 말을 방불케 하며, 큰 바다[溟渤]를 여러 길[數丈]의 땅에 감추고, 몇 자 되는 돌로 봉래蓬萊·영주산瀛洲山을 축소해 놓은 듯하니, 비록 정건鄭虔과 왕유王維가 정력을 專主하고 기교를 극하였다 하더라도 그 만분의 일도 나타내지 못하였을 것이다.

…… 이 샘은 이미 물맛이 달고 시원하여 우리 집과 이웃에서 아침저녁으로 모두 길어다 먹고 있으니 입에 맞다고 할 수 있으리라. 또 괴석과 소나무, 회나무가 있는 사이를 흘러 곧장 아래로 떨어지는 것이 여러 자인데, 마치 한 줄기인 양 선명하다. 경계가 가파르며 푸릇푸릇한 산봉우리가 낮밤으로 처다보아도 싫증나지 않으니, 눈에 든다고 할 수 있을 것이다. 또 고요한 밤 잠 못들 때 베개를 돋우고 그 소리를 들으면 瑲瑲王郎 王郎함이 마치 공후를 타는 소리와 같으니 귀에 맞는다고 할 수 있으리라.[27]

또한 성현이 채수가 만든 석가산의 모습을 형용한 시인 「기지耆之가 마루 앞에 물을 끌어와 못을 만들고, 못 가운데에는 가산을 만들었는데, 기이한 모습이 둘러싸고 있어 볼만 하였다. 나는 자준子俊, 숙강叔強과 함께 감상하였다[耆之軒前引流爲池, 池中設假山, 環奇可觀. 余與子俊, 叔強同賞]」에는

---

[27] 채수蔡壽, 「석가산폭포기石假山瀑布記」, 『나재집懶齋集』, 권2.

蔡侯天機精	채후는 천성이 정밀하여
所得悉臻玅	터득한 것이 모두 신묘한 경지에 이르렀네.
	……
胸中蘊方便	가슴속엔 지혜를 쌓아두어,
幻出千里嶠	천 리의 뾰족한 산 만들어 내었네.
崢嶸起峯巒	여러 봉우리들이 가파르게 일어나고,
呀豁分隧竅	온갖 골짜기 깊이 나뉘어 있네.
苔花半斑駁	이끼와 꽃이 서로 섞여 있고,
杉楊雜蘿蔦	소나무와 버들은 쑥과 메꽃에 섞여있네.
渴烏吐飛泉	갈오는 흩날리는 샘물을 토해내고,
晴雪散巖峭	눈발 그쳐 가파른 바위에 흩어지네.
隱隱有招提	멀리 아스라한 사찰이 있어
朱碧林間耀	붉고 푸른빛이 숲 사이에 빛나네.
騎驢人過橋	나귀 탄 사람이 다리를 지나는데,
僮後行荷篠	삼태기 맨 아이가 그 뒤를 따르네.
孤舟泝素波	쪽배는 흰 물결을 거슬러 가니,
人影相涵照	사람과 그림자가 서로 비추네.
鶴髮者誰子	저 백발 노인은 누구이길래,
依岸坐垂釣	언덕에 기대 앉아 낚시줄을 드리우는고.
秋毫偏累具	가을 터럭만한 것도 모두 갖추었으니
一一形容肖	하나하나 형상이 똑같구나.

3) 박진경朴晉慶의 「석가산설」

석가산의 형상, 크기, 배치, 석가산을 보고 느낀 감회 등이 잘 표현되었다.

'기기괴괴하여 가파르게 우뚝 솟았는데 봉우리도 있고 골짜기도 있고 동굴도 있고 암혈도 있다. 길이는 한 자를 넘지 않고 둘레도 몇 자 되지 않는다. 암벽은 가파르고 골짜기는 그윽한데 몇 자 되는 소나무 한그루가 벼랑에 자리 잡고 있으며, 얼룩덜룩한 이끼가 절벽에 붙어 있다. 그 커다랗고 육중한 모습이 承盤의 안을 벗어나지 않으니, 그 중후하고 흔들리지 않는 기상을 볼 수 있다. 가파르고 빼어난 형태가 눈길을 주는 가운데 있어, 비온 뒤 가만히 바라보는 뜻이 드러난다. 구름과 비를 일으키고 보배를 만드는 능력과, 놀랍고 경악할 만하며 기쁘고 슬퍼할 만한 모습을 모두 여기서 느낄 수 있다.

그 산봉우리가 우뚝 솟은 모습을 보면 나의 기상을 우뚝 세울 수 있고, 그 모서리가 날카롭고 깎아지른 것을 보면 내 마음을 단단히 할 수 있다. 견고하게 확립된 것은 내가 덕을 바탕으로 삼은 것이요, 우뚝 솟은 것은 내가 인을 쌓은 것이다. 돌을 가지고 산을 보며, 산을 가지고 사람을 관찰하니, 형체는 비록 뭉툭하지만 본받을 점이 많다.'[28]

나. 입지

문헌 연구에 의하면 정원에 석가산, 괴석, 목가산, 옥가산을 조영했던 곳은 서울의 인왕산, 남산, 동대문, 장암산藏巖山, 명례동明禮洞, 승정원과 평양 감영, 함경도 회령會寧, 개성, 충청도 수운정, 남원 지역, 개성의 남산南山 아래 대활동大闊洞, 경상북도 영풍군 등으로 나타나있다.

「가산연람假山烟嵐」[29]은 조선 초기 안평대군이 인왕산 북쪽 골짜기에 지었던 비

---

28 「석가산설石假山說」, 박진경朴晉慶, 『와유당문집臥遊堂文集』.
29 최항崔恒, 『태허정집太虛亭集』 권1.

해당匪懈堂에 있는 가산의 기록이며, 「석가산시서石假山詩序」[30]는 서산西山(仁王山) 끝자락 높은 언덕에 위치한 성공成公(成任)의 집에 있는 석가산을 기록했고, 「최도인 석가산명 병서崔道人石假山銘 幷序」[31]에는 최도인의 석가산이 저잣거리에 있는 그의 집 정원에 있다고 했다.

「석가산이 있는 성응聖凝의 집에서 공보共甫·백순伯純과 함께 짓다石假山聖凝宅, 與共甫·伯純, 共賦」[32]에는 심상정沈尙鼎이 좋은 땅으로 이름난 남산에 집을 지었으며, 소나무가 그늘지고 연꽃 향기가 풍겨오는 이곳에 석가산을 만들었다.

「석가산기石假山記」[33]에서는 서울 동대문 어귀에 있는 석가산을 보고 지은 글이다. 조선 초기부터 이 석가산 주위에는 고관대작들의 저택이 많았던 것으로 보인다. 이 글에서 언급한 낭원군朗原君과 심지명沈之溟도 그중 하나라고 하였다.

「장암석가산기藏巖石假山記」[34]는 장암산藏巖山 아래에 조성한 석가산에 대한 기록이다.

「석가산기石假山記」[35]에서는 석가산을 뜰 한구석에 쌓았다고 하였고, 「석가산기石假山記」[36]는 서울 명례동明禮洞에 있는 윤공尹公의 석가산에 대한 글이다.

「괴석怪石」[37]은 승정원에 있는 괴석을 노래한 시다.

'괴석에 노란 국화 한 그루를 심었더니, 며칠 밤이 지나자 눈에 덮인 채 꽃을 피우니 매우 아름다웠다怪石植黃菊一叢, 數夜被雪吐花絶好.'[38]에서는 남산이 눈앞에 있으니 괴석과 국화를 감상한다고 하며 남산주변 정원에 놓여있는 괴석을 묘사했다.

---

30 이승소李承召, 『삼탄집三灘集』 권11.
31 이만부李萬敷, 『식산집息山集』 권2.
32 조문명趙文命, 『학암집鶴巖集』 책1.
33 박사해朴師海, 『창암집蒼巖集』 권9.
34 강헌지姜獻之, 『퇴휴문집退休文集』 권2.
35 남용만南龍萬, 『활산문집活山文集』.
36 오달운吳達運, 『해금집海錦集』 권2.
37 권두경權斗經, 『창설재집蒼雪齋集』 권6.
38 남유용南有容, 『뇌연집雷淵集』 권4.

'기영箕營에서는 가산假山과 판지板池를 만들고 작은 정자를 짓고 아무렇게나 읊어본다[箕營作假山板池, 因構小亭, 漫詠].'[39]는 평안감영에 조성한 석가산을 읊은 시다.

'옥가산玉假山을 보내준 한강寒岡 정구鄭逑에게 감사드리며[鄭寒岡逑送玉假山]'[40]에서 김우옹은 1589년, 정여립鄭汝立의 옥사에 연루되어 함경도 회령會寧으로 유배되었다. 이때 김우옹과 절친했던 정구는 평안도 성천부사를 지내고 있었다. 정구는 유배지에서 고향을 그리워하는 벗의 마음을 알고, 김우옹의 고향에 있는 동강東岡 칠봉七峯의 모습을 본떠 옥가산 하나를 만들어 보냈다.

'전에 간직했던 괴석을 지금 다시 거두지 않았으므로 장난삼아 쓴다[前畜怪石, 今不復收, 戱述].'[41]에서 임상원은 남원부사를 지낼 때 기이한 괴석을 두고 구경거리로 삼았다. 그러나 그곳을 떠날 때 미련없이 내버리고 갔다고 했다.

'운암雲巖 시랑侍郞 오경삼吳景三에게 서애西厓 유성룡柳成龍 상국相國이 직접 쓴 수운정첩水雲亭帖을 주고, 단구괴석가丹丘怪石歌를 지어달라고 부탁하였다[寄贈雲巖吳侍郞景三西厓柳相國親寫水雲亭帖, 仍乞丹丘怪石歌].'[42]는 충청도에 있는 수운정의 괴석 기록이다.

「목가산기木假山記」[43]에서 임창택은 개성의 남산南山 아래 대활동大闊洞에 살았으며, 그곳의 목가산에 대한 기록이다.

「목가산기木假山記」[44]는 이 목가산의 주인 귀동거사龜東居士가 태백산과 소백산이 만나는 곳의 흐르는 냇가에서 괴목 하나를 얻어 목가산으로 삼았다고 했다. 거사가 사는 곳은 지금의 경상북도 영풍군이다.

---

39 조태채趙泰采, 『이우당집二憂堂集』 권1.
40 김우옹金宇顒, 『동강집東岡集』 권1.
41 임상원任相元, 『염헌집恬軒集』 권7.
42 정범조丁範祖, 『해좌집海左集』 권13.
43 임창택林昌澤, 『숭악집崧岳集』 권2.
44 김약련金若鍊, 『두암집斗庵集』.

다. 석가산

1) 조영 기법

석가산 조영 기법의 기본은 연못을 파서 물을 끌어오고, 돌을 쌓아 가산을 만드는 것이다.

> '창녕昌寧 성공成公(成任)이 내게 말하였다.……연못을 파서 물을 끌어오고, 돌을 쌓아 가산을 만들었네.'[45]

석가산 봉우리는 한 개가 아니라 여러 개도 있었다.

> '봉우리는 겨우 여섯 개인데 가파르고 들쭉날쭉하여 다함이 없는 자태가 있고, 골짜기는 겨우 두 곳인데 깊숙하고 텅 비어 끝없는 기세가 있다. 돌을 빌어다 산을 만들었지만 이것을 보는 사람들은 진짜 산인가 의심한다.'[46]

서른여섯 봉우리로 된 석가산도 있다.

> '고을 북쪽에는 괴석이 많다. 올해 봄에 나는 친구 몇 명과 함께 곡수회曲水會를 열고, 그 중에 가장 괴이한 것을 가져다 석가산을 만들었다. 너비는 몇 보 정도 되는데 모두 서른여섯 봉우리였다. 이에 몸을 기울여 바라보면 숲처럼 촘촘한데, 무성하게 우뚝 솟은 것도 있고, 불룩하여 둥근 것도 있다. 돌아보며 말하는 듯한 것도 있고, 고개 숙여 듣는 듯한 것도 있다. 큰 것은 어른과 같고, 작은 것은 아이와 같은데 서로 안고 서로 안은 것이 마치 나를 향하여 기이함을 바치고자 하는 것 같았다.'[47]

---

45 「석가산시서石假山詩序」, 이승소, 『삼탄집』 권11.
46 「석가산기石假山記」, 정범조丁範祖, 『해좌집海左集』 권23.

연못에 물을 대고 석가산에는 여러 가지 초목을 심고 정자를 배치했다.

汲水添盆灌假山 물 길어다 동이에 부어 가산에 물을 대네.[48]

석가산 규모는 한 길, 자, 척 치, 몇 보, 아름 등으로 조금 구체적으로 표현되거나 주먹만한 크기 등으로 추상적으로 표현되었다.

- '산의 높이는 한 길이 넘고 그 밑 둥 또한 몇 아름이나 되었다.'[49]
- '높이가 겨우 한 길'[50]
- '높이는 한 척 한 치 남짓, 둘레는 몇 아름쯤'[51]
- '높이는 몇 척이 되지도 않으면서'[52]
- '주먹만한 두 봉우리'[53]
- '크기는 두 아름 정도 되고, 높이는 세 자 반쯤'[54]
- '너비는 몇 보 정도 되는데 모두 서른여섯 봉우리'[55]
- '키가 몇 자 쯤 되는 것이 서로 마주 서 있었다.'[56]
- '크기는 한 자도 되지 않고, 둘레는 한 주먹도 되지 않았다.'[57]

---

47 「석가산기石假山記」, 심규택沈奎澤, 『서호문집西湖文集』 권5.
48 「우연히 지은 시를 기록하여 김희복에게 주고 화답을 구하다偶吟錄奉金生求和希福」, 임운林芸『첨모당집瞻慕堂集』 권1.
49 「가산기假山記」, 서거정徐居正, 『사가집四佳集』「문집文集」 권1.
50 「가산찬假山讚」, 강희맹姜希孟, 『사숙재집私淑齋集』 권5.
51 「가산찬假山讚」, 강희맹姜希孟, 『사숙재집私淑齋集』 권5.
52 「괴석怪石」, 허목許穆, 『기언記言』 별집別集 권1.
53 「가산. 임언실 희무의 시에 차운하다. 절구 두 수假山. 次林彦實希茂韻. 二絶」, 노진盧禛, 『옥계집玉溪集』 권1.
54 「석가산기石假山記」, 남용만南龍萬, 『활산문집活山文集』.
55 「석가산기石假山記」, 심규택沈奎澤, 『서호문집西湖文集』 권5.
56 「비비정쌍괴석기飛飛亭雙怪石記」, 이기발李起渤, 『서귀유고西龜遺稿』 권6.

• '길이는 한 자를 넘지 않고 둘레도 몇 자 되지 않는다.'[58]

석가산에 폭포도 만들었다.

巖洞依俙苔蘚古　아련한 바위 골짝 이끼는 오래되었는데
何方淸瀑更泠泠　게다가 맑은 폭포 더욱 시원하다네[59]

평안감영에 조성한 석가산을 읊은 시로 석가산과 판축하여 연못을 만들고, 정자를 세웠다.

石作崗巒板作塘　돌로 산봉우리 만들고 판축하여 연못을 만들며
小亭新構更添光　작은 정자를 새로 지으니 다시 빛을 더하는구나.
風來水面凉侵席　바람이 수면 위를 스치니 서늘함이 자리를 침범하고
雨洗山容翠滴裳　비가 산의 모습을 씻으니 푸른 물방울이 옷을 적시네.[60]

석가산을 쌓고, 석가산 형상 묘사와 화초, 수목을 식재하고 정자를 세웠다.

'장암산藏巖山은 만 겹으로 둘러싸이고 가파르게 깎여 있다. 여기에 집을 지은 자는 배씨裵氏이다. 집 아래에는 기이한 꽃을 심었고, 꽃 사이에는 작은 봉우리 하나가 있는데, 용의 머리에 봉황의 꼬리이며, 범이 엎드린 듯하고 곰이 걸터앉은 듯하니, 석가산이라고 한다. 그 위

---

57 「괴석후기怪石後記」, 한태동韓泰東, 『시와유고是窩遺稿』 권4.
58 「석가산설石假山說」, 박진경朴晉慶, 『와유당문집臥遊堂文集』.
59 「가산. 임언실 희무의 시에 차운하다. 절구 두 수假山. 次林彦實希茂韻 二絕」, 노진, 『옥계집』 권1.
60 「기영箕營에서 가산과 판지板池를 만들고 작은 정자를 짓고 아무렇게나 읊어본다箕營作假山板池, 因構小亭, 漫詠」, 조태채, 『이우당집二憂堂集』 권1.

에 소나무와 대나무를 심어 아침 안개와 저녁노을이 감돌게 하였으니, 이것이 바로 기이하고 빼어난 곳이다. 바라보면 마치 천축天竺의 비래봉飛來峯과도 같다. 산 위에는 정자가 있고, 정자 아래는 이 산 하나로 둘러싸여 있으니, 저절로 딱 맞아떨어진다. 산은 주먹만한 하나의 돌이 많이 모인 것이다. 이 산은 산의 뼈를 빌려 진면목으로 삼은데다가 저절로 만들어진 것이요, 깎거나 다듬지 않았으니 더욱 기이하다는 것을 알 수 있다.'[61]

석가산을 쌓고 화초와 수목을 식재하여 석가산에 들어가면 마치 산수 간에 있는 착각을 들게 한다.

'도인道人 최군崔君이 사는 곳의 빈터에 기이한 돌을 쌓아 산을 만들고 진귀한 꽃을 많이 심었다. 솟은 것을 봉우리로 삼고 깊이 파인 곳을 골짜기로 삼으니, 그 가운데로 들어가자 산수에 간 것 같은 생각이 들어, 저잣거리에서 얼마 떨어지지 않은 곳인 줄도 알지 못했다.'[62]

석가산의 규모, 형상, 소나무 식재 등 조영을 묘사하였다.

'집에 석가산 하나가 있다. 그 높이는 한 척 한 치 남짓이며 둘레는 몇 아름쯤 된다. 봉우리와 골짜기, 잔도와 오솔길이 은은하고 미미하게 갖추어져 있다. 형질은 마치 푸석푸석한 눈과 같은데 색깔은 희고, 물 기운이 통하여, 푸른 이끼가 짙고 옅게 그 꼭대기에 가득하다. 아래에는 동굴 셋이 있는데 모두 주먹 하나가 들어갈 만하다. 거기에는 흙을 메워 무언가를 심을 만하다. 아침저녁으로 바라보면 그 형체는 조물주가 만든 것이요, 그 기이함은 다른 사람이 멋을 알아주기를 기다린 것이다. 한 자 한 치의 바위를 옮겨다 놓고 구름까지 닿는 형세를 상상하고, 몇 아름 되는 바위를 잡고서 땅에 서린 산뿌리를 논하게 된다. 그 봉우리는 우뚝 솟아 홀연 억 장이나 되는 듯한 높이와 같고, 그 골짜기는 깊고 그윽하여 아득히 천 길이나 되는 깊이와 같다. 은은한 것은 평퍼짐한 산자락이 되고, 미미한 것은 가파른 산봉우리

---

61 「장암석가산기藏巖石假山記」, 강헌지姜獻之, 『퇴휴문집退休文集』 권2.
62 「최도인석가산명 병서崔道人石假山銘 幷序」, 이만부李萬敷, 『식산집息山集』 권2.

가 되어 아련히 마음속으로 들어오는 것 같다. 잔도를 부여잡고 덩굴을 헤치며, 오솔길에 앉아 구름과 안개의 그늘에서 쉬노라니, 새와 짐승, 숲에 부는 바람 소리가 갑자기 바람, 개울 소리와 함께 귀에 가득 찬 듯하여, 이 몸이 작은 돌 옆에 있는지도 알지 못하니 매우 기이하다.……내가 작은 돌멩이로 만들어진 천 개의 빼어난 봉우리와 만 개의 그윽한 골짜기를 마주하면,……나는 젊었을 때 장인이 돌을 다듬는 것을 보고 따라 하고자 못을 가지고 무너진 봉우리를 깎아내었는데, 마침내 그만두고 버려두었다. 그러나 이제는 후회하고 시든 풀더미 속에서 찾아다 그 흙을 벗겨내고 막힌 것을 씻어내어 마루 동쪽에 물 담은 동이를 놓고 그곳에 담아두었다. 그리고 거기에 심을만한 두 그루 소나무를 얻었는데, 오랜 세월을 거쳤으나 자라지 않고 구불구불한 것으로 높이는 겨우 몇 치였다. 그 꼭대기에 심어놓고 흥취를 더하였으니, 보는 사람들이 모두 좋아하고 감상할 줄을 알게 되었다. 아! 돌이 쓰여지고 버려짐이 모두 여기에 있었다. 내가 느낀 바 있어 기록한다.'[63]

석가산 쌓는 법, 규모, 형상, 식재 등을 상세히 묘사했다.

'먼저 큰 것을 받침으로 삼고, 둘러싸며 높이 쌓았는데, 위로 갈수록 점차 줄어들게 하고, 자잘한 것을 안에다 채웠다. 흙을 섞어 메워서 무너지지 않게 하였더니 크기는 두 아름 정도 되고, 높이는 세 자 반쯤 되었다. 마침내 '가산'이라 이름 짓고 아침저녁으로 창가에 기대어 보았다. 그 우뚝 솟은 모습을 보면 평지에 기울어진 곳이 없고, 몸체가 모나지 않고 둥글어 마치 모서리가 없는 것 같았다. 돌 표면은 이지러진 것이 많아 마치 굳세어 세속과 영합하지 않으려는 뜻이 있는 듯하다. 이에 그 꼭대기에 구기자를 심고, 또 틈이 벌어진 곳은 덩굴풀이 자랄 만하여, 때를 만나면 푸르게 되고 때를 만나면 꽃이 피기도 하였는데, 새하얀 모습은 변한 적이 없었다.'[64]

석가산에 국화를 심은 것도 있었다.[65]

---

63 「석가산기石假山記」, 나중경羅重慶, 『비목헌집畀牧軒集』.
64 「석가산기石假山記」, 남용만南龍萬, 『활산문집活山文集』.
65 「국화를 심은 석가산을 준 김언우에게 감사하며 차운次韻하다次韻謝金彦遇惠石假山種菊」, 이황李滉, 『퇴

석가산 형상, 소나무, 석죽, 이끼 등을 심고 작은 물고기가 놀고 삼신산을 상징했다.

'나는 일찍이 우울증이 있어서 마음을 둘 곳이 없었다. 그래서 물을 담은 동이 안에 돌 두 개를 놓았는데, 하나는 봉우리가 둘이라 세 봉우리의 형세가 있어 자못 기이하고 높다란 모습이 있었다. 바위틈에 작은 소나무 두세 그루를 심고 사이사이에 석죽石竹도 심었다. 또 이끼를 덮으니 푸르고 윤기나서 즐길만 하였다. 그 바닥을 비워서 몇 개의 구멍을 만들고 작은 물고기 십여 마리를 그 속에 집어넣으니 때때로 마름풀 사이에 나와서 노닐었다. 물을 마시기도 하고 내뱉기도 하면서 이리저리 다니다가 갑자기 한꺼번에 사라지기도 하니, 마치 강호의 흥취가 있는 것 같아 보는 사람들이 기이하다고 일컬었다.'[66]

한 줌의 돌에서 시작해서 담벼락에 기대어 쌓기도 했다.

始積一拳小	처음 한 줌의 작은 것을 쌓아
終成三面高	끝내 삼면으로 높이 쌓아올렸지.
倚墻功易就	담벼락에 기대어 만들기 쉬웠고
合土勢方牢	흙을 섞어 형세가 단단하였네.
雨洗苔如錦	비 내려 비단 같은 이끼를 씻고
風吹草似毛	바람은 머리카락 같은 풀잎에 부네.[67]

2) 상징·비유적 묘사

석가산의 기이한 형상과 식재, 삼신산 등에 비유했다.

계집退溪集』 권5.
66 「분지소석기盆池小石記」, 이종휘李種徽, 『수산집修山集』 권3.
67 「석가산石假山」, 이명한李明漢, 『백주집白洲集』 권5.

'나의 벗 조백흥曹伯興의 집에는 가산假山이 있다. 가파르고 기이한 봉우리가 빽빽하게 솟아 있어, 검을 세우고 병풍을 펼친 모양과 같았다. 그 위에 여러 가지 초목을 심어 놓으니 푸른빛이 울창하여 마치 손으로 잡을 수 있을 것만 같다. 집안을 벗어나지 않고도 아득히 천리 밖에 있는 방장산方丈山을 생각나게 하니, 참으로 기이한 구경거리이다.

산은 돌을 밑천 삼아 만들어진다. 무릇 세상에서 명산名山으로 일컬어지는 산 가운데 천태天台·안탕雁蕩·형악衡嶽·여부廬阜 따위도 그 본질에 있어서는 돌이 모여 이루어지지 않은 것이 없다. 『중용』에서 '이제 저 산은 주먹만한 돌이 많이 모인 것인데, 그것이 광대해지면 초목이 자라고 날짐승과 길짐승이 산다.'고 말한 것도 이 때문이다. 자네가 말한 가산 역시 돌을 많이 모아서 그중에 모양이 기이하고 고고高古한 것, 삐죽삐죽 솟은 것, 험하고 괴이한 것들을 섞어 만들어 놓은 것이다.'[68]

서울 명례동明禮洞에 있는 윤공尹公의 석가산에 대한 글로 삼신산에 비유하고 형상을 묘사했다.

'남쪽 담장을 보고 있었다. 담장 안에는 삼신산이 아스라이 솟아 있었는데 우뚝한 층층 봉우리가 만 겹 천 겹으로 늘어선 것이 마치 천연적으로 절로 이루어진 것처럼 깎거나 다듬은 흔적이 없었고, 고요히 그 자리에 있는 것이 조금도 꾸민 기색이라곤 없었다.

구부정하여 속이 파인 것, 꺾이고 깎인 것, 모나거나 검푸른 모습을 각기 그 용도에 맞게 써서 세상에 둘도 없는 삼신산이 되었다. 모난 것은 변하여 삼엄한 모습이 되었고, 검푸른 것은 변하여 푸른 색깔이 되었으며, 하늘까지 솟은 벼랑의 깎아지른 형세는 깎이고 꺾인 데서 말미암았고, 바위 골짜기의 깊숙하고 그윽한 모습은 구부정하고 속이 파인 데서 말미암았다.'[69]

석가산을 신선 세계로 상징적으로 묘사했다.

---

68 「조씨석가산기曹氏石假山記」, 오도일吳道一, 『서파집西坡集』 권17.
69 「석가산기石假山記」, 오달운吳達運, 『해금집海錦集』 권2.

石築仇池穴	돌로 구지혈 쌓으니
中藏小洞門	그 속에 작은 동천 감추었네.
大都積文甓	대부분 채색 벽돌 쌓여 있고
隨處列雲根	곳곳에 흰 바위 펼쳐 놓았네.
逐折陰通逕	꺾어진 음지 따라 길이 나있고
從巓谿起軒	꼭대기 넓은 곳엔 추녀 솟았네.
冬靑滿院樹	상록수가 정원에 가득한데
花雨鎖芳園	아름다운 동산에 꽃비 날리네.[70]

또한 신선 세계를 상징한 『비해당사십팔영匪懈堂四十八詠』의 하나인 「가산연람假山烟嵐」은 조선 초기 안평대군이 인왕산 북쪽 골짜기에 지었던 비해당匪懈堂에 있는 가산을 읊은 시다. 신선들이 산다는 중국의 나부산에 비유했다.

煙滋疊岫靑排闥	안개 자욱한 겹겹의 산이 푸르게 문을 밀치고 들어오는 듯하고
風送浮嵐翠滴筵	바람에 밀려 오는 산기운이 파랗게 자리에 떨어지는 듯하네.
絶竇也應流玉乳	깊은 동굴에서는 종유석이 흐를 것만 같고
危峯直欲撞珠躔	높다란 산봉우리는 곧바로 하늘에 닿을 것 같네.
縮地眞成壺裏界	축지하여 참으로 호리병 속 세상 만들었으니[71]

석가산을 비유적으로 표현했다.

'특별히 빼어난 가운데 봉우리를 아버지에 비유하였고, 가파르게 솟은 좌우의 봉우리를 소

---

70 「석가산石假山」, 이호민李好閔, 『오봉집五峯集』 권3.
71 「가산연람假山烟嵐」, 최항崔恒, 『태허정집太虛亭集』 권1.

식蘇軾·소철蘇轍 형제에 비유하였으니, 이는 다른 사물을 같은 사물로 만들고, 다른 사람을 같은 사람으로 만든 것이다.'[72]

석가산을 과장되게 묘사하였다.

烟浪浮來石	안개 낀 물결에 떠다니던 돌이
階除忽地山	섬돌 가에서 홀연 산이 되었네.
深窺難盡窟	깊이 뚫린 구멍은 끝없는 동굴이요
爭出不勝巒	다투어 솟은 모습 산봉우리 같구나.[73]

이 석가산은 매우 특이하다. 감상을 위해 만든 것이 아니라, 효자가 어버이의 무덤을 보호하기 위하여 4, 50년에 걸쳐 차츰차츰 쌓은 것이다.[74]

라. 옥가산

연적으로 사용한 옥가산의 형상과 사찰 배치, 물 처리, 명산의 대표적인 폭포와 비유했다.

'산은 모두 다섯 봉우리인데 가운데 있는 것은 가파르고 높았다. 양 옆으로 가면서 조금씩 낮아지며 빼어남을 겨루는 것이 넷이었다. 네 면에는 기암괴석奇巖怪石이 이루 헤아릴 수 없이 많았고, 바위틈과 돌구멍에는 때로 사찰을 두기도 하였다. 그 가운데를 비워 물 한 되를 담을 수 있게 하고, 동쪽과 서쪽 두 봉우리에는 물이 들어오고 나가는 구멍이 있다. 때때로

---

72 「석가산기」, 김수온金守溫, 『식우집拭疣集』 권2.
73 「석가산」, 정범조, 『해좌집』 권4.
74 「석가산기石假山記」, 안정회安貞晦.

물이 나와 흐르면 마치 높은 산에서 떨어지는 폭포와 같이 황홀하였다. 완상하며 음미하노라니, 냉산冷山(백두산)의 장백폭포長白瀑布와 향로봉香爐峯의 비류폭포飛流瀑布를 앉아서 보는 것 같았다.'[75]

마. 괴석

1) 형상 묘사

한태동韓泰東의 괴석기 2편은 괴석의 형상, 배치, 손질, 완상 등에 대해 상세하게 묘사하고 있다.

'풍뢰자는 집에 있을 때 달리 좋아하는 것은 없고, 꽃과 돌을 가지고 스스로 즐겼다. 친척이 괴석 두 개를 가지고 있다는 말을 듣고, 그 하나를 손수레에 싣고 와서 보니 모양이 심히 기이하였다. 높고 뾰족하며 가파르고 험준한 것이 산과 매우 비슷하였다. 풍뢰자는 기뻐하며 마침내 분지盆池에 옮겨두어 여러 가지 꽃을 심어놓고 뜰에 놓아두었다. 매일 그 사이를 왕래하며 매우 아꼈다. 그런데 얼마 되지 않아 돌은 메마르고 갈라졌으며, 심은 꽃은 병들고 시들었으며, 물은 막혀서 통하지 않았다. 풍뢰자가 이상하게 여겨 가까이 가서 살펴보니, 이 돌은 몸체가 조밀하고 결이 강하여, 검푸르며 견고하고, 딱딱하며 치밀하여, 성질이 물을 싫어하므로 세상 사람들이 가진 것과는 매우 달랐다. 이는 겉모습만 보고 가져왔다가 잘못된 것이다.

풍뢰자는 어쩔 수 없이 치워버리려다가 다만 그 불쑥 솟은 모습이 기이하여 아끼기를 게을리 하지 않아 버리려다가도 다시 갖다 두고는 손질할 방법을 생각하였다. 마침내 그 표면을 벗겨내고 막힌 흙을 걷어내었으며, 그 속을 쪼개어 견고한 정도를 줄였다. 그리고 망치로 치고 칼로 도려내어 트이게 하고 손질하였다. 산허리에 구멍을 내어 물이 흐를 수 있게 만든 길이 세 군데였다. 비록 우禹임금이 용문龍門을 뚫고 오정五丁이 촉산蜀山을 열었던 것도 이보다 부지런하지 않았을 것이다. 일을 마치고 다시 뜰 곁에 두고 맑은 물로 적시니, 습기를 머

---

75 「옥가산기 연적이 산의 모양을 하고 있어서 이렇게 이름 지었다玉假山記 硯滴象山形 故名」, 유도원柳道源, 『노애집蘆厓集』 권7.

금어 촉촉하였다. 돌의 모양은 우뚝하여 사람이 서 있는 것 같았으며, 빼어나고 커다란 것이 거만한 아이 같았다. 그 주위를 두른 창포菖蒲, 석채石菜 및 심어놓은 모든 풀이 그 사이를 이리저리 뒤덮으니, 빽빽하게 우거지고 무성하게 그늘져서 푸르고 향기를 풍기는 것이 대략 이와 같았다.'[76]

또한,

'나는 돌을 좋아하여 이것을 모아놓은 사람이 있으면 반드시 부탁하여 가져왔다. 요새 두 개를 얻었는데, 하나는 가운데가 비어 있고 바깥이 부드러워 물을 잘 흡수하였다. 국자로 물을 부으면 하루 종일 습기로 젖어 있는 것이 마치 입에 있는 혀와 같았다. 그러나 그 형상은 둥글고 평평하여 기괴하거나 특별한 모습이 없었다. 다른 하나는 물을 흡수하는 정도는 약간 떨어지지만 형상은 특이하고 기괴하였다. 크기는 한 자도 되지 않고, 둘레는 한 주먹도 되지 않았다. 그러나 늠름히 솟아났고 구불구불 산등성이를 이루었기에 내가 모두 보물처럼 보관하였다.

바둑판처럼 배열하고 별처럼 늘어세운 것이 쌓여 뜰에 가득한데, 큰 것은 곰이 달려가는 듯 호랑이가 엎드려 있는 듯하고, 작은 것은 까치가 사납게 울고 새가 도망가는 것 같았다. 혹은 물건 같기도 하고 혹은 사람 같기도 하며 혹은 꿇어앉은 듯한 것도 있고 걸터앉은 듯한 것도 있어, 들쭉날쭉한 것이 서로 도와 기이한 모습을 보여주는 듯하였다. 여기에 기이한 풀과 아름다운 꽃을 옆이나 위에 심으니, 구름에 가려지고 촘촘히 모여 있으며 푸른빛이 울창하여 바람에 흔들리면 운치가 있고, 비에 젖으면 그늘이 지는데 책상 아래에서 모두 재주를 보여주었다.'[77]

다음은 괴석의 형상을 묘사한 문장이다.

---

76 「괴석기怪石記」, 한태동韓泰東, 『시와유고是窩遺稿』 권4.
77 「괴석후기怪石後記」, 한태동, 『시와유고』 권4.

■「**태봉괴석**苔封怪石(이끼로 덮인 괴석)」[78]

風扣坳有穴	바람이 두드려 패인 곳은 구멍이 있고
雨洗峭成稜	비에 씻겨 깎인 곳은 모가 나 있네.
剝落千年態	천년의 세월에 벗겨진 모양이고
巉岩大古層	가파른 바위는 태곳적에 쌓인 것이네.
無由究終始	처음과 끝을 궁구할 길 없고
只見綠苔凝	그저 푸른 이끼 엉긴 것만 보이네.

■「**태봉괴석**苔封怪石(이끼로 덮인 괴석)」[79]

神斤斲鑿信嶔嶇	귀신이 도끼로 깎고 뚫은 듯 참으로 울퉁불퉁한데
特乞山齋好怪叟	괴이한 것 좋아하는 산에 사는 늙은이가 특별히 구해왔네.
骨瘦含秋移積翠	뼈가 수척하여 가을 기운 품은 채 짙푸른빛 보내오고
苔髳對雷噴微流	길게 자란 이끼는 낙숫물 받아 가는 물줄기 뿜어내네.
氤氳欲結雲嵐暝	자욱한 모양은 마치 구름과 안개 덮여 어두운 듯하고
窈窕眞開洞壑幽	그윽한 모습은 흡사 깊은 골짜기 열려 있는 듯하네.

■「**괴석**怪石」[80]

庚庚一丈石	줄무늬 가로지른 한 길짜리 돌이
歲久苔成錦	세월이 오래되어 이끼가 비단결 같네.
尊嚴長者樣	높고 가팔라 어른의 모습인 듯하고

---

78 김수온, 『식우집』 권4.
79 박상朴祥, 『눌재집訥齋集』 권4.
80 홍가신洪可臣, 『만전집晩全集』 권1.

微側如酣飮　　조금 기울어 마치 술에 취한 듯하네.
崖崩兩竇穿　　벼랑이 무너지자 양쪽 구멍 뚫리어
屈曲難俯瞰　　구불구불하여 굽어보기 어렵네.
窮奇更殫險　　지극히 기이하고 또 지극히 험하니
造物戱之甚　　조물주의 장난이 심하기도 하구나.
田蹊任埋沒　　밭두렁에 아무렇게나 묻혀 있었으니
樵牧誰相諗　　나무꾼 소몰이 누가 알아보리오.

■「괴석시 뒤에 부치다」[81]

'하유노옹何有老翁이 하루는 산금헌散襟軒의 남쪽 정원에 서 있었다. 지팡이가 부딪치는 곳에 딸그락거리는 소리가 나기에 그곳을 팠더니 두 개의 돌을 얻었다. 영롱하고 기괴하였으며 교묘한 무늬가 둘러싸고 있었다. 흙을 털어버리니 돌의 몸통이 드러났고, 샘물을 부으니 색깔이 나타났는데, 마치 흐드러진 꽃으로 이어진 듯하였다. 그리하여 무늬를 옻칠한 탁자에 받쳐 놓고,'

괴석을 동물의 형상으로 묘사하기도 하였다.

■「괴석怪石」[82]

石似猿猱醉舞容　　돌은 원숭이가 취하여 춤추는 모양과 같았네.

■「가평으로 가는 길에 괴석 시에 차운하다[次嘉平道中怪石]」[83]

81　김이안金履安, 『삼산재집三山齋集』 권8.
82　임억령林億齡, 『석천시집石川詩集』 권7.
83　이수광李睟光, 『지봉집芝峯集』 권19.

奇形巏兀羊疑化	기이하고 우뚝한 형상은 양羊이 변한 듯하고
古色玲瓏雪見羞	고색창연한 색깔은 흰 눈도 부끄러워하겠네.
臨路傴身應有意	길가에서 몸을 구부리는 것도 뜻이 있으니
學人西拱帝王州	서쪽으로 황제의 나라 향해 읍하는 사람 모습 배웠으리라.

■「영괴석詠怪石(괴석을 읊다)」[84]

屛顔顰惑似含酸	험악하고 찡그린 것이 흡사 신맛을 머금은 듯
有底悲歡感至頑	무슨 기쁨과 슬픔 때문에 그렇게 완고한가.
虎發會傷飛將羽	호랑이 나와 해칠 것 같고 날개 돋아 날아갈 듯하니
擬尋虞帝謝深山	우나라 순舜 임금을 찾아 깊은 산을 떠나온 듯하구나.

■「괴석怪石」[85]

石江石渚怪石	바위 곁으로 흐르는 강가의 괴석에
蒼然苔蘚老	푸르른 이끼가 곱게 자라있는데
其高不盈數尺長	그 높이는 몇 척 되지도 않으면서
奇形詭狀若螭若虎	기이한 형상이 교룡 같기도 하고 호랑이 같기도 하여
頭顙崛屼誇强梁	머리와 이마를 치켜들고 강한 모습 자랑하네.
傍有嵌竇谺然中開	곁에 휑하니 뚫린 깊은 구멍이 있는데
照耀日月之容光	햇빛 달빛 들어와 환하게 비치네.
喁喁虛籟響虛牝	바람 소리 빈 골짜기에 울려퍼지니
陽烏閃閃箕簸揚	해 속의 까마귀 퍼득퍼득 날개를 치고

---

84 하홍도河弘度, 『겸재집謙齋集』 권1.
85 허목許穆, 『기언記言』 별집別集 권1.

蟾蜍玉女参翱翔	달 속의 옥녀도 더불어 노니는 듯
異哉混元流形	기이하구나 혼원의 변화하는 모습
罍空砢魂神靈聚	구멍 속에 신령들이 모여 있는 듯하네.
山魈木魅辟易皆走藏	산도깨비 나무 도깨비 두려워 모두 달아나 숨으니
我得移之石鹿傍	내가 얻어 석록산石鹿山 곁으로 옮겨 놓았네.
摩弄千年雲霧裡生黯色	천년 동안 구름 안개 속에서 생겨난 빛깔 어루만지니
心慘愴追鴻荒	마음 서글퍼져 홍황을 추억하네.

괴석과 소나무, 조각 연못을 묘사하였다.

▪「반군의 집에 있는 괴석을 노래하다[詠潘君家怪石]」[86]

君家蒼石若天剜	그대 집의 푸른 돌은 하늘이 깎은 듯
何處能偸鬼所慳	어디서 귀신이 아끼는 걸 훔쳐왔는가.
尺地松盤千丈勢	작은 땅에 서린 소나무는 천 길의 기세이고
片池山秀百層頑	조각 연못에 솟아난 산은 백 층인 양 험하네.

소나무와 괴석[松石]을 표현하였다.

▪「산 치자나무 화분 하나를 회곡 조수이에게 보내어 소나무를 심은 괴석과 바꾸자고 요청하다[山梔一盆, 送晦谷曹守而, 要換栽松怪石]」[87]

---

86 김휴金烋, 『경와집敬窩集』 권2.
87 김익희金益熙, 『창주유고滄洲遺稿』 권7.

- 「아이들이 당堂 아래에 작은 소나무 몇 그루를 심고, 그 사이에 괴상하게 생긴 돌을 두었다. 그래서 당 이름을 송석松石이라 하고 아무렇게나 읊는다[兒輩植稚松數株於堂下, 置怪石於其間, 因以松石名堂, 漫吟]」[88]

翠葉參差護綺紋	푸른 잎사귀 들쑥날쑥 화려한 무늬를 지키어
堂名松石孰斷斷	당 이름 송석松石으로 삼으니 어찌 꿋꿋하지 않으리오.
柯纔徑寸堪凌雪	가지는 겨우 한 치쯤 되지만 능히 눈을 이기고
體不盈拳解釀雲	몸뚱이는 한 주먹이 되지 않아도 구름을 빚어낼 줄 아네.
幾日濃陰留月影	어느 날에 달 그림자 머물러 짙은 그늘 드리웠나
何年異狀閱天斤	어느 해에 하늘의 도끼에 맞아 기이한 모습 되었나.

2) 상징·비유적 묘사

괴석을 동물, 노송, 신선에 비유하였다.

- 「비비정쌍괴석기飛飛亭雙怪石記」[89]

'진산津山 구씨舅氏께서 나에게 당堂에 앉아서 남쪽 창문을 열고 뜰을 보라 하였다. 무너진 담장 아래에는 전에 없던 키가 몇 자쯤 되는 것이 서로 마주 서 있었다. 나는 그것이 무슨 물건인지 알 수 없었다. 날짐승인가 하고 보면, 새하얀 학이나 푸른 송골매가 구만 리 푸른 하늘을 다투어 올라가다가 중도에 잘못하여 인간 세상에 떨어지자 양 어깨를 움츠리고 우러러보면서 다시 날아오르려 하는 모습 같았다. 들짐승인가 하고 보면, 이는 놀란 표범이나 성난 호랑이가 밤이면 인가로 내려왔다가 해가 뜨면 감히 사람들을 접하지 못하고 용맹함을 감추고 구석진 곳으로 가서 웅크리고 앉아 사람들이 알까 두려워하는 모습 같았다. 나무의 그루터기인가 의심해보면, 꺾인 흔적이 있고, 벌레 먹은 흔적이 있었으니 곤륜산의 오래된 소나

---

88 오도일, 『서파집』 권2.
89 이기발李起浡, 『서귀유고西龜遺稿』 권6.

무가 천 년의 오랜 풍상을 겪어 가지와 줄기는 바람에 떨어지고, 뿌리와 밑둥은 물에 잠겼으나 남아 있는 몸통은 다 썩지 않고 두 겹의 이끼가 끼어 무늬가 겹겹으로 깊고 얕게 얽혀 자연스런 모습이 있는 것 같았다. 늙은 사람인가 하고 보면, 머리와 정수리가 있고 배와 등이 있으며, 허리는 구부러지고 얼굴에는 때가 끼어 무릉도원武陵桃源의 신선이 진산津山의 산수 경치가 좋다는 말을 듣고 그 친구와 함께 찾아왔다가, 이윽고 신선과 보통 사람들의 풍도가 달라 속세 사람들과는 만날 수 없는지라 갈 곳 없는 사람처럼 묵묵히 마주 앉은 듯하였다. 그것이 작은 줄도 잊은 채 산이라 여겨 바라보면, 층층의 봉우리가 구부정하고 깎아지른 절벽이 서 있으며 바위와 산등성이가 줄지어 서 있고 골짜기가 깊고 그윽하여 마치 아름다운 풀이 무성하고 푸른 안개가 생겨나는 듯하였다. 나는 무슨 물건인지 알지 못하여 마침내 손으로 어루만져본 뒤에야 날짐승도 길짐승도 뿌리가 있는 것도 신령한 것도 산도 아니고, 그저 두 개의 딱딱한 바위라는 것을 알았다. 그런 뒤에야 그 모양이 매우 괴이하다는 것을 알게 되었고, 그런 뒤에야 구씨가 당 앞에다 갖다놓은 까닭을 알게 되었다.'

괴석을 신선 세계에 비유하였다.

■「괴석怪石」[90]

宛帶神仙窟	완연히 신선굴을 지닌 듯하고
猶封太古苔	아직도 태곳적 이끼가 덮였네.
雲當幽處吐	구름은 그윽한 곳에서 솟아나고
花傍瘦容開	꽃은 야윈 모습 옆에서 피었네.
絶勝晉三品	빼어난 모습 진나라 삼품보다 나은데
千年抛草萊	천년 동안 풀더미 속에 버려져 있었네.

---

90 강백년姜栢年,『설봉유고雪峯遺稿』권8.

- 「가산假山」[91]

| 鬅鬙蔽蓬萊 | 수풀은 봉래산을 가렸고 |
| 雲霓黯天姥 | 구름은 천모산을 덮었네. |

괴석의 형상을 소나무, 신선 세계에 비유하고 괴석 산지를 나타냈다.

- 「족부 이부공 산장에서 뜰 앞의 괴석을 보고 시를 짓는다族父吏部公山莊 賦得庭前怪石」[92]

| 夫子不好怪 | 공자는 괴이함을 좋아하지 않으셨는데 |
| 胡爲蓄怪石 | 어찌하여 기이한 돌을 쌓으셨는고. |

譎詭多竅穴	진기하게 많은 구멍 뚫리고
離奇有骨骼	기이한 골격이 있네.
雲根侵清泉	뿌리 부분 맑은 샘에 잠기어
淋淋帶蒸液	방울방울 물방울이 맺혀 있다네.
觚稜潑淺紫	모서리엔 얕은 자줏빛이 돌고
苔髮滋鮮碧	이끼는 더욱 곱고 푸르구나.
峯崿森成列	봉우리와 벼랑이 빽빽하게 줄지어 있고
厓谷細相闢	언덕과 골짜기는 미세하게 열려 있네.
泥黏一株松	진흙에 붙어 있는 한 그루 소나무는
遠勢似千尺	천 자나 되는 듯한 원대한 형세라네.

---

91 오광운吳光運, 『약산만고藥山漫稿』 권2.
92 정약용丁若鏞, 『여유당전서與猶堂全書』 제1집 권3.

渾如古木根	마치 오래된 나무뿌리가
擁腫縐襞積	울퉁불퉁 주름진 모습 같다네.
頑肥槩見黜	무디고 두터우면 대개 버려지고
所崇在癯瘠	수척한 것이 좋은 것이라네.
三峯特嶕嶢	세 봉우리 특히 높고 험한데
舊載豊川舶	옛날에 풍천에서 배로 실어왔다지.

괴석과 판지 연못, 형상, 명승과 신선 세계에 비유하였다.

■ 「판지괴석가. 초창에게 보내다[板池怪石歌, 寄蕉窓]」[93]

盈盈板池上	판지 위에 가득하게
森列九峰翠	빽빽이 늘어선 아홉 봉우리 푸르네.
九峰低昂面勢同	높고 낮은 아홉 봉우리 면세는 똑같고
水脉包絡巖頂通	휘감아 도는 물줄기는 바위 정상과 통해 있네.
上有雙檜根着危	위에는 두 그루의 회나무 뿌리가 위태롭게 붙어 있고
虬枝屈曲皆倒垂	구불구불한 가지는 모두 거꾸로 늘어져 있네.

斡旋天地四壁內	네 벽 안에서 천지를 두루 돌아다니고
疏鑿江山一床下	한 평상 아래에 강산을 만들어 놓았네.
微茫太湖闊	넓은 태호처럼 아스라하고
隱約蓬島小	작은 봉래섬처럼 희미하다네.

---

93 홍세태洪世泰, 『유하집柳下集』 권3.

不分須彌與芥子　수미산과 겨자를 구분하지 않는다 하네.

괴석을 과장되게 묘사하였다.

■「괴석怪石」[94]

嵌空幾劫太湖潛　텅 빈 굴이 몇 겁이나 태호에 잠겨 있었나
鬼鑿神剜逞巧銛　귀신이 파고 신이 깎아 교묘함과 날카로움 다하였네.
鐵網劈分陰獸觜　철망鐵網에 쪼개져 나뉜 것은 짐승의 부리와 같고
銀臺移峙碧巉尖　은대銀臺에 옮겨 세우니 푸른빛이 높고 뾰족하다네.
池淸盆面靈泉溢　연못처럼 맑은 동이에서 신령한 샘물 넘쳐나고
天近峯頭瑞露沾　하늘에 가까운 봉우리 끝에는 상서로운 이슬 젖었네.
巖洞依俙烟霧起　바위 동굴에서 아련하게 안개 피어오르니
總疑台嶽在櫳簾　참으로 태악의 들 창가에 있는 듯하네.

또 괴석을 대자연으로 과장되게 표현하였다.

■「괴석, 방옹의 시에 차운하다怪石, 次放翁韵, 二首」, 두 수[95]

中開萬古仇池穴　그 사이에 오래된 구지혈 열렸으니
上學三峯太華山　위의 세 봉우리는 태화산을 닮았네.
裊繞縷香仍起霧　길고 가늘게 피어오르는 향 연기는 안개가 일어나는 듯하고
縈回勺水自成灣　굽이굽이 감도는 한 잔의 물은 절로 물굽이 이루었네.

---

94 권두경權斗經, 『창설재집蒼雪齋集』 권6.
95 이광덕李匡德, 『관양집冠陽集』 권1.

■ 「괴석怪石」[96]

馳名可擬太湖灣　　태호만과 비슷하다는 소문이 돌았는데
遇賞還同小華山　　만나보니 도리어 소화산과 똑같구나.
瘦骨半摧煙火裏　　수척한 골격은 연화 속에서 반쯤 꺾였고

괴석을 남에게 빌려서 완상하기도 했다.

■ 「속괴석기續怪石記」[97]

　'내 친구 정계鄭啓에게는 남에게 빌려준 괴석이 있었는데, 내가 정군에게 달라고 하여 허락을 받았다. 아이 종을 보내서 지고 오게 하였는데, 빌려간 사람이 아까워하여 주지 않았다. 세 번이나 왔다 갔다 하였는데, 갈수록 더욱 숨기는 것이었다. 내가 몰래 아이 종에게 일러주었다.
　"네 모습을 감추고 몰래 찾아보거라. 마치 개 짖는 소리를 잘 내는 식객이 진秦나라에 들어가 호백구狐白裘를 훔친 것처럼 하여라.
　어떤 사람이 나에게 몰래 말해주는 사람이 있었다.
　"조趙나라의 병부는 항상 왕의 침실에 있으니, 여희如姬가 아니면 훔칠 수 없네. 내가 그것을 따라해 보겠네."
　아이 종이 그 방법대로 해서 마침내 해냈다. 저 보관한 사람은 스스로 굳게 지키고 있다 생각하겠지만, 밤중에 힘 있는 사람이 이미 짊어지고 달아난 줄도 모를 것이다.
　돌의 모양은 매우 기이한데 물을 잘 먹고, 여러 가지 아름다움이 모두 갖추어져 있었다. 내가 모아놓은 것이 비록 여러 개이지만 모두 보잘것없고, 이것이 으뜸이었다. 이전의 돌은 애당초 기괴한 것이 아니었고 기괴한 것은 여기에 모여 있다는 것을 알게 되었다.'

---

96 남구만南九萬, 『약천집藥泉集』 권1.
97 한태동, 『시와유고』 권4.

바. 목가산

1) 형상과 상징적 묘사

형상을 묘사하고 삼신산에 비유하였다.

▪「목가산. 장난삼아 소식과 매요신의 운을 쓰다[木假山, 戲用蘇雪堂梅宛陵韻]」[98]

水嚙沙蝕不記秋　오랜 시간 동안 물에 부딪치고 모래에 갈리며
春撞走石隨洪流　큰 물길을 따라 달리는 돌에 부딪치고 쩔었네.
三峯幻出非人鎪　황홀한 세 봉우리는 사람이 새긴 솜씨 아니요
左右戈劍尊豪酋　좌우에서 창칼을 들고 우두머리를 높이는 듯
玩好爭同溝斷棄　완호품이 어찌 도랑에 버려진 나무토막과 같겠는가
化質天全少悔尤　천연의 바탕을 온전히 하여 허물이 적네.
窈焉盤谷高石廩　그윽한 반곡에 높다란 석름봉

彷髴釣瀨中羊裘　조뢰암釣瀨巖의 양가죽 옷 입은 이와 비슷하네.

목가산을 명산과 신선 세계로 상징적으로 묘사하였다.

▪「홍칠하의 목가산 시에 차운하다[次洪七何木假山韻]」[99]

奇根好作巉屼勢　기이한 뿌리는 곧잘 가파른 산세를 만들었으며
傲骨羞爲媚嫵顏　오만한 골격은 고운 얼굴 만들기를 부끄럽게 여겼네.

---

98 김안로金安老, 『희락당고希樂堂稿』 권4.
99 허훈許薰, 『방산집舫山集』 권5.

斧霹刳來靈隱石　　벼락 같은 도끼로 영은산의 돌을 가르고
罡風吹落洞庭山　　북쪽에서 불어오는 거센 바람이 동정산을 떨어뜨렸네.

또 형상을 묘사하였다.

- 「가산假山」[100]

手聚枯槎疊作山　　손수 마른 나무 등걸을 모아 산을 쌓으니
苔尖髟鬑翠煙鬟　　이끼 낀 봉우리가 푸른 쪽진 머리 같구나.
呀呀嵌竇開生面　　텅 비고 깊은 구멍 낯선 모습 드러내니
一任龍鍾相對閒　　그저 못생긴 나와 함께 한가로이 마주하네.

- 「목가산을 읊다. 나의 아우 유수로 있으면서 목가산 하나를 얻었다. 형상이 자연의 진면목을 그대로 가지고 있어 새기거나 다듬은 것이 아니었다

[木假山. 舍弟留守得一木假山. 眞狀自然. 不假刻畫. 浙人朱葵卿記之甚詳. 余爲賦焉. 極陳其奇怪, 而終折之以至理, 蓋以風其好奇之癖云]」[101]

- 「목가산명木假山銘」[102]

朴君三國, 蓄一木假山. 蓋得之崩崖間, 而古槎奇崛, 有似乎山者也. 屢請余一言, 遂作此

'박삼국朴三國 군이 목가산 하나를 가지고 있는데, 무너진 벼랑 사이에서 얻은 것이다. 오래된 나무 등걸이 기이하고 구불구불하여 산과 비슷하였다. 여러 차례 나에게 글을 하나 써 달라고 부탁하기에, 마침내 이 글을 지었다.'

---

100 김인후金麟厚, 『하서전집河西全集』 권7.
101 장유張維, 『계곡집谿谷集』 권25.
102 허훈許薰, 『방산집舫山集』 권18.

2) 기법

매화 등걸로 목가산을 만들었다.

- 「창밖의 매화 봉우리가 두루 눈서리를 맞아 시를 짓다. 일찍이 매화나무 등걸로 가산을 만들었다[窓外梅峯 徧受氷雪 有作. 曾以梅樝爲假山]」¹⁰³

- 「목가산木假山」¹⁰⁴

梅根朽其盤	매화 등걸 그 밑등이 썩었지마는
磨洗遂爲山	갈고 닦아 마침내 산을 만들었네.
巇崿生眞態	봉우리 낭떠러지 진면목 생겨나니
森然萬古顔	분명 태곳적 모습이로다.

- 「매봉梅峯」¹⁰⁵

以梅樝爲木假山 매화나무 등걸로 목가산을 만들었다.

침향목沉香木으로도 목가산을 만들었다.

- 「침향괴석沉香怪石」¹⁰⁶

一片沉香角	한 조각 침향목 모서리
何年落世間	어느 해에 세상에 떨어졌나.

---

103 김인후金麟厚, 『하서전집河西全集』 권5.
104 김인후, 『하서전집』 권5.
105 김인후, 『하서전집河西全集』 권7.
106 유희경劉希慶, 『촌은집村隱集』 권1.

幸因老師手	다행히도 노련한 장인의 솜씨로
巧作數重巒	공교롭게 겹겹의 산등성이를 만들었네.
亂壑苔痕古	어지러운 골짜기엔 이끼 흔적 예스럽고
尖峯劍氣寒	뾰족한 봉우리엔 칼 기운 오싹하네.

목가산을 만들고 주변에 여러 가지 풀을 심고, 물을 적셔 안개가 피어나게 하였다.

■ 「목가산기木假山記」[107]

'이웃에 사는 정생鄭生이 나무꾼 아이에게 말라 비틀어진 나무를 얻었다. 그것을 질그릇 항아리에 담고 흙을 넣은 뒤 여러 가지 풀을 앞뒤의 빈틈에 심고서 가산假山이라 이름하였다. 그리고 나에게 주어 한가한 가운데 눈요깃거리로 삼도록 했다. 나는 처음에 그것이 산이지 나무가 아니라고 의심하였다. 가까이 가서 자세히 살펴본 뒤에야 그것이 산을 닮은 나무라는 것을 알았다. 더욱 좋은 것은 때때로 끓는 물 몇 모금을 그 몸통에 적시면 마치 그 사이에서 안개가 피어나는 것 같았다.'

또한 식재를 묘사한 것도 있다.

■ 「목가산기木假山記」[108]

'높고 구불구불하며 가파르고 우뚝한 것이 마치 산의 형상과 같았다. 산의 옆에는 소나무가 우뚝 솟아 있고 대나무가 성글게 심어져 있어서 나무와 줄기가 살아 움직인다.'

---

107 박장원朴長遠, 『구당집久堂集』 권15.
108 임창택林昌澤, 『숭악집崧岳集』 권2.

제 4 장
유적·유물 조사

1. 국외 유적 조사

가. 중국

1) 당시대

1959년 서안西安시 서쪽 교외의 당묘唐墓에서 출토된 명기明器이다. 한 조組의 백색 담장, 녹와綠瓦, 홍주紅柱의 건물 모형이다. 진입 대문, 방정方亭을 통과하면 처마 나온 것이 깊고 멀고, 건물은 전전前殿과 연결되고, 원院내의 양상兩廂 대칭된 공랑空廊이 있다.

후원은 헐산식歇山式 정전正殿, 전殿 처마에는 비첨두공飛檐斗栱, 기세가 활달하고, 정원庭院 내 팔각정과 삼채산지三彩山池(석가산과 연못)가 있다.

산지산세는 험준하고, 산과 봉우리는 중첩하여, 녹색이 깔린 자리와 같고, 새들이 혹 산간에서 노래하고, 연못 호반에서 물을 마신다.

각기 정원군이 잘 조화되어 있고 포국이 엄정하며 이것은 당대 귀족 호화 저택의 축소판이다.

당대의 출토유물인 명기와 동도東都 낙양의 명원을 기록한 이격비李格非의 「낙양

|그림 1| 중국 당대 귀족저택 명기

명원기洛陽名園記」를 중심으로 당대의 귀족 정원을 고찰해보면, 산수경관인 가산과 연못이 정원의 중심이 되고, 여기에 누정을 짓고 화목을 심었다. 「낙양명원기」에 의하면 가산은 치석첩산置石疊山하고 동굴을 만들었다.

| 그림 2 | 중국 서안 당묘 출토 석가산

2) 호남성, 호북성

호남성 무창武昌에 위치한 황학루黃鶴樓 연못 안의 석가산과 형주荊州 박물관 정원의 석가산은 삼국시대 석가산을 근래에 복원한 것이다. 기괴한 돌을 연결하여 쌓은 독특한 형상으로 이것에서 중국 고대 삼국시대의 석가산 모습을 추정할 수 있다.

3) 송宋 간악艮岳

■ 간악기艮岳記 장호張淏

송 수도 개봉東京의 어원御苑에 강남江南의 여러 산에서 가장 진기하고 특이하며 아름다운 돌을 모으고 기이한 봉우리가 교묘하게 합해진 것을 모아 천하의 아름다움을 담아 고금의 승경을 보관함이 여기에서 다하였다는 기록이다.

석가산의 형상, 배치, 조영 기법이 상세히 묘사되었다.

① 개요

송나라 휘종 정화 7년(1117년), 평지에 만세산萬歲山을 만들기 시작하여 어원御苑의 주요한 경관으로 삼았는데, 수도 개봉開封[당시에는 동경東京이라 하였다.]의 동북쪽 모퉁이에 있으므로 '간악艮岳'이라 이름하였다. 선화宣和 4년(1122년) 완공하였다. 겨우 4년이 지나자 금나라가 침입하여 경성이 함락되자 간악의 누대와 정자는 무너져버려 불을 피우기에 알맞은 땔감 무더기가 되었다.

강江·회淮 등지에서 수도를 향해 양식과 재물을 수송하는 길을 '망網'이라 불렀다『송사宋史·식화지食貨志』에 보인다]. 소주蘇州 사람 주면朱勔이 강江·절浙 일대에서 꽃과 바위를 구하는 일을 맡아 전문적으로 구성한 선단船團을 '화석망'이라 이름하였다. 이 사람은 소주에 있을 때 응봉국應奉局을 설치하였다.

|그림 3| 중국 호남성 황학루 석가산

|그림 4| 중국 형주荊州 박물관 석가산

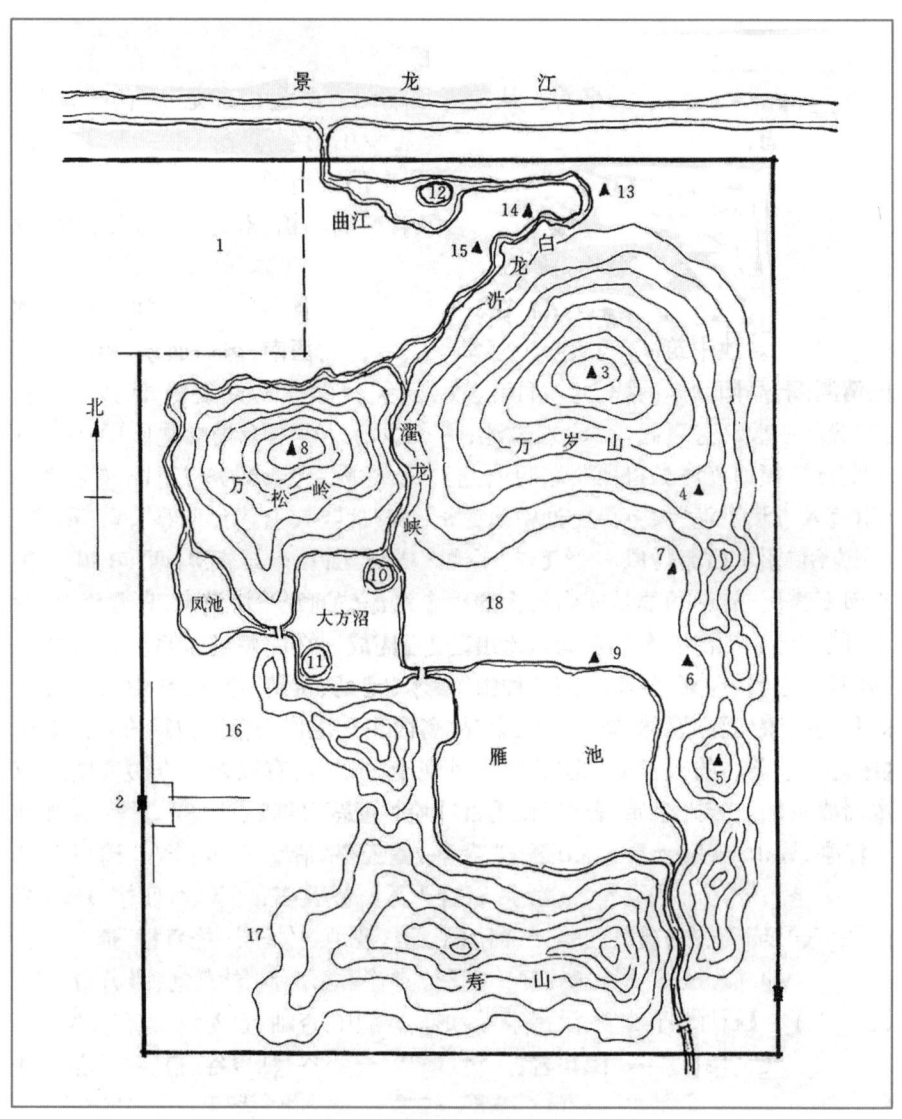

| 그림 5 | 간악평면설상도

1 상청보각궁   2 화양문   3 개정   4 소림정   5 급목정   6 수란
7 악록화당   8 소운정   9 강소루   10 로저   11 매저   12 봉호
13 소한란   14 수옥헌   15 고양주사   16 서장   17 약료   18 사포

태호太湖의 수석水石을 수만 번 파도에 부딪쳐 교묘한 구멍이 생기게 하는데, 비록 자연스럽게 만들어진 것을 취하였으나 들이는 힘이 적지 않았다. 『계신잡지癸辛雜識』에는, "전대에 바위를 쌓아 산을 만들었으나 널리 드러난 것은 볼 수 없었는데, 선화 연간의 '간악'에 이르러 비로소 큰 공사를 일으켜 배가 연이어 나르고 가마로 실어내어 힘을 남기지 않았다."라 하였는데, 뒤에 강남江南의 정원에 단지 한두 개의 기이한 봉우리가 교묘하게 합한 것만 있더라도 종종 과장하여 '간악'의 그물을 빠져나온 물건이라 하였으니 이미 크게 이름났던 듯하다.

정화 연간에 마침내 그곳에 크게 공사를 일으켜 산을 쌓고 '수산간악壽山艮岳'이라 이름하였으며 환관 양사성梁師成에게 그 일을 주관하게 하였다. 이때 주면朱勔이라는 자가 있었는데 절중浙中의 진기한 꽃과 나무, 대나무와 바위를 가져다 바쳤는데, 이를 '화석망花石網'이라 하고 평강平江에 응봉국應奉局을 설치하니 쓰이는 비용이 수만으로 헤아렸다. 백성들을 징발하여 암석과 숲을 뒤지게 하니 아무리 깊은 곳이라도 버려두지 않았고, 꽃 하나 나무 하나라도 일단 황실의 것이 되면 조금이라도 불손하면 죄를 주었다. 산을 깎고 바위를 날라 강호의 헤아릴 수 없는 연못이나 힘으로 가져올 수 없는 것이라도 온갖 방법으로 끌어내었으니 심지어 '신운神運'이라고까지 하였다. 선박이 연이어 밤낮으로 끊이지 않았다. 영벽靈壁·태호太湖의 갖가지 바위, 이절二浙의 신기한 대나무와 기이한 꽃, 등登·래萊 땅의 문석文石, 호湖·상湘 땅의 문죽文竹, 사천四川의 좋은 과일과 기이한 나무 등이 모두 바다를 넘고 강을 건너거나 성곽을 지나왔다.

② 형상

어제御製『간악기』

이에 지도를 보고 땅을 측량하여 일꾼과 장인을 시켜 흙과 바위를 쌓고, 동정洞

庭·호구湖口·사계絲溪·구지仇池와 같은 깊은 연못과 사빈泗濱·임려林慮·영벽靈璧·부용芙蓉과 같은 여러 산에서 가장 진기하고 특이하며 아름다운 돌을 모아왔다.

화양궁은 뭇 산에 둘러싸여 있는데 그 속에 평지 수십 경頃을 얻어 뜰과 밭을 만들고 서쪽에 궁문을 내었다. 들어가는 길은 말 달리는 길보다 넓고 좌우에는 큰 바위가 숲처럼 서 있는데 거의 백여 그루 정도 된다. '신운봉神運峯', '소공봉昭功峯', '부경봉敷慶峯', '만수봉萬壽峯' 등으로 이름 붙였다. 오직 신운봉은 넓이가 백 아름에 높이가 여섯 길이라 '반고후盤固侯'라는 관작을 하사하였는데, 길의 중앙에 있어 바위를 묶어 정자를 만들어 씌웠다. 높이는 50척이며 어제御製 기문記文이 있으며, 친히 쓴 세 길 높이의 비석이 있는데 바위의 동남쪽 모퉁이에 붙여놓았다.

그 나머지 바위는 마치 뭇 신하들이 조정에 입시한 것처럼 용모가 엄숙하여 범할 수 없는 것도 있고 마치 하늘의 위엄을 공경하듯 전율하는 것도 있고 마치 분연히 달려오는 듯한 것도 있고 마치 허리를 구부리고 종종걸음 치는 듯한 것도 있으니 그 괴이한 형상과 넘치는 자태가 사람을 즐겁게 하는 것이 많다. 상上께서 기뻐하시며 모두 호號를 하사하니, 지키는 관리가 모두 바위의 표면에 규장奎章을 새겼으며 그 밖에 정자와 누대, 정원, 길에는 모두 큰 바위가 있어 바둑판처럼 나열하고 별처럼 늘어섰는데 모두 이름을 하사하였다. 오직 신운봉 앞의 큰 바위는 금으로 그 글자를 꾸몄고 나머지는 모두 푸른 칠을 하였을 뿐이다. 이것들은 그 중에 앞을 다투는 것이다. 이에 여러 봉우리에 이름을 지었다.

'조일승룡朝日昇龍', '망운좌룡望雲坐龍', '교수옥룡矯首玉龍', '만수노송萬壽老松', '서하문참棲霞捫參', '함일토단銜日吐丹', '배운충두排雲衝斗', '뇌문월굴雷門月窟', '준리좌사蹲螭坐獅', '퇴청응벽堆青凝碧', '금오옥구金鰲玉龜', '첩취독수疊翠獨秀', '서연탄운棲烟嚲雲', '풍문뢰혈風門雷穴', '옥수玉秀', '옥두玉竇', '탈운소봉鋭雲巢鳳', '조탁혼성雕琢渾成', '등봉일관登封日觀', '봉영수미蓬瀛須彌', '노인수성老人壽星', '경운서애卿雲瑞靄', '치옥滀玉', '분옥噴玉', '온옥蘊

玉', '탁옥琢玉', '적옥積玉', '첩옥疊玉', '총수叢秀'이다. 물가에 있는 것은 '상린翔鱗', 강기슭에 서 있는 것은 '무선舞仙', 홀로 모래섬에 걸터앉은 것은 '옥기린玉麒麟', 수산壽山 위에 있는 것은 '남병소봉南屛小峯', 연못가에 붙어 있는 것은 '복서伏犀', '노예怒猊', '의봉儀鳳', '오룡烏龍', 샘으로 쏟아지는 옆에 있는 것은 '유운留雲', '숙무宿霧'라 하고 또 '장연곡藏烟谷', '적취암滴翠巖', '단운병摶雲屛', '적운령積雪嶺'이라 하였다. 그 사이에 정자 곁에 누워있는 누런 바위는 '포독천문抱犢天門'이라 하였고 또 큰 바위 두 개가 있어 신운봉과 짝을 이루되 그 거처를 달리하여 뭇 바위를 짓누르고 있기에 정자를 지어 씌웠는데, 환춘당寰春堂에 둔 것은 '옥경독수태평암玉京獨秀太平巖'이라 하였다. 녹악화당綠萼華堂에 둔 것은 '경운만태기봉卿雲萬態奇峯'이라 하였다.

③ 조영 기법과 배치

조수祖秀의 『화양궁기華陽宮記』

정화 연간 초에 천자가 수도 동쪽 모퉁이에 '수산간악壽山艮岳'을 만들라 명하고 환관에게 그 일을 맡게 하였다. 배에 바위를 싣고 수레로 흙을 나르며 군사 만 명을 풀어 높이 십여 길의 산을 쌓고, 태호·영벽의 바위를 더하니 가파르고 빼어나 하늘의 조화를 빼앗았다. 바위는 모두 격노하고 부딪치는 듯하여 마치 할퀸 듯 물어뜯은 듯하여 이빨과 뿔, 입과 코, 머리와 꼬리, 손톱과 발톱이 천태만상으로 기괴함을 더하였다. 거기에 구불구불한 나무와 마른 덩굴을 보태고 황양목과 푸른 대나무를 그 위에 덮었다. 또 구불구불한 형세를 따라 바위를 쪼개어 길을 열고 험한 곳에는 돌다리를 설치하고 허공에는 잔도를 놓았으며 꼭대기에는 높은 나무를 더하였다. 먼 지방의 진귀한 재목을 찾아 천하의 빼어난 재주를 다하여 만들었다. 산의 위아래에는 사방의 진기한 새와 짐승을 가져다 놓았는데 걸핏하면 수만으로 헤아렸다. 그래도 미진하다 여겨 연못을 파서 냇물을 만들고 바위를 쌓아 제방을 만들었다. 바위의 괴이한 모양 그대로 깎거나 다듬지 않았고, 그 나머지 땅에 산을 만들었다. 산의 뼈대가 드러나 깎은 듯 뾰족하여 시원한 선경仙境의 모습이 있었는데, '비래봉飛來峰'이라 하였다. 성가퀴보다 높고 큰 고래가 뒤집는 듯 하고 허리가 100척 정도 되는 곳에 매화 만 그루를 심고 '매령梅嶺'이라 하였다. 그 나머지 산에 단행丹杏과 압각鴨脚을 심고 '행수杏岫'라 하였다. 또 흙과 바위를 쌓고 사이에 틈을 남겨두어 황양黃陽을 심고 '황양헌黃陽巚'이라 하였으며, 산을 쌓아 정향丁香을 심고 그 사이에 바위를 쌓아 험한 땅을 만들고 '정장丁嶂'이라 하였다.

또 붉은 바위를 가져다 그 자연스런 모습대로 쌓아 산을 만들고 그 아래에 산초나무와 난초를 섞어 심고 '초애椒崖'라 하였다. 물과 맞닿는 곳에는 흙을 쌓아 큰 둑을 만들고 동남 지방의 측백나무를 심으니 가지와 줄기가 무성하여 휘어도 끊어지지 않고, 잎마다 휘장과 난학鸞鶴, 교룡蛟龍의 형상을 이룬 것이 수만 개였는데 '용백피龍栢陂'라 하였다. 수산壽山을 따라 서쪽으로 대나무를 옮겨 심어 숲을 만들고 다시 백 수 걸음에 이르는 작은 오솔길을 내었다. 대나무는 뿌리가 같지만 가지가 다른 것이 있어 이루 다 헤아릴 수가 없는데 모두 사방에서 바친 진기한 공물이었다.

또 열에 아홉은 대청죽對靑竹을 섞어 심고 '반죽록斑竹麓'이라 하였다. 또 자줏빛 바위를 구하였는데 매끄럽고 깨끗하기가 마치 깎은 듯하였다. 면적이 몇 길이나 되는데, 이것으로 산을 만들어 첩첩의 산을 우뚝 세우고 산 북쪽에는 나무 궤짝을 두었으며 꼭대기에 깊은 연못을 파고는, 어가御駕가 행차하면 수공水工을 몰아 꼭대기에 올라가게 하여 갑문을 열어 물을 쏟아 폭포가 되게 하였는데, '자석벽紫石壁'이라 하고 또 '폭포병瀑布屛'이라 하였다. 간악의 산기슭에서 돌을 쪼아 층계를 만들었는데 돌이 모두 윤기 나고 매끄러운데 '조진등朝眞磴'이라 하였다. 또 모래톱 위에 꽃나무를 심었는데, 해당海棠을 위에 심었기에 '해당천海棠川'이라 하였다. 수산壽山의 서쪽에는 따로 정원을 만들어 '약료藥寮'라 하였는데 그곳의 궁실과 누정 가운데 널리 알려진 것으로는 '경진전瓊津殿', '강운루絳霄樓', '녹악화당綠萼華堂'이 있다.

천 길 높이의 대를 쌓았는데 도성이 두루 보여 손으로 가리킬 만큼 가까웠다. '벽허동천碧虛洞天'을 만들어 만 개의 산이 빙 둘러싸게 하고 세 골짜기를 만들고 품자문品字門을 세워 앞뒤의 정원으로 통하게 하였다. 그 가운데 팔각정을 세웠는데, 서까래와 창문은 모두 마노석瑪瑙石으로 채웠다. 그 땅을 깎아 용초龍礎를 만들고 경룡강景龍江을 끌어 동쪽으로 안원문安遠門을 나가게 하여 용주龍舟가 동힐경東擷景과 서힐경西擷景 두 정원으로 행차할 때를 대비하였다. 서쪽으로는 배가 '경룡문景龍門'으로 거슬러 올라가 곡강지정曲江池亭에 행차할 수 있게 되어 있다. 다시 '소상강정瀟湘江亭'에서 갑문을 열면 금파문金波門을 통하여 북쪽으로 '힐방원擷芳苑'에 행차하게 되어 있다. 제방 밖에는 보루를 쌓아 보호하였고 물가에는 강도絳桃, 해당海棠, 부용芙蓉, 수양垂楊을 심어 거의 빈틈이 없었다. 또 옛 땅에 소박한 집을 짓고 산기슭에 밭을 만들었다. 동쪽과 서쪽에 두 개의 관문을 내었는데 깎아지른 바위 사이에 있어 길이 좁고 가파르며 뾰족한 바위가 많아 지나는 사람의 마음을 두렵게 하고 다리를 떨게 한다. 모든 정원에서 뭇 봉우리에 오르기 위해 출입하는 곳은 오직 이 두 관문뿐이다. 또 예닐곱 곳의 승경이 있으니, '약룡간躍龍澗', '양춘파漾春陂', '도화갑桃花閘', '안지鴈池', '미진동迷真洞'이다. 그 밖의 뛰어난 경치를 이루 다 기록할 수가 없다. 공사를 마치자 상上께서 '화양궁華陽宮'이라 이름하였다.

4) 강남

|그림 6| 중국 강남 소주蘇州 원림 석가산

중국 강남 원림의 석가산은 태호석太湖石으로 구성되어 있다.

① 개요

　소주蘇州의 태호太湖(洞庭湖)에서 나오는 돌은 원림의 중요한 재료로 사용되었다. 호수 위나 해상에 떠 있는 섬의 경정을 방불케 하는 돌 형태의 태호석은 이른바 중국 고대 당나라시대의 당석唐石이라 하여 대표적인 돌 중의 하나다. 정원석으로 혹은 책상 위에 안치하여 예로부터 문인묵객들이 애호하던 기괴석奇怪石이다. 산지는 강소江蘇·절강성 두 군데에 걸쳐진 태호이다. 호수 밑에서 채석되어 인공적으로 가공한 것이 많고 석회질의 응회암이다.

　중국 북송대의 문인 미원장이 돌에 대하여 제창한 설로서, 즉 명석은 네 가지 빼어난 것이 갖추어져 있어야 한다는 것인데 '투透 준浚 수秀 수瘦'의 사원칙四原則이다. '투透'는 구멍이 뚫려 있고, '준浚'은 석면의 주름이 있어야 하며, '수秀'는 격조 높은 기품을 풍겨야 하며 그리고 '수瘦'는 돌의 살이 여위어 있고 그러면서도 강한 선을 지닌 것이어야 한다고 했다. 이것은 중국의 당대에 태호석을 기준으로 하는 기호의 일례다. 이른바 '미원장의 사원칙'으로 중국에서는 괴석을 즐기는 풍류가 있었다. 이 시대의 괴석류는 정원석으로서 원림문화의 원류源流로 파악된다.

태호太湖는 옛날에 진택震澤이라고 불리웠던 호수로 강소성과 절강성 사이에 위치하고 있다. 태호 안에는 자그마한 산들이 많이 분포하고 있다. 태호석은 바로 소주蘇洲의 명산지로 유명하다. 태호석은 바로 소주蘇洲의 동서東西 동정산 부근의 호수 밑바닥에서 산출되는데 그냥 호석湖石이라 부르기도 한다.

소주부蘇洲府에 속해 있는 동정산 물가에서 수석이 산출되는 것 중에서도 소하만消夏灣에서 산출되는 것의 품질이 가장 좋다. 여기에서 나오는 수석은 그 성질이 견고하고 윤택이 있으며, 곳곳이 움푹 파인 형상, 구멍이 뚫린 형상, 동글동글한 형상, 가파르고 괴기한 형상 등 갖가지 모양을 하고 있다. 어떤 것은 흰색이고, 어떤 것은 푸르고 검은색이며, 어떤 것은 희미하게 검푸른색을 띠고 있다.

② 태호석의 재질

태호석의 재질을 보면, 돌의 결이 가로 세로 사방으로 뻗어 있어, 결이 이리저리 뒤엉켜서 기복起伏을 이루고 있다. 그리고 돌의 표면에는 전체적으로 구멍이 많이 뚫어져 요철凹凸을 이루고 있는데 그 원인인즉 풍랑風浪에 의한 충격 때문으로 이러한 수석을 탄자와彈子窩라고 부른다. 이것을 두드리면 은은한 소리가 난다.

③ 채취방법

이 태호석을 채취하는 사람은 송곳과 끌을 휴대하고서 깊은 호수 속으로 들어가 기이하고 교묘한 형상을 찾아 떼어낸다. 그리고는 큰 새끼줄로 수석을 꿰어서 큰 배 위에 설치한 나무시렁에 매어달아 물 위로 들어올린다.

　이 태호석은 키가 크고 몸체가 거대한 것을 귀하게 여긴다. 그러나 헌당軒堂 앞에 세워놓는 재료로 적합할 뿐이다. 혹은 키가 큰 소나무나 기이한 꽃나무의 아래에 설치하기도 한다. 가산을 만들 적에는 원림의 널찍한 정사亭榭 속에 나열하는데 그럴 경우 웅위雄偉한 풍경을 한껏 보여주게 된다. 그런데 예로부터 현재까지 이 수석을 채취한 지가 오래된 까닭에 현재는 그 수가 많지 않다.

④ 석가산 조성

　가산은 보통 물 위에 세우는 것이 일반적이다. 가산을 만들 때에는 가장 먼저 가산 꼭대기의 높이와 크기를 헤아리고 난 다음에 기초의 깊이를 결정한다. 돌을 쌓으려면 반드시 공간을 이용하는 것에 대하여 잘 알아야 하고, 흙을 북돋으려면 반드시 지면을 이용하는 것에 대하여 잘 알아야만 한다. 가산은 (지형의) 정중앙에 위치시키는 것을 가장 기피하니 산만하게 배치시키는 것이 가장 적합하다. 석가산을 쌓는 일은 말뚝을 땅 속에 묻는 것부터 시작된다. 말뚝의 길이를 계산하고 지반의 허실을 관찰한다. 지세에 따라서 두 개의 기둥을 박고, 고도를 헤아려서 칭간을 달아 놓는다. 그러면 바위를 운반할 때 새끼줄을 견고하게 맬 수도 있고 무거운 것을 드는 데도 수월할 것이다. 맨 먼저 다듬지 않은 돌을 깔아 기초를 만들고, 다음에 큰 바위를 가지고 말뚝 위를 덮어 버린다. 그리고 구덩이에 돌 조각과 석회를 가득 채우고, 습기찬 곳에는 빠짐없이 산돌을 채워 넣는다.

　가산을 세우려 할 때 무게가 나가는 바위를 먼저 쌓고, 점차로 가는 무늬가 아름답게 나 있는 바위를 쌓아 올린다. 말라보이고 구멍이 나 있어 아름다움을 지닌 바위는 기이한 자태가 발생하도록 안치하고, 영롱한 형상의 바위는 교묘한 자태가 보이도록 안치한다.

　깎아지른 듯한 절벽은 곧게 서 있도록 만드는 것이 중요하고, 허공에 달려 있는 듯한 벼랑은 뒷부분을 견고하게 장치하도록 하여야 한다.

바위[岩], 묏부리, 골짜기[洞], 동굴[穴]은 보는 사람이 찾아내지 못하게 만들고 골짜기, 계곡, 산언덕, 낚시터는 실제 자연의 모습과 완연히 같게 설치한다.

발길 내키는 대로 걷다 보면 특별한 경관이 없는 듯 보이다가도 눈을 들어 한 번 살펴보면 그 속에 깊은 정취를 담뿍 지녔음을 느끼게 조성한다. 작은 길은 구불구불 길게 이어지는 것이 바람직하고, 산봉우리는 빼어나게 솟아서 옛 정취를 느끼게 만든다. 여러 곳에 뛰어난 경치를 만들어 산림이 보는 사람으로부터 지척에 있음을 느끼게 하는 것이 중요하다. 가산의 오묘한 설계는 설계자 한 사람을 잘 얻느냐 못 얻느냐에 달려 있고, 가산의 아취는 얼마 되지 않는 흙을 어떻게 바위와 잘 조화시키느냐에 달려 있다.

예를 들어 설명하면, 커다란 바위 하나를 중심 부분에 세워 '주석主石'으로 삼고, 그 곁에 두 개의 봉우리를 세우는데 이것을 '벽봉壁峯'이라 한다. '주석'은 홀로 우뚝 솟아 단아하고 장엄한 자태를 보이게 하고, '벽봉'은 재상이 제왕을 보좌하듯이 '주석'을 보조하는 형세를 지니게 만든다. 이들의 형세는 비록 단순하게 배열하더라도 실제 형상은 '주석'을 따르고 모시게 만든다.

'주석'은 가산의 정중앙에 위치하는 것을 피해야 하지만 정중앙에 위치함이 올바를 경우에는 그렇게 하는 것도 좋다. '벽봉'은 대체적으로 볼 때, 만들지 않아도 좋지만 만들지 않으면 안 되겠다고 판단될 경우 과감하게 만든다.

가산에서 산을 융통성 없이 배열하면 향로와 촛불, 꽃병을 나란히 세워 놓은 것과 같고, 멋없이 나열해 놓으면 칼과 창을 죽 늘어놓은 것과 같을 것이다.

묏부리는 오로봉과 같이 허허롭게 세워져야 하며, 연못은 사방으로 통해야 한다. 아랫부분에서 골짜기가 놓이고 윗부분에는 누대가 놓여야 하며, 동쪽에는 정자가 설치되고 서쪽에는 사榭가 설치되어야 한다.

바위틈 사이로는 표범의 얼룩무늬를 엿볼 수가 있고, 봉우리 사이로 난 길은 아이들이 술래잡기하는 미로와 같이 만든다. 자그마한 가산은 금붕어를 키우는 어항 속 산과 같이 꾸미고, 큰 것은 풍도의 풍경과 같이 만든다. 유행하는 방식대로 만들어 아치 있게 가꾸면 될 뿐이니 옛날의 방식에 따라 만들려고만 애쓸 필요는 없다. 회화에 표현된 그윽한 정취를 가산을 만들 때 반영하고, 실제 산수의 풍부한 정경을 가산 속에 불어 넣는다. 산을 오르기 전에 먼저 산록을 거치도록 하면 자연스럽게 지세가 가파르게 될 것이다. 흙을 옮겨다 산을 쌓으려 할 때 실패와 성공 여부가 바위 조성의 교졸巧拙에만 달려 있는 것은 아니다.

5) 대표적인 문장

여러 돌 중에서 특히 애중하게 여기는 태호석의 형상, 등급, 품격 등을 상세히 묘사했다.

> 돌에는 종류가 있으니, 태호太湖에서 모은 것이 으뜸이고 나부산羅浮山과 천축天竺의 것이 그 다음이다.……구불구불 높이 솟아 영구靈丘에서 피어나는 고운 구름과 같은 것도 있고, 바르고 의젓하게 꼿꼿이 서 있는 것이 도사道士나 신선神仙 같은 것도 있으며, 치밀하고 윤택하며 깎아지른 듯한 것이 홀이나 제기와 같은 것도 있고, 날카롭고 모난 것이 칼이나 창과 같은 것도 있다. 또 규룡虯龍이나 봉황과 같은 것이 있어 웅크리는 듯 움직이는 듯하거나 날아오르려는 듯 뛰어오르려는 듯한 것도 있고, 귀신이나 짐승과 같아서 걷는 듯 달리는 듯하거나 후려치거나 싸우려고 하는 것도 있다. 바람이 거세고 비 내려 어두운 저녁에 골짜기가 열려 구름을 들이마시고 우레를 토해내는 듯 우뚝하여 바라보기에도 두려워할 만한 것이 있는가 하면, 안개가 걷히고 경치가 아름다운 새벽에 바위 낭떠러지에 구름이 잔뜩 껴서 마치 푸른 산기운을 품어내는 것과 같아, 자욱하니 가까이서 즐길 수 있는 것도 있다. 이러한 모습이 아침저녁으로 바뀌어 이름 짓거나 형용할 수가 없었다. 요점만 추려 말하면, 삼산三山과 오악五岳, 수많은 골짜기와 계곡들이 촘촘히 모여 모두 그 안에 있다고 하겠다. 백 길이 한 주먹이 되고 천 리가 일순간─瞬間이 되어 앉아서 얻을 수가 있으니, …… 그러나 저절로 한번 이루어져 변화되지 않은 이래로 몇 천만 년이 흘렀는지 알 수 없지만, 바다 한 귀퉁이에 버려

지기도 하고, 호수 밑바닥에 잠기기도 했을 것이다. 높은 것은 거의 몇 길이나 되고 무거운 것은 천 균鈞에 가까운데, 하루아침 사이에 채찍질하지 않았는데도 왔고 다리가 없는데도 도착하여 기이함을 다투고 괴이함을 자랑하여……

돌은 크고 작은 것이 있는데 네 등급으로 나누어 갑을병정甲乙丙丁으로 품평品評한다. 품계마다 상중하上中下가 있어 각각 돌 뒷면에, '우씨牛氏의 돌로 갑甲의 상上', '병丙의 중中', '을乙의 하下'라고 새겼다.¹

중국에 사신으로 갔던 김상헌이 도어사都御史 장연등張延登의 석가산을 보고 지은 시다.

- 「장찰원의 성 안 화원에서 석가산을 보고 위에는 작은 정자가 있고, 아래에는 깊은 동굴이 있어 기괴하고 교묘하여 매우 뛰어났다[張察院城內花園 觀石假山 上有小亭, 下有陰洞, 奇巧絶勝]」²

一區眞境秘壺中	신선 세계 한 구역이 병 속에 숨겨져 있어
閑占淸都小玉峯	한가하게 청도淸都를 차지한 작은 옥봉우리.
却笑曼卿仙分薄	우습구나, 석만경石曼卿은 신선의 연분 없었는데
異生方許主芙蓉	이생異生에 부용성芙蓉城의 주인이 되었다네.
寒氷未怪夏蟲疑	차가운 얼음은 여름 벌레가 의심해도 괴이할 것 없고
路隔仙山自不知	신선 사는 산과 떨어져 있어 전혀 알지 못하네.
一入洞天塵夢醒	한번 동천洞天에 들어가 속세의 꿈이 깨어나니
人間始信有仇池	인간 세상에 구지혈이 있다는 말 비로소 믿겠구나.

---

1 「태호석기太湖石記」, 백거이白居易.
2 김상헌金尙憲, 『청음집淸陰集』 권9.

김성일이 중국에 사신으로 갔다가 대선원大仙院의 가산을 보고 지은 시다.

- 「대선원의 가산이 매우 아름다워 다시 노닐고자 하였으나 병으로 실행하지 못하였다. 새벽에 일어나 붓 가는 대로 회포를 적어 허성과 차천로에게 올려 함께 지을 것을 요구하다大仙院假山甚佳 欲再遊而病未之果 曉起信筆述懷 呈山前五山 索同賦云」[3]

芙蓉幻出諸天上	연꽃 같은 봉우리는 하늘에서 나온 듯하고
洞壑窈窕當房櫳	깊고 그윽한 골짜기는 창문 앞에 마주하였네.
疏松茂柏翠交加	성긴 소나무와 무성한 잣나무의 푸른빛이 섞이고
瑤草獵獵披香風	귀한 풀 휘날리며 향기로운 바람을 퍼뜨리네.
壺中天地別一區	호중천지 같은 별천지인지라
俗塵不到煙霞中	속세의 먼지는 이 산중에 이르지 않네.

　　……

愛山一念尙未灰	산을 사랑하는 한 마음 아직도 아니 사라져
王屋不費移山功	왕옥산을 옮기는 공 허비하지 않았네.
何年蔥嶺失一支	어느 해에 총령 한 자락이 떨어져나와
浮渡萬里東溟東	만 리 떨어진 동해바다 동쪽으로 떠내려왔나.
更疑龍伯釣巨鰲	아니면 용백국龍伯國의 거인이 다시 자라를 낚시질하여
碧峯飄蕩來禪宮	푸른 봉우리가 회오리바람에 쓸려 선궁으로 온 것인가.
禪宮鎭作一須彌	선궁에서는 하나의 수미산을 지어
留與萬劫同始終	만 겁에 남겨두어 처음과 끝을 함께 하였네.

　　……

---

3 김성일金誠一, 『학봉집鶴峯集』 권2.

何方卜宅近前岑	어떻게 하면 앞 봉우리 가까이에 집을 정하여
便成支許相追從	지둔支遁과 허순처럼 서로 추종하리오.
坐看滄海變桑田	앉아서 푸른 바다가 뽕나무 밭으로 변하는 것을 보고
却笑王母頭如蓬	문득 서왕모의 머리가 쑥대 같아짐을 비웃네.
探玄未了柯欲爛	오묘한 이치 다 찾지 못하였는데 도끼자루 문드러지고
落月滿山山葱籠	지는 달이 산에 가득한데 산은 푸르게 우거졌네.

중국에 사신으로 갔다가 성국공成國公 주응정朱應禎의 별장에 있는 석가산을 보고 지은 시다. 상당히 큰 규모였음을 짐작할 수 있다.

■ 「석가산 시에 차운하다. 성국공 주응정의 별장이다[次韻石假山. 成國公朱應禎別墅]」[4]

台嶽挺奇生戲劇	기이하게 만든 천태산 희극이라 할 만한데
太湖叢怪入掄搜	괴이한 것 모아서 태호를 만들었네.
嵒間徑竇容人繞	바위 사이 오솔길은 겨우 한 사람 지나갈만 하고
洞裏房櫳著處幽	골짜기 속의 집은 그윽한 곳을 차지하였네.
二十年來三易主	이십 년 동안 세 번이나 주인이 바뀌었다니
松杉最是閱春秋	소나무와 삼나무가 가장 오랜 세월을 겪었으리라.

중국에 사신으로 갔다가 노상에서 본 강물 속에 있던 돌을 건져 다듬어 만든 석가산을 읊은 시다.

---

4 최립崔岦, 『간이집簡易集』 권6.

■「석가산. 두 수[石假山. 二首]」[5]

何年巖骨浸滄江　몇 해 동안 푸른 강에 담겨 있던 바위를
好事愚公費力扛　호사가 우공이 힘써 들어 올렸네.
鼇背三山茲第一　거북 등의 삼신산은 이것이 제일이니
壺中九岳定難雙　병속의 구악은 정녕 둘이기 어려워라.
劍門天鑿金牛路　하늘이 만든 검문에는 금우金牛 다니는 길 있고
石室雲迷玉女窓　구름 자욱한 석실엔 옥녀창 있네.
試踏飛梯窺絶澗　구름다리 밟으며 벼랑 아래 개울물 보노라니
杖頭先響足音跫　지팡이 끝에서 발자국 소리 먼저 울리네.

돌을 깎아 잔도栈道를 만들었는데 좌우에 있는 석실石室이 이루 다 셀 수 없을 정도였다. 그러므로 5·6구에 언급했다[鑿石爲閣道, 左右石室, 殆不可記, 故五句六句及之].

蜀峽巫山面面開　촉협蜀峽의 무산巫山이 하나하나 보이나니
層樓飛閣駕崔嵬　층층 누대와 날 듯한 누각이 우뚝하게 솟아있네.
　　　　……
桂樹玲瓏生石磴　계수나무는 영롱하게 돌 비탈서 자라고
仙霞縹緲鎖瑤臺　신선 안개 자욱한데 요대는 닫혀있네.

소순蘇洵은 「목가산기」에서 나무가 목가산이 될 수 있는 자질, 형상, 목가산에서 느낀 감회 등을 묘사했다.

---

5 이정구李廷龜, 『월사집月沙集』 권3.

'나무가 자랄 적에 혹 싹이 나서 죽기도 하고 혹 한 拱(한 움큼)이 되어 요절하기도 하며 다행히 동량棟樑(기둥) 감에 이르면 베임을 당하고, 불행히 바람에 뽑히고 물에 표류되어 혹 파절破折되고 혹 부패하기도 하며, 다행히 파절되지 않고 부패하지 않으면 사람이 재목으로 여기는 바가 되어 도끼와 자귀로 베이는 화가 있다. 그 중에 가장 다행스러운 것은 여울과 모래 사이에 부침하고 골몰하기를 몇 백 년이나 하였는지를 알 수가 없고 격류가 속을 파먹은 나머지에 혹 산과 방불한 것이 있으면 일을 좋아하는 자들이 취해 가서 억지로 산으로 여기는 경우가 있으니, 그러한 뒤에야 진흙과 모래를 벗어나고 도끼와 자귀를 멀리 할 수 있다. 그러나 큰 강가에 이와 같은 것이 몇 개나 되며, 일을 좋아하는 자에게 발견되지 않고 초부樵夫(나무꾼)와 야인에게 땔감이 되는 것을 어찌 이루 헤아릴 수 있겠는가? 그렇다면 가장 다행스러운 가운데에도 또 불행이 있는 것이다.

내 집에 세 봉우리의 목가산이 있는데, 나는 매양 생각하면 운수가 그 사이에 있는 듯하다. 또 그 싹이 나와 죽지 않고, 拱이 되어 요절하지 않으며, 또 동량이 될 만한 데도 베임을 당하지 않고, 바람에 뽑히고 물에 표류되어 파절되지 않고 썩지 않으며, 파절되지 않고 썩지 않았으면서 사람에게 재목으로 여겨짐을 당하여 도끼와 자귀에 미치지 않으며, 여울과 모래 사이에서 나와 초부와 야인에게 땔감이 되지 않은 뒤에야 이에 이를 수 있었으니, 그렇다면 그 이치가 우연하지 않은 듯하다.

그러나 내가 사랑함은 다만 산과 같아서가 아니요, 보고 느껴지는 바가 있기 때문이며, 다만 느껴짐이 있어서만이 아니요, 또 고경하는 바가 있어서이다. 내가 보건대 가운데 봉우리는 높이 버티어 있어 의기가 단중端重하여 그 옆에 있는 두 봉우리를 복종시킴이 있는 듯하고, 두 봉우리는 씩씩하고 뾰족하고 늠름하여 범할 수 없으니, 비록 그 형세는 가운데 봉우리에 복종하는 듯하나 苶然히 결코 아부하는 뜻이 없다. 아! 공경할 만하며, 그 느껴지는 바가 있을 만하구나!'

6) 옥가산 유물

미국 스탠포드대학 박물관에 소장되어 있는 청대의 옥가산이다. 옥가산의 봉우리, 노송, 동자를 데리고 가는 노인의 모습 등이 세밀히 표현되어 있다.

|그림 7| **중국 청대 옥가산**(미국 스탠포드대학 박물관 소장)

나. 일본 축산

중국과 한국에서는 석가산이라 부르지만 일본에서는 축산이라고 한다.

나라시대 도인東院정원의 축산은 발굴결과를 근거로 복원된 것으로 일본 고대의 축산 기법 즉 주봉의 큰 돌을 세우고 주변에 작은 돌이 여러 형태로 배치된 것을 볼 수 있다. 무로마치시대 다이센인大仙院정원의 축산은 큰 돌을 세우고 부석副石은 관음석觀音石으로 불교를 상징하고 측면에 작은 돌을 세워서 폭포를 만들고 석교도 볼 수 있다. 모모야마挑山시대의 니조성 니노마루 축산은 근세의 것으로 작은 폭포가 중심에 있고 학도鶴島, 귀도龜島, 봉래산 등으로 구성되어 있다.

축산에 관한 문헌은 『작정기作庭記』, 『산수병야형도山水並野形圖』, 『축산염지록築山染指錄』, 『축산정조전築山庭造傳』, 『석조원생팔중원전石組園生八重垣傳』 등이며, 현재 상당수 남아있다.

| 그림 8 | 도인東院정원(나라시, 나라시대)

| 그림 9 | 도인정원(나라시, 나라시대)

| 그림 10 | 다이센인大仙院정원(교토시, 무로마치시대)

| 그림 11 | 니조성 니노마루(교토시, 모모야마시대)

2. 국내 유적 조사

가. 무기연당

| 그림 12 | **무기연당 석가산**(경남 함안)

    1728년(영조 4) 이인좌의 난 때 의병을 일으켜 큰 공을 세운 주재성周宰成의 덕을 칭송하고 높은 뜻을 기리기 위하여 그의 생가 한쪽 편에 만든 연못이다. 이 연못을 국담이라 하였고 정확한 조성연대는 알 수 없다.
    연못은 직사각형으로 그 한가운데 섬이 있는데 봉래산을 연상시키는 석가산이다. 연못과 섬의 형태는 원형原型에 가까울 것으로 추정되지만 호안 상태는 고증을 할 수 없다. 북쪽에 하환정何換亭, 풍욕루風浴樓를 지었다. 하환정은 정면 2칸, 측면

2칸 규모로 팔작지붕이고 연당 쪽으로 난간을 설치하였다. 풍욕루는 댓돌을 높이 쌓고 앞뒤 퇴가 있는 3칸 규모로 팔작지붕이다. 연당 서쪽에는 영귀문詠歸門이라는 일각문이 있고 담장으로 둘러싸여 있다.

나. 윤증 고택

| 그림 13 | **윤증 고택 석가산**(충남 논산)

고택은 조선 숙종 때 윤증尹拯(1629~1714)이 건축했다고 전해지며 사랑채 앞 축대 위에 자그마한 크기의 석가산이 있다. 이 석가산은 금강산을 본떴다고 하며 석가산과 수지水池가 잘 갖추어져 있다. 이 석가산을 식별할 수 있는 100년 전의 사진이 남아있어서 조성연대를 그 이전으로 추정할 수 있다.

다. 정여창 고택

| 그림 14 | **정여창 고택 석가산**(경남 함양)

조선 성종 때의 대학자인 정여창鄭汝昌(1450~1504) 고택古宅으로 사랑채 끝 담장에 석가산을 조성하여, 사랑채 안에서 조망하며 완상할 수 있도록 했다. 산석山石을 배치하여 삼봉형三峰形으로 주산主山을 높게, 좌우는 각각 다른 높이로 그보다 낮게 하고 그 아래에 깊은 골짜기를 나타내는 석곡石谷의 형상과 알맞은 나무를 배식配植하여 아름답게 꾸몄다.

제 5 장

복원도

석가산, 목가산, 옥가산, 괴석의 가산에 관한 문헌조사 분석과 유적·유물 조사를 통해서 조선시대 가산의 실체를 추정 규명할 수 있다. 이를 토대로 구체적인 형상의 표현이 가능하고 각각의 입지와 성격이 다른 세 가지 유형의 가산으로 분류하여 채수 석가산, 담양 서하당 석가산, 옥가산의 3종의 복원도를 작성했다.

세 가지 유형의 복원도와 복원 근거 문헌의 내용은 다음과 같다.

1. 채수 석가산 복원도

채수의 사랑채 정원 연못 중도中島에 조성했을 것으로 추정되는 석가산이다. 「석가산폭포기石假山瀑布記」(『나재집懶齋集』)에 구체적인 규모, 형상, 조영 기법, 식생 등이 상세히 묘사되어 있다.

1) 규모, 형상

샘물이 나오는 돌 틈 바늘귀만한 곳을 헤아리건대, 池面보다 석 자쯤 높았다.……이 연못은 둘레가 겨우 몇 발[數丈]이고 깊이도 겨우 몇 자이며, 산 높이는 다섯 자이고 둘레는 일곱

| 그림 15 | 채수 석가산 복원도

자이며, 폭포의 물줄기는 두 자 남짓하고 林木들은 네다섯 자이지만, '峰巒崷崒', '洞壑窈窕', '飛瀑爭流'라는 말을 방불케 하며, 큰 바다[溟渤]를 여러 길[數丈]의 땅에 감추고, 몇 자 되는 돌로 봉래, 영주산을 축소해 놓은 듯하니, 비록 정건鄭虔과 왕유王維가 정력을 專主하고 기교를 다하였다 하더라도 그 만 분의 일도 나타내지 못하였을 것이다.

2) 조영 기법

終南山(남산)의 별장에 샘이 있는데 남쪽 담장 밖 돌 틈 바늘귀 같은 데서 샘물이 나온다. (샘물은) 달콤하고 향기로우며 차고 시원하다. 그래서 바로 마루[廳事] 앞에 못을 파고 흐르는 샘물을 가두고는 연芙蕖을 심었다. 괴석을 모아 그 못 가운데 가산을 만들고는 소나무, 삼나무, 회양목을 심되 늙고 왜소한 것을 골랐다. 또 땅속에서 潛流하는 것으로부터 물을 이

끌어 못에 이르게 하였는데, 동쪽으로는 대나무를 잘라 이리저리 굽혀서 연못 아래 묻어두고 물이 통筒 속으로 들어가게 하였다. 그리하여 가산의 위로 물이 세차게 올라갔다가 흘러서 폭포를 이루는데, 대개 두 단계로 연못에 떨어지니, 이미 샘이 담장 밖에 있는지를 알지 못하겠고, 또 물이 연못 아래 통속에서 나오는지를 알지 못하겠다. 홀연히 淸流가 가산 위에서 솟아나는 것을 보게 되면, 모두들 驚怪함을 헤아릴 수 없었으니, 그 물이 곧장 가산에서 솟아 나오는지 의아해 하였다.

古今에 산을 좋아하여 石假한 자가 많다. 비록 더러 폭포를 만들기도 하는데, 으레 모두 산 뒤쪽을 높이고 지면에서 물을 끌어올려 산 앞으로 흘러나오도록 폭포를 만들었다. 이로 말하자면 사면에 못물이 고리처럼 빙 둘렀는데, 폭포의 물은 청철淸澈하여 연못의 물이 혼탁한 것과는 다르다. 위로 산 정상에서 흘러나와 폭포가 되는데……'峰巒峭峚', '洞壑窈窕', '飛瀑爭流'라는 말을 방불케 하며, 큰 바다[溟渤]를 여러 길[數丈]의 땅에 감추고, 몇 자 되는 돌로 봉래·영주산을 축소해 놓은 듯하니……이 샘은 이미 물맛이 달고 시원하여……또 괴석과 소나무, 회나무가 있는 사이를 흘러 곧장 아래로 떨어지는 것이 여러 자인데, 마치 한 줄기인 양 선명하다. 경계가 가파르며 푸릇푸릇한 산봉우리가 낮 밤으로 쳐다보아도 싫증나지 않으니……또 고요한 밤 잠 못들 때 베개를 돋우고 그 소리를 들으면 瑲瑲王郞 王郞 함이 마치 箜篌를 타는 소리와 같으니……

3) 식생

연못을 파고……연[芙蕖]을 심었다.……못 가운데 가산을 만들고는 소나무, 삼나무, 회양목을 심되 늙고 왜소한 것을 골랐다.……괴석과 소나무, 회나무가 있는……

2. 담양 서하당 석가산 복원도

전라남도 담양 지곡리의 식영정 후면에 위치한 서하당 연못에 조영했을 것으로 추정하는 석가산이다. 임억령, 정철, 김성원의 시문에는 석가산을 삼신산으로 표현하였고, 약포, 연지, 석정이 상징적으로 묘사되었다.

| 그림 16 | 서하당 석가산 복원도

임억령林億齡

假山	가산
方丈三韓外	삼한 밖에 있는 방장산
奇峯千萬重	기이한 봉우리 천만 겹이라네.
波衝餘瘦骨	파도에 부딪혀서 골격이 수척해졌으니
來對古仙翁	옛 선옹을 마주한 것 같네.

藥圃　　　약포

瀟洒書窓畔　맑고 깨끗한 서창너머 밭두둑에
栽培細雨餘　가랑비 끝에 약초를 재배하였네.
病身須藥物　병든 몸에 모름지기 약물이 필요하여
閑坐閱方書　한가히 앉아서 방서를 보네.

蓮池　　　연지

山雨無端打　산에 내리는 비 까닭 없이 쏟아지는데
空堂皆夜喧　비어있는 쓸쓸한 집 밤 내내 떠들썩하다.
猶嫌俗客到　혹시나 속객이 이를까 의심을 하여
新葉漸遮門　새로 돋는 연잎 점점 문을 가리어 간다.

石井　　　석정

甃石以爲池　추석으로 연못을 만들고
强名之曰井　굳이 이름 하여 석정이라 하였네.
山風作起文　산바람 불면 언뜻 물결이 일고
松月新磨鏡　소나무에 걸친 달 새로 닦은 거울이구나.

　　　　　　　　　　　　　　　정철鄭澈

假山　　　가산

巧削神應助　신의 도움 받아 교묘하게 깎이어
深藏海幾重　바다 속 깊이 숨어 있었네.
侯門歌吹地　노래하고 피리 부는 제후의 집이
爭似此山翁　이 산의 늙은이에 비하면 어떠한가.

김성원金成遠

藥圃　　　　약포
辛苦十年疾　　십년 묵은 질병을 앓아오면서
栽培一畝餘　　한 이랑 남짓에 약초 가꾸네.
自能知對病　　스스로도 병 고칠 줄 능히 알련만
何必對方書　　하필이면 약방문을 찾을 것인가.

蓮沼　　　　연소
丁寧茂叔說　　정녕 주무숙의 애련설을
千載口徒喧　　오래도록 입으로만 떠들어 왔네.
欲得無窮意　　이제야 그 무궁한 뜻 알고자 하여
空山獨閉門　　빈산에서 외로이 문을 닫았네.

假山　　　　가산
片石當階立　　섬돌 마주하여 조각 돌 쌓으니
層巒翠幾重　　층계 꼭대기에 푸른빛 몇 겹인가.
深思夢爲鶴　　생각에 잠기다 꿈속의 학이 되니
飛入訪仙翁　　선계의 늙은이 날아가 찾는다네.

石井　　　　석정
山下有源泉　　산 아래에 원천을 두고
分流開小井　　갈라져 흐르다 작은 샘이 되었다네.
清明徹玉壺　　청명한 그 샘물 옥병에 담아오니
作我照心鏡　　내 마음 비춰주는 거울이라네.

3. 옥가산 복원도

사랑채 문갑 위에 놓인 연적이다. 유도원의 「옥가산기」에는 옥가산의 형상 묘사와 명산의 폭포를 상징했고 와유의 즐거움을 기록했다.

| 그림 17 | 옥가산 복원도

- 「옥가산기 연적이 산의 모양을 하고 있어서 이렇게 이름 지었다[玉假山記硯滴 象山形 故名]」. **유도원**柳道源

옥가산玉假山은 소옹素翁 김정지金定之가 보관하고 있던 것이다. 어리석은 나는 산을 옮기고자 한 지가 오래되었는데, 금년 겨울에 소옹이 옥가산을 짊어지고 노애蘆厓를 찾아와 나에게 주었다. 내가 절하여 받고 완상하였다.

　산은 모두 다섯 봉우리인데 가운데 있는 것은 가파르고 높았다. 양 옆으로 가면서 조금씩 낮아지며 빼어남을 겨루는 것이 넷이었다. 네 면에는 기암괴석奇巖怪石이 이루 헤아릴 수 없이 많았고, 바위틈과 돌구멍에는 때로 사찰을 두기도 하였다. 그 가운데를 비워 물 한 되를 담을 수 있게 하고, 동쪽과 서쪽 두 봉우리에 물이 들어오고 나가는 구멍이 있다. 때때로 물이 나와 흐르면 마치 높은 산에서 떨어지는 폭포와 같이 황홀하였다. 완상하며 음미하노라니, 냉산冷山(백두산)의 장백폭포長白瀑布와 향로봉香爐峯의 비류폭포飛流瀑布를 앉아서 보는 것 같았다.

　나는 평소 산수에 대한 벽癖이 있었지만 만년에 기거하는 곳에는 즐길 만큼 아름답고 빼어난 산수가 전혀 없었다. 다행히 이 옥가산을 얻어 문을 나가지 않고도 두 가지 즐거움을 갖추게 되었으니, 옛 사람이 와유臥遊할 밑천으로 삼았던 것뿐만이 아니었다.

제 6 장

결론 및 제안

조선시대 석가산의 원형 복원을 위한 목적으로 수행한 본 연구는 문헌 연구와 유적・유물 조사 연구를 중심으로 수행했고, 분석 결과 가산의 세 가지 유형에 대한 복원도를 작성했다. 문헌 연구는 조선시대 사대부들의 문집을 집대성한『한국문집총간』을 중심으로 석가산기, 목가산기, 옥가산기, 괴석기를 조사하여 번역하고 자료 분석 작업을 거쳤으며, 또한 중국과 일본의 가산 관계 자료도 수집하여 번역 분석하였다. 유적과 유물 조사는 국내의 경우 전국의 석가산 유적지를 직접 조사 답사했으며, 중국과 일본의 경우도 석가산 유적지를 직접 조사 답사했다.

그 결과 가산의 조영 배경은 와유臥遊라고 할 수 있으며, '가산' 경영의 경전적 근거로는『논어』와『중용』,『장자』를 들 수 있고, 사상적 배경은 신선사상이 중심이 된다.

조선시대에 석가산 조영에 관한 대표적인 문장은 15세기와 16세기에 걸쳐서 조영된 성임과 채수의「석가산기」를 들 수 있다. 이 문장들에서는 석가산 조영에 관한 규모, 형상과 샘물, 연못, 폭포, 간수澗水, 입수, 물고기 서식 등의 물처리 기법과 골짜기, 봉우리, 골목, 동굴, 절벽 등을 만드는 가산 기법과 건물 조영 그리고 화초, 숲 등 식재 등이 상세히 표현되어 있다.

조영 기법에서 문헌 연구에 의한 가산의 입지는 서울의 인왕산, 남산, 동대문,

장암산藏巖山, 명례동明禮洞, 승정원에 있는 괴석, 평양 감영, 함경도 회령會寧, 남원, 개성의 남산南山 아래 대활동大闊洞, 충청도에 있는 수운정의 괴석, 경상북도 영풍군의 목가산 등이다.

■ 기법

석가산 조영 기법의 기본은 연못을 파서 물을 끌어오고, 돌을 쌓아 가산을 만드는 것이다. 연못에 물을 대고 석가산에는 여러 가지 초화, 수목을 심고 정자를 배치했다.

석가산의 규모, 형상, 소나무 식재 등 조영 기법에서 석가산 규모는 한 길, 자, 척, 치, 보, 아름 등으로 조금 구체적으로 표현되거나 주먹만한 크기 등으로 추상적으로 표현되었다.

형상은 기이하고 삼신산을 상징하며 석가산 봉우리는 한 개가 아니라 여러 개도 있었다. 서른여섯 봉우리로 된 석가산도 있다.

석가산을 쌓고 국화를 심는 등 화초와 수목을 식재하여 석가산에 들어가면 마치 산수 간에 있는 착각을 들게 한다. 소나무, 석죽, 이끼 등을 심고 작은 물고기가 놀며 석가산에 폭포도 만들었다. 한 줌의 돌에서 시작해서 담벼락에 기대어 쌓기도 했다.

평안감영에 조성한 석가산에는 판축하여 연못을 만들고 정자를 세웠다.

석가산을 아버지, 소식蘇軾·소철蘇轍 형제에 비유적으로 표현하거나 과장되게 묘사한 것도 있다.

매우 특이한 석가산으로는 감상을 위해 만든 것이 아니라, 효자가 어버이의 무덤을 보호하기 위하여 4, 50년에 걸쳐 차츰차츰 쌓은 것도 있다.

옥가산 기법은 연적으로 사용한 옥가산의 형상과 사찰 배치, 그리고 물 처리 기법과 명산의 대표적인 폭포에 비유하기도 했다.

괴석 기법은 괴석의 형상으로 동물의 형상을 묘사했다. 노송, 신선 세계에 비유하고 괴석 산지를 나타내기도 했다. 괴석에 판지 연못을 만들고, 명승에 비유하고 괴석과 소나무 즉 송석松石을 묘사했다.

괴석을 대자연으로 과장되게 표현했고 괴석을 남에게 빌려서 완상하기도 했다.

목가산은 매화 등걸로 만든 목가산, 침향목沉香木으로 만든 목가산이 있다.

목가산을 만들고 주변에 여러 가지 풀을 심고, 물을 적셔 안개가 피어나게 한다. 목가산을 명산과 신선 세계로 상징적으로 묘사했다.

유적·유물 조사에서 중국의 경우 당시대의 석가산 유물과 송대의 기록에서 고증을 확실히 할 수 있고, 그 이후 명·청대의 원림에는 상당수의 석가산이 잘 보전되어 있고 연못과 함께 원림의 주경관을 구성하고 있다. 중국의 명·청대 강남원림의 석가산은 태호석으로 대표되며 독특한 석가산 조영 양식을 보인다.

일본의 경우 중국과 한국에서는 석가산이라 부르지만 일본에서는 축산이라고 한다. 일본의 축산 유적은 대단히 많고 보전이 양호하며 축산에 관한 기록도 상당수에 달한다. 나라시대 도인정원의 축산은 발굴결과를 근거로 복원된 것으로 일본 고대의 축산 기법을 확실히 볼 수 있다. 헤이안시대, 무로마치시대, 모모야마시대 그 이후에도 상당수의 축산이 연못과 함께 정원의 주경관을 구성하고 있다.

국내의 경우는 중국, 일본과 비교해서 남아있는 유적 수가 극히 적다. 호남지방보다는 영남지방에 보존이 대체적으로 양호한 석가산이 3, 4개 남아 있을 뿐이다. 이 석가산들은 조선 후기의 것으로 보이며 정확한 원형 추정은 불가능하고 중국, 일본과 마찬가지로 도교의 신선사상을 배경으로 한 것이다.

■ 복원도

조선시대 가산에 관한 문헌 조사 연구와 유적·유물 조사 연구를 통해서 가산의 실체를 추정 규명할 수 있다. 이를 토대로 구체적인 형상의 표현이 가능하므로 각각의 입지와 성격이 상이한 세 가지 유형의 가산으로 일단 분류하였다. 분류 후 분석연구 과정을 거쳐서 채수 석가산 복원도, 담양 서하당 석가산 복원도, 옥가산 복원도 3종의 복원도를 작성했다.

■ 제안

가산은 한국, 중국, 일본의 동북아 삼국에 있어서 전통조경의 주경관을 구성한다. 연못 등의 수공간과 함께 한국 전통조경 공간의 핵심적 구성요소가 되었던 가산을 앞으로 원형 복원함으로써, 한국 전통경관이 반드시 원래의 모습으로 회복되어야 할 것임을 제안하고자 한다.

제2편

문헌 속에 나타난 가산

제1장 개괄

1) 자료현황

- 석가산 65건(조선 초기 19건, 조선 중기 24건, 조선 후기 22건)
- 목가산 23건
- 옥가산 2건
- 괴석 40건
- 중국 3건

2) 석가산 65건

● 조선 초기 19건

• 가산의 안개(假山烟嵐)	최항崔恒
• 석가산기石假山記	김수온金守溫
• 가산의 안개(假山煙嵐)	신숙주申叔舟
• 가산의 안개(假山煙嵐)	성삼문成三問
• 가산기假山記	서거정徐居正
• 가산假山	서거정

• 석가산시서石假山詩序	이승소李承召
• 석가산石假山	이승소
• 가산찬假山讚	강희맹姜希孟
• 최태보의 집에 석가산 세 개가 있는데, 봉우리와 골짜기가 영롱하여 사랑스러웠다. 그 중 하나를 옮겨다가 서실 옆에 두고자 하였으나, 나의 집에는 그 값에 상당하는 물건이 하나도 없다. 우선 소식蘇軾의 「호중구화시壺中九華詩」의 운을 써서 태보에게 바치다[崔台甫家有石假山, 三朶峯巒, 洞穴玲瓏, 可愛也. 欲易其一, 置之書室傍. 僕之家, 無一物可相直者, 姑用東坡壺中九華韻呈台甫]	김종직金宗直
• 가산의 안개[假山烟嵐]	홍귀달洪貴達
• 기지耆之가 마루 앞에 물을 끌어와 못을 만들고, 못 가운데에는 가산을 만들었는데, 둥글고 기이한 형상이 볼만 하였다. 나는 자준子俊, 숙강叔强과 함께 감상하였다[耆之軒前引流爲池, 池中設假山, 環奇可觀. 余與子俊, 叔强同賞]	성현成俔
• 석가산부石假山賦	성현
• 가산의 안개[假山烟嵐]	유호인兪好仁
• 성종대왕成宗大王의 칙명에 의하여 지은 시, 비해당匪懈堂의 48편 시에 차운하다[應製, 次四十八詠韻]	채수蔡壽
• 사십팔영갱운응제四十八詠賡韻應製	김일손金馹孫
• 가산의 안개[假山烟嵐]	박상朴祥
• 출처出處에 대한 오언절구 다섯 수를 지어서 번중蕃仲에게 주다 [出處五絶, 贈蕃仲]	심의沈義
• 외질 심수정沈守精이 지은 「석가산장편石假山長篇」을 보니 매우 아름다워 절구 한 수를 짓는다[見外侄沈守精作石假山長篇, 佳甚, 作一絶]	조욱趙昱

◉ 조선 중기 24건

• 서하당棲霞堂	임억령林億齡
• 김언우가 국화를 심은 석가산을 준 것에 감사하며 차운하다[次韻謝金彦遇惠石假山種菊]	이황李滉
• 소쇄원 48영瀟灑園四十八詠	김인후金麟厚
• 우연히 지은 시를 기록하여 김희복에게 주고 화답을 구하다 [偶吟錄奉金生求和希福]	임운林芸

• 가산. 임언실 희무의 시에 차운하다. 절구 두 수 [假山, 次林彦實希茂韻 二絶]	노진盧禛
• 가산. 임언실林彦實의 시에서 차운하다[假山, 次林彦實韻]	노진
• 석가산石假山	권벽權擘
• 서하당잡영棲霞堂雜詠	정철鄭澈
• 대선원大仙院의 가산이 매우 아름다워 다시 노닐고자 하였으나 병으로 실행하지 못하였다. 새벽에 일어나 붓 가는 대로 회포를 적어 허성과 차천로에게 올려 함께 지을 것을 요구하다 [大仙院假山甚佳 欲再遊而病未之果 曉起信筆述懷 呈山前五山 索同賦云]	김성일金誠一
• 석가산 시에 차운하다[次韻石假山]	최립崔岦
• 지가운池駕雲의 석가산에 붙이다[題池駕雲石假山]	유희경劉希慶
• 석가산石假山	이호민李好閔
• 채간蔡衎에게 답함[答蔡樂而衎]	정경세鄭經世
• 석가산 두 수石假山二首.	이정구李廷龜
• 장찰원의 성 안 화원에서 석가산을 보고[張察院城內花園, 觀石假山]	김상헌金尙憲
• 송이율의 시에 차운하다 2수[次宋而栗韻二首]	김응조金應祖
• 석가산石假山	윤선도尹善道
• 눈 덮인 가산의 노래[雪假山行]	이민구李敏求
• 석가산石假山	이명한李明漢
• 장암석가산기藏巖石假山記	강헌지姜獻之
• 석가산 주인에게 써주다[書與石假山主人]	오도일吳道一
• 조씨의 석가산 기문[曹氏石假山記]	오도일
• 남동의 석가산[南洞石假山]	오도일
• 조석우曹錫禹 백흥伯興의 석가산에 쓰다[題曹錫禹伯興石假山]	오도일

⦿ 조선 후기 22건

• 수와睡窩 최자장崔子長을 애도하며[挽睡窩崔子長]	홍세태洪世泰
• 기영箕營에서 가산假山과 판지板池를 만들고 작은 정자를 짓고 아무렇게나 읊어본다[箕營作假山板池, 因構小亭, 漫詠]	조태채趙泰采
• 최도인석가산명 병서崔道人石假山銘 幷序	이만부李萬敷
• 우연히 사복士復과 함께 최수옹崔睡翁의 석가산을 방문하였는데, 최수옹이 매우 간절히 시를 구하기에 어쩔 수 없이 써서 주다 [偶與士復訪崔睡翁石假山, 崔求詩甚勤, 不能不書贈]	김춘택金春澤

• 석가산기石假山記	나중경羅重慶
• 석가산명石假山銘	남하정南夏正
• 석가산이 있는 성응聖凝의 집에서 공보共甫·백순伯純과 함께 짓다[石假山聖凝宅, 與共甫·伯純, 共賦]	조문명趙文命
• 최군의 석가산에 붙이다[題崔君石假山]	윤봉조尹鳳朝
• 석가산기石假山記	이익李瀷
• 종백씨從伯氏의 일섭정日涉亭 시에 차운하다[次從伯氏日涉亭韻]	조현명趙顯命
• 석가산기石假山記	오달운吳達運
• 석가산기石假山記	남용만南龍萬
• 석산재기石山齋記	박사해朴師海
• 석가산기石假山記	박사해
• 청주淸州 김첨지金僉知를 애도하며[輓淸州金僉知]	신광수申光洙
• 석가산기石假山記	정범조丁範祖
• 석가산石假山	정범조
• 연지석가산蓮池石假山	정약용丁若鏞
• 석가산을 읊은 김여일의 시에 차운하다[次金汝一詠石假山韻]	저자미상
• 석가산서石假山序	심정탁沈廷鐸
• 석가산기石假山記	심규택沈奎澤
• 석가산기石假山記	안정회安貞晦

3) 목가산 23건

• 목가산木假山. 장난삼아 소식蘇軾과 매요신梅堯臣의 운韻을 쓰다 [木假山, 戲用蘇雪堂梅宛陵韻]	김안로金安老
• 목가산木假山	송순宋純
• 가산假山	김인후金麟厚
• 창밖의 매화 봉우리가 두루 눈서리를 맞아 시를 짓다 [窓外梅峯 徧受氷雪 有作]	김인후
• 목가산木假山	김인후
• 매화 봉우리[梅峯]	김인후
• 이李 진사進士를 애도하며[挽李上舍]	김인후

• 침향 괴석[沉香怪石]	유희경劉希慶
• 우연히 소목가산小木假山에 시를 지어 이것을 만든 공인工人 안천극安天克에게 주다[偶題小木假山, 贈造工安天克]	이식李植
• 목가산을 읊다[詠木假山]	장유張維
• 단룡침檀龍枕의 서문[檀龍枕序]	김득신金得臣
• 목가산기木假山記	박장원朴長遠
• 집의 하인이 땔나무를 해왔는데 그 사이에 오래된 등걸[老査] 하나가 섞여 있었다. 사촌동생 세집世集이 그것을 가져와 목가산을 만들어 책상 곁에 두고서는 오언율시를 지어 보여주기에 장난삼아 그 시에 차운次韻하다[家奴取薪, 有一老査雜於其間. 從弟世集持歸, 以爲木假山, 置於案側, 仍賦五言律來示, 戲次其韻]	박세채朴世采
• 정숙향鄭叔向에게 답하다[答鄭叔向]	이형상李衡祥
• 목가산기木假山記	임창택林昌澤
• 회갑날에 여성汝成 등 제군諸君들이 시를 지었는데, 여기에 화답하다[初度日汝成諸君皆有詩, 和之]	남유용南有容
• 박효백朴孝伯의 「소노천蘇老泉의 목가산기木假山記를 읽고」 뒤에 쓰다[題朴孝伯讀蘇老泉木假山記後]	안정복安鼎福
• 목가산기木假山記	김약련金若鍊
• 목가산기木假山記	신필흠申弼欽
• 목가산설木假山說	이호우李浩祐
• 목가산설木假山說	도한기都漢基
• 목가산명木假山銘	허훈許薰
• 홍칠하洪七何의 목가산 시에 차운하다[次洪七何木假山韻]	허훈

4) 옥가산 2건

• 옥가산玉假山을 보내준 한강寒岡 정구鄭逑에게 감사드리며 [謝鄭寒岡逑送玉假山]	김우옹金宇顒
• 옥가산기玉假山記	유도원柳道源

5) 괴석 40건

• 이끼로 덮인 괴석[苔封怪石]	김수온金守溫
• 이끼로 덮인 괴석[苔封怪石]	박상朴祥
• 단산丹山 원님에게 보내어 산개山芥, 해청海靑, 괴석怪石을 청하다 [投丹山守, 乞山芥海靑怪石]	박상
• 괴석怪石	임억령林億齡
• 친구의 괴석을 구하는 시에 차운하다[次友人求怪石]	황준량黃俊良
• 괴석怪石	최립崔岦
• 괴석怪石	홍가신洪可臣
• 동지사 최립의 석가산 시에 차운하다[次崔同知岦石假山韻]	성문준成文濬
• 가평嘉平으로 가는 길에 괴석怪石 시에 차운하다[次嘉平道中怪石]	이수광李睟光
• 석가산설石假山說	박진경朴晉慶
• 을미년 2월 23일 꿈에 괴석 하나가 특이하고 교묘하게 세워져 있었는데, 오래된 소나무 가지와 줄기에 얽히고 얽혀, 푸른빛이 가득하였다. 나는 그 봉우리를 '독수봉獨秀峯'이라 불렀다. 다음날 허정許亭에서 노닐다가 새로 가져온 못생긴 돌을 보았는데, 모두 꿈에서 본 것과 똑같았다. 이에 아무 생각 없이 방에서 자고 있었던 것이 진짜 내가 아니라는 것을 알겠다. 범씨자范氏子가 꿈에서 서쪽 오랑캐를 엿보았던 것이 역시 이런 것이었던 듯하다[乙未二月二十三日夢, 怪石一株特奇巧植, 古松枝幹纏繞, 雜翠蒙冪, 余號其峯曰獨秀. 翌日遊許亭, 見其新致醜石, 悉如夢中所見. 乃知枵然寢于室中者非眞我也, 范氏子出神覘西虜, 亦是道耶]	이민구李敏求
• 허정虛亭에 또 괴석 하나를 가져다가 이전에 있던 돌과 나란히 세워 놓았다. 다시 짧은 율시를 짓는다[許亭又致怪石一株, 與前石竝立, 再賦短律]	이민구
• 괴석을 읊다[詠怪石]	하홍도河弘度
• 괴석怪石	허목許穆
• 반군의 집에 있는 괴석을 노래하다[詠潘君家怪石]	김휴金烋
• 우재소기寓齋小記	채유후蔡裕後
• 비비정쌍괴석기飛飛亭雙怪石記	이기발李起浡
• 괴석怪石	강백년姜栢年

• 산 치자나무 화분 하나를 회곡晦谷 조수이曹守而에게 보내어 소나무를 심은 괴석과 바꾸자고 요청하다[山梔一盆, 送晦谷曹守而, 要換栽松怪石]	김익희金益熙
• 괴석에 쓰다[題怪石]	이하진李夏鎭
• 의감醫監에 얹혀 살았는데, 정원에 꽃나무가 있었다. 화옹華翁이 와서 감상하곤 했는데, 괴석을 주기로 허락하였기에 시詩를 써서 재촉한다[僑寓醫監, 庭有花木. 華翁來賞, 許贈怪石, 詩以促之]	남용익南龍翼
• 괴석怪石	남구만南九萬
• 전에 간직했던 괴석을 지금에 다시 거두지 않았으므로 장난삼아 쓴다[前畜怪石, 今不復收, 戲述]	임상원任相元
• 아이들이 당堂 아래에 작은 소나무 몇 그루를 심고, 그 사이에 괴상하게 생긴 돌을 두었다. 그래서 당 이름을 송석松石이라 하고 아무렇게나 읊는다 [兒輩植松稚松數株於堂下, 置怪石於其間, 因以松石名堂, 漫吟]	오도일
• 괴석기怪石記	한태동韓泰東
• 괴석후기怪石後記	한태동
• 속괴석기續怪石記	한태동
• 판지괴석가. 초창蕉窓에게 보내다[板池怪石歌, 寄蕉窓]	홍세태洪世泰
• 괴석怪石	권두경權斗經
• 괴석怪石. 운을 불러 짓다[怪石呼韻]	정내교鄭來僑
• 가산假山	오광운吳光運
• 괴석怪石. 방옹放翁의 시에 차운하다. 두 수[怪石, 次放翁韻, 二首]	이광덕李匡德
• 괴석에 노란 국화 한 그루를 심었더니, 며칠 밤이 지나자 눈에 덮인 채 꽃을 피우니 매우 아름다웠다[怪石植黃菊一叢, 數夜被雪吐花絶好]	남유용南有容
• 괴석기怪石記	권재운權載運
• 괴석시 뒤에 부치다[怪石詩跋]	김이안金履安
• 운암雲巖 시랑侍郞 오경삼吳景三에게 서애西厓 유성룡柳成龍 상국相國이 직접 쓴 수운정첩水雲亭帖을 주고, 단구괴석가丹丘怪石歌를 지어달라고 부탁하였다[寄贈雲巖吳侍郞景三西厓柳相國親寫水雲亭帖, 仍乞丹丘怪石歌]	정범조丁範祖

▪ 괴석발怪石跋	이복휴李福休
▪ 분지소석기盆池小石記	이종휘李種徽
▪ 태호석기太湖石記	정조正祖
▪ 족부族父 이부공吏部公 산장에서 뜰 앞의 괴석을 보고 시를 짓는 다族父吏部公山莊 賦得庭前怪石	정약용丁若鏞

6) 중국 3건

▪ 태호석기太湖石記	백거이白居易
▪ 목가산기木假山記	소순蘇洵
▪ 간악기艮岳記	장호張淏

제 2 장 조선 초기

假山烟嵐　　가산의 안개

최항崔恒[1]

起余遐想入林泉	나에게 자연으로 들어간 듯한 아득한 생각을 일으키더니
一點羅浮忽眼前	한 점의 나부산[2]이 홀연히 눈앞에 나타났구나.
煙滋疊岫青排闥	안개 자욱한 겹겹의 산이 푸르게 문을 밀치고 들어오는 듯하고
風送浮嵐翠滴筵	바람에 밀려 오는 산기운이 파랗게 자리에 떨어지는 듯하네.
絶竇也應流玉乳	깊은 동굴에서는 종유석이 흐를 것 같고
危峯直欲撥珠躔	높다란 산봉우리는 곧바로 하늘에 닿을 것 같네.
縮地眞成壺裏界	축지하여 참으로 호리병 속 세상[3] 만들었으니
藍輿早晚恣盤旋	아침저녁 남여[4] 타고 마음껏 돌아다니리라.

1 최항崔恒 : 1409(태종 9)~1474(성종 5). 자는 정부貞父, 호는 태허정太虛亭·동량㠉梁, 본관은 삭녕朔寧. 시호는 문정文靖이다.
2 나부산羅浮山 : 광동성廣東省 동강東江에 있다. 일찍이 진晉나라의 갈홍葛洪이 이곳에서 도를 닦았다 한다. 도교道敎에서는 제칠동천第七洞天으로 불린다.
3 호리병 속 세상 : 후한後漢 때 한 노인이 시장에서 약藥을 팔았는데, 자기 점포에 병 하나를 걸어 놓고 있다가 시장이 파하면 그 병 속으로 뛰어 들어갔다. 비장방費長房이 그것을 알고 그 노인을 따라 그 병 속으로 들어가 보니, 화려한 집에 좋은 술과 맛있는 안주가 가득하여 함께 술을 실컷 마시고 나왔다고 한다.
4 남여藍輿 : 대나무로 만든 가마. 덮개가 없고 의자 모양으로 생겼다.

『태허정집太虛亭集』 권1

평설(評說) 『비해당사십팔영匪懈堂四十八詠』[5]의 하나인 「가산연람假山烟嵐(가산의 안개)」이다. 조선 초기 안평대군安平大君이 인왕산 북쪽 골짜기에 지었던 비해당匪懈堂에 있는 가산을 읊은 시다.

가산을 바라보니 마치 내 몸이 자연 속에 있는 듯하고, 신선들이 산다는 중국의 나부산을 보는 것만 같다. 산의 푸른빛은 문을 밀치고 쏟아져 들어오는 듯이 또렷하고, 산기운은 바람에 이리저리 날려 앉은 자리에 스며드는 것만 같다. 가산의 깊은 동굴에서는 석종유가 나올 것 같고, 가파르게 솟은 봉우리는 하늘에 닿을 듯 뾰족하다. 실제 산을 축소하여 신선이 살 것만 같은 가산을 만들었으니, 호리병 속의 신선 세계에 노닐었다는 옛 이야기와 다름이 없다. 할 수만 있다면 작은 가마를 타고 가산의 이곳저곳을 마음껏 돌아다니고 싶다는 내용이다. 상상 속에서 산수를 유람하는 것이 가산을 감상하는 방법임을 알 수 있다.

石假山記 석가산기

김수온金守溫[6]

진짜를 진짜라 여겨서 사물에 이름을 붙이는 것은 가짜를 진짜라 여겨서 그 사물에 이름을 붙이는 것만큼 의취가 깊지 않다. 왜 그런가? 천지 사이에 가득 찬

---

[5] 『비해당사십팔영匪懈堂四十八詠』: 비해당匪懈堂은 세종의 셋째아들 안평대군安平大君(1416~1453)의 당호이다. 『시경詩經』「증민蒸民」과 「서명西銘」에 나오는 말로, 세종이 안평대군에게 하사하였다. 비해당은 인왕산 기슭의 넓은 골짜기 깊숙한 곳에 있었다고 하는데, 안평대군 주위에 모였던 여러 문인들이 이 집을 두고 사십팔영을 지어 바쳤다. 최항, 신숙주, 성삼문, 김수온, 서거정, 이개, 이현로, 이영윤, 임원준 등의 작품이 있다.
[6] 김수온金守溫: 1410(태종 10)~1481(성종 12). 자는 문량文良, 호는 괴애乖崖·식우拭疣, 본관은 영동. 시호는 문평文平이다.

수많은 사물은 모두 각자의 본성을 가지고 있으니, 산은 산의 본성을, 물은 물의 본성을 지니고 있다. 산을 가리켜 산이라 하고 물을 가리켜 물이라 한다면, 우뚝하게 높이 솟고 커다란 것이 산인 줄 누가 모르겠으며, 넘실넘실 흘러가는 것이 물인 줄 누가 모르겠는가? 그러나 다른 듯하면서도 같고 같은 듯하면서도 다르며 정해진 바 없이 변화하는 오묘함을 볼 수는 없다.

예전에 노천老泉 소순蘇洵[7]이 모래 속에 파묻히고 물에 침식된 나무토막을 가져다가 목가산으로 삼고 기문을 지었다. 나무로 산을 만든 것은 다른 것을 가지고 같은 것을 만든 것이다. 또 특별히 빼어난 가운데 봉우리를 아버지에 비유하였고, 가파르게 솟은 좌우의 봉우리를 소식蘇軾·소철蘇轍 형제에 비유하였으니, 이는 다른 사물을 같은 사물로 만들고, 다른 사람을 같은 사람으로 만든 것이다.

이조판서 성공成公(成任)[8]은 침소 곁에 기이하고 오래된 돌을 모아 높이 쌓았다. 그 장대함이 산과 같고 봉우리와 계곡의 그윽함은 마치 숭산嵩山과 화산華山을 바라보는 듯하였다. 이름하기를 '석가산'이라 하였다. 『시경詩經』에, "높다란 저 남산이여, 돌이 가득 쌓였도다."[9] 하였고, 또 "다른 산의 돌로 옥을 연마할 수 있느니라."[10] 하였다. 자사子思는, "지금 저 산은 주먹만한 작은 돌이 많이 모인 것이다."[11]라고 하였으니, 산이란 본디 돌이 모인 것이다. 돌을 말하는 자들은 '산의 뼈山骨'라고도 하니, 그렇다면 돌은 산을 산으로 만드는 재료이다. 그렇다면 공이 거기에 이름을

---

7 소순蘇洵 : 중국 북송北宋 때의 문학가. 자는 명윤明允, 호는 노천老泉. 당송팔대가唐宋八大家의 한 사람이며, 소동파蘇東坡(蘇軾)의 아버지이다. 인종仁宗 말기에 두 아들인 소식·소철을 데리고 상경하여 당시 한림학사翰林學士 구양수歐陽修에게 인정받았다. 구양수가 천자天子에게 그의 저서 22편을 바치자 학자들이 입을 모아 그의 글들을 칭찬했다고 한다.
8 성임成任 : 1421(세종 3)~1484(성종 15). 본관은 창녕昌寧. 자는 중경重卿, 호는 일재逸齋·안재安齋. 시호는 문안文安이다.
9 높다란 …… 쌓였도다 : 『시경詩經』「소아小雅」〈절남산節南山〉, "節彼南山, 維石巖巖"을 말한 것이다.
10 다른 산의 …… 있느니라 : 『시경』「소아」〈학명鶴鳴〉, "他山之石, 可以攻玉"을 말한 것이다.
11 지금 저 산은 …… 모인 것이다 : 『중용』 26장에 보인다.

붙이고자 한다면 곧이곧대로 '진짜 산'이라고 하더라도 괜찮을 터인데 가짜라고 한 것은 어째서인가? 어떤 사람은 "산은 실제로 하늘에 높이 솟아 있는 것이니, 정원에 있는 것은 진짜 산이 아니다. 그러므로 가짜라고 말한 것이다."라고 한다. 어떤 이는 "산에는 흙이 있는데, 이것은 모두 돌이므로 가짜라고 말한 것이다."라고 한다. 어떤 사람은 "돌은 산의 뼈대이다. 그런데 오로지 돌로만 이루어져 있으니, 어찌 피부 없이 뼈대만 있는 것이 있겠는가? 그러므로 가짜라고 말한 것이다."라고 한다.

공의 학문은 정밀하고 넓어서 일정하지 않은 사물의 이치를 모두 다 분별하였다. 그러니 산은 본디 크므로 작으면 산이라 할 수 없고, 산에는 본디 흙이 있으므로 돌로만 되어 있는 것은 산이라 할 수 없다는 사실을 어찌 몰랐겠는가? 혈기를 가진 생물 중에서는 피부와 뼈대가 없는 것이 없으니, 살만으로는 몸을 이룰 수 없고 뼈대만으로는 몸을 구성할 수가 없다. 이는 공께서 세밀히 궁구하여 명확히 알고 있는 것이다. 그렇다면 살갗을 이루는 흙이 없다 하여 공께서 산에다 잘못된 이름을 붙였다고 오인해서는 안 된다. 공의 뜻은 산에 있는 것도 아니요, 돌에 있는 것도 아니다. 세상의 배우는 자들이 이름과 실체의 차이에 대해 알지 못할까 근심하신 것이다.

만약 어떤 사람이 "이것은 산이다."라고 말하면 모두가 산이라고 여기며 돌이 산이 아니라는 것을 알지 못하고, 어떤 사람이 "이것은 돌이다."라고 말하면 모두가 돌이라고 여기며 돌이 산이 된다는 것을 알지 못한다면, 이는 이름만 알고 실체를 모르는 것이고 실체를 가지고서도 이름을 버리는 격이다. 성인의 학문에서 귀하게 여기는 바는 물리物理의 진위眞僞를 밝혀 모두 그 심오한 경지에까지 도달하고, 인륜을 살펴 모두 그 본연의 이치를 지극히 하는 데 있다. 이것은 겉과 안이 하나이며 정밀하고 거친 것이 통한다는 뜻이니, 사물은 각각 이치를 타고 나지 않음이 없다. 노천 소순은 세 봉우리를 부자父子에 비유하였다. 지금 공에게도 세 아들이 있지만 산은 하나이니, 공의 뜻은 세 아들의 학문과 공명이 모두 한 가지로 난형난제難兄難弟가 되기를 바란 것이리라. 소순은 스스로 그 가산에 기문을 지었던 까닭에 그 말이 이와 같았던 것이다. 만약 다른 사람이 공의 가산에 기문을 붙였다면 무슨 말을 하였겠는가?

나는 이에 함부로 말한다. "가령 세 아들이 어려서부터 학문을 하면 바위처럼 굳세어 무너지지 않을 것이고, 도덕과 절의 또한 산처럼 뽑히지 않을 것이다. 이것은 내가 세 아들을 산에 비유한 것이 아니라, 세 아들의 학문과 절의가 저절로 산과 같은 점이다. 거기에 참과 거짓이 섞여 있더라도 세 아들이 취사선택할 것이다." 〔이하의 글은 빠졌다.〕

『식우집拭疣集』 권2

夫眞其眞以號於物, 不若眞其假以名其物者其趣深. 何則? 盈天地之間者, 其物有萬, 皆有自性, 如山有山之性, 水有水之性. 若指山而謂之山, 指水而謂之水, 則巍然高大, 孰不知其爲山? 汪然流下, 孰不知其爲水? 無以見似異而有同, 似同而有異, 變化無定之妙者矣. 昔老泉取沙沈水醫之查, 以爲木假山, 作文以記. 其以木爲山, 固以其異而爲同. 又以中峯之特秀者, 自比於父, 旁兩峯之爭峭, 喻子瞻之兄弟, 則於物異之中而同之於物, 於人異之中而又同之於人矣. 吏判成公, 於燕寢之旁, 聚石之奇古者, 積而高之, 其壯若山, 峯巒洞壑之幽, 依然如望嵩華, 名曰石假山. 詩曰, 節彼南山, 維石巖巖. 又曰, 他山之石, 可以攻玉. 子思曰, 今夫山一拳石之多, 則山本石之所積也. 言石者, 又曰山骨, 則石實山之所以爲山也. 公欲號之, 則直曰眞山, 可也. 而謂之假, 何也. 或曰, 山實峻極于天, 乃在於庭除之間者, 非眞山也. 故謂之假. 或曰, 山有土, 而皆石. 故謂之假. 或曰, 石實山骨, 而今純以石, 則安有無膚而骨立者乎? 故謂之假. 公學問精博, 其於物理之不齊, 辨之悉矣. 豈不知山本大而小不可謂山, 山本有土而石不可謂山? 凡有血氣之類, 莫不有膚肉骨骼, 而單肉不可以成軀, 單骨不可以就體, 則尤公之所細究而明柝者也. 是則尤不可以無膚土, 而昧公之誣名於山也. 蓋公之意, 不在山, 不在石, 患世之學者眩於名實之分. 如一人曰, 此是山, 則皆以爲山, 而不知皆石之非山也. 如一人曰, 此是石, 則皆以爲石, 而不知石之爲山也. 是知名而不知實, 執其實而遺其名者也. 所貴於聖人之學者, 明乎物理之眞假, 而皆有以底其蘊, 察於人倫, 而皆有以極其本然之理. 此表裏一體, 精粗同貫. 物各其而理無不賦也. 蘇老泉比父子於三峯, 而今公亦有三子, 而山實一山, 則公意三子之學問功名, 皆欲一樣而難爲兄難爲弟也. 夫蘇公自記其假山, 故其言如此. 若他人述公之假山, 則何言哉? 余於是, 妄爲說曰, 使三子幼而學問, 則如石之確而不虧, 道德節義又如山之不拔. 是不區區以三子比山, 而三子之學問節義, 自有以同於山, 其所眞假, 雖若混然, 而三子之取. 〔以下缺〕

평설(評說)　김수온이 성임의 집에 있는 석가산을 보고 쓴 글이다. 가산에 대한 기록은 대개 진짜와 가짜[眞假], 이름과 실체[名實], 크고 작음[大小]의 관계에 대한 의론이 주를 이룬다. 이 글 역시 그러한 내용이다.

석가산은 흙이 없고 돌뿐이니 산이라 부를 수 없다. 그러나 돌은 산의 뼈대이며 돌이 모이면 산이 되는 법이니, 굳이 산이 아니라고 하기도 어렵다. 석가산을 산이라 한다면 이름은 얻겠지만 실체는 잃고, 산이 아니라고 한다면 실체를 가지고서도 이름을 버리는 것이다. 김수온은 성임이 이름과 실체를 혼동하는 세상 사람들에게 사물의 이치를 성찰할 계기를 마련해주고자 석가산을 조성하였다고 말했다.

사물의 이치는 사람에게도 적용되니, 석가산의 존재는 사람들에게도 시사하는 바가 있다. 예컨대 송나라의 소순은 자기가 가진 목가산의 세 봉우리를 소순, 소식, 소철 삼부자에 비유하였다. 성임의 가산은 봉우리가 하나뿐이지만, 이는 난형난제라 할 수 있는 성임의 세 아들이 이 가산의 봉우리와 같이 높은 성취가 있기를 바란 것이라는 내용이다.

假山煙嵐　　가산의 안개

신숙주申叔舟[12]

聚土階前作小山	흙을 모아 섬돌 앞에 작은 산을 만드니
峯巒林壑費機關	봉우리·숲·골짜기 모두 재주 부려 나왔네.
朝來咫尺煙嵐起	아침에는 지척에서 안개가 일어나니
坐寄幽懷渺靄間	앉아서 아득한 안개 속에 그윽한 마음을 부치네.

『보한재집保閑齋集』 권6

평설(評說)　『비해당사십팔영』의 하나이다. 흙을 쌓아 섬돌 앞에 가산을 만들었다. 가산의 봉우리와 산등성이, 숲과 골짜기는 모두 사람의 재주를 다해 만든 것이다. 아침이면 눈앞에 있는 가산에서 안개가 피어오르니, 고요한 마음으로 앉아서 그 모습을 바라본다는 내용이다.

假山煙嵐　　가산의 안개

성삼문成三問[13]

洞壑輕嵐羃	골짜기에는 엷은 안개 자욱하고
峯巒積翠寒	산봉우리에는 짙푸른빛 시원하네.
縱然詩思拙	비록 시 짓는 재주는 볼품없지만
已擬賦南山	이미 남산에 비겨 읊어본다네.

---

[12] 신숙주申叔舟: 1417(태종 17)~1475(성종 6). 조선 전기의 문신. 본관은 고령高靈. 자는 범옹泛翁, 호는 희현당希賢堂 또는 보한재保閑齋.
[13] 성삼문成三問: 1418(태종 18)~1456(세조 2). 본관은 창녕昌寧. 자는 근보謹甫, 호는 매죽헌梅竹軒. 시호는 충문忠文이다.

평설(評說) 『비해당사십팔영』의 하나이다. 가산의 골짜기에는 옅은 안개가 자욱하고, 가산의 산봉우리는 짙푸른빛이 시원하다. 시 짓는 재주가 졸렬해 가산을 무엇에 비유해야 할지 알 수 없지만, 어느덧 중국의 남산이라도 바라보는 양 시를 읊는 자신의 모습을 발견하게 된다.

假山記   가산기

서거정徐居正[14]

숲이건 물가이건 사람이 사는 곳이 다르면 좋아하는 것 또한 다르기 마련이다. 언덕과 골짜기는 산림에 숨어 사는 담박한 사람이 즐기는 것이다. 만약 그 시대에 공명과 부귀를 가진 사람이라면, 홀笏을 들고 인수印綬를 차며 수레를 타고 면복冕服을 입는 영화를 누리고, 음악과 미인과 사냥개와 준마駿馬를 즐기는 등, 눈과 귀를 기쁘게 하고 마음을 즐겁게 하는 모든 것을 마음껏 누릴 것이니 그밖에 또 무엇을 구하겠는가? 그러나 기夔와 용龍[15]은 언덕이나 골짜기에서 살지 않았고, 소부巢父와 허유許由[16]는 벼슬을 하지 않았으니, 형편상 둘 다 갖추기 어렵기 때문이다.

나의 동년同年[17] 친구 창녕昌寧 성임은 융성한 시대를 만나 지위가 육경六卿의 우

---

14 서거정徐居正 : 1420(세종 2)~1488(성종 19). 본관은 달성達成, 자는 강중剛中, 호는 사가정四佳亭 혹은 정정정亭亭亭.
15 기夔와 용龍 : 우순虞舜의 두 신하 이름. 기는 악관樂官이고 용은 간관諫官이었다.
16 소부巢父와 허유許由 : 중국 고대 요堯 임금 때의 고사高士. 허유는 기산箕山에 숨어 살았는데, 요임금이 임금 자리를 허유에게 넘겨주려 하였다. 이에 허유는 더러운 말을 들었다며 영수潁水에서 귀를 씻었고, 마침 소부巢父가 말에게 물을 먹이러 왔다가 그 이야기를 듣고는 말에게 더러운 물을 먹일 수 없다고 상류로 올라갔다는 고사가 있다.
17 동년同年 : 같은 해 과거에 급제한 사람을 가리킨다.

두머리에 이르렀다. 그러나 타고난 성품이 충담沖澹하여 서산西山 기슭에 집을 짓고 살았다. 정원의 주위는 무성한 대나무 숲과 기이한 화초로 둘러싸여 있는데 모두 빼어난 경치였다. 또 금양衿陽에서 기이한 바위를 얻었는데, 이빨이 나고 뿔이 돋아 좀먹은 것 같기도 하고 물어뜯은 것 같기도 한 기괴한 모습이 참으로 귀신이 잘라 놓은 것 같았다. 이것을 캐어다가 뜰에 가산을 만들었는데, 이 또한 기이하여 감상할 만하였다.

  나는 예전에 가서 본 적이 있다. 그 산의 높이는 한 길이 넘고 그 밑둥 또한 몇 아름이나 되었다. 산의 기세는 좌우로 이어지면서 뾰족한 것은 봉우리가 되고, 뭉툭한 것은 고갯마루가 되며, 오목한 것은 골짜기가 되고, 빽빽한 것은 산기슭이 되었다. 잠깐 꺼졌다가는 다시 솟아나면서 푸른빛과 흰빛이 감도는데 그 모습이 한 가지가 아니었다. 또 물을 부어 폭포와 급류, 연못을 만들었다. 연못의 깊이와 너비는 몇 자 되지 않지만, 물이 맑고 모래가 희어 머리카락도 찾을 수 있을 정도였다. 아! 산이 우뚝하고 물이 넘실거리니 몇 발짝 내딛지 않더라도 형산衡山[18]과 여산廬山[19], 태산泰山[20]과 화산華山[21], 동정호洞庭湖[22]와 팽려호彭蠡湖의 승경이 하나하나 그 자태를 드러낸다. 나는 조물주가 지맥地脈을 축소하고 귀신이 숨겨놓은 것을 드러내어 황홀하게 이곳에 옮겨놓았는가 하는 의심이 들었다. 성임이 나에게 말했다.

  "나는 본디 산수에 천석고황泉石膏肓의 병이 있는데, 어떤 사람들은 나를 두고 호사자好事者라며 나무라지. 나는 일찍이 아름다운 산수가 가까운 도성 안에 있지 않고 멀고 적막한 곳에 있어서 반드시 용과 뱀을 맞닥뜨리고 호랑이와 표범을 막는 수고를 한 뒤에야 찾아갈 수 있는 것이 근심이었네. 지금 나는 자리를 떠나지

---

18 형산衡山 : 중국의 오악五岳의 하나인 남악南岳으로, 중국의 호남성湖南省 형양시衡陽市 북쪽에 있다.
19 여산廬山 : 중국 섬서성陝西省 서안西安 동쪽의 임동臨潼에 인접해 있는 산이다.
20 태산泰山 : 중국 산동성山東省에 있는 타이산 산맥의 주봉主峰이다.
21 화산華山 : 중국 섬서성陝西省 동부 진령秦嶺산맥 동단 위수渭水 연변에 있는 산이다.
22 동정호洞庭湖 : 중국 호남성湖南省 북부에 있는 담수호이다.

않은 채 번거롭게 지팡이를 짚거나 신을 신지 않아도 산수와 비슷한 경치로 눈과 마음을 상쾌하게 할 수 있으니, 호사가라는 비판을 면할 길이 없네."

나는 이렇게 대답했다.

"사람들이 사물을 좋아하는 것은 모두 천성에서 나온 것이라네. 천성으로 타고 났으니 비록 내가 좋아하는 것이라도 나는 그 이유를 알 수가 없네. 내가 알지 못하는데 남들이라고 알 수 있겠는가? 사안謝安의 동산東山[23], 하지장賀知章의 경호鏡湖[24], 반악潘岳[25]의 화산삼봉華山三峯, 임포林逋의 서호西湖[26]는 좋아하는 것이 벽癖으로 발전한 것이지, 누가 좋아하라고 권한 것이겠는가. 만약 좋아하게 된 까닭을 묻는다면 비록 사안, 하지장, 반악, 임포라 하더라도 말로 표현할 수 없을 것이네. 좋아하라고 권한 자도 없고 좋아하게 된 까닭도 말로 표현할 수 없으니, 천성에서 나온 것이 아니겠는가?

지금 자네가 이 즐거움을 즐기는 것 또한 천성에서 나와 성품이 된 것이니, 알지 못하는 자들이 그대를 호사가라 나무라는 것도 마땅하네. 그러나 사람이 사물을 좋아하는 데에는 안과 밖의 구별이 있다네. 만약 밖에서 지엽적인 형색形色만 찾고, 안으로 올바른 성정性情을 찾지 않는다면, 한갓 좋아한다는 이름만 있을 뿐 좋아하는 실질은 없는 것이네. 어진 사람은 산을 좋아하고 지혜로운 사람은 물을

---

23 사안謝安의 동산東山 : 동산은 중국 절강浙江 상우현上虞縣 동남쪽에 있는 산인데, 진晉나라 사안謝安이 초년에 그곳에 은거하였기에 은거지의 대명사로 쓰인다.
24 하지장賀知章의 경호鏡湖 : 하지장은 당나라 때의 산음山陰 사람. 자는 계진季眞으로 성격이 활달하고 문장에 능했으며 글씨를 잘 쓰고 술도 좋아했다. 중년에 벼슬길에 올라 태자빈객太子賓客·비서감祕書監 등을 제수받았으나 늘그막에 벼슬을 버리고 자호를 사명광객四明狂客이라고 하고서 전리田里로 돌아와 자기 집을 천추관千秋觀으로 꾸몄다. 또 방생지放生池를 만들기 위해 호수를 구하다가 천자의 명으로 경호鏡湖의 섬계剡溪 한 굽이를 하사받기도 하였다.
25 반악潘岳 : 진나라 때의 문장가.
26 임포林逋의 서호西湖 : 임포는 송나라의 은자隱者. 서호西湖의 고산孤山에 초막을 짓고 20년 동안 출입하지 않은 채 매화를 가꾸고 학을 기르면서 독신으로 살았으므로 당시에 '매화를 아내로 삼고 학을 자식으로 삼았다梅妻鶴子'라고 일컬어졌다.

좋아하니, 군자는 자기와 비슷한 것을 좋아하고 숭상하는 법이라네.

그대는 어질고 지혜로운 자질로 산의 고요한 모습을 보고서는 그 본체를 기르고, 물의 움직이는 모습을 보고서는 그 작용에 통달하여, 안과 밖을 함께 수양하고 본체와 작용을 모두 갖춘다면, 그대가 좋아하는 것은 다른 사람들이 넘볼 수 없는 경계가 될 것이네. 예전에 소순이 「가산기」를 지어 '사랑하고, 공경하며, 감동한다.'고 말하였네. 나 또한 그대에게 같은 말을 해주고 싶네. 산의 빼어난 경치를 보고 사랑하게 되었으며, 어짊과 지혜로움을 사모하여 공경하고 감동하게 되었으니, 이를 써서 기문으로 삼고자 하네."

『사가집四佳集』 문집文集 권1

山林歟, 皐壤歟, 人之所處不同, 則所樂亦不同. 夫一丘一壑者, 乃山林肥遯淡泊者之所樂也. 若功名富貴於當世者, 則珪組軒冕之榮也, 聲色狗馬之玩也, 凡所以悅耳目而娛心志者, 無不如意, 又何事於外乎哉? 蓋夔龍不丘壑, 巢許不冠冕, 勢不能兩全也. 吾同年昌寧成侯, 遭時顯隆, 位長六卿. 然雅性沖澹, 宅於西山之麓, 環其園, 茂林脩竹, 奇花異草, 皆勝觀也. 又得異石于衿陽, 聳牙稜角, 若蝕若嚙, 殊形怪狀, 實鬼劈而神劃. 採作假山于庭除, 亦瑰奇可賞矣. 居正嘗造而目之, 山之高可丈餘, 環其趾, 亦可數圍. 山之氣勢, 左右綿絡, 峭然而爲峯, 隆然而爲嶺, 窈然而爲壑, 蓊然而爲麓. 乍低乍昂, 紆靑繚白, 爲狀不一. 又注水爲飛瀑, 爲輂川, 爲泓池, 池之脩廣, 亦不過數尺, 水清沙白, 毛髮可燭. 噫! 山之峙然也, 水之融然也, 不出跬步尋丈之間, 而衡廬泰華洞庭彭蠡之勝, 一一呈態. 吾疑造物者, 縮地脈, 破神慳, 恍惚移於斯也. 侯語居正曰: "予本膏肓山水者, 人或詆予爲好事. 予嘗患佳山勝水不在環堵之內, 在荒遐寂寞之濱, 必觸龍蛇, 捍虎豹, 勞然後訪. 今予不移几席, 不煩杖屨, 髣髴湖山之景, 宜於目, 愜於心, 好事之詆, 在所不逭." 居正曰: "凡人之好物, 皆出於天. 出於天, 雖吾之所好, 吾不得而知之, 吾旣不得而知之, 人何得而知之乎? 蓋謝傅之於東山, 賀監之於鏡湖, 潘閬之於三峯, 和靖之於西湖, 好之已癖, 夫孰勸之好之哉? 若問好之之妙, 雖謝賀潘林, 亦不得形言之矣. 旣無勸之好之者, 而好之之妙, 又難於形言, 則豈非出於天乎? 今侯之樂此樂, 亦必出於天而成於性, 宜乎不知者之詆子爲好事也. 然人之好物, 有內外之辨. 若外求之形色之末, 而不內求諸性情之眞, 則徒有好之之名, 無好之之實矣. 夫仁者樂山, 智者樂水, 君子之好尙, 必以其類. 侯以仁智之資, 觀山之靜, 養其體, 觀水之動, 達於用, 內外交脩,體用俱全. 則其好之也, 有非二三子之闖其涯涘也. 昔蘇明允作假山記曰, 愛之敬之感之, 吾於侯亦然. 見山之勝而愛之, 慕仁智而敬之感之, 請書以爲記."

평설(評說) 사람들의 기호는 각기 다르다. 부귀영화를 누리는 사람은 산수에서 살아갈 수 없고, 산수에서 살아가는 사람은 벼슬을 하지 않는다. 성임은 벼슬에 올라 이조판서에 이르렀다. 그러나 산수를 좋아하여 집에 정원을 꾸미고 석가산을 가져다 놓았으니, 세속의 즐거움과 산수의 즐거움을 모두 차지한 사람이라 하겠다.

성임의 가산은 높이가 한 길, 밑둥이 몇 아름이나 되는 커다란 것이었다. 봉우리와 고갯마루, 골짜기와 산기슭의 모습이 모두 갖추어져 있었으며, 거기에 물을 부어 폭포와 급류, 연못을 만들었다. 마치 중국의 이름난 산수를 축소하여 집안에 들여놓은 듯하였다. 이종묵 교수의 연구에 따르면, 성임의 가산은 인왕산 물길이 내려오는 언덕 아래, 자신이 거처하는 정자 뒤쪽 적당한 위치에 놓아 물줄기를 가산으로 끌어 폭포와 개울을 만들 수 있었던 것으로 추정된다.

성임은 산수를 구경하려면 험한 곳을 지나고 어려움을 겪어야 하기 때문에, 눈앞에서 산수를 즐기고자 가산을 만들었다고 말했다. 그러자 서거정은 이렇게 말한다. 사람이 사물을 좋아하는 것은 타고난 성품 때문이니, 가산을 만들어 즐기는 것은 아무런 문제가 없다. 그러나 한갓 겉모습만을 즐긴다면 한갓 호사가에 불과할 뿐 군자라 할 수는 없다. 공자孔子가 "어진 이는 산을 좋아하고 지혜로운 이는 물을 좋아한다." 하였듯이, 성임은 산수와 같은 덕을 지니고 가산의 산수를 즐기는 사람이라 칭송하는 내용이다.

假山　　　가산

서거정

混沌何年又闢開	혼돈이 어느 해에 또 개벽하였나
滿庭喬岳忽成堆	뜰 가득히 높은 산이 홀연 무더기 이루었네.
鴉鬟萬點層層見	까마귀 머리 같은 만 점 바위 층층이 보이고
鼇背群山隱隱來	자라 등에 얹힌 뭇 봉우리[27]가 은은히 다가오네.
嵐氣欲連靑壁潤	산기운은 푸르게 매끄러운 절벽에 이어지고
日光低傍玉屛回	햇빛은 나지막이 옥 병풍 같은 벼랑에 비치네.
此間應有閑田地	이 사이에 응당 노는 땅 있을 것이니
擬結茅廬俯釣臺	낚시터를 굽어보는 곳에 초가집을 지으리라.

『사가집四佳集』 권4

평설(評說)　천지가 개벽開闢하기 이전, 하늘과 땅이 아직 나뉘지 않은 상태를 혼돈混沌이라 한다. 뜰에 조성한 가산은 마치 혼돈 상태의 천지가 다시 개벽하면서 만들어진 듯 새롭고 갑작스럽기 그지없다. 가산의 수많은 바위는 까마귀 머리처럼 검은 빛이며, 가산의 모습은 자라 등 위에 얹혀 있다는 봉래산의 모양과 같다. 가산도 진짜 산처럼 산기운이 자욱하고 햇빛이 비친다. 분명 이 가산 어디쯤 있을 법한 조용한 곳에 초가집을 짓고 살고 싶다는 뜻을 말하였다.

---

27 자라 …… 뭇 봉우리 : 대여岱輿, 원교圓嶠, 방호方壺, 영주瀛洲, 봉래蓬萊의 다섯 선산仙山이 바다에 떠서 조수를 따라 오르내렸는데, 상제上帝가 떠내려갈까 걱정하여 열다섯 마리의 자라로 6만 년마다 3교대로 떠받치게 하였다는 전설이 있다.

石假山詩序   석가산시서

이승소李承召[28]

예전에 창녕昌寧 성공成公(成任)이 내게 말하였다.

"나는 공무가 한가로와 일이 없어 날마다 집에서 여유를 부리고 있었소. 그래서 연못을 파서 물을 끌어오고, 돌을 쌓아 가산假山을 만들었소. 한번은 달성達成 서상공徐相公(徐居正)을 찾아뵙고 그 전말을 기록해달라 하였으며, 오가는 사람들에게 시를 지어달라고 하여 나의 가산을 장식하였소. 당신이 여기에 서문을 써주시오."

내가 말하였다.

"공의 집은 서산西山(仁王山) 끝자락 높은 언덕에 있는데, 내가 찾아 간 적이 있지요. 남쪽으로 도성문을 나와 바라보면 소나무 숲이 울창하여 나무가 가리고 있는데 안개와 산기운 자욱한 사이에 그 집이 은은히 바라다 보였지요. 마치 세상을 벗어나 사는 사람의 집 같았지요. 그곳에 가보니 공은 신발을 거꾸로 신고 문으로 뛰어나와 나를 맞이하고는 손을 잡아끌고 들어가 원림園林을 두루 걸어다녔지요. 녹음이 땅에 가득하고 파란 이슬은 옷을 적셨지요. 그윽하고 깊숙하며 깨끗하고 조용한 것이 옛날 동산東山 골짜기에 은거하던 진晉나라 사안謝安의 풍취가 있었지요.

공이 나를 데리고 높은 언덕 위로 올라갔는데, 한번 바라보니 끝이 없었지요. 천지가 다시 개벽한 듯 탁 트여 있고, 바람을 타고 하늘을 노니는 듯 시원하였지요. 그 북쪽에는 삼각산이 옥을 잘라 놓은 듯 위로 하늘과 나란하여, 용이 날아오르고 봉황이 춤을 추는 것과 같았지요. 남쪽으로 나가면 한양인데, 겹겹의 성곽과 큰 길이 마치 그림을 펼쳐놓은 것 같았지요. 그 남쪽에는 인경산仁慶山(南山)을 비롯한 여러 산이 푸른빛을 모으고 그 앞에서 절을 하는 것 같았지요. 큰 강은 굽이굽이 산자락을 안고서 서쪽으로 흘러가 푸른 들판으로 이어지면서 저 멀리 푸른 하

---

28 이승소李承召 : 1422(세종 4)~1484(성종 15). 자는 윤보胤保, 호는 삼탄三灘. 본관은 양성陽城. 시호는 문간文簡이다.

늘과 맞닿아 있었지요. 화창한 날씨에도 좋고 비가 오는 날씨에는 신비하여 삼라만상이 모두 드러났지요. 도성의 서남쪽에 있는 집이 몇 채인지 알 수 없으나 공의 집만이 좋은 경치를 독차지하였지요. 그러니 어찌 가산을 만들 필요가 있을까요?"

공이 말하였다.

"나는 이미 늙었소. 기력이 없어 일어서는데도 사람이 부축해주어야 하오. 하물며 산에 올라갈 힘이 있겠소? 그렇지만 산수에 대한 벽癖은 이미 천석고황이 되어 간단히 치료할 수가 없소. 방안의 앉은 자리나 누운 자리에서도 창문으로 바라보고 마주하고 싶은 마음에 가산을 만든 것이오. 푸른 샘물이 주위를 감싸게 하고, 아름다운 풀을 심고, 봉우리를 교묘하고 빼어나게 만드니, 영롱하여 볼만 하다오. 시를 짓고 즐기면 경치와 마음이 어우러져, 태산이 크고 가산이 작으며 못이 작고 바다가 크다는 사실조차 알지 못하겠소."

내가 말하였다.

"그렇군요. 공의 말이 도에 가깝소이다."

이에 기문을 짓는다.

"무릇 산이란 한 줌의 돌이 많은 것이다. 그것이 커지면 초목이 자라고 짐승들이 살며 보물이 생겨난다. 물이란 한 잔의 물이 많아진 것이다. 그것이 헤아릴 수 없을 정도가 깊어지면 악어, 교룡, 용, 물고기가 살고 재물이 불어나게 된다. 그렇다면 높고 깊은 바다와 산도 처음에는 보잘것없는 한 줌의 돌과 한 잔의 물이었으나, 그것이 많이 쌓여 넓어지고 커져서 헤아릴 수 없을 정도가 된 것이니, 어찌 크고 작음을 따질 수 있단 말인가?"

또 말한다.

"그 사물이 두 가지가 아니라면 사물이 생기는 것은 헤아릴 수 없다. 둘이 아닌 것은 하나이며, 하나라는 것은 이치이다. 양陽은 움직이고 음陰은 고요한데, 쉬지 않고 돌고 돈다. 천지 사이에 가득 차면 밖이 없고, 티끌 하나에 들어가도 안이 없다. 형체와 기운을 가진 것은 모두 이것을 기다려야 생겨난다. 그러므로 해와 달은 이를 기다려야 밝아지고, 산천은 이를 기다려야 우뚝 솟고 흘러가며, 바람과 천둥, 비, 안개는 이를 기다려야 교화를 받으며, 하늘을 날고 물속을 헤엄치는 동물과 식물은 이를 기다려야 본성을 이룰 수 있다. 이로 보건대, 천하 만물은 기다려야 할 것이 있다. 기다려야 할 것이 있다는 말은 모두 가짜라는 뜻이다. 그러니 어찌 하늘이 만들어낸 것이 가짜가 아니며, 사람이 만든 것이 진짜가 아니라는 것을 알 수 있을까?

옛날부터 만물과 우리는 서로 모양을 본뜨고 진짜와 가짜는 서로 비슷하여 옳고 그름과 같고 다름에 대한 주장을 가지고 다투었다. 그러나 하나의 이치는 숨겨져 있다. 소동파蘇東坡(蘇軾)가 말하길, '이 돌을 가지고 가면 소매 속에 동해가 있다.'[29]라고 하였다. 이 말을 안 다음에야 가산假山의 뜻을 알 수 있다."

『삼탄집三灘集』 권11

昌寧成侯嘗語余曰: "吾官閑無事, 日在家優游. 於是, 鑿池引泉, 壘石爲假山. 嘗謁達城徐相公, 以記顚末, 又求詩於所嘗往來者. 以侈吾假山, 子其序之." 余曰: "侯之家在西山之尾, 高丘之阻, 余嘗往訪. 南出都門而望之, 松林翳蔚, 樹木掩映. 見其屋隱見於煙嵐杳靄間, 若遺世長往者之居. 及旣就之, 侯倒屣迎門, 携手以入, 游涉園林. 靑陰滿地, 翠露添衣. 幽邃淨閴, 蕭然有東山丘壑之趣. 侯遂拉余, 以登高丘之上, 則一望無際. 豁然如天地再闢, 冷然如御風以遊九垓之上. 其北則三山如削玉, 上與天齊, 龍飛鳳舞. 南出爲神都, 層城九街, 宛如展畵. 其南則引慶諸山, 攢靑蹙翠, 拱楫於前. 大江逶迤, 抱山趾而西, 邐延野綠, 遠混天碧. 晴好雨奇, 万象畢呈. 凡宅於城之西南者不知其幾, 而侯之家獨據其勝. 何用假山爲哉?" 侯曰: "年已衰矣. 筋力耗矣, 起立尙須人扶. 況堪登陟之勞哉? 然而山水之癖, 已入膏肓, 未可遽醫. 欲於軒窓几席之間, 坐臥相對,

---

29 이 돌을 …… 동해가 있다 : 송나라 소식이 등주登州 봉래각蓬萊閣 아래 석벽石壁에서 떨어져 나온 수석壽石을 얻고 지은 시 가운데 "이 수석 지니고 돌아오는 길, 소매 속에 동해 물결 출렁이누나[我持此石歸 袖中有東海]."라는 구절이 있다.

乃作假山. 環以淸泉, 植以嘉卉, 峯巒巧秀, 玲瓏可愛. 吟肅耽玩, 境與心融, 不知太山之爲大而假山之爲小也. 一坱之爲小而滄海之爲大也." 余曰:"有是哉. 侯之言也, 其於道不亦幾乎?" 記曰: "今夫山一拳石之多, 及其廣大, 草木生之, 禽獸居之, 寶藏興焉. 今夫水一勺之多, 及其不測. 黿鼉蛟龍魚鼈生焉, 貨財殖焉. 然則海岳之崇深, 其始一拳石一勺水之微, 而及其積之之多, 以至於廣大而不測焉. 尙何論其大小哉?" 又曰:"其爲物不二, 則其生物不測. 不二者, 一也. 一者, 理也. 動陽靜陰, 循環不息. 塞乎兩間而無外, 入乎一塵而無內. 凡有形色聲氣者, 無不待是以生, 待是以成. 故日月待之以貞明, 山川待之以流峙, 風霆雨露待之以爲敎. 飛潛動植待之以遂性. 由是觀之, 凡天下之物, 無非有所待也. 有所待者, 無非假也. 又焉知天作之非假. 人爲之非眞哉. 自古以來, 物我相形, 眞贋相傾, 相爭於是非同異之說. 而一理隱矣. 東坡曰:'我持此石歸, 袖中有東海.' 知此然后, 可以知假山之義矣."

평설(評說) 성임의 집은 그의 증조 성석인成石珚이 지은 것으로, 성염조와 성엄이 대를 이어 그 집을 소유하였고, 성임에게까지 전해진 오래된 저택이다. 성임은 형조판서(1466년), 이조판서(1467년), 공조판서(1471년)를 역임하였을 무렵, 석가산을 조성한 뒤 서거정에게 기문을 받고, 수많은 명사들의 시를 받아 시축詩軸을 만들었다. 그리고 이승소에게 그 시축의 서문을 청하였다. 이승소는 성임의 저택에서 바라다보이는 경치가 더할 나위 없이 훌륭한데, 무엇하러 또 가산을 만들었냐고 물었다. 성임은 늙고 병들었음에도 산수를 즐기려는 생각에 이렇게 가산을 만들었다고 하였다. 그러자 이승소는 이렇게 말한다.

산은 한 줌의 돌이 많아진 것이요, 바다는 한 잔의 물이 많아진 것이다. 통달한 사람이라면 한 줌의 돌에서도 높은 태산을 볼 수 있고, 한 잔의 물에서도 넓은 바다를 볼 수 있다. 세상의 모든 사물은 음양의 순환에 의해 이루어진 것이므로, 하늘이 만든 것과 사람이 만든 것, 큰 것과 작은 것, 많은 것과 적은 것은 피상적인 구분일 뿐, 궁극적으로 모두 하나라는 이치를 설파하였다.

▌石假山　　석가산

이승소

君不見	그대는 보지 못하였는가
昌寧先生昔少年	창녕선생이 예전에 젊었을 때를
健如鵰鶚橫秋天	씩씩하기가 가을 하늘을 나는 독수리 같았지.
胸吞九夢不足道	가슴에 아홉 개의 운몽택[30]을 삼키는 것은 말할 것도 없고
眼空四海誰能肩	사해를 안중에 두지 않았으니 누가 겨룰 수 있으랴.
飛上太淸謁虛皇	태청[31]으로 날아올라 허황[32]을 알현하고
玉堂金殿長周旋	옥당[33]과 금전[34]에서 오래 활약하였네.
有時絳節分下界	강절[35]을 나누어 받고 인간 세상으로 내려와
鞭笞鸞鳳恣騰騫	난새와 봉황[36]을 채찍질하며 마음껏 내달렸네.
歷遍雄州與名都	큰 고을과 이름난 도시 두루 거치고
靈山福地探幽玄	그윽한 영산[37]과 복지[38]를 찾아다녔네.
麻姑仙子喜相迎	마고선녀가 기뻐하며 맞이하니[39]

---

30 구몽九夢: 제齊나라에 있는 운몽택雲夢澤 아홉 개. 구몽을 삼켰다는 말은 큰 포부를 지니고 있음을 나타낸다.
31 태청太淸: 도교에서 말하는 삼청三淸 가운데 하나로, 옥황상제가 사는 곳.
32 허황虛皇: 도교의 신 이름.
33 옥당玉堂: 한림원翰林院의 별칭. 우리나라에서는 홍문관弘文館. 여기서는 신선 세계에 있는 옥당궁玉堂宮의 뜻으로 쓰인 듯하다.
34 금전金殿: 화려한 궁궐을 말한다.
35 강절絳節: 사자使者가 신표로 삼는 붉은색의 부절符節.
36 난새와 봉황: 전설의 새들로 신령스럽고 상서로움을 상징한다. 난새는 봉황의 일종이며, 봉鳳은 수컷, 황凰은 암컷인데, 닭의 머리, 뱀의 목, 제비의 턱, 거북의 등, 물고기의 꼬리 모양을 하였고, 오색五色 빛에 오음五音의 소리를 낸다고 한다.
37 영산靈山: 신령이 산다는 산. 도교에서는 봉래산을 말하며, 불교에서는 영취산靈鷲山을 영산이라고 한다.
38 복지福地: 신선이 사는 곳으로 세상에는 72복지가 있다고 한다. 이 복지는 대지명산大地名山 사이에 있는데, 상제上帝가 진인眞人에게 명하여 이곳을 다스린다고 한다.
39 마고麻姑: 중국 신화에 나오는 여신이다. 갈홍葛洪의 『신선전神仙傳』에 따르면, 무주 동남쪽의 고

霓旌羽蓋爭後先	무지개 깃발과 깃털 일산이 앞을 다투는구나.
興來揮洒步虛詞	흥이 나면 붓을 휘둘러 보허사[40]를 쓰니
八角光芒動色川	팔방으로 쏘는 빛이 물결에 비쳐 흔들리는 듯하네.
但恨仙山不復開	다만 한스러운 것은 선산이 다시 열리지 않아
雖有石髓求無緣	비록 석수[41]가 있더라도 구할 방법이 없구나.
流光如電朱顏彫	세월은 번개 같아 붉던 젊은 얼굴 시들고
倦却束帶趨朝聯	허리띠 차고 조정에서 종종걸음 치느라 피곤하구나.
歸來高臥守玄牝	고향으로 돌아와 편히 누워 현빈[42]을 지키며
服餌猶堪地行仙	단약 먹고 지행선[43]이 되기는 충분하구나.
尚餘泉石膏肓在	그래도 천석고황의 병이 있어
昔年遊歷夢依然	예전에 노닐던 곳 꿈에서도 분명하구나.
雲山一別難再尋	한번 이별한 산수는 다시 찾기 어려우니
幾回悵望心涓涓	몇 번이나 슬피 바라보며 마음 졸였던가.
曾聞鍊石補天缺	일찍이 듣기로 바위를 다듬어 하늘의 구멍을 메웠다 하고[44]
斷鼇挂地四維堅	거북의 발을 잘라 땅에 세워 사방을 견고히 했다지.[45]
天地尚賴人力修	하늘과 땅도 오히려 사람의 힘을 필요로 하거늘

여산姑餘山에서 도를 닦아 동한東漢 무렵의 선인仙人인 왕방평王方平의 부름에 응하여 채경蔡經의 집으로 강림하였다고 한다. 나이 18, 9세로 용모가 아름답고, 손가락은 새의 발톱과 같았는데, 스스로 말하기를, "이미 동해가 세 번 뽕밭으로 변하는 것을 보았다"고 하였다.

40 보허사步虛詞 : 도교에서 경전을 읊거나 찬미할 때 쓰는 음악 또는 가사. 악곡樂曲의 이름이기도 하다.
41 석수石髓 : 석종유石鍾乳. 도교에서 신령한 음식으로 여긴다.
42 현빈玄牝 : 도교에서 말하는 만물의 근원. 도를 비유한다.
43 지행선地行仙 : 본디 불경佛經에 나오는 신선 가운데 하나이다. 장수한 사람이나 숨어사는 선비를 비유하기도 한다.
44 일찍이……메웠다 하고 : 고대신화에 따르면 여와씨女媧氏가 오색 빛깔의 바위를 다듬어 하늘을 기웠다고 한다.
45 거북의……했다지 : 여와씨가 큰 거북의 발을 잘라 사방에 세웠다는 전설이 있다.

況此山川一塵涓	하물며 먼지나 물방울 같은 산과 강에 있어서랴.
先生劂開蒼苔地	선생이 푸른 이끼 덮인 땅을 깎아내시어
試作方塘引流泉	시험삼아 흐르는 물을 끌어다 연못을 만들었네.
中間疊石擬方壺	중간에 바위를 쌓아 방호[46]를 본뜨니
峯巒巧秀脩眉妍	봉우리가 교묘하고 빼어나 긴 눈썹처럼 아름답구나.
水匯山峙有神功	산기슭을 돌아드는 물줄기는 귀신의 공력인듯
造物不得專其權	조물주도 그 권세를 독차지할 수 없다네.
却疑夸娥氏	혹시나 과아씨[47]로 하여금
夜負太行遷	밤에 태항산[48]을 짊어지고 옮겨
不措朔東與雍南	삭동과 옹남[49]에 두지 않고서
置之先生几案前	선생의 책상 앞에 갖다놓았나 하였네.
太行高哉幾千仞	드높은 태항산은 몇 천 길이나 되나
層峯疊巘雲相連	층층 봉우리와 겹겹 낭떠러지에 구름이 연이었구나.
一朝縮在尋丈間	하루아침에 몇 척으로 줄여놓으니
宛轉玲瓏万象全	구불구불 영롱하여 온갖 형상 갖추었네.
寒波綠淨不堪唾	차갑고 푸른 물결 차마 내려다볼 수 없으니
秀色凝翠煙非煙	고운 빛 푸르게 엉기니 안개인가 아닌가.
夜深明月浩如海	밤 깊어 밝은 달이 바다처럼 커다란데
疑有笙鶴來翩翩	왕자진[50]이 생황 불며 학을 타고 훨훨 날아오는 듯.

46 방호方壺 : 신선이 산다는 전설 속의 산. 방장方丈이라고도 한다.
47 과아씨夸娥氏 : 엄청난 힘을 가졌다는 신선.
48 태항산太行山 : 산서山西 고원高原과 하북河北 평원 사이에 있는 산. 험준하기로 유명하다.
49 삭동朔東과 옹남雍南 : 상제上帝가 우공愚公의 정성에 감동하여 과아씨의 두 아들을 시켜 산 두 개를 삭동과 옹남으로 옮기게 했다고 한다.
50 왕자진王子晉 : 신선 이름. 본디 주周나라 영왕靈王의 태자였으나, 바른 말을 하다가 쫓겨났다. 신선이 되어 중국 하남성河南省 언사현偃師縣 남쪽에 있는 구씨산緱氏山에 내려왔다. 이곳에서 피리를

灝氣襲人風冷然	시원한 기운이 사람을 엄습하고 바람 싸늘하니
如與汗漫遊八埏	마치 세상 밖을 마음껏 노니는 듯하구나.
世人紛紛眼多肉	분분한 세상 사람 속된 눈이 많으니
杯視此水山如拳	이 물은 술잔만 하고 산은 주먹만 하다고 하네.
那知大地瀛海環	어찌 푸른 바다에 둘러싸인 커다란 땅이
無異蛇盤鏡中圓	둥그런 사반경[51]과 다름없는 줄 알리오.
泰山爲小秋毫大	태산을 작게 여기고 가을 터럭을 크게 여기는
此意難與兒曹傳	이 뜻은 아이들에게 전하기 어렵다네.

『삼탄집三灘集』 권11

평설(評說) 창녕선생은 성임이다. 이 시는 이승소가 성임의 석가산을 보고, 성임을 적선謫仙에 비겨 지은 것이다. 성임은 젊은 시절 큰 배포와 빼어난 기상을 가진 인물이었다. 그는 마치 천계天界를 주유周遊하는 신선과 같이, 명산대천을 찾아 호쾌히 노닐며 인생을 즐겼다. 어느덧 세월이 흘러 벼슬살이 하느라 늙고 병든 나머지, 마침내 귀거래歸去來를 결심한다. 산수를 향한 그의 열망은 여전히 사라지지 않았지만 이제는 멀고 험한 길을 떠나 명산대천을 찾을 기력이 없다. 그리하여 성임은 집에 석가산을 만들었다. 삼신산의 하나인 방장산을 본뜬 이 석가산은 돌을 쌓아 만든 것으로, 마치 중국의 태항산을 옮겨다 놓은 듯하며, 밤이면 신선 왕자진이 학을 타고 내려올 것만 같다. 사람들은 석가산이 작다고 말하지만 그것은 속된 안목에 불과할 뿐, 달관한 사람은 그 크고 작은 외

잘 부는 선인仙人인 부구공浮丘公과 함께 백학白鶴을 타고 생황을 불며 숭산嵩山에서 노닐었다고 한다. 『당서唐書·예문지藝文志』에 보인다.

51 사반경蛇盤鏡 : 원효숙袁孝叔이 벼슬을 그만두고 고향으로 돌아와 아침에 거울을 보니, 뱀과 비슷하면서 네 다리를 가진 동물이 거울에서 떨어졌다. 여기서는 거울 속에 뱀이 있는 모습이 바다에 둘러싸인 땅의 모습과 같다는 뜻으로 비유한 듯하다.

형의 구속을 벗어나 진면목을 볼 수 있다는 내용이다.

假山讚   가산찬

강희맹姜希孟[52]

　산을 오르는 사람은 반드시 높고 큰 곳을 오르려 하고, 물을 보는 사람은 반드시 깊고 넓은 곳을 보려고 한다. 이는 우주 안에서 장관壯觀을 다 보고 세상 바깥에 자기의 정신을 펼쳐보고 싶기 때문이다. 그러나 지역이 나누어지고 다리 힘에 한계가 있어 비록 대장大章과 수해豎亥[53]처럼 튼튼한 발을 가지고 어구御寇[54]가 바람을 부리는 것처럼 달리고 싶어도 먼 곳까지 노닐고자 하는 나의 뜻을 다 충족시킬 수는 없다. 문밖을 나서지 않고 산림山林과 강해江海의 풍취를 차지하는 것은 어려운 일이다. 오직 그림 한 가지의 경우는 형상이 거의 비슷하지만 진짜 형상과 같이 우뚝하거나 움직이는 느낌이 없으니, 어찌 작은 것으로 큰 것을 추측하고 가짜로 진짜를 상상할 수 있겠는가.

　나의 벗 창녕昌寧 성중경成重卿(成任)씨가 집 뒤의 빈 땅에다 돌을 쌓아 산을 만들었는데 그 높이는 겨우 한 길이었다. 그 뒤에 항아리를 두어 맑은 샘물을 담고, 그 항아리 배에 구멍을 뚫어 산허리로 통하도록 하였다. 가느다란 물줄기가 졸졸 흐르다 떨어지면 거센 폭포가 되고 다시 흘러 평지를 이루는데, 거기에 소나무와 대나무, 여러 가지 꽃을 심으니, 푸르고 울창하여 숲을 이루었다. 아침저녁으로 바라보면 봉우리들이 우뚝 솟아 중앙의 산에게 절을 하는 듯하고, 골짜기들이

---

[52] 강희맹姜希孟 : 1424(세종 6)～1483(성종 14). 본관은 진주晉州. 자는 경순景醇, 호는 사숙재私淑齋·운송거사雲松居士·국오菊塢·만송강萬松岡. 시호는 문량文良이다.
[53] 대장大章과 수해豎亥 : 대장과 수해. 모두 우禹 임금의 신하로서 발이 빠른 사람이었다.
[54] 어구御寇 : 열어구列御寇, 즉 열자列子를 가리킨다.『장자莊子』「소요유逍遙遊」에 "열자는 바람을 타고 다닌다."고 하였다.

깊고 그윽하여 동부洞府⁵⁵를 이루고 있다. 비스듬한 봉우리들과 가로지른 고개들이 보는 방향마다 모양이 다른 것이 마치 삼산三山⁵⁶과 오악五嶽⁵⁷이 모여 한 덩어리를 이룬 것 같았다. 물이 부딪쳐 튀어오르면 성난 파도와 몰아치는 바람결에 구슬 같은 물방울이 흩어지는 듯하고, 마치 황하의 물이 용문龍門⁵⁸에 부딪쳐 산과 계곡을 우레처럼 뒤흔드는 것 같았다. 그러다가 물이 조용히 흐르면 맑고 깊고 고요하고 넓어서 마치 동정호洞庭湖와 팽려호彭蠡湖⁵⁹가 해와 달을 삼켰다가 뱉어내는 것과 같아, 내가 생각하는 대로 제각기 참된 형상을 드러내니 진실로 기이한 것이었다. 중경씨重卿氏가 말하였다.

"저는 신기한 유람과 장엄한 볼거리를 좋아하여 일찍이 송도松都에 노닐면서 오관산五冠山과 천마산天磨山⁶⁰에 올라갔습니다. 또 일찍이 동쪽으로 가서 풍악산楓嶽山⁶¹의 비로봉 정상에 올라 넓고 푸른 바다를 굽어보니 마치 술잔이나 사발을 보는 것 같았습니다."

중경씨는 지금 몸이 수척해졌으니 반드시 이를 마주하면 누워서 경치를 즐기는 흥취가 더욱 달콤할 것이다. 청천菁川⁶² 강경순姜景醇(姜希孟)이 한번 보고 그 정교함에 감탄하며 다음과 같이 찬讚을 지었다.

拳石之多	주먹만한 돌멩이가 많으면
累爲恒岱	쌓여서 항산⁶³과 대산⁶⁴이 되고

---

55 동부洞府 : 도가道家에서 신선이 사는 곳을 이른다.
56 삼산三山 : 삼신산三神山인 봉래산蓬萊山, 방장산方丈山, 영주산瀛州山을 말한다.
57 오악五嶽 : 숭산崇山, 태산泰山, 화산華山, 형산衡山, 항산恒山을 말한다.
58 용문龍門 : 지금의 강주絳州 용문현龍門縣. 황하가 이곳에 이르면 양쪽 언덕의 깎아지른 듯한 절벽이 대문처럼 맞서 있으므로 용문이라 한다.
59 팽려호彭蠡湖 : 지금의 강서성의 반양호潘陽湖.
60 오관산五冠山과 천마산天磨山 : 개성開城에 있는 산이다.
61 풍악산楓嶽山 : 금강산의 가을 이름.
62 청천菁川 : 진주晉州의 옛 이름.

勺水之多	한 잔의 물이 많으면
瀦爲江海	모여서 강과 바다가 된다네.
撑天浸地	하늘을 떠받치는 산과 대지를 삼키는 바다가
汪洋崔嵬	넓디넓고 높고 험한데
高不可凌	높아서 올라가지 못하고
深不可測	깊어서 헤아릴 수 없다네.
愚公移之	우공이 산을 옮길 때[65]
竭其神力	정신과 근력을 다하였고
精衛啣石	정위는 돌을 입에 물었지만[66]
竟誰塡塞	끝내 누가 메웠던가.
孰能轉徙	누가 이것을 옮겨다가
納我門閾	우리 집 뜰에 들여 놓았나
博雅成公	박식하고 단아한 성공이
默存爲德	말없이 간직함을 덕으로 삼았네.
闢開山河	산하를 쪼개고 여는 것은
巨靈爲則	거령[67]을 본보기로 삼았고

63 항산恒山 : 오악五嶽 가운데 북악이다. 산서성 영구현靈邱縣의 남쪽에 있는 산이다.
64 대산岱山 : 태산을 이른다.
65 우공이 산을 옮길 때[愚公移山] : 북산北山의 우공이 나이 90에 가까이 되었는데, 집 앞에 태항산太行山과 왕옥산王屋山이 가로막아서 출입하기에 곤란하자 산을 헐어서 평평하게 만들기를 결심하였다. 지수知叟가 어리석다고 비웃자 우공이 말하기를 "내가 죽으면 아들이 있고 아들이 죽으면 손자가 있고 손자가 또 아들을 낳겠지만 산은 불어나지 않을 터인데 왜 평평해지지 않겠는가" 하고 날마다 쉬지 않고 산을 헐어내자, 상제上帝가 감동하여 과아씨夸娥氏의 두 아들을 파견하여 산을 옆으로 옮기었다는 고사.
66 정위精衛는 돌을 입에 물었지만 : 동해에 빠져 죽은 염제炎帝의 딸 여왜女娃의 원혼이 정위精衛라는 새로 변하여 서산西山의 목석木石을 물어다가 동해를 메우려 했다는 전설이 있다.
67 거령巨靈 : 화산華山을 쪼개어 갈라 놓았다는 전설의 하신河神.

縮大爲小	큰 것을 축소하여 작게 만든 것은
神仙是式	신선을 본받은 것이지.
有水其洋	물줄기는 넘실넘실거리고
有山其巁	묏부리는 높고도 높도다.
蘚紋蒸潤	이끼 무늬 윤택하니
浮爲黛色	검푸른빛이 떠오르고
灘瀨淙潺	여울물 흐르는 소리
揚而復抑	드높다가 다시 가라앉지.
煙朝月夕	안개 낀 아침과 달 뜨는 저녁에
氣像千億	모습이 천만 가지로 달라지니
馳我神遊	내 정신을 달려서 노닐며
橫際八極	팔방의 끝까지 가로질렀네.
釋云須彌	석가는 말하였지, 수미산을
納于芥子	겨자씨 속에 넣을 수 있다고
莊言澤中	장자는 말하였지, 연못 속에
山可藏只	산을 숨길 수 있다고.
神變無窮	신묘한 변화가 무궁하니
孰究其理	누가 그 이치를 궁구하리오.
我思成公	내가 생각하기에 성공은
實同所以	실로 그와 같구나.
舒縮地脈	지맥을 폈다가 축소하여
幻成山水	산수를 만들어 내었네.
峨洋在眼	산과 바다가 눈앞에 있으니
咫尺萬里	지척이 곧 만 리와 같구나.

九仞一簣	아홉 길에 한 삼태기 흙[68]조차
竟不吾止	끝내 내가 멈추지 않았기에
不騫不崩	부서지거나 무너지지 않았으니[69]
百壽介祉	백년토록 큰 복을 누리겠네.

『사숙재집私淑齋集』 권5

登山者, 必欲其高大, 觀水者, 必欲其深廣. 蓋欲極壯觀於宇內, 逞吾神於物表者也. 然必區域所分, 足力所窮, 雖欲騁章亥之健步, 馳御寇之神馭, 有不能充吾壯志之所極. 欲其不出戶庭, 而領會山林江海之趣, 蓋亦難矣. 惟繪畫一事, 庶幾彷彿形似, 而未有眞形屹峙流動之意, 安能因小以例大, 卽假以想眞哉. 吾友昌寧成重卿氏, 於堂後隙地, 纍石爲山, 高僅一丈. 置甕其後, 貯以淸泉, 穴甕腹, 通山腰. 細流淙淙然落爲亂瀑, 流爲平地, 植諸松竹花卉, 蔥鬱成林. 昕夕望之, 群峯嵯峨, 拱揖中岳, 衆壑嶙峋, 幽爲洞府. 側峯橫嶺, 面面異狀, 如三山五岳, 萃爲一塊. 水之激也, 怒浪恆風, 噴沫跳珠, 如河激龍門, 震蕩山谷. 及爲安流澄深淵廣, 如洞庭彭蠡吞吐日月, 隨吾所想而各露眞形, 眞絶奇也. 重卿氏曰, "生好奇遊壯觀, 嘗遊松都, 登五冠, 陟天磨. 又嘗東登楓岳毗盧頂上, 俯瞰滄海, 如視杯盂." 重卿氏今把淸羸, 必能對此, 而益酣臥遊之興矣. 菁川姜景醇, 一見而服其精, 遂作讚曰,

拳石之多, 累爲恒岱, 勺水之多, 潴爲江海, 撐天浸地, 汪洋韭嵬, 高不可凌, 深不可測, 愚公移之, 竭其神力, 精衛衒石, 竟誰塡塞, 孰能轉徙, 納我門闑, 博雅成公, 默存爲德, 鬪開山河, 巨靈爲則, 縮大爲小, 神仙是式, 有水其洋, 有山其則, 蘚紋蒸潤, 浮爲黛色, 灘瀨淙潺, 揚而復抑, 煙朝月夕, 氣像千億, 馳我神遊, 橫際八極, 釋云須彌, 納於芥子, 莊言澤中, 山可藏只, 神變無窮, 孰究其理, 我思成公, 實同所以, 舒縮地脈, 幻成山水, 峨洋在眼, 咫尺萬里, 九仞一簣, 竟不吾止,

---

[68] 아홉 길에 한 삼태기 흙 : 『서경書經』 「주서周書」 〈여오旅獒〉편에 다음과 같은 말이 있다. "아! 이른 새벽부터 밤늦도록 만에 하나라도 부지런하지 않음이 없게 하소서. 작은 행실에 긍지矜持하지 않으면 마침내 큰 덕德에 누를 끼쳐 아홉 길의 산을 만드는데 공功이 한 삼태기 때문에 무너질 것입니다嗚呼. 夙夜, 罔或不勤. 不矜細行, 終累大德, 爲山九仞, 功虧一簣)."

[69] 부서지거나 무너지지 않았으니 : 『시경詩經』 「소아小雅」 〈천보天保〉편에 다음과 같은 구절이 있다. "달의 초생달과 같으며 해의 떠오름과 같으며, 남산南山의 장수함과 같아 이지러지지 않고 무너지지 않으며, 송백松柏의 무성함과 같아 그대를 계승하지 않음이 없도다如月之恒, 如日之升, 如南山之壽, 不騫不崩, 如松柏之茂, 無不爾或承)."

不騫不崩, 百壽介祉.

> **평설(評說)** 역시 성임의 석가산을 두고 지은 글이다. 옛날 종소문宗少文은 늙고 병들어 산수를 유람할 수 없게 되자, 산수의 그림을 벽에 걸어놓고 와유臥遊를 즐겼다. 그러나 강희맹은 그림으로 만족하지 못하였다. 그림이 실제의 산수와 비슷하긴 하지만 생동감이 없어 실제 산수를 대신하기에는 부족하다는 것이다. 하지만 성임의 석가산은 이와 다르다. 성임의 석가산은 높이가 한 길 정도 되며, 뒤에 항아리를 두어 산허리에서 물이 흘러나와 폭포를 이루도록 하였다. 거기에 여러 가지 화초를 심으니, 시시때때로 변화하는 가산의 모습이 마치 이름난 산수와 같았다. 강희맹은 석가산의 정교한 모습에 감탄하며 석가산의 모습을 형용한 찬讚을 지었다.

崔台甫家有石假山, 三朶峯巒, 洞穴玲瓏, 可愛也. 欲易其一, 置之書室傍. 僕之家, 無一物可相直者, 姑用東坡壺中九華韻呈台甫

최태보崔台甫[70]의 집에 석가산 세 개가 있는데, 봉우리와 골짜기가 영롱하여 아름다웠다. 그 중 하나를 옮겨다가 서실 옆에 두고자 하였으나, 나의 집에는 그 값에 상당하는 물건이 하나도 없다. 우선 소식蘇軾의 「호중구화시壺中九華詩」의 운韻을 써서 태보에게 바치다

김종직金宗直[71]

君家曾眎碧三峯   그대 집에서 일찍이 푸른 봉우리 세 개를 보니
塵土襟懷忽已空   속세에 물든 마음 홀연히 사라졌다네.
萬里仇池來脚底   만 리 떨어진 구지[72]가 다리 밑으로 오고

---

70 최태보崔台甫 : 최한공崔漢公(1423~1499). 태보台甫는 자字. 호는 고곡考谷.
71 김종직金宗直 : 1431(세종 13)~1492(성종 23). 본관은 선산. 자는 계온季昷, 호는 점필재佔畢齋. 시호는 문충文忠이다.

千尋圓嶠列庭中	천 길 높이의 원교[73]가 뜰에 늘어섰구나.
松杉隱隱岩崖響	소나무 삼나무에 부는 바람소리 은은히 벼랑에 울리고
煙霧霏霏洞穴通	연기와 안개는 골짜기에 자욱하구나.
却恨吾無韓幹馬	한스럽도다, 내게 한간[74]의 말이 없으니
軒窓那得對玲瓏	어찌하면 내 방에서 영롱한 모습 마주할 수 있으랴.

『점필재집佔畢齋集』 권16

평설(評說) 벗의 집에 있는 석가산을 보자 속된 생각이 사라지고 중국의 명산 구지산과 신선이 산다는 원교가 떠오른다. 마치 바람소리가 들리고 안개가 자욱한 산 속에 있는 것 같다. 갖고 싶지만 줄 것이 없으니 그저 시만 지어본다.

假山烟嵐　가산의 안개

홍귀달洪貴達[75]

生來性癖愛林泉	살아오며 성품이 산수를 너무나 사랑하여
却引遙山住眼前	문득 먼 산을 끌어와서 눈앞에 두었네.
萬壑煙霞侵畫閣	수많은 골짜기의 안개와 노을이 아름다운 집에 스며들고
三峯蒼翠壓華筵	세 봉우리의 푸른빛은 화려한 잔치 자리를 압도하네.

---

72 구지仇池 : 중국 감숙성 성현 서쪽에 구지산仇池山이 있는데 산 위에 수지水池가 있기 때문에 이 같은 이름이 붙여졌다고 한다.
73 원교圓嶠 : 신선이 산다는 전설 속의 산.
74 한간韓幹 : 당唐나라 때의 화가. 말 그림에 뛰어났다고 한다.
75 홍귀달洪貴達 : 1438(세종 20)~1504(연산군 10). 조선 전기의 문신. 자는 겸선兼善, 호는 허백당虛白堂・함허정涵虛亭, 본관은 부계缶溪. 시호는 문광文匡이다.

耳邊髣髴幽禽響	귓전에선 그윽한 새 소리 들리는 듯
脚底尋常寶刹躔	발밑은 마치 절 찾아 가는 길인 듯.
安得明途謝簪笏	어떻게 하면 벼슬을 버리고 떠나
超然物外此周旋	초연히 세상 벗어나 이곳에서 살 수 있을까.

『허백정집虛白亭集』속집續集 권2

평설(評說) 산수를 애호하는 벽癖이 있어 가산을 만드니, 먼 곳에 있는 산을 눈 앞에 갖다놓은 것 같다. 가산의 수많은 골짜기에 서린 안개는 저택으로 스며들고, 가산에 솟은 세 봉우리의 울창한 푸른빛이 돋보여 앉아있는 자리를 압도하는 듯하다. 가산에 새가 있을 리 없지만 마치 새 소리가 들리는 듯하고, 그 속으로 들어가면 어딘가 절이 있을 듯하다. 이처럼 한가로운 정취를 즐기노라니 벼슬을 버리고 이런 곳에서 살고 싶은 생각이 절로 든다.

者之軒前引流爲池, 池中設假山, 環奇可觀. 余與子俊, 叔强同賞
기지耆之가 마루 앞에 물을 끌어와 못을 만들고, 못 가운데에는 가산을 만들었는데, 기이한 모습이 둘러싸고 있어 볼만하였다. 나는 자준子俊[76], 숙강叔强[77]과 함께 감상하였다
성현成俔[78]

蔡侯天機精	채후[79]는 천성이 정밀하여
所得悉臻玅	터득한 것이 모두 신묘한 경지에 이르렀네.
身雖隱市朝	몸은 비록 저잣거리에 숨었지만
逸氣秋空鶻	뛰어난 기상은 가을 하늘의 매와 같다네.
胸中蘊方便	가슴속엔 지혜를 쌓아두어
幻出千里嶠	천 리의 뾰족한 산 만들어내었네.
崢嶸起峯巒	여러 봉우리들이 가파르게 일어나고

呀豁分隧竅	온갖 골짜기 깊이 나뉘어 있네.
苔花半斑駁	이끼와 꽃이 서로 섞여 있고
杉楊雜蘿蔦	소나무와 버들은 쑥과 메꽃에 섞여있네.
渴烏吐飛泉	갈오[80]는 흩날리는 샘물을 토해내고
晴雪散巖峭	눈발 그쳐 가파른 바위에 흩어지네.
隱隱有招提	멀리 아스라한 사찰이 있어
朱碧林間耀	붉고 푸른빛이 숲 사이에 빛나네.
騎驢人過橋	나귀 탄 사람이 다리를 지나는데
僮後行荷篠	삼태기 맨 아이가 그 뒤를 따르네.
孤舟泝素波	쪽배는 흰 물결을 거슬러 가니
人影相涵照	사람과 그림자가 서로 비추네.
鶴髮者誰子	저 백발 노인은 누구이길래
依岸坐垂釣	언덕에 기대 앉아 낚시줄을 드리우는고.
秋毫偶累具	가을 터럭만한 것도 모두 갖추었으니
一一形容肖	하나하나 형상이 똑같구나.
怪怪復奇奇	괴상하고 또 기이하니
如君古亦少	그대 같은 이 예전에도 적었다네.
泉石入膏肓	산수를 향한 마음이 고질병 되었는데

76 자준子俊 : 이계동李季仝의 자字. 1450(세종 32)~1506(중종 1). 본관은 평창平昌. 시호는 헌무憲武이다.
77 숙강叔强 : 권건權健. 자字. 1458(세조 4)~1501(연산군 7). 본관은 안동安東. 권근權近의 증손. 시호는 충민忠愍이다.
78 성현成俔 : 1439(세종 21)~1504(연산군 10). 본관은 창녕昌寧. 자는 경숙磬叔, 호는 용재慵齋·부휴자浮休子·허백당虛白堂·국오菊塢. 시호는 문재文戴이다.
79 채후蔡侯 : 채수蔡壽를 가리킴. 1449(세종 31)~1515(중종 10). 본관은 인천仁川. 자는 기지耆之, 호는 나재懶齋. 시호는 양정襄靖이다.
80 갈오渴烏 : 물을 끌어들이는 굽은 통을 말한다.

清意無人料	맑은 뜻 헤아려주는 사람 없구나.
我獨悟其趣	나홀로 그 맛을 깨달아
襟期自赴召	마음이 절로 초대에 응하였다네.
相逢目擊間	서로 만나 눈으로 보는 사이에
撫掌時一笑	손뼉치며 때로 한바탕 웃는다네.

『허백당집虛白堂集』 보집補集 권3

평설(評說) 채수가 만든 석가산의 모습을 형용한 시다. 채수는 타고난 자질이 정밀하여, 터득하는 것마다 신묘한 경지에 이르렀다. 비록 벼슬에 얽매여 있기는 하지만, 가을 하늘의 매와 같이 세상을 초탈한 기상을 지니고 있다. 마음속에 쌓아둔 지혜를 모두 발휘하여 가산을 만드니, 마치 천 리 먼 곳에 있는 높은 산을 가져다 놓은 듯하다. 가산에는 가파른 봉우리와 깊은 골짜기를 만들어 놓았다. 여기에 이끼와 꽃, 소나무와 버들, 쑥과 메꽃을 섞어 심어 놓았기에 실제의 산을 방불케 한다. 가산의 한쪽에서는 기다란 관을 통해 끌어온 물이 뿜어 나오고, 바위 끝에는 눈송이가 남아 있다. 사찰의 모형을 만들어 놓았기에 숲 속에 단청의 색깔이 은은히 비친다. 사람의 모형도 만들어 놓은 듯하다. 나귀 탄 사람과 그 뒤를 따르는 아이는 가산의 산길에 배치해 둔 인형으로 보인다. 물 위에는 쪽배를 젓는 어부의 모형이 있다. 그리고 언덕에는 낚시하는 사람의 모형이 있다. 털끝만큼도 실제와 차이가 없으니 참으로 기괴하기 그지없다. 채수는 산수를 너무나 좋아한 나머지 마치 고질병에 걸린 듯하였다. 그의 마음을 헤아려주는 사람은 오직 이 시를 지은 성현 한 사람뿐이다. 그리하여 채수의 초대에 응해 찾아와 가산을 보고는 한바탕 웃는다.

石假山賦　　석가산부

성현

有大人先生	어느 대인 선생이
以天地爲蘧廬	하늘과 땅을 집으로 삼고
六合爲帡幪	육합[81]을 벽과 지붕으로 삼고
煙雲爲氣候	안개와 구름을 습결로 삼고
江海爲襟胸	강과 바다를 마음으로 삼았네.
風籟刁膠	피리소리 같은 바람소리는
卽我之絲桐	바로 나의 거문고이며
花鳥忻悅	꽃은 기쁜 듯 피어나고, 새는 즐거운 듯 지저귀니
卽我之隸僮	바로 나의 일꾼들이라.
運奇巧於心匠	마음의 기교를 운용하여
剝山骨之磞硠	울퉁불퉁한 산줄기를 벗겨다가
忽異境之來設	갑자기 이채로운 광경을 펼쳐 놓으니
迷不知其西東	혼미하여 동서를 모르겠네.
其爲形也	그 형상은
巑岏崱屴	우뚝하게 높고
截嶭嶜崟	깎아지른 듯 울퉁불퉁
崔嶢岸崿	높고도 험준하며
陁靡穹窿	민둥산 같이 둥글고
或盤或紆	넓기도 하고 구부러지기도 하고
或橫或縱	가로지른 듯 세로지른 듯

---

81 육합六合 : 천지사방天地四方, 즉 위·아래·동·서·남·북의 공간을 말한다.

或累階阤	섬돌을 쌓은 듯
或攢劍鋒	칼날을 묶어 세운 듯
或揭甄豆	제기를 걸어놓은 듯
或陳簴樅	북채를 늘어놓은 듯
或翩翔雕隼	보라매가 나는 듯
或挐攫虎熊	범과 곰이 할퀴는 듯
或若昂首之烏	머리를 쳐든 까마귀 같기도 하고
或若蠆尾之蟲	전갈의 꼬리 같기도 하네.
或若峨冠之頍	높은 관의 장식품 같기도 하고
或若祛袖之縫	소매의 꿰맨 자국 같기도 해
或若跟肘之露	발뒤축과 팔꿈치가 드러나는 듯
或若鬚髮之鬆	수염과 머리카락이 흐트러진 듯
或若篆籒之錯	전서과 주문[82]을 새긴 듯
或若龜墨之烘	먹줄 친 거북을 불에 쬐는 듯[83]
背若相詬	등지고 서로 욕하는 듯
聚若相攻	모여서 서로 싸우는 듯
塞若相隔	막혀서 서로 떨어진 듯
亘若相通	휑하니 서로 통하는 듯
拱若相揖	두 손 모아 잡고 서로 인사하는 듯
俯若相逢	허리를 구부리니 서로 만난 듯
騖若跨騄耳之駿	녹이[84]의 준마를 탄 듯 내달리고

---

82 주문籒文 : 고대에 사주史籒라는 사관史官이 만들어 낸 자체字體.
83 먹줄 친 …… 쬐는 듯 : 옛날에는 거북 등에 먹줄을 긋고 불에 구운 뒤 길흉을 판단하였는데, 먹줄을 따라 거북 등이 터지면 길조吉兆로 여겼다. 『예기禮記』 「옥조玉藻」편에 보인다.
84 녹이騄耳 : 옛날 주 목왕周穆王이 탔던 말로 귀가 푸른 준마 이름이다. 팔준마八駿馬의 하나이다.

突若彎烏號之弓	오호[85]의 활을 당기듯 불쑥 솟았네.
不憑五丁而開九折之坂	오정[86]의 힘을 빌지 않고 험하고 가파른 언덕을 열었고
不賴神禹而成疏鑿之功	우[87]의 도움 없이 막힌 곳을 통하게 하는 공을 이루었네.
巋然出衆者父母之崇	우뚝하게 출중한 것은 높으신 부모님과 같고
環衛輔佐者衆雛之恭	빙 둘러 보위하는 것은 뭇 새들이 공손한 모습과 같다.
沈沈虛牝	어스름한 계곡과
濯濯芙蓉	하얗게 솟은 봉우리
谽問爲谷	휑하니 뚫린 골짜기
廻繚爲墉	빙 둘러 담장이 되네.
紋以班駁	알록달록한 무늬에
間以青紅	곳곳에 푸르고 붉은빛 섞였네.
紛敷馥郁	온갖 꽃 향기를 품은 듯
棽鬱蒨葱	여러 풀 우거져 무성하고
日升炳煥	해 뜨면 더욱 빛나고
月出玲瓏	달 나면 영롱하며

---

85 오호烏號 : 양궁良弓의 이름이다. 옛날 중국 황제가 수산首山의 동銅을 채집해다가 형산荊山 아래에서 세 발 솥을 주조하였다. 세 발 솥이 완성되자 용龍이 나타나 턱수염을 드리우고 내려와서 황제를 맞이하였다. 황제가 그 용에 올라타자 군신群臣과 후궁後宮으로 그를 따라 올라탄 자가 70여 인이나 되니 용은 그제서야 올라갔다. 나머지 소신小臣들은 올라타지 못해서 다들 용의 수염을 잡았는데 용수염이 뽑혀 떨어지자 황제의 활도 함께 떨어졌다. 백성들이 우러러보는데 황제는 이미 하늘에 올라가버려 그들은 그 활과 용의 턱수염을 부둥켜안고 '오호烏號'라고 외쳤다. 그래서 후세에 그곳을 이름하여 정호鼎湖라 하였고 그 활을 오호烏號라 하였다. 『사기史記』「봉선서封禪書」에 보인다.

86 오정五丁 : 『수경水經』 면수沔水 주注에 따르면, 오정은 산을 옮기고 만균萬鈞을 들 수 있었다는 촉왕蜀王의 역사力士 다섯 사람을 가리킨다. 전국 시대 때 진秦나라 혜왕惠王이 촉을 정벌할 목적으로 돌을 깎아 다섯 마리의 소를 만든 다음 꼬리 밑에 황금 덩어리를 놔두고 황금 똥을 내놓는 소라고 하며 촉왕에게 가져가라고 하였다. 이에 촉왕이 오정을 시켜 촉도蜀道를 뚫고 끌고 오도록 하자, 진나라가 그 길을 통해 침입하여 촉나라를 멸망시켰다는 고사가 전해 온다.

87 우禹 : 순舜 임금의 신하로 홍수를 다스렸다는 전설의 인물.

霜摧愈厲	서리가 내리면 더욱 매섭고
雨洗更濃	비 온 뒤에는 더욱 짙구나.
晴煙丰丰	어슴푸레한 안개는 뭉게뭉게
籠帶半腹	허리를 감쌌으니
依俙雲氣隨飛龍	마치 구름 속으로 용이 날아가는 듯
群飛薨薨	휘휘 떼를 지어 날다가
來去尋芳	오며가며 꽃을 찾는 듯
彷彿鶴鶴棲喬松	학이 소나무에 깃들인 듯하네.
茫洋出塵之表	끝없이 넓어 속세를 벗어난 듯
窈窕希世之蹤	세상에 드문 고요하고 그윽한 자취
大抵高低遠近	높고 낮고 멀고 가까움과
鉅細霍繹	크고 작고 사라지고 이어짐이
其狀似不同而無不同	온갖 형상이 모두 다른 듯 모두 같은 듯하네.
客有詣先生者曰	객이 선생에게 나아가 말하기를,
儂聞華藻推大樸之美	"제가 듣기로 화려한 무늬는 소박한 아름다움을 밀어내고
芻豢害至味之供	소와 양 같은 진수성찬은 지극한 맛을 그르친다 하였고
碔砆衒彩於璜瑀	가짜 옥돌이 진짜 옥에 섞여 광채를 흐리고
荃蕙混臭於蘭叢	혜초가 난초 포기에 섞여 냄새가 뒤섞인다 하는데
今日所覩	지금 보이는 것은
使人恍惚盲聾	황홀하여 귀와 눈을 멀게 하니
不知陰陽之造化	음양의 조화를 알지 못하겠습니다.
如小兒嬉戱而示人以豐耶	어린 아이 소꿉장난처럼 남에게 자랑하는 것입니까
抑不知風雨之	아니면 잘 모르겠습니다만 비바람이 몰아쳐
夔魖魍魎	도깨비와 귀신들이

偸天盜月斧	하늘의 도끼와 달의 자귀를 도둑질 하였다가
剗斷而磨礱之邪	깎고 잘라서 갈아 놓은 것입니까
是何奇奇怪怪	어찌 이리도 기이하고 괴상하며
鈔變化而驚愚蒙	변화무쌍하여 사람을 놀라게 하는지요."
先生曰	선생이 말하였다.
不然	"그렇지 않소.
自其少者而言之	작은 것으로 말하자면
則肝膽不爲我有	간과 쓸개도 내 것이 아니요
自其大者而言之	큰 것으로 말하자면
則天地亦不我容	천지도 나를 용납하지 못하나니
千里起於咫尺而漸遠	천 리도 지척에서 시작하여 점점 멀어진 것이요
萬物出於毫忽而無窮	만물은 터럭만한 것에서 나와 무궁하게 된 것을
彼隱轔相屬者	저 꿈틀거리며 이어진 것은
太行王屋之重	태항산과 왕옥산[88]을 겹쳐놓은 것이요
崒嵂孤撑者	우뚝하니 가파르게 솟은 것은
天柱祝融之峯	천주와 축융[89]의 봉우리요
潺浮而瀉者	줄줄 내리며 솟는 것은
龍門灎澦之衝	용문과 염예[90]의 물줄기요
泓澄而畜者	맑게 괴어 있는 것은
洞庭雲夢之漵	동정호와 운몽의 호수요
嵯峨陡絶	치솟은 절벽과

---

88 태항산太行山과 왕옥산王屋山 : 132쪽 주석 65 참조.
89 천주天柱와 축융祝融 : 중국 남방에 있는 형산衡山의 봉우리 명칭.
90 용문龍門과 염예灎澦 : 촉중蜀中에서 발원하는 양자강揚子江의 상류에서 삼협三峽을 지나오는 중간에 있는 물결이 험한 곳.

俯挹灘瀨者	굽어보이는 여울은
大別小別之勝	대별산과 소별산[91]의 아름다운 곳이요
赤壁浯溪之雄	적벽과 오계[92]의 웅장함이라오.
由是觀之	이로써 보건대
拳石爲岱嶽之宗	한 줌의 돌은 대악[93]의 큰 산이 되고
勺水爲河海之洪	한 잔의 물은 하해의 큰 물결이 되니
芥舟回潆	일엽편주가 빙글빙글 감도는 것은
卽龍驤萬斛之駕長風	바로 만 곡을 싣는 용양선이 장풍에 내달리는 것이요[94]
鯽鮋撥剌	붕어와 미꾸라지가 팔딱팔딱 뛰노는 것은
卽穹鯨巨鰲之掀天空	바로 큰 고래와 자라가 하늘을 뒤흔드는 것이라오.
然則孰假孰眞	어느 것이 가짜요, 어느 것이 진짜인가
何去何從	어떤 것을 버리고 어떤 것을 좇을까
拙不必拙	졸렬한 것이 반드시 졸렬한 것은 아니며
工不必工	공교한 것이 반드시 공교한 것이 아니요
詐非其詐	간사함이 간사함이 아니며
忠非其忠	충직함이 충직함이 아니니

---

91 대별산大別山과 소별산小別山 : 대별산은 중국의 하남성河南省·호북성湖北省·안휘성安徽省 세 성의 경계에 있는 산 이름으로 서쪽으로는 동백산桐柏山에 접해 있고, 동쪽으로 뻗어 곽산霍山이 된다. 양자강과 회하淮河의 분수령이다(『서경書經』「우공禹貢」). 소별산은 중국 호북성湖北省 한천현漢川縣의 남동쪽 한강漢江에 있는 산이며, 증산甑山이라고도 한다(『좌전左傳』「정공定公 14년」).

92 적벽赤壁과 오계浯溪 : 적벽은 중국 호북성 무창현武昌縣에 있는 산 이름으로 손권孫權과 유비劉備의 연합군이 조조曹操의 군대를 대파한 곳으로 유명하다. 오계는 호남성 서남쪽에 있는 시내이름으로 당나라 때 원결元結이 이곳에 정자를 만들어 산 곳으로 유명하다.

93 대악岱嶽 : 중국 오악五嶽의 하나인 태산泰山의 다른 이름이며, 대종岱宗이라고도 함(『서경書經』「순전舜典」).

94 만 곡斛을 …… 것이요 : '곡斛'은 단위명으로 1곡은 10두斗이다. 용양선龍驤船은 병선兵船의 이름인데, 여기서는 만 곡을 실을 수 있는 큰 배를 뜻한다.

悶悶昏昏兮非春	어둡고 멍청한 것이 바보가 아니며
明明察察兮非聰	분명하고 똑똑한 것이 총명한 이가 아니라오.
人有窮達	사람에게는 궁달이 있고
道有汚隆	도는 성쇠가 있나니
得何欣欣	얻었다고 어찌 기뻐하며
失何忡忡	잃었다고 어찌 근심하랴.
固當逍遙放浪	진실로 소요하고 방랑하여
心會神融	마음과 정신이 화합하여 즐겁게 하며
若將鞭笞鸞鳳	난새와 봉황[95]을 타고 채찍질하며
馭汗漫而超鴻濛	허공을 달리며 세상을 벗어나면 될 것을
何必在廣寒之府瑤池之宮	어찌 꼭 광한전과 요지궁[96]에 있어야만 하겠는가
又何必蠟屐披榛而往來憧憧	또 어찌 꼭 나막신 신고 가시덤불을 헤치며 끊임없이 오고가야 하겠는가.
昔子虛子從亡是公	옛적에 자허자는 무시공을 좇아[97]
賦上林之勝而媚武陵之翁	상림원의 아름다운 경치를 읊어 무릉의 늙은이에게 아첨하였으니
彼當時齊誇楚詑者	그 당시 제나라를 자랑하고 초나라를 과장한 것이

---

95 난새와 봉황 : 전설의 새들로 신령스럽고 상서로운 존재이다. 난새는 봉황의 일종이며, 봉鳳은 수컷, 황凰은 암컷인데, 닭의 머리, 뱀의 목, 제비의 턱, 거북의 등, 물고기의 꼬리 모양을 하였고, 오색五色 빛에 오음五音의 소리를 낸다고 한다.

96 광한전廣寒殿과 요지궁瑤池宮 : 광한전은 달나라에 있다는 궁전. 달을 옥두꺼비玉蟾라 하며, 월궁月宮을 광한전이라 하는데 항아姮娥가 거처하는 곳이다. 그녀는 본시 예羿의 아내인데 예가 구해둔 불사약不死藥을 훔쳐 먹고 월궁에 도망가서 혼자 살았다. 요지궁은 곤륜산에 있는 궁으로 주周 목왕穆王이 서왕모西王母와 만났다고 하는 곳이다. 모두 신선이 사는 곳을 말한다.

97 옛적에……좇아 : 사마상여司馬相如가 상림원上林苑의 빼어난 광경을 보고, 「자허부自虛賦」를 지어 한漢 무제武帝에게 바쳤다. 이 글에는 가상의 인물인 자허子虛, 오유선생烏有先生, 무시공亡是公 세 사람이 나온다. 자허는 '빈 말'이라는 뜻이고 오유선생은 '무엇이 있느냐'는 뜻이며 무시공은 '이 사람이 없다'는 뜻이다. 제후의 수렵에 관한 일을 서술하며 풍간諷諫의 뜻을 담았다(『사기史記』「사마상여전司馬相如傳」).

不曾吞八九於胸中	가슴속에 운몽택을 여덟 개나 아홉 개를 삼킨 것보다 더하였네.[98]
今則雲山曖翠千萬狀	지금 나는 뿌옇고 파란 천만 가지 형상의 구름 자욱한 산을
坐臥相對乎房櫳	앉으나 누우나 방안에서 마주 대하며
樂吾樂兮	나의 즐거움을 즐기나니
不鼓鍾之鼓鍾	두드릴 필요 없는 북과 종이라네.
嗟乎	아!
紆靑拖紫	고관대작은
奔走於紅塵者	홍진 세상 분주하게 다니는 무리들이니
擾擾如醯甕之蠛蠓	부산하기가 식초 단지의 초파리 같구나."
客乃睢盱跼蹐	객이 바로 눈을 크게 뜨고 몸둘 바를 몰라
屛氣曲躬	숨죽이고 허리를 굽혀
坐同據梧	멍하니 앉아있다가
起偕携筇	일어나 지팡이를 짚고 나갔네.
固將遺外聲利	진실로 명성과 이익을 버려두고
脫略萬事而相與之終始	만사를 벗어나 평생을 같이 하리라.

『허백당집虛白堂集』 권1

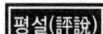 대인大人 선생은 세상의 가치와 규범을 초탈한 사람이다. 대인 선생이 산의 바위를 가져다 재주를 다하여 가산을 만드니, 그 기이한 모습은

---

98 가슴속에……더하였네 : 운몽택雲夢澤은 오늘날 호북湖北 안륙현安陸縣 남쪽에 위치하였던 초나라의 이름난 큰 호수. 한나라 사마상여司馬相如의 「자허부子虛賦」에 "가을에 청구靑丘에서 사냥을 하고 멀리 동해 밖에서 자유로이 노닐며 운몽택과 같은 8~9개의 큰 늪을 목구멍으로 삼켜도 가슴에 전혀 막히지 않는다吞若雲夢者八九 於其胸中 曾不蔕芥."에서 나온 말로, 넓은 강산이 자신의 도량과 견줄 만하다는 것이다(『사기史記』「사마상여전司馬相如傳」). 여기서는 자기의 흉금이 넓음을 비유한 것이다.

보는 사람을 황홀하게 한다. 가산에는 모든 형상이 갖추어져 있어 온갖 사물의 모습에 비유할 수 있다. 그러자 어떤 이가 가짜 산을 만들어 사람의 이목을 현혹시키는 이유를 묻는다. 선생은 그에게 크고 작음, 진짜와 가짜, 어리석음과 지혜로움, 얻고 잃음을 구분하는 세상의 가치관에 얽매이지 말고, 명예와 이익의 굴레를 벗어나 진정한 마음의 즐거움을 찾으라고 답하였다.

| 假山烟嵐 | 가산의 안개 |

유호인俞好仁[99]

天游隨處做林泉	자유로이 노닐며 가는 곳마다 산수를 만드니
王屋匡廬在眼前	왕옥산 광려산이 눈앞에 있네.
一片晴嵐迷咫尺	한 뭉치 산기운에 지척을 분간 못하겠고
半邊陰籟滴盤筵	한쪽에선 바람소리가 잔치 자리에 들려오네.
山中遙想紅雲朶	산중에서 멀리 붉은 뭉게구름 상상하였고
壺裏長閒白日躔	호리병 속 세상이라 오래도록 한가롭다네.
萬古仇池隔窓几	오래된 구지산[100]이 창 앞에 있으니
三魂淸夢幾回旋	삼혼[101]의 맑은 꿈 몇 번이나 맴돌았던가.

『뇌계집㵢溪集』 권6

| 평설(評說) | 『비해당사십팔영匪懈堂四十八詠』의 하나인 「가산연람假山烟嵐」이다. 정원

---

99 유호인俞好仁 : 1445(세종 27)~1494(성종 25). 자는 극기克己, 호는 임계林溪·뇌계㵢溪.
100 구지산仇池山 : 136쪽 주석 72 참조.
101 삼혼三魂 : 도가道家에서는 사람에게 삼혼三魂이 있으니 상령爽靈·태원胎元·유정幽精이 그것이라 한다.

에 조성해놓은 석가산은 마치 중국의 이름난 명산인 왕옥산王屋山이나 광려산匡廬山을 눈앞에 가져다 놓은 듯하다. 조그마한 석가산 봉우리의 산기운이 마치 주위를 뒤덮어 지척을 분간할 수 없을 것만 같고, 잔치 자리에서는 석가산의 골짜기에서 바람소리가 들려오는 듯하다. 그리고 석가산의 모습을 신선 세계에 비유하며 정신으로나마 그 속에서 노닐 것이라 하였다.

應製, 次四十八詠韻
성종대왕의 칙명에 의하여 지은 시, 비해당의 48편 시에 차운하다.
비해당에게 일찍이 이 48편의 시가 있었는데, 성종대왕이 문신에게 명하여 지어 바치게 하였다.[匪懈堂曾有此詩, 成廟命文臣和進]

채수蔡壽[102]

假山煙嵐	가산의 안개
從來情性癖林泉	예부터 성정이 산수에 벽이 있어
試作奇峯置眼前	기이한 봉우리를 만들어 눈앞에 두었노라.
五獄晴光臨客榻	오악의 밝은 모습이 평상을 마주하고
三山嵐翠落賓筵	삼산의 푸른 안개는 손님 자리에 내려앉네.
風煙淅瀝東西面	바람과 안개는 동서로 살랑살랑 불어오고
日月依俙南北躔	해와 달은 남북의 궤도에 희미하구나.
眞假由來難可辨	진짜와 가짜는 예로부터 분별하기 어려운데
閑中對汝重回旋	한가한 가운데 너를 대하며 거듭 배회한다네.

『나재집懶齋集』 권2

---

102 채수蔡壽 : 1449(세종 31)~1515(중종 10). 본관은 인천仁川. 자는 기지耆之, 호는 나재懶齋. 시호는 양정襄靖이다.

평설(評說) 산수에 벽癖이 있어 가산을 만들어 눈앞에 놓으니, 중국에 있는 오악五嶽의 모습을 평상에 앉아 마주하는 듯하고, 삼신산三神山의 푸른 안개가 손님들이 앉아 있는 자리에 내려앉는 듯하다. 바람과 안개가 가산의 동서에 자욱하고, 해와 달이 가산의 남북으로 뜨고 진다. 가산假山이 진산眞山과 같으니, 예로부터 진짜와 가짜는 구별하기 어려운 법, 한가로이 가산 주위를 배회한다.

四十八詠賡韻應製   사십팔영갱운응제

김일손金馹孫[103]

| 假山煙嵐 | 가산의 아지랑이 |

愚山半落小平泉   우공의 산이 반쯤 무너진 작은 평천장[104]
尺壑拳峯列檻前   한 자의 골짜기와 주먹만한 산봉우리 난간 앞에 벌여섰네.
石氣蒼流明月地   밝은 달 비치는 곳에 돌 기운 파랗게 흐르고
林光翠滴白雲筵   흰 구름 펼쳐진 곳에 숲 모습 푸르게 방울지네.
鼇頭戴髻蟠三島   자라 머리에 상투를 이듯 세 개의 섬이 서려 있고
星頂聯珠墮五躔   별의 이마에 이어진 구슬처럼 다섯 개의 별이 떨어졌네.
欲問桃源無覓處   무릉도원 어디인지 찾을 길이 없는데
飛花溪上舞回旋   날리는 꽃잎만 개울가에서 이리저리 춤추네.

---

103 김일손金馹孫: 1464(세조 10)~1498(연산군 4). 본관은 김해. 자는 계운季雲, 호는 탁영濯纓 또는 소미산인少微山人. 시호는 문민文愍이다.
104 평천장平泉莊: 당나라 이덕유李德裕의 별장으로 낙양에서 30리 거리에 있으며, 주변루籌邊樓는 변방의 작전 계획을 구상하는 누각이라는 뜻으로, 이덕유가 검남서천절도사劍南西川節度使로 나갔을 때 세운 것이다. 평천장에서 여름에 주연酒宴을 베풀 때, 황금 항아리에 담은 물로 백룡피白龍皮를 적셔 놓으니 한기寒氣가 일어나면서 서늘해졌다는 전설이 전해 온다.『당서唐書』「이덕유전李德裕傳」에 보인다.

성종대왕의 시를 붙임

　이 사십팔 편은 곧 성종대왕이 비해당 안평대군 이용李瑢의 사십팔 편의 시를 차운하여 지은 후, 호당湖堂의 여러 학사들에게 보이고 화답을 구한 것이다. 위는 노릉魯陵 자규사子規詞[105]의 예에 따라서 삼가 이곳에 부쳐 기록한다.

　[原韻 此四十八篇, 卽成廟御製次匪懈堂安平大君瑢四十八詠, 示湖堂諸學士求和者, 依上魯陵子規詞例, 謹附之於此.]

拳蠱奇巖竇瀑泉	주먹만한 기이한 바위 구멍에서 흐르는 폭포
怳然廬岳壓窓前	황홀히 여산이 창 앞에 있는 듯하네.
幾峯神女行雲雨	어느 봉우리에서 선녀가 구름과 비를 내리는가[106]
萬壑煙嵐映几筵	수많은 골짜기의 아지랑이는 책상머리를 비추네.
空洞壼中天地別	공동과 호중은 별천지인지라
晦冥塵外往來躔	어두운 속세 밖의 해·달·별 다니는 길이라네.
山中更憶靑蓮士	산속에서 다시 청련거사[107]를 생각하노니
高訪何人問道旋	누구를 찾아가 도를 묻고 돌아오는고.

『탁영집濯纓集』 속집續集 상上

평설(評說) 　『비해당사십팔영匪懈堂四十八詠』의 하나인 「가산연람假山烟嵐」이다. 성종

---

105 노릉 자규사魯陵子規詞 : 노릉魯陵은 노산군魯山君 즉 단종端宗의 능陵을 가리킨다. 단종이 재위 3년 만에 수양대군首陽大君에게 선위하고 상왕上王으로 물러나 있었는데, 사육신死六臣이 그의 복위를 꾀하다가 주륙되자, 노산군으로 강봉되어 영월寧越로 유배되었다. 단종은 왕실을 떠나간 설움을 달랠 길이 없어 「자규사子規詞」를 지어 자기 신세를 두견새에 비유하면서 절규하였다고 한다.
106 어느 봉우리에서……내리는가 : 무산지몽巫山之夢의 고사故事를 염두에 둔 말. 초楚나라 양왕襄王이 고당高堂에서 잠을 자다 꿈속에서 무산巫山에서 온 여자와 침석枕席을 같이 하였는데, 그녀가 자기는 아침에는 구름이 되었다가 저녁에는 비가 된다고 말했다 한다. 운우雲雨는 남녀의 정교情交를 이른다.
107 청련거사靑蓮居士 : 이백李白의 호.

의 어제시御製詩도 함께 수록되어 있다. 김일손은 석가산을 삼신산三神山과 도화원桃花源에 비겨 신비롭게 묘사하였다. 성종은 석가산을 중국의 명산인 여산廬山에 비유하며, 도사道士나 은자隱者들과 어울린 당나라의 시인 이백李白을 떠올렸다.

■ 假山烟嵐   가산의 안개

박상朴祥[108]

岳麓休尋向玉泉	옥천산[109] 찾는 것을 그만두어라
天敎有力轉床前	하늘이 힘있는 이를 시켜 침상 앞에 옮겨놓았네.
淋漓元氣熏嵐黛	왕성한 원기 짙푸른 산빛 자욱하고
錯落群峯擁褥筵	들쑥날쑥한 봉우리는 자리를 빙 둘렀네.
雨暗久愁瞢眼界	비 내려 오랫동안 안계가 흐릿하여 걱정했더니
煙晴今快敞羲廛	안개 걷힌 이제는 희화[110]의 자리가 넓어져 상쾌하네.
一生臘辦逍遙窟	일생 동안 소요할 곳을 넉넉하게 장만했으니
塵脚新從萬里旋	속세에 찌든 다리로 새로이 만 리 길에서 배회하리라.

『눌재집訥齋集』 권4

평설(評說) 집안에 가산을 만들어 놓았으니, 더 이상 옥천산과 같은 이름난 산을 찾을 것 없다. 가산의 푸른 산기운은 원기 왕성하고, 앉은 자리 주위로 가산의 봉우리가 들쑥날쑥하다. 오랫동안 비가 내려 안개가 자욱하였기에 제

---

108 박상朴祥 : 1474(성종 5)~1530(중종 25). 자는 창세昌世, 호는 눌재訥齋, 본관은 충주忠州. 시호는 문간文簡이다.
109 옥천산玉泉山 : 호북湖北 당양현當陽縣 서쪽에 있는 산 이름. 명산으로 알려져 있다.
110 희화羲和 : 중국 신화神話에 등장하는 인물로, 태양을 상징한다.

대로 보이지 않다가, 비가 그친 이제 안개도 걷히고 햇살이 내리쬔다. 작은 가산이지만 일생동안 즐기기에 충분하니, 속세에 찌든 몸으로도 만 리 떨어진 곳에 서나 볼 수 있는 명산의 흥취를 즐길 수 있다.

出處五絶, 贈蕃仲
출처[111]에 대한 오언절구 다섯 수를 지어서 번중蕃仲[112]에게 주다

심의沈義[113]

出處昔曾科	출처에는 예로부터 등급이 있는데
功名於我何	공명이 나에게 무엇이리오.
陳編見先聖	옛 책을 펴고 성현을 뵈니
訓以思無邪	사무사[114]로써 가르침을 주시네.
親老兼喜懼	어버이 늙으시어 기쁘기도 하고 두렵기도 한데
□頭嘆西飛	서풍에 날리는 흰 머리가 한탄스럽네.
强顔趨世事	두꺼운 얼굴로 세속의 일을 좇았으니
虛負不如歸	부질없이 '불여귀'[115]를 저버렸구나.
憂國非職分	나라 걱정이 맡은 바 아니겠는가
安危在廟堂	안위가 조정에 달려있네.

111 출처出處 : 나가 벼슬하는 일과 물러나 집에 있는 일. 출처진퇴出處進退의 준말.
112 번중蕃仲 : 성세창成世昌의 자. 1481(성종 12)~1548(명종 38). 본관은 창녕昌寧. 호는 돈재遯齋. 성현成俔의 아들이다. 성임成任은 그의 백부伯父이다.
113 심의沈義 : 1475(성종 6)~? 본관은 풍산豊山. 자는 의지義之, 호는 대관재大觀齋. 좌의정 심정沈貞의 아우이다.
114 사무사思無邪 : 생각에 사특함이 없다는 뜻으로, 공자가 『시경詩經』 삼백 편의 본지를 한마디로 규정한 말이다(『논어論語』 「위정爲政」).
115 불여귀不如歸 : 소쩍새. 소쩍새의 울음소리가 '불여귀'라고 들린다 하여 돌아가는 것만 못하다는 말을 한다고 여겨졌다.

終宵竟默默	밤새도록 끝내 침묵하면서
獨坐彈峨洋	홀로 앉아 아양곡[116]을 타네.
聾耳何由醒	귀머거리가 무슨 이유로 깨어나
紛紛箏笛場	쟁과 피리 연주장에 어지러이 모였나.
鑄金知幾日	쇠를 주조하는 것은 며칠이나 걸릴까
嘉樹只難忘	상서로운 나무는 다만 잊기 어렵네.

曾聞山石假	일찍이 석가산에 대해 들었는데
五岳狀穹崇	오악이 높이 솟은 모양이라지.
爲待來初月	초승달이 뜨기를 기다렸다가
何如醉其中	그 속에서 취하는 게 어떻겠는가.

공의 숙부 성임[117]의 집에 석가산이 있다.[公叔父成任宅, 有石假山.]

『대관재난고大觀齋亂稿』 권3

평설(評說) 세상에 나아가고 물러남에 대한 뜻을 적은 시다. 공명 따위 바라지 않으니, 옛 성현이 말한 '사무사思無邪'의 가르침을 되새겨 본다(제1수). 늙은 어버이를 내버려두고 억지로 세상에 나아갔으니, 지금이라도 돌아감만 못하다(제2수). 물러나 있더라도 나라를 걱정하는 마음은 여전하다. 이런 마음을 알아줄 이를 찾는다(제3수). 걸맞지 않은 벼슬길에서 물러났지만 임금 생각만은 잊기 어렵다(제4수). 물러나 만사를 잊고 달밤에 오악의 모습과 비슷한 석가산 아래서 술에 취하기를 바란다(제5수).

---

116 아양곡峨洋曲 : 중국 위魏나라 때 죽림칠현의 한 사람인 혜강嵇康이 작곡한 〈광릉산廣陵散〉의 다른 이름.
117 공의 숙부 성임 : 성임은 성세창의 백부이다. 백부의 오기誤記인 것으로 보인다.

見外侄沈守精作石假山長篇, 佳甚, 作一絶
외질 심수정이 지은 「석가산장편」을 보니 매우 아름다워 절구 한 수를 짓는다
조욱趙昱[118]

買石爲山費萬錢	돌 사다가 산 만드느라 만 전을 소비하는데
長安豪貴謾爭先	장안의 귀인 호걸들이 앞을 다투네.
從來玩物迷心眼	예로부터 완물은 심안을 어지럽힌다 했지만
及見眞山却惘然	진짜 산을 보게 되니 정신이 아득하네.

『용문집龍門集』 권3

평설(評說)   서울에 사는 부귀한 이들이 앞 다투어 돌을 사다가 가산을 만드는데, 만 전의 비용도 아까워하지 않는다. 사물을 가지고 놀면 뜻을 잃는다는 '완물상지玩物喪志'라는 말이 있듯이, 가산에 대한 집착은 마음의 눈을 어지럽힐 것이다. 그러나 막상 가산을 대하고 보니, 진짜 산과 다름이 없어 정신이 아득해진다.

---

118 조욱趙昱 : 1498(연산군 4)~1557(명종 12). 자는 경양景陽, 호는 용문龍門·보진재葆眞齋, 본관은 평양平壤, 시호는 문강文康이다.

제 3 장

조선 중기

棲霞堂 서하당
성산에 있다[在星山]

임억령林億齡[1]

假山	가산
方丈三韓外	삼한 밖에 있는 방장산[2]
奇峯千萬重	기이한 봉우리 천만 겹이라네.
波衝餘瘦骨	파도에 부딪혀서 골격이 수척해졌으니
來對古仙翁	옛 선옹[3]을 마주한 것 같네.

『석천시집石川詩集』권4

평설(評說) 서하당에 있는 가산의 모습을 읊은 시다. 가산의 모습은 마치 신선이 산다는 방장산처럼 겹겹의 기이한 봉우리가 있다. 이 가산은 오랜 세

---

1 임억령林億齡 : 1496(연산군 2)~1568(선조 1). 자는 대수大樹, 호는 석천石川, 본관은 선산善山.
2 방장方丈 : 동해 바다 가운데에 영주산・봉래산・방장산이라는 삼신산三神山이 있는데 그 산에는 신선이 살고 불사약不死藥이 있다고 한다(『한서漢書』「교사지郊祀志」).
3 선옹仙翁 : 천세옹千歲翁으로 불렸던 선인仙人 안기생安期生으로, 『사기史記』「봉선서封禪書」에 "그가 오이만한 대추를 먹었다[安期生食巨棗大如瓜]."는 말이 보인다.

월 파도에 침식된 것인지라, 마치 수척한 신선의 모습과 같다.

次韻謝金彦遇惠石假山種菊
국화를 심은 석가산을 준 김언우金彦遇에게 감사하며 차운次韻하다

이황李滉[4]

方信同人好尚孚	미덥게도 믿음직한 친구와 취미가 같아
菊山擎送慰今吾	국화 산을 보내주어 지금의 나를 위로해주네.
一杯笑領慇懃意	한 잔 술 마시고 웃으며 은근한 뜻을 받아들이니
翠靄淸芬淡有無	푸른 안개와 맑은 향기는 담담하여 있는 듯 없는 듯.

『퇴계집退溪集』권5

평설(評說) 친한 벗이 나의 기호를 알고 국화를 심은 석가산을 가져왔다. 한 잔 술 마시고 웃으면서 나를 생각해주는 벗의 은근한 마음을 받아들이기로 하고 석가산을 바라보니, 석가산의 안개와 국화 향기가 담박하다. 선비의 지조를 뜻하는 국화가 석가산과 잘 어우러지고 있다.

瀟灑園四十八詠 소쇄원 사십팔영

김인후金麟厚[5]

爲山不費人	사람의 힘 쓰지 않고 산을 만드니
造物還爲假	조물주가 도리어 가짜가 되었네.

---

[4] 이황李滉 : 1501(연산군 7)~1570(선조 3). 본관은 진보眞寶, 자는 경호景浩, 호는 퇴계退溪·퇴도退陶·도수陶馬, 시호는 문순文純이다.
[5] 김인후金麟厚 : 1510(중종 5)~1560(명종 15). 자는 후지厚之, 호는 하서河西 또는 담재湛齋, 본관은 울산. 시호는 문정文正이다.

| 隨勢起叢林 | 형세 따라 무성한 숲 솟아나니 |
| 依然是山野 | 버젓한 산야로구나. |

위 시는 가산초수假山草樹를 읊은 것이다.[右假山草樹]

『하서전집河西全集』 권5

평설(評說)　소쇄원에 마련된 가산의 초목을 읊은 시다. 인력人力을 들이지 않고 산을 만들었다고 하였으니, 아마도 있는 그대로의 자연물을 가산으로 삼았던 듯하다. 그렇기 때문에 조물주가 도리어 가짜 산인 가산을 만들게 되었다고 말한 것으로 생각된다. 그 가산의 형세를 따라 자연스럽게 초목이 솟아나니, 실제의 산야와 다를 바 없다는 내용이다.

■ 偶吟錄奉金生求和希福
우연히 지은 시를 기록하여 김희복에게 주고 화답을 구하다

임운林芸[6]

休道幽人得自寬	은자가 느긋함을 얻었다고 말하지 말게
小軒心事亦無閑	작은 집에 사는 마음도 한가롭지 않네.
折枝修架扶殘菊	나뭇가지 잘라 시렁 만들어 시든 국화 부축하고
汲水添盆灌假山	물 길어다 동이에 부어 가산에 물을 대네.
已料蕉傷須厚擁	파초가 상할까 걱정되어 두텁게 감싸려다가
旋思竹護又宜欄	대나무 지킬 것이 생각나 다시 난간을 다듬네.
一時點檢何時了	한 차례의 점검이 언제나 끝나려나

---

6 임운林芸 : 1517(중종 12)~1572(선조 5). 본관은 은진恩津. 자는 언성彦成, 호는 첨모당瞻慕堂·노동蘆洞.

不保群芳不許安　　여러 꽃을 돌보지 않고는 마음이 편치 않구나.

『첨모당집瞻慕堂集』권1

평설(評說)　사람들은 숨어 사는 이가 한가하다고 말하지만, 실은 그렇지 않다. 시렁을 만들어 시든 국화를 받쳐주고, 물을 길어와 석가산에 부어야 한다. 파초와 대나무 심은 곳에 울타리 만드는 일도 잊어서는 안 된다. 여러 가지 화초를 돌보느라 바쁘다는 말이지만, 실은 한가로운 삶을 자랑하는 내용이다.

假山 次林彦實希茂韻 二絶
가산. 임언실林彦實 희무希茂의 시에 차운하다. 절구 두 수.

노진盧禛[7]

要成幽趣在門庭	뜰 안에 그윽한 운치를 갖추려고
移取層巒一半靑	층층 봉우리 옮겨 놓으니 온통 푸르구나.
巖洞依俙苔蘚古	아련한 바위 골짝 이끼 오래되었는데
何方淸瀑更泠泠	게다가 맑은 폭포 더욱 시원하다네.

拳石雙峯落小庭	주먹만한 두 봉우리 작은 뜰에 떨어지니
風煙不減本身靑	풍광이 못지않음은 본바탕이 푸르러서지.
天公有意添奇勝	조물주가 일부러 기이한 승경을 보태려고
晩雨時敎谷水泠	저녁 비를 내리게 하여 계곡물 시원케 하네.

『옥계집玉溪集』권1

---

[7] 노진盧禛 : 1518(중종 13)~1578(선조 11). 자는 자응子膺, 호는 옥계玉溪, 본관은 풍천豊川. 시호는 문효文孝이다.

| 평설(評說) | 정원에 석가산을 가져다 놓으니, 층층 봉우리가 푸르기 그지없다. 가산의 바위와 골짜기에는 오래된 이끼가 끼어 있으며, 물이 흘러내려 폭포를 이루게 하였기에 시원한 느낌을 준다(제1수). 이 가산에는 두 개의 봉우리가 있으며, 푸른 모습이 진짜 산에 못지않다. 조물주가 이 가산에 기이함을 더하려는지, 비를 내려주어 가산의 계곡물이 더욱 시원하게 흐르도록 한다(제2수).

假山. 次林彦實韻
가산. 임언실의 시에서 차운하다

노진

多病窮年不出庭　오래도록 병 앓아 뜰 밖을 못 나서니
寂寥誰與眼俱青　쓸쓸한들 누구와 반갑게 만나리오.
□□日月無餘事　□□ 세월에 다른 일이 없어서
愛看苔崖露滴泠　이슬에 젖은 이끼 덮인 벼랑을 즐겨 보노라.

『옥계집玉溪集』 권1

| 평설(評說) | 병들어 집 밖을 나가지 못하는데다 반가이 맞이할 사람도 없다. 그저 아무 일 없이 정원에 놓인 석가산의 이끼 덮인 벼랑에 함초롬히 이슬이 젖은 모습을 바라보며 즐거워할 뿐이다.

石假山　　석가산

권벽權擘[8]

誰聚一拳石	누가 한 줌의 돌을 모아
能成千仞岡	천 길이나 되는 산을 만들었는고.
技隨心匠巧	마음 먹은 대로 만드는 솜씨 교묘하고
功與化工長	그 공로는 조물주와 더불어 영원하리라.
不盡林泉興	산수의 흥취 다하지 않고
常留枕席凉	항상 머물러 잠자리 시원하구나.
平生愛丘壑	평소에 언덕과 골짜기를 좋아하기에
未覺在他鄕	타향에 있는 줄도 깨닫지 못하겠네.

『습재집習齋集』 권2

평설(評說)　　주먹만한 돌로 천 길이나 되는 산의 모양을 본떠 석가산을 만들었다. 그 교묘한 솜씨는 조물주에 못지않다. 곁에 두고 항상 산수를 유람하는 흥취를 즐기노라니, 고향 생각이 날 틈도 없어 지금 자신이 타향에 와 있는 줄도 깨닫지 못하겠다는 내용이다.

---

[8] 권벽權擘 : 1520(중종 15)~1593(선조 26). 본관은 안동安東. 자는 대수大手, 호는 습재習齋. 권필權韠의 부친.

棲霞堂雜詠　서하당잡영

정철鄭澈[9]

假山　　　가산

巧削神應助　신의 도움 받아 교묘하게 깎이어
深藏海幾重　바다 속 깊이 숨어 있었네.
侯門歌吹地　노래하고 피리 부는 제후의 집이
爭似此山翁　이 산의 늙은이에 비하면 어떠한가.

『송강집松江集』 속집續集 권1

평설(評說) 목가산인지 석가산인지 알 수 없지만, 이 가산의 기이한 모습은 오랫동안 물속에 잠겨 이리 깎이고 저리 다듬어진 결과이다. 이 가산을 가져다 놓으니, 궁벽한 산속의 집조차 으리으리한 제후의 집에 못지않다고 자부하는 내용이다.

大仙院假山甚佳 欲再遊而病未之果 曉起信筆述懷 呈山前五山 索同賦云
대선원의 가산이 매우 아름다워 다시 노닐고자 하였으나 병으로 실행하지 못하였다. 새벽에 일어나 붓 가는 대로 회포를 적어 허성[10]과 차천로[11]에게 올려 함께 지을 것을 요구하다

김성일金誠一[12]

芙蓉幻出諸天上　연꽃 같은 봉우리는 하늘에서 나온 듯하고
洞壑窈窕當房櫳　깊고 그윽한 골짜기는 창문 앞에 마주하였네.
疏松茂柏翠交加　성긴 소나무와 무성한 잣나무의 푸른빛이 섞이고

---

9 정철鄭澈: 1536(중종 31)~1593(선조 26). 자는 계함季涵, 호는 송강松江, 본관은 연일延日, 시호는 문청文淸이다.

瑤草獵獵披香風	귀한 풀 휘날리며 향기로운 바람을 퍼뜨리네.
壺中天地別一區	호중천지 같은 별천지인지라
俗塵不到煙霞中	속세의 먼지는 이 산중에 이르지 않네.
道人宴坐不出門	도인은 편히 쉬며 문을 나오지 않는데
眼中色相徒空空	눈 안의 색상[13]이 그저 텅 비었네.
愛山一念尙未灰	산을 사랑하는 한 마음 아직도 아니 사라져
王屋不費移山功	왕옥산을 옮기는 공[14] 허비하지 않았네.
何年蔥嶺失一支	어느 해에 총령[15] 한 자락이 떨어져나와
浮渡萬里東溟東	만 리 떨어진 동해바다 동쪽으로 떠내려왔나.
更疑龍伯釣巨鰲	아니면 용백국의 거인이 다시 자라를 낚시질 하여[16]
碧峯飄蕩來禪宮	푸른 봉우리가 회오리바람에 쓸려 선궁[17]으로 온 것인가.
禪宮鎭作一須彌	선궁에서는 하나의 수미산을 지어
留與萬劫同始終	만 겁에 남겨두어 처음과 끝을 함께 하였네.

---

10 허성許筬 : 1548(명종 3)~1612(광해군 4). 자는 공언功彦, 호는 악록岳麓·산전山前, 본관은 양천陽川.

11 차천로車天輅 : 1556(명종 11)~1615(광해군 7). 자는 복원復元, 호는 오산五山·귤실橘室·청묘거사淸妙居士, 본관은 연안延安.

12 김성일金誠一 : 1538(중종 33)~1593(선조 26). 자는 사순士純, 호는 학봉鶴峰, 본관은 의성義城. 시호는 문충文忠이다.

13 색상色相 : 불교 용어로 육안肉眼으로 볼 수 있는 만물의 형상形狀을 말한다.

14 왕옥산王屋山을 옮기는 공 : 132쪽 주석 65 참조.

15 총령蔥嶺 : 파미르 고원, 중국·인도·아프가니스탄·러시아의 접촉지대이다.

16 용백국龍伯國 …… 낚시질 하여 : 대여岱輿, 원교員嶠, 방호方壺, 영주瀛洲, 봉래蓬萊의 다섯 선산仙山이 바다에 떠서 조수를 따라 오르내렸는데, 상제上帝가 떠내려갈까 걱정스러워서 열다섯 마리의 자라로 6만 년마다 3교대로 떠받치게 하였다. 그런데 곤륜산崑崙山에서 북쪽으로 9만 리 떨어진 용백국龍伯國에 사는 거인이 동해 바닷가에 이르러 한 번 낚시질하여 여섯 마리의 자라를 잡아 짊어지고 돌아가 등껍질로 점을 치는 데 사용하였다. 그 때문에 대여와 원교 두 산이 북극으로 흘러가 큰 바다 아래로 가라앉았으므로, 상제가 크게 노하여 용백국의 국토를 축소시키고 거인들의 몸도 줄여 버렸다고 한다.

17 선궁禪宮 : 사원寺院이란 뜻이다. 여기서는 대선원大仙院을 가리키는 듯하다.

吾師法眼覷天奧	우리 법사의 법안[18]은 하늘의 이치를 엿보니
相對不覺心神融	마주함에 나도 모르게 심신이 융화되네.
談禪幾見石點頭	선을 담론함에 완석점두[19] 몇 번이나 보았는가
道在柏樹思何窮	도가 잣나무에 있으니 생각이 어찌 다하랴.
有時淸梵振巖壑	때때로 맑은 범패 소리가 골짜기를 진동하고
迥逼大千聲隆隆	멀리 대천[20]에 머무르니 소리가 융융[21]하네.
三韓遠客倚星槎	삼한[22]의 먼 나그네 사신으로 온 기회에
一見淨界精靈通	정계[23]를 한 번 보니 정령이 통하였네.
何方卜宅近前岑	어떻게 하면 앞 봉우리 가까이에 집을 정하여
便成支許相追從	지둔과 허순[24]처럼 서로 추종하리오.
坐看滄海變桑田	앉아서 푸른 바다가 뽕나무 밭으로 변하는 것을 보고
却笑王母頭如蓬	문득 서왕모의 머리가 쑥대 같아짐을 비웃네.
探玄未了柯欲爛	오묘한 이치 다 찾지 못하였는데 도끼자루 문드러지고
落月滿山山葱蘢	지는 달이 산에 가득한데 산은 푸르게 우거졌네.

불교어에 도도가 뜰 앞 잣나무에 있다고 한다.[佛語, 道在庭前柏子樹]

---

18 법안法眼 : 불법을 관찰하여 깨닫는 눈.
19 완석점두頑石點頭 : 감각이 없는 돌도 감격하여 머리를 숙인다는 뜻으로, 감화가 깊음을 비유하는 말이다.
20 대천大千 : 삼천대천세계三千大千世界의 준말이다. 불교 용어로 소천세계小千世界 · 중천세계中千世界 · 대천세계大千世界의 총칭이다. 수미산須彌山을 중심으로 하여 해와 달과 사천하四天下를 한 세계라 이르고, 이것을 천 배한 것을 소천세계, 소천세계를 천 배한 것을 중천세계, 중천세계를 천 배한 것을 대천세계라 한다.
21 융융隆隆 : 소리가 성한 모양을 가리킨다.
22 삼한三韓 : 전한前漢 초에 우리나라 남부에 일어났던 세 나라로 마한馬韓, 진한辰韓, 변한弁韓인데, 뒤에 조선을 가리키는 말로 쓰였다.
23 정계淨界 : 불교 용어로 정토淨土를 의미하는데 혹 청정淸淨한 지역, 곧 사원寺院의 영역을 가리키기도 한다.
24 지둔支遁과 허순許詢 : 진晉나라 고승高僧 지둔支遁과 고사高士 허순許詢. 둘은 우애가 좋았고, 모두 불경佛經과 현리玄理 담론하기를 잘하였다.

『학봉집鶴峯集』 권2

평설(評說) 김성일이 중국에 사신으로 갔다가 대선원大仙院의 가산假山을 보고 지은 시다. 석가산의 신비하고 화려한 모습은 마치 총령葱嶺 한 자락이 떨어져 나온 듯하고, 자라 등에 얹힌 삼신산을 가져온 것인 듯하다. 이 절의 승려와 도에 대한 이야기를 나누다 보니, 그 옛날 함께 도를 닦았다는 지둔支遁과 허순許詢처럼 가까운 곳에 살고 싶다고 하였다. 무상하게 변하는 세상과 끝없는 깨달음의 세계를 대비하며 시를 맺었다.

次韻石假山   석가산 시에 차운하다
성국공成國公 주응정朱應禎의 별장이다.[成國公朱應禎別墅]

최립崔岦[25]

朱門初不厭卑湫	고관대작의 집에서 낮고 습한 곳 마다 않고
好事風流妙九州	일 만들기 좋아하는 풍류가 천하에 빼어나네.
台嶽挺奇生戲劇	기이하게 만든 천태산 희극이라 할 만한데
太湖叢怪入掄搜	괴이한 것 모아서 태호를 만들었네.
嵒間徑竇容人繞	바위 사이 오솔길은 겨우 한 사람 지나갈만 하고
洞裏房櫳着處幽	골짜기 속의 집은 그윽한 곳을 차지하였네.
二十年來三易主	이십 년 동안 세 번이나 주인이 바뀌었다니
松杉最是閱春秋	소나무와 삼나무가 가장 오랜 세월을 겪었으리라.

『간이집簡易集』 권6

---

[25] 최립崔岦 : 1539(중종 34)~1612(광해군 4). 자는 입지立之, 호는 간이簡易·동고東皐, 본관은 통천通川.

평설(評說) 중국에 사신으로 갔다가 성국공成國公 주응정朱應禎의 별장에 있는 석가산을 보고 지은 시다. 상당히 큰 규모였음을 짐작할 수 있다. 그러나 이처럼 아름다운 석가산이 있는 이 정원도 세 번이나 주인이 바뀌었다고 하니, 주인보다 소나무와 삼나무가 더 오랜 세월을 겪었을 것이라고 하였다. 인간사의 무상함을 말한 것이다.

題池駕雲石假山   지가운의 석가산에 붙이다

유희경劉希慶[26]

我見君家石假山	내가 자네 집의 석가산을 보건대
層巒競出白雲間	층층 봉우리가 흰 구름 사이에 솟아 있네.
從今若遇安期子	이제 만일 안기자[27]를 만난다면
共入烟霞學鍊丹	안개 속에 함께 들어가 연단술 배우리.

『촌은집村隱集』 권1

평설(評說) 「지가운池駕雲의 석가산에 붙이다」라는 제목으로 보건대, 지가운은 사람 이름인 듯하나, 자세한 것은 알 수 없다. 석가산에 엷은 안개가 낀 모습을 "층층 봉우리가 흰 구름 사이에 솟아 있네."라고 묘사하였다. 그 모습이 마치 신선이 사는 봉래산 같기에, 동해東海에 살았던 진秦나라 때의 유명한 신선 안기생安期生을 만날 것만 같다고 말한 것이다. 그리고 안기생을 만난다면 연단술鍊丹術을 배워 신선의 몸으로 환골탈태換骨奪胎하고 싶다는 소망을 말하였다.

---

26 유희경劉希慶 : 1545(인종 1)~1636(인조 14). 자는 응길應吉, 호는 촌은村隱, 본관은 강화江華.
27 안기자安期子 : 진시황 때 장생불사의 신선으로 알려졌던 안기생安期生을 말한다.

石假山   석가산

이호민李好閔[28]

石築仇池穴	돌로 구지혈 쌓으니
中藏小洞門	그 속에 작은 동천[29] 감추었네.
大都積文甓	대부분 채색 벽돌 쌓여 있고
隨處列雲根	곳곳에 흰 바위 펼쳐 놓았네.
逐折陰通逕	꺾어진 음지 따라 길이 나있고
從巓谿起軒	꼭대기 넓은 곳엔 추녀 솟았네.
冬靑滿院樹	상록수가 정원에 가득한데
花雨鎭芳園	아름다운 동산에 꽃비 날리네.

『오봉집五峯集』 권3

평설(評說) 석가산의 모습을 읊은 시다. 돌을 모아 중국에 있는 구지산仇池山 모양으로 쌓았다고 하였으니, 석가산 위에는 물이 고여 있었던 듯하다. 산 속에는 신선이 사는 동천이 감추어져 있는 것 같다. 채색 벽돌을 쌓은 듯 알록달록한데, 드문드문 구름이 솟아나올 듯한 바위가 있다. 그 사이로 구불구불 길이 나 있고, 꼭대기에는 작은 집이 있다. 이러한 가산을 상록수 가득한 정원에 두니, 바람 불면 꽃잎이 휘날린다.

---

28 이호민李好閔 : 1553(명종 8)~1634(인조 12). 자는 효언孝彦, 호는 오봉五峯·남곽南郭·수와睡窩, 본관은 연안延安. 시호는 문희文僖이다.
29 동천洞天 : 도가에서 신선이 산다는 36개의 골짜기.

答蔡樂而衎　채간蔡衎(자는 樂而)에게 답함

정경세鄭經世[30]

편지에 다시 절구 두 수를 보내주었기에 서너 번 읊어보니, 마치 자네 얼굴을 마주한 것 같았네. 전에 말한 매화 한 그루는 분매盆梅를 가리킨 것이라네. 그것이 꽃을 피운 지 이미 오래되었는데 4, 5일 지나면 남아있는 것이 없을 걸세.

貞心長占臘前春	곧은 마음으로 오래도록 섣달 전 봄날을 차지하고
傲睨千花作後塵	뒤따라 피는 온갖 꽃 오만하게 흘겨보네.
好與主翁成老謝	늙어 관직에서 물러난 주인과 잘 어울리니
豈能留待少年人	어찌 머물러 젊은 사람을 기다리겠는가.

보내온 운자韻字를 써서 매화를 대신해 심정을 말하니, 아마도 한바탕 웃을 걸세. 아이의 병이 조금 나았으니, 은령銀嶺으로 갈 때 찾아주었으면 하네. 비록 푸른 잎이지만 속되지 않을 것이네. 얼마 전 석가산을 얻었는데 매우 기이하여 하늘이 이루어 놓은 것이라 할 만하네. 요새 듣자니 일찍이 장인의 묘한 솜씨를 거쳤다고 하니, 이 때문에 더욱더 서로 마주하여 함께 즐기고 싶네. 부들이 푸르게 피어날 때, 괄목상대刮目相待하게 되리라 생각하네.

『우복집愚伏集』 권11

書中更有二絶, 吟詠數四, 如對淸標. 前言一樹梅花, 乃指盆梅. 其開已久, 若過四五日, 定無餘矣. 貞心長占臘前春, 傲睨千花作後塵. 好與主翁成老謝, 豈能留待少年人. 用來韻替梅道情, 想一笑也. 兒病少瘳, 幸於向銀嶺時迤臨, 雖綠葉亦不俗矣. 頃得石假山甚奇, 謂是天成. 近聞曾經妙手云, 以此尤欲相對共玩. 蒲身蒼翠. 想看來刮目也.

---

30 정경세鄭經世 : 1563(명종 18)~1633(인조 11). 본관은 진주晉州. 자는 경임景任, 호는 우복愚伏. 시호는 문장文莊.

평설(評說) 채간蔡衎이 보낸 편지에 대한 답장이다. 아울러 그가 보내준 매화시梅花詩에 차운한 작품도 함께 보냈다. 겨울에 피어난 매화는 자신처럼 늙고 벼슬에서 물러난 사람에게 잘 어울린다는 내용이다. 최근에 뛰어난 장인의 솜씨로 만든 석가산을 얻었으니, 봄이 오면 놀러와 구경하라는 말을 덧붙였다.

石假山 二首 석가산. 두 수

이정구李廷龜[31]

何年巖骨浸滄江	몇 해 동안 푸른 강에 담겨 있던 바위를
好事愚公費力扛	호사가 우공이 힘써 들어 올렸네.
鼇背三山玆第一	거북 등의 삼신산[32]은 이것이 제일이니
壺中九岳定難雙	병속의 구악은 정녕 둘이기 어려워라.
劍門天鑿金牛路	하늘이 만든 검문에는 금우[33] 다니는 길 있고
石室雲迷玉女窓	구름 자욱한 석실엔 옥녀창[34] 있네.
試踏飛梯窺絶澗	구름다리 밟으며 벼랑 아래 개울물 보노라니
杖頭先響足音跫	지팡이 끝에서 발자국 소리 먼저 울리네.

　돌을 깎아 잔도棧道를 만들었는데 좌우에 있는 석실石室이 이루 다 셀 수 없을 정도였다. 그러므로 5·6구에 언급했다.[鑿石爲閣道, 左右石室, 殆不可記, 故五句六句及之.]

蜀峽巫山面面開　촉협의 무산이 하나하나 보이나니

---

31 이정구李廷龜 : 1564(명종 19)~1635(인조 13). 자는 성징聖徵, 호는 월사月沙 또는 보만당保晚堂, 본관은 연안延安.
32 거북 등의 삼신산 : 큰 자라의 등에 얹혀 있다고 하는 바다 속의 산으로 신선이 산다는 곳이다.
33 금우金牛 : 142쪽 주석 86 참조.
34 옥녀창玉女窓 : 숭산嵩山에 있었던 유적. 전설에 따르면 한漢나라 무제武帝가 이 창문으로 옥녀玉女(仙女)를 보았다고 한다.

層樓飛閣駕崔嵬	층층 누대와 날 듯한 누각이 우뚝하게 솟아있네.
若非媧氏補天處	여와씨[35]가 하늘을 기운 곳이 아니라면
無乃長房縮地來	비장방[36]이 축지법 써서 온 것 아니겠는가.
桂樹玲瓏生石磴	계수나무는 영롱하게 돌 비탈서 자라고
仙霞縹緲鎖瑤臺	신선 안개 자욱한데 요대[37]는 닫혀있네.
歸時莫遣巖扉閉	돌아가면 산골 집 문짝 닫아 두지 말아라
應有劉郎再訪台	틀림없이 유랑[38]이 다시 찾아올 테니.

『월사집月沙集』 권3

평설(評說) 강물 속에 있던 돌을 건져 다듬어 만든 석가산을 읊은 시다. 이 석가산에는 중국의 검문劍門처럼 험한 골짜기에 구름다리[棧道]가 놓여 있고, 좌우에 헤아릴 수 없이 많은 석실石室이 있는데다 누대와 누각까지 갖추어져 있다고 하였으니 상당히 정교한 것이었던 듯하다. 이를 신선 세계에 비유하는 내용이다.

---

35 여와씨女媧氏 : 『사기史記』 「보삼황본기補三皇本紀」에 "태곳적에 여와씨女媧氏가 오색의 돌을 다듬어 하늘을 기웠다."는 말이 있다.
36 비장방費長房 : 후한後漢 때의 신선. 109쪽 주석 3 참조.
37 요대瑤臺 : 신선이 사는 궁전.
38 유랑劉郎 : 당唐나라의 시인 유우석劉禹錫을 가리킨다. 유우석이 주객랑主客郎이 되어 현도관玄都觀에 노닐었는데, 당시에는 현도관에 복사꽃이 없었다. 유우석이 돌아간 뒤 어느 도사가 복숭아를 심었는데, 복숭아꽃이 만발하였다는 소식을 듣고 「도화부桃花賦」를 지었다는 고사가 『구당서舊唐書』에 전한다. 작가는 석가산을 유랑이 노닐었던 현도관玄都觀에 비유하여 이렇게 읊은 것으로 보인다.

| 張察院城內花園 觀石假山 장찰원[39]의 성 안 화원에서 석가산을 보고
上有小亭, 下有陰洞, 奇巧絶勝 위에는 작은 정자가 있고, 아래에는 깊은 동굴이 있어 기괴하고 교묘하여 매우 뛰어났다.

김상헌金尙憲[40]

一區眞境祕壺中　　신선 세계 한 구역이 병 속에 숨겨져 있어[41]
閑占淸都小玉峯　　한가하게 청도[42]를 차지한 작은 옥봉우리.
却笑曼卿仙分薄　　우습구나, 석만경[43]은 신선의 연분 없었는데
異生方許主芙蓉　　이생에 부용성[44]의 주인이 되었다네.
寒氷未怪夏蟲疑　　차가운 얼음은 여름 벌레가 의심해도 괴이할 것 없고[45]
路隔仙山自不知　　신선 사는 산과 떨어져 있어 전혀 알지 못하네.
一入洞天塵夢醒　　한번 동천에 들어가 속세의 꿈을 깨니
人間始信有仇池　　인간 세상에 구지혈이 있다는 말 비로소 믿겠구나.

『청음집淸陰集』 권9

[평설(評說)] 중국에 사신으로 갔던 김상헌이 도어사都御史 장연등張延登의 석가산을

---

39 장찰원張察院 : 『청음집淸陰集』 권2에 수록된 「제남 장찰원에게 부치며 사례하다寄謝濟南張察院」에 따르면, 장찰원은 장연등張延登이다. 찰원은 도어사都御史를 가리킨다.
40 김상헌金尙憲 : 1570(선조 3)~1652(효종 3). 본관은 안동安東. 자는 숙도叔度, 호는 청음淸陰·석실산인石室山人·서간노인西磵老人. 시호는 문정文正이다.
41 신선 세계……숨겨져 있어 : 호중천壺中天은 별세계別世界, 선경仙境 등을 말한다.
42 청도淸都 : 상제上帝가 산다는 전설의 궁궐.
43 석만경石曼卿 : 만경曼卿은 송宋나라 석연년石延年의 자字.
44 부용성芙蓉城 : 부용성은 신선이 산다는 곳. 양梁나라 도홍경陶弘景의 「영보진령위업도靈寶眞靈位業圖」에 따르면, 석연년이 신선 세계에 들어가 부용성주芙蓉城主가 되었다고 한다.
45 차가운……괴이할 것 없고 : 여름 벌레는 얼음이 무엇인지 알지 못하듯이, 속세 사람들이 신선 세계를 알 수 없다는 뜻이다. 『자치통감資治通鑑』 당기唐紀에 다음과 같은 이야기가 있다. 어떤 이들이 진사進士 장단張彖에게 당 현종唐玄宗 때의 권신權臣 양국충楊國忠을 찾아가 인사하라고 권하자, 장단이 말하기를, '그대들은 그를 태산처럼 여길지 모르지만 내 눈엔 빙산氷山으로 보일 뿐이다. 만약 해가 뜨면 그대들이 의지하던 것이 없어지고 말 것이다.' 하였다.

보고 지은 시다. 이 석가산의 정교한 모습은 호리병 속에 있다는 신선 세계와도 같고, 옥황상제가 사는 천상의 옥봉우리 같기도 하다. 문득 신선 세상에 들어가 부용성芙蓉城의 주인이 되었다는 석만경石曼卿이 떠오른다. 여름 벌레가 얼음이 무엇인지 알지 못하는 것처럼 속세 사람들은 신선 세계가 어떠한지 알지 못한다. 이 석가산을 보고 나니, 속세에 찌든 마음이 깨끗해지면서 인간 세상에도 신선 세계가 있다는 말을 믿게 되었다는 내용이다.

次宋而栗韻二首   송이율宋而栗의 시에 차운하다. 2수
而栗嘗築假山   이율이 일찍이 가산을 쌓았다.

김응조金應祖[46]

螺鬟一點枕溪潯	냇가에 우뚝 솟은 검푸른 산봉우리는
天作高山豈假岑	하늘이 만든 높은 산이지 어찌 가짜 봉우리겠는가.
老去菟裘眞得地	늘그막에 살 토구[47]로 좋은 곳 얻었으니
故人心會故人心	친구의 마음은 옛 사람 마음을 이해했구료.

仙居縹緲碧溪潯	아득한 신선 세상이 푸른 시냇가에 있어
牕外周遭聳雪岑	창 밖 주위에 눈 쌓인 봉우리 솟아 있네.
老病無由拚勝賞	늙고 병들어도 좋은 구경거리 버릴 수 없어
靜中時復獨游心	고요한 가운데 이따금 마음으로 즐기네.

이율이 살고 있는 곳에는 아름다운 경치가 있다.[而栗所居有勝致]

---

46 김응조金應祖 : 1587(선조 20)~1667(현종 8). 본관은 풍산豊山. 자는 효징孝徵, 호는 학사鶴沙 또는 아헌啞軒.

47 토구菟裘 : 노魯나라 은공隱公이 은거하던 곳으로 지금 산동성 태안현의 동남에 있다. 전하여 은거지의 뜻으로 쓰인다.

『학사집鶴沙集』 권1

> **평설(評說)**   냇가에 만든 가산이 진짜 산과 흡사하여 미처 가짜라는 생각을 하지 못하였다. 반면 벗이 살고 있는 곳은 진정한 은거지이니, 숨어 살던 옛 사람의 마음을 얻은 것이라 하겠다(제1수). 겨울이면 가산의 봉우리에 흰 눈이 쌓이니, 그 모습은 마치 만년설에 덮여 있다는 신선 세계의 봉래산과 같다. 가산이 실제의 아름다운 경치와 어울려 늙고 병든 가운데 조용히 즐길 만하다(제2수).

石假山   석가산

한한정 임탄[48]의 운을 썼다. 임오년(1642) [閑閑亭 林坦韻○壬午]

윤선도尹善道[49]

攢巒叢岳互撑支	울퉁불퉁 산봉우리 서로 지탱하고 있는데
誰向庭除幻此奇	누가 뜰에다 이런 기이한 재주를 부렸나.
突兀初疑夏雲起	불쑥 솟아 처음에는 여름 구름 피어오르나 했더니
嵯峨還似暮霞時	가파른 것이 도리어 저녁노을 지는 때와 같네.
人尋勝地嫌非險	사람들은 승경 찾아갈 때 험하지 않은 것 싫어하고
鶴揀巢枝恨不危	학은 둥지 틀 가지 고를 때 높지 않은 것 한스러워하네.
猶可寓公泉石興	그래도 당신은 천석고황의 흥취 즐길 수 있으니
吾將與詰說山師	내 장차 그대와 더불어 산사[50]에게 따져 물으리다.

---

48 임탄林坦 : 조경남趙慶男의 『속잡록 3續雜錄三』〈을해년 숭정 8년, 인조 13년(1635년)〉"암행어사를 각 도에 파견하여…… 순창 군수 임탄林坦을 잡아갔다"는 것으로 보아 당시 순창 지역의 군수이름으로 보인다.
49 윤선도尹善道 : 1587(선조 20)~1671(현종 12). 본관은 해남海南. 자는 약이約而, 호는 고산孤山 또는 해옹海翁.

『고산유고孤山遺稿』 권1

평설(評說) 크고 작은 봉우리가 있는 석가산이 정원에 있다. 우뚝 솟아 구름이 피어나는 듯하고, 해질 무렵이면 그림자가 져서 울퉁불퉁한 모습이 돋보인다. 승경을 찾으려면 험한 곳을 찾아가야 하고, 학은 높은 나뭇가지에 둥지를 짓는다는 말이 있는데, 이 석가산은 정원에 있으면서도 산수의 흥취를 느낄 만하니, 산승山僧에게 이 말을 따져 물어보아야겠다고 말한 것이다.

| 雪假山行 | 눈 덮인 가산의 노래 |

이민구李敏求[51]

邊城春雪厚無比	변방의 성에 내린 봄눈은 비할 데 없이 두터워
積素皚皚蓋平地	수북이 쌓여 흰 빛으로 평지를 덮었네.
掃除階庭費人力	계단과 정원을 깨끗이 치우려면 사람 힘이 필요하니
堆作丘陵任兒戲	언덕처럼 수북이 쌓인 채 아이들 마음대로 놀게 하네.
墻隅結根只函丈	담 모퉁이에 뿌리 내린 것 겨우 한 길 정도인데
數尺功成由覆簣	삼태기로 부어 몇 자의 공을 이루었네.
昨夜西風懸圃裂	간밤 서풍에 현포[52]가 무너져
遠勢飛來儼位置	먼 곳에서 날아와서 자리 잡은 듯하네.
瑤岑一支岌東向	옥돌 같은 봉우리 한 줄기가 높이 동쪽으로 향하고
騰擲南奔引右臂	들쭉날쭉 남쪽으로 달리며 오른팔을 잡아당기네.

---

50 산사山師 : 산림山林을 관장하는 주周나라 때의 관직명.
51 이민구李敏求 : 1589(선조 22)~1670(현종 11). 본관은 전주全州. 자는 자시子時, 호는 동주東州·관해觀海.
52 현포懸圃 : 곤륜산崑崙山 꼭대기의 신선이 산다는 곳. 선경仙境, 현포玄圃, 현포縣圃라고도 한다.

玄冥麎踏璇蚪窟	물속에는 이곳저곳 올챙이 구멍 빽빽하고
崖谷出沒巖洞邃	벼랑과 골짜기에는 깊은 동굴 출몰하네.
天上群仙白霓裳	하늘 위의 여러 신선이 흰 무지개 옷 입고서
翺翔欲下驚寒吹	날개짓하며 내려오다 찬 바람에 놀라네.
淸高眞界散花臺	맑고 고아한 신선 세계 꽃잎 날리는 돈대에는
皓鶴靑鸞遂不至	하얀 학과 푸른 난새 끝내 찾아오지 않네.
誰知曠絶一畝間	누가 알았으랴, 별안간 밭두둑 사이에서
忽有玆山薈盈眂	갑자기 이 산이 나타나 눈앞에 가득할 줄을.
朝陽先鑠玉筍峯	아침 햇살 먼저 옥순봉에 비치니
變幻直是須臾事	변화하는 모습은 참로 잠깐 사이라네.
浮漚起滅宦難定	물거품은 생겼다 없어졌다 가만 있기 어려운데
太丘社亡鼎淪泗	태구사가 망하자 구정이 사수에 빠졌다네.[53]
茫茫成毁底處所	밑바닥까지 찾아도 찾을 수 없으니 아득하여
滄海桑田本容易	푸른 바다가 뽕나무 밭이 되는 것이 더욱 쉬운 것 같구나.
憶昔東游衆香城	예전에 동쪽으로 중향성[54]을 유람하였을 때
銀闕雲梯稱幽意	은빛 문에 구름사다리가 마음에 들었지.
奇觀瞥眼遽如失	기이한 모습이 별안간 사라지니
回首眞空俱夢寐	돌아보면 참으로 공허하여 꿈만 같구나.
區區色相未暇論	구구한 색상은 논할 겨를 없으니

---

53 태구사太丘社가……빠졌다네 : 태구사는 중국 하남성河南省 영성현永城縣 서북쪽에 있는 송나라의 사당. 『사기』,〈봉선서封禪書〉에 "송나라의 태구사가 부서질 때, 구정九鼎이 팽성彭城의 사수泗水 속으로 빠졌다."는 기록이 나온다. 구정은 하나라 우왕禹王이 구주九州의 쇠를 모아 주조하였다는 솥으로, 하夏·은殷·주周 삼대三代를 통하여 국가의 왕통王統을 상징하는 물건으로 여겨져 왔다. 그러다가 주周나라 현왕顯王 때 덕이 쇠퇴하자 이 솥이 사수泗水에 빠지게 된 것이다.
54 중향성衆香城 : 불국토佛國土. 금강산의 다른 이름이기도 하다.

歎息吾生亦暫寄　　잠깐뿐인 우리 인생 탄식하노라.

『동주집東州集』 권6

평설(評說)　　신선 세계에 있는 봉래산 정상은 항상 만년설에 덮여 있다는 전설이 있다. 이 시는 눈 쌓인 가산을 여기에 비유하여 지은 것이다. 간밤에 눈이 내려 담 모퉁이에 있는 한 길 정도의 가산을 뒤덮었다. 평소 신선 세계를 그리워해 마지않았는데, 눈 덮인 가산을 보니 마치 봉래산의 옥순봉玉筍峰이 솟은 듯하다. 그러나 아침 햇살에 곧 눈이 녹아 사라지는 모습을 보고, 인생도 눈이 녹듯이 짧고 허무함을 깨닫는다는 내용이다.

石假山　　석가산

이명한李明漢[55]

始積一拳小	처음 한 줌의 작은 것을 쌓아
終成三面高	끝내 삼면으로 높이 쌓아올렸지.
倚墻功易就	담벼락에 기대어 만들기 쉬웠고
合土勢方牢	흙을 섞어 형세가 단단하였네.
雨洗苔如錦	비 내려 비단 같은 이끼를 씻고
風吹草似毛	바람은 머리카락 같은 풀잎에 부네.
衆峯環擁裏	뭇 봉우리들이 빙 둘러싼 가운데
自有出群豪	절로 무리에서 뛰어난 호걸 있는 듯.

『백주집白洲集』 권5

---

[55] 이명한李明漢 : 1595(선조 28)~1645(인조 23). 본관은 연안延安. 자는 천장天章, 호는 백주白洲. 시호는 문정文靖이다.

평설(評說) 한 주먹 되는 작은 돌을 쌓아 석가산을 만들었다. 이 석가산의 한 면은 담장에 기대어 있는데, 흙을 섞어 단단하게 쌓아올렸다. 비가 내려 석가산의 이끼를 씻어주고, 바람 불면 석가산의 초목이 흔들린다. 여러 봉우리 가운데 가장 우뚝 솟은 봉우리는 마치 뭇 사람들 속에 섞여있는 빼어난 호걸과 같은 모습이다.

藏巖石假山記 장암석가산기

강헌지姜獻之[56]

장암산藏巖山은 만 겹으로 둘러싸이고 가파르게 깎여 있다. 여기에 집을 지은 자는 배씨裵氏이다. 집 아래에는 기이한 꽃을 심었고, 꽃 사이에는 작은 봉우리 하나가 있는데, 용의 머리에 봉황의 꼬리이며, 범이 엎드린 듯하고 곰이 걸터앉은 듯하니, 석가산이라고 한다. 그 위에 소나무와 대나무를 심어 아침 안개와 저녁노을이 감돌게 하였으니, 이것이 바로 기이하고 빼어난 곳이다. 바라보면 마치 천축天竺의 비래봉飛來峯과도 같다. 산 위에는 정자가 있고, 정자 아래는 이 산 하나로 둘러싸여 있으니, 구름에 뒤덮인 산과 절로 부합하는 점이 있다. 산은 주먹만한 하나의 돌이 많이 모인 것이다. 이 산은 산의 뼈를 빌어다 진면목으로 삼은데다가 저절로 만들어진 것이요, 깎거나 다듬지 않았으니 더욱 기이하다는 것을 알 수 있다. 주인은 산을 좋아하는 자이기에 이를 좋아한다. 진양晉陽 강헌지姜獻之가 쓰고, 이어서 절구絶句 두 수를 짓는다.

『퇴휴문집退休文集』 권2

藏巖之山, 環萬疊, 豻峭嶢, 堂之者裵氏也, 堂下雜以奇花, 花間有一小峯, 龍頭鳳尾, 虎伏熊

---

[56] 강헌지姜獻之 : 1624(인조 2)~1700(숙종 26). 본관은 진주晉州, 자는 자경子敬, 호는 퇴휴당退休堂. 1657년 생원시에 합격하고, 1675년 문과에 급제하여 성균관전적에 이르렀다.

踞, 名曰石假山, 楂松竹其上, 以籠朝烟暮靄, 此其奇絕處也, 望之若天竺飛來峯, 盖山上有亭, 亭之下, 環有此一山, 自然契合雲巒胡得焉, 今夫山, 一拳石之多, 是山也, 假山骨爲眞面目, 而又能天成而不斧鑿, 尤可見其奇也, 主人樂山者也, 是以能好之, 晉陽姜獻之記, 繼之二絕.

평설(評說) 장암산藏巖山 아래에 조성한 석가산에 대한 기록이다. 꽃밭 가운데에 석가산을 만들고 거기에 작은 소나무와 대나무를 심었다. 장암산 위에는 정자가 하나 있는데, 정자가 산에 둘러싸인 광경이 마치 이 석가산의 모습과 같다. 이 석가산은 다듬지 않은 돌로 만들었는데도 기이한 형상을 띠고 있어 더욱 소중하다고 하였다.

■ 書與石假山主人   석가산 주인에게 써주다

오도일吳道一[57]

聞君抛却典涓司	듣자니 그대는 전연사[58] 벼슬 버렸다는데
白首扢金我忸怩	늙어서도 인끈 차고 있는 내가 부끄럽구나.
且置世間榮辱事	세상의 영욕에 관한 일 잠시 버려두고
杜鵑花下進深卮	두견화 아래서 술잔 가득 따라 올리네.

何年五嶽落中庭	어느 해에 오악이 뜰 안으로 떨어졌는가
枕席尋常蒼翠生	이부자리에 항상 푸른 기운 생겨나는구나.
若使少文逢此境	만약에 종소문[59]이 이 광경을 보았다면

---

57 오도일吳道一 : 1645(인조 23)~1703(숙종 29). 자는 관지貫之, 호는 서파西坡, 본관은 해주海州.
58 전연사典涓司 : 태조 3년(1394)에 설치한 경복궁제거사景福宮提擧司를 세조 12년(1466) 전연사로 고쳐 공조의 속아문屬衙門으로 삼았다. 조선 중기 이후, 토목·영선營繕을 맡아보던 선공감繕工監에 병합되었다.

畫工應不費經營　　화공이 힘써 그림 그리지 않았으리라.

『서파집西坡集』 권6

평설(評說)　이 시의 제목에 보이는 석가산 주인은 누구인지 정확히 알 수 없다. 다만 첫 수로 보건대, 선공감 벼슬을 그만두고 물러난 인물인 듯하다. 오도일은 늙어서도 벼슬을 그만두지 못한 자신의 처지를 돌이켜보며 석가산 주인을 부러워하였지만, 짧은 여가를 빌어 석가산 주인과 마주 앉아 꽃 아래에서 술잔을 나눌 뿐이다. 두 번째 수는 석가산의 모습을 읊은 것이다. 석가산이 정원에 자리 잡은 모습이 마치 중국의 오악이 하늘에서 떨어진 것 같다고 하였다. 석가산이 있으니 기거하는 자리 바로 옆에서 푸른 산기운이 감도는 듯하다. 만약 노년에 명승을 그림으로 그려 벽에 붙여놓고 와유를 즐기던 종소문이 이 석가산을 본다면, 굳이 화공을 시켜 그림을 그리게 하지 않았을 것이라 하였다.

曹氏石假山記 조씨의 석가산 기문記文

오도일

나의 벗 조백흥曹伯興의 집에는 가산假山이 있다. 가파르고 기이한 봉우리가 빽빽하게 솟아 있어, 검을 세우고 병풍을 펼친 모양과 같았다. 그 위에 여러 가지 초목을 심어 놓으니 푸른빛이 울창하여 마치 손으로 잡을 수 있을 것만 같다. 집안을 벗어나지 않고도 아득히 천리 밖에 있는 방장산方丈山을 생각나게 하니, 참으로 기이한 구경거리이다.

어떤 이가 나에게 물었다. "세상의 사물들은 진짜와 가짜가 매우 다르다. 그

---

59 소문少文 : 종병宗炳(375~443)의 자이다. 일생을 벼슬하지 않고 여러 산을 두루 유람하였으며, 말년에는 집안에 온갖 산수를 그려놓고 와유臥遊를 즐긴 것으로 유명하다.

런데 이것은 가짜인데도 그 모습이 진짜와 너무나 닮았다. 사람들의 눈을 현혹시켜 그것이 진짜인지 가짜인지 분별하지 못하게 되면 어떻게 하는가?"

나는 이렇게 대답했다.

"가짜라고 일컬어지는 모든 사물은 거짓을 꾸며 진짜를 흉내내고, 교묘함을 뽐내어 겉모습을 자랑한다. 비단을 엮어 만든 꽃이나 쇠를 불려 만든 금, 그리고 거짓과 힘을 숭상하는 자가 인의仁義를 행하는 것이 바로 이것이다. 그러나 이 가산은 그와 다르다. 사람들이 가짜라 말하는 것은 잘못이니, 마땅치 않다.

산은 돌을 밑천 삼아 만들어진다. 무릇 세상에서 명산名山으로 일컬어지는 산 가운데 천태天台·안탕雁蕩·형악衡嶽·여부廬阜 따위도 그 본질에 있어서는 돌이 모여 이루어지지 않은 것이 없다. 『중용』에서 '이제 저 산은 주먹만한 돌이 많이 모인 것인데, 그것이 광대해지면 초목이 자라고 날짐승과 길짐승이 산다.'고 말한 것도 이 때문이다. 자네가 말한 가산 역시 돌을 많이 모아서 그중에 모양이 기이하고 고고高古한 것, 삐죽삐죽 솟은 것, 험하고 괴이한 것들을 섞어 만들어 놓은 것이다. 다만 그것을 만든 자가 하늘이냐 사람이냐는 구별은 있지만, 똑같이 돌을 모아 만들었다는 점에 있어서는 한가지이다. 어찌 반드시 저것은 진짜고 이것은 가짜라고 할 수 있겠는가?

비단 산만 그러한 것이 아니라 사람 또한 그러하다. 사람은 인의仁義로써 성性을 이루니, 산이 돌에 바탕하여 모양을 이루는 것과 같다. 요컨대 성인이나 어리석은 이나 마찬가지다. 보통 사람들이 성인과 다른 것은 기운에 구애되고 욕심에 가려졌기 때문이다. 본래부터 있는 인의가 어지럽고 막혀 어두워지고 잠식당하게 되는 것은, 마치 기이하고 고고하며 삐죽삐죽 솟아 험하고 괴이한 바위가 잡초나 티끌 속에 아무렇게나 버려져 산을 이루지 못하는 것과 같다. 만약 힘써 배우고 부지런히 행하여 그 본래의 성품을 회복한다면, 나면서부터 알고 편안히 행동하는 성인과 같아지게 될 것이다. 이것이 요堯 임금과 순舜 임금이 몸소 행하시고 탕왕

湯王과 무왕武王이 돌이키신 바이니, 그 귀결은 하나이다. 몸소 행한 것과 돌이킨 것의 차이를 가지고 탕왕과 무왕이 참된 성인이 아니라고 말할 수는 없다. 그러니 이 산을 가리켜 가짜라고 할 수 없는 것도 분명하다."

조백흥은 아는 것이 많고 옛 것을 좋아하는 사람이다. 듣자니 그가 이 산을 조성할 적에 종들을 부리고 공사를 감독하여 부지런히 옮기고 갈고 깎는 일을 하루도 게을리 하지 않았다고 한다. 산이 이처럼 기괴하고 교묘함을 다할 수 있었던 것은 조백흥의 부지런함에 힘입은 것이다. 만약 여기에서 능히 세 모서리를 돌이켜[60] 선善을 행하여 성인이 되는 노력을 부지런히 기울인다면, 이 산은 우리 조백흥의 성공을 옥으로 만들었다고 이를 수 있는 것이니, 한갓 완상할 거리에 그칠 뿐만이 아닐 것이다. 어찌 아름답지 않겠는가.

조백흥이 이 산을 만들고나서 나에게 글을 지어 그 일을 기려달라고 하였다. 내가 마침내 어떤 사람과 문답하는 말을 지어 주어서 힘쓰도록 한다.

『서파집西坡集』 권17

余友曹伯興家有假山. 峯巒奇峭森簇, 若劍立屛鋪狀. 其上雜植卉木, 蒼翠之色, 蔚然可掬. 不出戶庭間, 杳然有方壺千里之想, 儘異觀也. 或有問於余者, 曰天下之物, 眞與假懸絶, 而此假也, 其狀酷肖眞. 令人目眩, 不辨其爲眞假者, 何居. 余謂凡物之所謂假者, 飾僞而狀眞, 逞巧而衒外. 如綴綵之花, 點鐵之金, 尙詐力者之行仁義是已. 此則異於是. 人之稱假, 誤也, 非宜也. 山之成, 本資於石. 凡宇宙間, 以名山傑然稱於世, 如天台雁蕩衡嶽廬阜之屬, 其本, 則莫非聚石以成. 傳曰, 今夫山, 斯一卷石之多, 及其廣大, 草木生之, 禽獸居之者. 以此也. 子所謂假山, 亦多聚石, 狀之奇古者, 崛峍者, 險怪者, 磅礴有而成焉. 均是聚石而成, 則特成之者, 有天與人之別, 而及其成, 則一也. 何必彼爲眞而此爲假哉. 不特山, 夫人亦然. 人之有仁義以成性, 猶山之資於石以成形. 要之聖與愚均焉. 衆人與聖人異者, 以氣拘焉慾蔽焉. 使仁義之本然者, 汨亂否塞, 晦盲淪

---

60 세 모서리를 돌이켜 : 원문은 삼우반三隅反. 『논어論語』「술이述而」의 "子曰 不憤不啓 不悱不發 擧一隅 不以三隅反 則不復也"에서 나온 말로 네모로 된 것을 한 모서리만 들어 말하여도 듣는 자가 이를 미루어 세 모서리를 안다는 뜻이다.

蝕, 如奇古崛岬險怪磅礴之石, 委棄散落於榛莽埃壒之中, 而不得聚而成山也. 苟力學勉行, 以復其性之本, 則與生知安行之聖同歸焉. 此所以堯舜身之, 湯武反之, 而其歸一而已. 不可以身之反之之異, 而謂湯武非眞聖人, 則玆山之不可指以爲假也, 亦明矣. 伯興博物好古人也. 蓋聞其造玆山也, 課僕隷, 督工役, 搬運礧硊之勤, 盻盻然未或一日怠也. 山之能極其奇且巧若此者, 繄伯興之勤是賴. 儻於此能以三隅反, 移其勤於爲善作聖之功, 則玆山也, 可謂玉吾伯興于成, 而不徒爲玩賞資而止耳, 豈不休哉. 伯興旣成玆山, 要余爲文以侈其事. 余遂記其與或人答問語, 贈而勖之.

평설(評說) 사람들은 가산을 가짜라고 한다. 그러나 진짜 산도 돌이 모여 만들어진 것이니, 가산을 가짜라고 하는 것은 옳지 않다. 사람도 마찬가지이다. 사람은 누구나 인의仁義의 본성을 지니고 있으며, 이를 회복한 사람이 성인聖人이다. 요 임금과 순 임금, 탕왕과 무왕이 행한 바는 다르나 본성을 회복한 점에서는 마찬가지이니 모두 참된 성인이다. 벗 조석우가 공을 들여 가산을 만들었다. 그가 석가산에 들인 공만큼 선을 행하여 성인이 되는 노력을 기울인다면 이 가산은 단순한 구경거리에 그치지 않을 것이라는 내용이다.

南洞石假山　　남동의 석가산

오도일

藤遮松護小蹊斜	덩굴에 가리고 소나무에 둘러싸인 비탈진 오솔길에
粧點秋容畫裏家	가을 빛으로 곱게 물든 그림 속의 집이로다.
老子詩懷吟赤葉	늙은이는 시를 지어 낙엽을 읊조리고
故人情味煮黃花	친구는 정다운 마음에 국화차를 달이네.
替茵苔色靑堪藉	자리를 대신한 이끼 빛깔은 푸르러 깔고 앉을 만하고
敵酒茶功淡可誇	술을 대적할 만한 차 맛은 담박하여 자랑할 만하네.
收拾風煙癡坐久	경치를 바라보며 바보처럼 오래 앉아 있노라니

暮光飜動半林鴉　　흔들리는 저녁 햇살에 온 숲의 까마귀 울어대는구나.

『서파집西坡集』 권7

> 평설(評說)　깊은 산속에 숨어사는 친구를 찾아갔다. 늙은 나는 시를 짓고 벗은 국화차를 끓여온다. 푸른 이끼 위에 앉아 술 대신 차를 마시니 담박한 맛이 좋다. 경치를 감상하며 오래도록 앉아 있자니 어느덧 해가 지고 까마귀가 운다.

題曹錫禹伯興石假山　조석우曹錫禹 백흥伯興의 석가산에 쓰다

오도일

人道蓬壺在海濆　　사람들은 봉래산이 바다에 있다 하는데
誰將秀色箇中分　　누가 그 속에서 빼어난 모습 분별할까.
怪形忽訝眞非假　　괴이한 형상은 가짜가 아니라 진짜인가 의심스럽고
奇玩方知見勝聞　　기이한 구경거리라 보는 것이 들은 것보다 낫다는 걸 알겠네.
飛雨挂時工作瀑　　흩뿌리는 비 내릴 적에는 공교롭게 폭포를 이루고
晚陰移處欲生雲　　저물 녘 옮겨놓은 곳에서는 구름이 피어나려 하네.
謝公蠟屐長房杖　　사공의 나막신[61]과 장방[62]의 지팡이로
高枕僊遊摠讓君　　편히 누워 신선놀음 하는 것을 모두 그대에게 양보하노라.

『서파집西坡集』 권8

> 평설(評說)　조석우의 석가산은 마치 바다 한가운데 있다는 봉래산과 같다. 기괴

---

61 사공謝公의 나막신 : 남송 때 사령운謝靈運이 산에 오를 적에 밀랍을 칠한 나막신을 신었다고 한다.
62 장방長房 : 장방은 동한東漢의 비장방費長房이다. 109쪽 주석 3 참조.

한 모습이라 진짜 산인지 의심스럽고, 직접 보니 들은 것보다 더욱 기괴하다. 비가 내리면 폭포가 생겨나고, 저녁에는 구름이 피어오른다. 옛날 사령운은 밀랍을 칠한 나막신을 신고 산수를 유람하였고, 비장방은 지팡이를 짚고 호리병 속의 세상을 노닐었다는데, 조석우는 편히 누워 가산을 즐기며 산수유람의 흥취를 즐긴다고 하였다.

제4장 조선 후기

挽睡窩崔子長   수와睡窩 최자장崔子長[1]을 애도하며

이름은 이태爾泰이니 곧 세상에서 말하는 석가산주인이다.[名爾泰, 卽世所稱石假山主人]

홍세태洪世泰[2]

壺中天地玉山前	호중천지가 옥산 앞에 있어
鶴髮韶顏八十年	흰 머리털 젊은 얼굴로 팔십 년을 살았네.
市巷日高呼不起	골목에 해는 중천인데 불러도 일어나지 않으니
只疑猶作據梧眠	혹시 오동나무에 기대어 자는 것 아닌지.
去秋要我一相過	지난 가을 나더러 한번 오라고 하여
枸杞叢邊記醉歌	구기자 떨기 옆에서 취해 노래 부른 일 기억나네.
庭際數峰依舊在	정원 구석의 몇 개 봉우리들은 예전 그대로이건만
閉門黃葉雨聲多	문 닫힌 채 단풍잎에 빗소리만 요란하네.

『유하집柳下集』 권6

---

1 최자장崔子長 : 조선 후기의 위항시인 최이태崔爾泰. 자장子長은 그의 자. 호는 수와睡窩이다.
2 홍세태洪世泰 : 1653(효종 4)~1725(영조 1). 본관은 남양南陽. 자는 도장道長, 호는 창랑滄浪·유하柳下.

평설(評說) 팔십 평생 석가산을 즐기며 살던 최이태가 세상을 떠났다. 그를 다시 볼 수는 없지만, 그는 죽은 것이 아니라 오동나무에 기대어 세사를 모두 잊고 잠들었다는 혜시惠施와 같을 것이다(제1수). 예전에 함께 노닐던 일이 생각나 그의 집을 찾아왔다. 석가산 봉우리는 예전 그대로이지만, 주인 없는 집에 문은 닫혀 있고 단풍잎에 떨어지는 빗소리만 요란하다(제2수).

▎箕營作假山板池, 因構小亭, 漫詠
기영箕營3에서 가산假山과 판지板池를 만들고 작은 정자를 짓고나서 아무렇게나 읊어본다

조태채趙泰采4

石作崗巒板作塘	돌로 산봉우리 만들고 판축하여 연못을 만들며
小亭新構更添光	작은 정자를 새로 지으니 다시 빛을 더하는구나.
風來水面涼侵席	바람이 수면 위를 스치니 서늘한 기운이 자리를 침범하고
雨洗山容翠滴裳	비가 산의 모습을 씻으니 푸른 물방울이 옷을 적시네.
這裏誰分眞與假	이 속에서 누가 진짜와 가짜를 분별한단 말인가
公餘端合詠兼觴	공무의 여가에 시 읊고 술 마시기에 적당하구나.
回思舊築應蕪沒	예전에 지었던 것 생각해보면 잡초에 파물혀 있으리니
對此歸心不禁長	이를 마주하니 돌아가고 싶은 마음 금할 수 없네.

『이우당집二憂堂集』 권1

---

3 기영箕營 : 평안감영. 패영浿營이라고도 한다. 이 시를 지은 조태채는 숙종 26년(1700)에 평안감사로 부임하여 그 이듬해 6월까지 재임하였다.
4 조태채趙泰采 : 1660(현종 1)~1722(경종 2). 본관은 양주楊州. 자는 유량幼亮, 호는 이우당二憂堂. 시호는 충익忠翼이다.

| 평설(評說) | 평안감영에 조성한 석가산을 읊은 시다. 석가산과 연못을 만들고, 이를 감상하기 위해 따로 정자를 만들었다고 하였으니, 상당히 큰 규모였던 것으로 추정된다.

석가산을 쌓고 주위에 연못을 만든 뒤 옆에 작은 정자를 지었다. 바람이 불면 연못의 서늘한 기운이 전해지고, 비가 내리면 산의 푸른빛이 뚝뚝 떨어질 듯하다. 가짜인지 진짜인지 구별할 필요 없이 여가에 시 짓고 술 마시기에 좋다. 이 석가산을 보노라니 갑자기 예전에 집에 만들어놓은 석가산이 떠올랐다. 돌보는 이가 없어 지금쯤 잡초에 파묻혀 있을 것이니, 고향으로 돌아가고 싶은 생각이 더욱 간절해진다는 내용이다.

▌崔道人石假山銘 幷序   최도인 석가산명 병서

이만부李萬敷[5]

도인道人 최군崔君이 사는 곳의 빈터에 기이한 돌을 쌓아 산을 만들고 진귀한 꽃을 많이 심었다. 솟은 것을 봉우리로 삼고 깊이 파인 곳을 골짜기로 삼으니, 그 가운데로 들어가자 산수에 있는 것 같은 생각이 들어, 저잣거리에서 얼마 떨어지지 않은 곳인 줄도 알지 못했다. 도인이 나에게 명銘을 부탁하고 돌에 새겨 그 자리에 세웠다.

庭焉而泰	정원에서 태산이 되었고
市焉而林	저잣거리에서 숲을 이루었네.
始功者人	처음 공들인 것은 사람이었으나

---

5 이만부李萬敷 : 1664(현종 5)~1732(영조 8). 본관은 연안延安. 자는 중서仲舒, 호는 식산息山.

| 終奪者天 | 끝내 빼앗은 것은 하늘일세. |

『식산집息山集』 권2

道人崔君, 於所居隙地. 築異石爲山, 多植奇卉. 崒然爲峰, 嵌然爲壑. 入其中, 有林泉之想, 不知跬步闤闠也. 道人請余銘, 刻石立其上. 庭焉而泰, 市焉而林, 始功者人, 終奪者天

평설(評說) 도인 최군은 최이태崔爾泰를 가리키는 듯하다. 최도인의 석가산은 저잣거리에 있는 그의 집 정원에 있다. 그러니 정원에 태산이 솟은 것 같고 저잣거리에 숲이 생긴 것 같다. 사람의 힘으로 만든 것이지만, 조물주의 권한을 빼앗은 것 같이 정교하다는 내용이다.

▌偶與士復訪崔睡翁石假山, 崔求詩甚勤, 不能不書贈

우연히 사복士復과 함께 최수옹의 석가산을 방문하였는데, 최수옹이 매우 간절히 시를 구하기에 어쩔 수 없이 써서 주다

김춘택金春澤[6]

且置山眞假	두어라, 산이 진짜인가 가짜인가를
無山亦有山	산은 없기도 하고 있기도 하다.
願君勤學道	바라건대 그대는 부지런히 도를 배우게
終透有無關	끝내 있고 없고의 차이를 알게 되리니.

我興知何爲	나의 흥취는 무엇 때문인가
爲山還爲人	산 때문인가 사람 때문인가.
人山渾不辨	사람과 산이 뒤섞여 분변할 수 없지만

---

6 김춘택金春澤 : 1670(현종 11)~1717(숙종 43). 본관은 광산光山. 자는 백우伯雨, 호는 북헌北軒.

方覺興逾眞　　　흥취가 더욱 진실해짐을 깨닫는다네.

『북헌집北軒集』 권5

평설(評說)　최수옹은 최이태崔爾泰를 가리키는 듯하다. 산이 진짜인지 가짜인지, 심지어 산이 있는지 없는지는 중요하지 않다. 도를 깨우친 사람은 그러한 차이에 연연해하지 않는다(제1수). 나의 흥취가 석가산 때문인지 최수옹 때문인지 알 수 없지만, 최수옹과 석가산이 혼연일체가 되어 더욱 진실한 흥취를 느끼게 된다는 내용이다(제2수).

石假山記　석가산기

나중경羅重慶[7]

집에 석가산 하나가 있다. 그 높이는 한 척 한 치 남짓이며 둘레는 몇 아름쯤 된다. 봉우리와 골짜기, 잔도와 오솔길이 은은하고 미미하게 갖추어져 있다. 형질은 마치 푸석푸석한 눈과 같은데 색깔은 희고 물기운이 통하여 푸른 이끼가 짙고 옅게 그 꼭대기에 가득하다. 아래에는 동굴 셋이 있는데 모두 주먹 하나가 들어갈 만하다. 거기에는 흙을 메워 무언가를 심을 만하다. 아침저녁으로 바라보면 그 형체는 조물주가 만든 것이요, 그 기이함은 다른 사람이 멋을 알아주기를 기다린 것이다. 한 자 한 치의 바위를 옮겨다 놓고 구름까지 닿는 형세를 상상하고, 몇 아름 되는 바위를 잡고서 땅에 서린 산뿌리를 논하게 된다. 그 봉우리는 우뚝 솟아 홀연 억 장이나 되는 듯한 높이와 같고, 그 골짜기는 깊고 그윽하여 아득히 천 길이나 되는 깊이와 같다. 은은한 것은 펑퍼짐한 산자락이 되고, 미미한 것은 가파

---

7 나중경羅重慶 : 1674(현종 15)~1734(영조 10).

른 산봉우리가 되어 아련히 마음속으로 들어오는 것 같다. 잔도를 부여잡고 덩굴을 헤치며, 오솔길에 앉아 구름과 안개의 그늘에서 쉬노라니, 새와 짐승, 숲에 부는 바람소리가 갑자기 바람, 개울소리와 함께 귀에 가득 찬 듯하여, 이 몸이 작은 돌 옆에 있는지도 알지 못하니 매우 기이하다. 그러나 산을 좋아하는 사람과 말하면 그렇지 않아, 딱딱한 한 주먹 크기의 돌일 뿐인데, 무엇을 취하리오?

사람이 산에 노닐면서 경물에 유혹되지 않는 자가 있겠는가? 마음을 수고롭게 하고 힘을 지치게 하며 멀고 가까운 곳을 가리지 않고 찾아가더라도, 숲과 산봉우리, 시내와 골짜기의 모습은 돌아서기만 하면 곧 잊어버린다. 내가 작은 돌멩이로 만들어진 천 개의 빼어난 봉우리와 만 개의 그윽한 골짜기를 마주하면, 그 사이의 흥취를 모두 삼켜 가슴속에 남아 있는 것과 비교하면 어떠한가?

내가 듣기로, 이 돌은 물방울로 인해 만들어진 것이라 한다. 물방울이 조물주를 기다렸다가 이 바위가 된 것이 몇 해나 되었는지, 바위가 되어 사람들에게 발견된 것이 몇 해나 되었는지, 그리고 좋아할 줄 모르는 사람을 몇 명이나 거쳐 나 같은 사람을 만나게 되었는지 알 수 없다. 조물주는 숨기지 않고 사람들에게 주었으며, 사람들은 좋아하지 않고 나에게 주었으니, 이 돌은 누군가를 기다렸단 말인가? 나는 젊었을 때 장인이 돌을 다듬는 것을 보고 따라하고자 못을 가지고 무너진 봉우리를 깎아내었는데, 마침내 그만두고 버려두었다. 그러나 이제는 후회하고 시든 풀더미 속에서 찾아다 그 흙을 벗겨내고 막힌 것을 씻어내어 마루 동쪽에 물 담은 동이를 놓고 그곳에 담아두었다. 그리고 거기에 심을만한 두 그루 소나무를 얻었는데, 오랜 세월을 거쳤으나 자라지 않고 구불구불한 것으로 높이는 겨우 몇 치였다. 그 꼭대기에 심어놓고 흥취를 더하였으니, 보는 사람들이 모두 좋아하고 감상할 줄을 알게 되었다. 아! 바위가 쓰이고 버려짐이 모두 여기에 있었다. 내가 느낀 바 있어 기록한다.

『비목헌집畀牧軒集』

家有石假山一坐, 其高尺有寸, 周數圍, 峰壑棧逕, 隱隱然微微而備, 形質如腐雪而色白, 能通水氣, 蒼苔濃淡而滿其顚, 下有三竈, 皆納一拳, 塡土而可植, 朝夕目寓之, 其形造化成之, 其奇待人之知趣也. 移尺寸之高, 想磨雲之勢, 把數圍之大, 論盤地之根, 其峰突兀而立, 忽然爲億丈之高, 其壑陰邃而幽, 窈然爲千尋之深, 隱隱者爲磅礡, 微微者成層峻, 怳然移心於其中, 攀棧而披藤桂之枝, 坐逕而憩雲烟之陰, 鳥獸林聲, 焂忽與風溪而若來滿耳, 不知身之在小石側, 甚可奇也, 然可與樂山者言, 不然, 塊然一拳而已, 何取哉. 夫人之遊山, 不役於景物者, 有乎哉, 勞心疲力, 不避遠近, 而林巒溪谷之形, 背面而盡忘矣, 比吾之對小石, 千巖之秀, 萬壑之幽, 其間之趣, 竝呑而在胸中何如也? 吾聞此石水泡之所化, 不知水泡之待造化而爲石者幾年, 爲石而爲人之所取者又幾年, 而經幾人不知愛之者又有如我者乎, 造化不秘, 歸之人, 人不愛之, 歸之我, 斯石其有待者耶, 余少時見工人之治石, 欲效之, 取釘而剝其峰崩缺者, 有遂廢而乘之, 而今而悔之, 收之於荒蕪之中, 刮其垕, 漱其塡, 軒之西置盆貯水, 以安其上, 求其可植者, 得二根松, 多經風霜而盤錯不長, 董高數寸, 種其顚而助趣, 見者皆知愛玩. 噫! 石之用舍皆在, 吾感而記之.

평설(評說) 사람들은 힘들여 산을 찾지만, 돌아서면 곧 잊어버리고 만다. 이 점에서 늘상 집안에 앉아 마주할 수 있는 석가산은 그보다 낫다. 이 석가산은 본디 흙속에 버려져 있던 돌멩이에 불과하였다. 그러나 알아주는 사람을 만나 씻기고 다듬어져 훌륭한 석가산이 되었다. 사람이 세상에 쓰이는 것도 이와 다름없다는 뜻에서 한 말이다.

石假山銘　　석가산명

남하정南夏正[8]

泰山之大	태산처럼 큰 것은
拳石之多也	주먹만한 돌이 많기 때문이요.
九仞之虧	아홉 길의 산을 망치는 것은
一簣之差也	한 삼태기의 차이라.[9]

『동소유고桐巢遺稿』 권4

평설(評說)　명銘은 가까이 두고 사용하는 물건에 직접 새기거나 따로 써두고 경계警戒로 삼는 일종의 잠언箴言이다. 따라서 석가산명은 석가산을 보고 떠오르는 단상斷想 가운데 수양의 바탕으로 삼을 만한 내용을 짧은 글에 담은 것이다.

태산과 같이 큰 산도 주먹만한 돌이 많이 모여 만들어진 것이요, 아홉 길의 산을 쌓다가도 한 삼태기가 모자라 일을 망치게 된다. 부단한 노력을 강조한 내용인 듯하다.

---

8 남하정南夏正 : 1678(숙종 4)~1751(영조 27). 본관은 의령宜寧. 자는 시백時伯, 호는 동소桐巢.
9 아홉 길의 산 …… 차이라 : 134쪽 주석 68 참조.

石假山聖凝宅, 與共甫・伯純, 共賦

석가산이 있는 성응聖凝[10]의 집에서 공보共甫・백순伯純과 함께 짓다

조문명趙文命[11]

其一   첫 번째

幽居依麓不營關	산기슭에 기대어 집을 만들고 문도 달지 않았는데
全占終南一面山	남산의 한 면을 온통 차지하였네.
地是擅名城市內	그 땅은 도성 안에서 이름 날리는 곳이요
人方得意筆硯間	사람은 비로소 필묵 사이에서 뜻을 얻었네.
松陰欲覆圍碁席	소나무 그늘은 바둑 두는 자리를 덮으려 하고
荷氣微醺對酒顔	연꽃 향기는 술을 마주한 얼굴을 엷게 물들이네.
佳處仍開裴仲逕	아름다운 곳에 구중[12]의 오솔길까지 열었으니
從今那厭百迴還	이제부터 백 번 왕래한들 싫어할 리 있겠는가.

其二   두 번째

牢蟄何曾浪出關	깊이 칩거하느라 어찌 함부로 문을 나섰겠는가마는
興頭聊訪沈家山	흥에 겨워 마음대로 심씨 집을 찾아갔다네.
脩然對爾氛埃外	속세 밖에서 그대를 마주 대하니 시원하고
好是着吾巖壑間	바위와 골짜기 사이 내 몸을 맡김이 좋기만 하구나.
泉瀑雨餘琮瑟響	샘과 폭포는 비 온 뒤라 옥으로 만든 비파소리를 내고

---

10 성응聖凝 : 심상정沈尙鼎의 자. 1680(숙종 6)~1721(경종 1). 본관은 청송靑松. 호는 몽오재夢悟齋.
11 조문명趙文命 : 1680(숙종 6)~1732(영조 8). 본관은 풍양. 자는 숙장叔章, 호는 학암鶴巖. 시호는 문충文忠이다.
12 구중裴仲 : 한나라 때의 은사隱士.

庭松歲久恠奇顔	뜰의 소나무는 세월이 오래되어 기괴한 형상을 하고 있네.
閒時不廢風流事	한가한 때는 풍류 즐기는 일을 그만두지 않는 법이니
更待君家酒熟還	다시 그대 집의 술이 익기를 기다려 돌아오겠네.

其三　　　세 번째

心靜都無俗事關	마음이 고요하여 도무지 세상일에 뜻이 없고,
蒼然唯對屋前山	그윽하니 오로지 집 앞의 산만 마주하고 있네.
詩難太白休文際	시는 태백[13]과 휴문[14] 사이에 이르기 어려우나
地較丫溪玉洞間	지세는 아계와 옥동 사이에 견줄 만하네.
世路自來無着足	세상 길에는 예전부터 발을 디디지 않았으니
岩巒猶是不生顔	바위와 산봉우리는 낯선 얼굴이 아니라네.
閒中欲檢行藏事	한가로운 가운데 세상에 나아갈지 물러날지 결정하려고
林外遙看倦鳥還	숲 너머 멀리 돌아오는 지친 새 바라본다네.

其四　　　네 번째

何嘗一語到機關	어찌 한 번이라도 세상일 이야기했겠나
只愛君家小華山	다만 그대 집의 소화산[15]을 좋아할 따름이네.
瘦鶴影依潭側畔	야윈 학의 그림자는 못가 언덕에 드리우고
暮蟬聲在樹中間	저물 녘 매미소리 나무 사이에서 들려오네.

---

13 태백太白 : 당나라 시인 이백의 자.
14 휴문休文 : 남조 양나라 시인 심약沈約의 자.
15 소화산小華山 : 작은 화산華山. 화산은 오악五岳의 하나로 섬서성陝西省 화음시華陰市 남쪽에 있다. 석가산을 화산에 비유하여 이렇게 말한 것이다.

杯樽爾自凌騰氣	술 마시는 그대는 절로 기세등등하지만
歲月吾方老大顔	세월 겪은 나는 이제 늙은이 얼굴이라네.
却怕詞壇嚴律令	시단詩壇의 엄격한 규칙이 두렵구나
詩如未就也難還	시를 짓지 못하면 돌아가기도 어려우니.

其五　　　다섯 번째

何處書來剝啄關	어디에서 편지를 보내어 문을 두드렸기에
諸君勝集小南山	그대들 모두 작은 남산에 모였는가.
聽蟬正在唔哦際	매미소리는 바로 시를 읊는 사이에 들려오고
騎馬因尋莽蒼間	말을 타고 우거진 수풀 사이로 찾아왔다네.
林樹濃含無限趣	숲과 나무는 끝없는 정취를 짙게 머금었고
巖巒巧作不凡顔	바위와 산봉우리는 교묘히 만들어져 범상한 모양이 아니네.
逢場未可怱怱了	시 지을 자리를 만나도 빨리 짓지 못하니
少日風流豈再還	젊은 날의 풍류가 어찌 다시 돌아오겠는가.

其六　　　여섯 번째

都人踏破鐵門關	도성 사람들이 철문을 드나드는데
別是君家山裡山	특이하게도 그대 집은 산속의 산에 있는 셈이네.
前輩遺風一壑內	선배들의 남은 풍치는 온 골짜기 안에 가득하고
小園佳景四時間	작은 원림의 아름다운 경치는 사계절 사이에 있다네.
翻翻荷拂方塘面	펄럭이는 연꽃은 네모난 연못 위를 스치고
短短松懸恠壁間	작은 소나무는 기괴한 절벽 사이에 매달려있네.

| 天與吾曹容放曠 | 하늘이 우리에게 마음껏 노닐도록 허락해주어 |
| 莫敎塵客數迴還 | 속세의 사람들이 자주 왕래하지 못하도록 하였네. |

其七 일곱 번째

幽事頗於靜裡關	좋은 일은 자못 고요한 문 안에 있으니
詩翁得意聳肩山	시 짓는 늙은이 득의하여 어깨가 산처럼 솟았네.
凉風每足三秋際	서늘한 바람은 매번 가을 내내 충분하고,
閒日元稀百歲間	한가한 날은 원래 백세 사이에도 드문 것이다.
世已嗔他多傲骨	세상이 이미 그의 오만한 성격에 분노하니
天應付我可憎顔	하늘은 응당 우리에게 가증스러운 면모를 준 것이라.
傍人莫問吾人興	세상 사람들이여, 우리들의 흥취를 묻지 말거라
不醉深觥定不還	가득 찬 술잔에 취하지 않으면 돌아가지 않을 것이니.

『학암집鶴巖集』 책1

평설(評說) 심상정沈尙鼎이 좋은 땅으로 이름난 남산에 집을 지었다. 소나무가 그늘지고 연꽃 향기가 풍겨오는 곳이다. 아름다운 곳에 은자가 사니 자주 찾고 싶다고 하였다(제1수). 평소 나들이를 좋아하지 않지만 흥이 나면 문득 심상정의 집으로 찾아간다. 그곳에서 속세를 벗어난 듯한 흥취를 즐기며 경치를 감상한다. 다시 찾아오기를 기약하고 작별한다(제2수). 고요한 마음으로 그저 집 앞에 있는 산만 바라본다. 이백이나 심약처럼 시를 잘 짓지는 못하지만, 이곳의 경치만은 아계나 옥동 못지않다. 오랫동안 이곳에 은거하니 주변 경치가 익숙하다. 멀리 날아오는 새를 보며 군자의 출처행장出處行藏에 대해 생각해본다(제3수). 두 사람이 만나면 세상일은 이야기 하지 않고 말없이 석가산을 감상한다. 저물 녘이 되도록 머물러 시를 짓는다(제4수). 벗들이 남산에 모여 시회詩會를 열었다. 경치 아름다운 곳이지만 이제 늙어 젊은 시절처럼 빨리 시를 짓지도 못하니, 풍류가 다했음을 깨닫고 한탄한다.(제5수) 남산에 있는 심상정의 집은 세상 한가운데에 있지만 속세를 벗어난 듯한 곳이다. 이곳에는 선배들이 노닐었던 자취와 아름다운 경치가 있다. 그저 우리들만 마음껏 노닐 뿐 세상 사람들이 자주 찾아오지 않았으면 하는 바람이다(제6수). 좋은 시를 지으니 득의만만하여 어깨가 절로 들썩인다. 이처럼 좋은 날은 쉽게 만나기 어려우니, 세상 사람들이 뭐라 하든 실컷 술을 마시고 취할 것이라 하였다(제7수).

題崔君石假山 최군의 석가산에 붙이다

윤봉조尹鳳朝[16]

幽棲三到不曾詩	조용한 집에 세 번 오도록 시 짓지 않았으니
祇坐生平下筆遲	그저 평소에 붓놀림이 느렸기 때문이라네.
又恐山靈嗔我懶	산신령이 게으르다 나무랄까 두려워서
始憑花石一題之	이제야 화석에 빙자하여 시를 짓는다.

『포암집圃巖集』 권1

평설(評說) 평소 시를 잘 짓지 못하여, 세 번이나 최군의 집에 왔으면서도 그의 집에 있는 석가산을 보고 시 한 편 짓지 못했다. 혹시 그 때문에 석가산의 산신령이 노할까 두려워 이제야 시를 짓는다는 내용이다.

---

16 윤봉조尹鳳朝 : 1680(숙종 6)~1761(영조 37). 자는 명숙鳴叔, 호는 포암圃巖, 본관은 파평坡平.

石假山記   석가산기

이익李瀷[17]

 순창군淳昌郡은 겹겹의 봉우리를 넘어서야 도회都會가 펼쳐져 있는데, 산이 우뚝하게 솟아 있거나 구불구불 빙 둘러서 사방에 가득하다. 신공申公이 이곳에 살면서 돌을 모아 가산假山을 만들어 두고는 아침저녁으로 바라보았다. 나는 공이 진짜를 좋아하지 않고 가짜를 좋아한다고 의심하였는데, 얼마 후 그의 설명을 들을 수 있었다. 공이 가짜를 좋아하는 것은 가짜이기 때문이 아니라 진짜와 비슷하기 때문이었다. 비슷한 것도 좋아하는데, 하물며 진짜임에랴. 지금 반드시 하나의 자잘한 것에 빠져있는 데 대해서도 아마 할 말이 있을 것이다.

 무릇 산은 하나이나 사람의 눈은 여러 개이다. 깎아지른 듯 높아도 거기에 아름다움이 빠졌다고 여기는 자가 있을 것이고, 움푹 패어 깊다 해도 거기에 빼어남이 빠졌다고 여기는 자가 있을 것이다. 높으면 길게 뻗기를 바라고, 깊으면 그윽하기를 바란다. 비록 두루 다니며 다 살펴보더라도 마음에 흡족한 것은 드물다.

 이에 언덕에 올라 높은 것을 취하고, 계곡에 들어가 그윽한 것을 가져다가 합하여 작은 산을 만들었다. 봉우리 하나, 벼랑 하나까지 모두 마음으로 헤아리고 뜻대로 다듬어 아주 긴 것에 몇 자를 더하고 아주 짧은 것에서 몇 치를 빼니, 하나의 정신에 어찌 다시 만족하지 않음이 있겠는가? 좋아함이 심하면 마음이 이르지 않음이 없다. 가짜를 가지고서 진짜를 사모하니, 나는 공이 산을 매우 좋아한다는 것을 알겠다.

 그러나 사람들은 그것을 '하늘이 만든 것'이라고 말하지 않고 '사람이 만든 것'이라고 말한다. 하늘이 만든 것은 질박하지만 사람이 만든 것은 교묘하고, 하늘이 만든 것은 자연스럽지만 사람이 만든 것은 흔적이 있다. 교묘하다는 것은 질박함

---

17 이익李瀷 : 1681(숙종 7)~1763(영조 39). 자는 자신自新, 호는 성호星湖, 본관은 여주驪州.

이 흩어진 것이요, 자연스러움을 깎아 흔적이 남게 된다. 이 산은 손 위의 장난감이 되기에는 충분하지만 사물의 모습을 살피는 데에는 말단의 것일 뿐이다.

장자莊子는 "혼돈은 구멍을 뚫어주면 죽고,[18] 오리는 다리를 이어주면 근심한다.[19]"고 말했다. 없는 것을 있게 할 수 없고, 짧은 것을 길게 할 수 없는 것은 이치이다. 교묘하고 흔적이 있는 것이 산을 보는 데 있어서 도리어 누가 되지 않겠는가?

나무와 돌은 지극히 흔한 물건이지만 그림으로 그려 값을 받고 팔고, 목후沐猴[20]는 나무에 사는 동물에 불과하지만, 새겨서 아름다움을 다하는 것은 드물어서 귀하기 때문이다. 무릇 손으로 가리키고 눈으로 보는 것이 어찌 산 아닌 것이 없겠는가마는 사람들은 그 속에 기이함이 있음을 깨닫지 못한다. 그러므로 이처럼 특별히 환상적이고 새로운 것을 만들어 내어 뭇 사람들에게 아름다움을 자랑하는 것이다.

또한 어찌 속된 안목을 가진 자가 이것을 보고 숙수菽水[21]처럼 흔한 것을 귀하게 여기지 않겠는가? 공의 마음은 "태백산과 지리산의 씩씩함을 생각한다면 아무 바위에 기대어 감흥을 일으키고, 금강산과 속리산의 빼어남을 그리워한다면 아무

---

18 혼돈은 …… 죽고 : 『장자莊子』「응제왕應帝王」편에 다음과 같은 이야기가 있다. "남해의 임금을 숙儵이라 하고 북해의 임금을 홀忽이라 하며, 중앙의 임금을 혼돈渾沌이라 했다. 숙과 홀이 때마침 혼돈의 땅에서 만났는데, 혼돈이 매우 융숭하게 그들을 대접했으므로, 숙과 홀은 혼돈의 은혜에 보답할 의논을 했다. '사람은 누구나 눈, 귀, 코, 입의 일곱 구멍이 있어서 그것으로 보고 듣고 먹고 숨쉬는데 이 혼돈에게만 없다. 어디 시험삼아 구멍을 뚫어 주자.' 그래서 날마다 한 구멍씩 뚫었는데, 7일이 지나자 혼돈은 그만 죽고 말았다."
19 오리는 …… 근심한다 : 『장자』「변무駢拇」편에 다음과 같은 이야기가 있다. "물오리는 비록 다리가 짧지만 그것을 길게 이어주면 괴로워하고, 두루미의 다리는 길지만 그것을 짧게 잘라주면 슬퍼한다. 때문에 본래부터 긴 것을 잘라서는 안 되며 본래부터 짧은 것을 이어주어도 안 된다."
20 목후沐猴 : 『사기』「항우본기」에 "항우는 원숭이를 씻겨 관을 씌운 것과 같다"라고 한 것이 있으니 그것은 겉으로는 사람 같으나 속으로는 짐승과 같다는 뜻이다.
21 숙수菽水 : 콩죽을 먹고 물을 마신다는 "철숙음수啜菽飲水"의 준말. 흔한 물건을 가리키거나 청고清苦한 생활을 한다는 뜻이다.

바위를 마주하고 취미를 붙여라."하고 말하는 것과 같으니, 이로써 성인의 경지를 추구하는 밑천으로 삼는다면, 나는 공과 더불어 풍류를 함께 하고자 한다. 만약 그렇지 않다면 그저 완물상지玩物喪志하고 말 것이다. 내가 감히 이러한 말로 경계하고자 하는데, 기꺼이 맞다고 여길지 모르겠다.

『성호전집星湖全集』 권53

淳之郡, 越重巘而開都會, 或峙而起, 迤而迴, 四距而無不夥. 申公某居於此, 乃聚石爲假山, 日夕瞻對. 瀷疑公之不好眞而好假, 旣而得其說焉. 公之好假, 非假也, 爲似眞也. 似者猶好, 況其眞哉. 今必耽耽於一卷之小者, 殆有辭已. 夫山一也, 人之眼有萬, 崷崒爲峻, 則欠其麗者有之, 岭嶝以邃, 則欠其秀者有之. 岌欲其隋, 窿欲其密. 雖徧陟而該觀, 終洽乎中, 蓋鮮. 於是登皐而取其崏, 入谷而取其窈, 合而爲小山, 一巒一崿, 皆心度而意裁, 加尺太長, 減寸太短, 一片精神, 寧復有不愜乎哉. 實好之深而心無不至, 以假而慕乎眞, 吾知公之樂于山甚矣. 然非人謂之天爲之, 謂之人. 天樸而人巧, 天自然而人有迹, 巧者樸之散, 斲自然而趣有迹. 此山者, 爲手中之翫, 則優矣. 其於觀物審態, 抑末也. 莊周氏之言, 曰混沌鑿竅而死, 鳧續脛而憂, 無不可使有, 短不可使長理也. 安知巧而迹者, 反不爲看山之累耶. 夫木石至賤物, 畫之而售價, 沐猴一寓屬, 刻之而致艶者, 貴稀有也. 凡手而指, 目而視, 何莫非山. 人不覺其有奇. 故此特幻造生新, 妗于衆. 又豈無眼不肉者, 不之于此而貴菽水之賤哉. 公之心, 如云思太白智異之壯則憑某石而興感, 想金剛俗離之秀則對某石而寄趣, 以此爲仰止之資, 瀷願與公同風. 如或非斯, 而只爲喪志之歸. 瀷敢以向說箴焉. 其肯否乎.

평설(評說) 순창군에 사는 신공이 돌을 모아 가산을 만들었다. 세상을 두루 다녔으나 마음에 드는 산이 없었기에 직접 만든 것이었다. 가짜 산을 이처럼 좋아하니, 진짜 산을 향한 그의 마음은 이로 미루어 알 수 있다. 사람들은 기이한 것을 좋아하여 평범한 것을 소홀히 여긴다. 만약 이 가산을 보고 완물상지玩物喪志에 그친다면 잘못이다. 공자의 제자 안연이 "우러를수록 높아지고 뚫을수록 견고해진다.[仰之彌高, 鑽之彌堅]"고 하였듯이, 가산을 보고 심성을 수양할 바탕으로 삼으라고 하였다.

次從伯氏日涉亭韻　종백씨從伯氏[22]의 일섭정日涉亭 시에 차운하다

조현명趙顯命[23]

細逕通墻步屐宜	좁은 길 담장으로 통하여 거닐기 알맞은데
名園一面假山奇	이름난 동산 한 편에 가산이 기이하네.
春風分占綠楊宅	봄바람이 푸른 버들 핀 집을 나누어 차지하였으니
夢思何勞青草池	어찌 수고롭게 청초호[24]에 노니는 꿈 꾸겠는가.
諸子聯成絮塩句	여러 사람들이 서염구[25]를 연이어 이루니
兩翁迭唱塤篪詩	두 늙은이 훈지시[26]를 번갈아 부르네.
斯亭願比靈光殿	이 정자 원컨대 영광전[27]에 견주어
長醉花前月下卮	꽃과 달빛 아래 길이 취하리라.

『귀록집歸鹿集』 권3

평설(評說)　담장 안으로 들어서니 가산이 이름난 정원 한 편을 차지하고 있다.

---

22 종백씨從伯氏 : 큰아버지나 작은아버지의 아들로서 그 당내堂內에 나이가 가장 많은 사촌형. 여기서는 저자의 숙부 대수大壽의 아들인 석명錫命을 가리킨다.
23 조현명趙顯命 : 1690(숙종 16)~1752(영조 28). 자는 치회稚晦, 호는 귀록歸鹿·녹옹鹿翁, 본관은 풍양豊壤. 시호는 충효忠孝이다.
24 청초호青草湖 : 오호五湖의 하나로, 동정호와 이어져 있는 이름난 명승지. 호남성湖南省 악양시岳陽市에 있다.
25 서염구絮塩句 : 서염絮塩은 솜과 소금. 진晉나라 사안謝安의 질녀 사도온謝道韞은 재주가 뛰어났다. 하루는 눈이 내리자, 사안이 무엇과 비슷한지 물었다. 사안의 조카 사랑謝朗은 "공중에 소금을 흩뿌린 것 같습니다." 하였고, 사도온은 "바람에 버들개지가 날리는 것 같습니다." 하였다. 이로 인해 서염은 아름다운 시구를 가리킨다.
26 훈지시塤篪詩 : 훈塤은 흙을 구워 만든 소형 취악기고 지篪는 횡적橫笛의 일종이다. 『시경詩經』「소아小雅」〈하인사何人斯〉에 "伯氏吹塤, 仲氏吹篪"란 구절이 있어, 훈지는 형제를 의미하기도 한다.
27 영광전靈光殿 : 한漢나라 경제景帝의 아들인 공왕恭王이 산동성 곡부曲阜에 건립한 영광전靈光殿을 가리킨다. 그가 지은 많은 건물 중에서 후일에 다른 건물은 모두 무너져 없어졌으나 영광전만은 오래도록 남아 있었으므로 그 가문의 또래 중에서 혼자만 오래 살고 있는 자에 비유하는 말로 쓴다. 여기서는 일섭정이 오래 남기를 바라는 동시에 그 정자의 주인도 오래 살기를 바라는 뜻이 담겨져 있다.

봄이 와서 정원에 버드나무가 늘어지니, 굳이 중국의 청초호靑草湖 같은 명승을 찾지 않아도 좋다. 사람들은 날리는 버들개지를 보며 시를 짓고, 조현명과 조석명은 친족의 정을 시로 읊는다. 부디 이 정원의 정자가 영광전靈光殿처럼 세파를 견디고 오래도록 남아 길이 즐거움을 누리기를 바란다는 내용이다.

▌石假山記 석가산기

오달운吳達運[28]

나라가 태평하여 400년 동안 서울에 일이 없었기에 사대부들은 날마다 사람의 재주를 다투며 정원과 저택에 뜻을 다하였다. 비록 연못에 잠기고 도랑에서 오물을 뒤집어쓰는 벽돌이라 하더라도 모두 갈고 닦아 광택이 휘황찬란하였으니, 모두 눈을 기쁘게 하고 좋아할 만한 것이었다. 칠원漆原 윤공尹公의 집이 명례동明禮洞에 있었는데, 역시 그중 하나였다. 을축년 겨울, 내가 갓 서울에 들어갔을 때 고향 손님이라는 이유로 간혹 찾아뵌 적이 있는데, 분칠한 담장이 빙 둘러싸고 섬돌과 주춧돌이 평평하게 깎여, 나무 하나 돌 하나도 거칠거나 둔탁한 것이 없었다. 그런데 유독 뜰 아래에 수백 개의 괴석이 어지럽게 늘어서 있었다. 어떤 것은 구부정하면서 속이 파였고, 어떤 것은 꺾여 있으면서 겉이 깎여 있었다. 그 색깔은 검푸른 것이 추악하였고, 그 성질은 날카로워 보기 싫었다. 이는 모두 넓은 바다와 강에 버려진 물건인데, 공은 도리어 보물처럼 여겨 뜰에 모아 놓았던 것이었다. 나는 괴이하게 여겼으나 미처 물어보지는 못하였다.

병인년 봄에 공이 서쪽 고을을 다스리라는 명을 받자 축하하러 갔는데, 공은 두건을 기울여 쓰고 남쪽 담장을 보고 있었다. 담장 안에는 삼신산이 아스라이 솟

---

28 오달운吳達運 : 1700(숙종 26)~1747(영조 23). 본관은 동복同福, 자는 백통伯通, 호는 해금海錦. 1740년 문과에 급제하여 관직은 오수찰방獒樹察訪에 이르렀다.

아 있었는데 우뚝 솟은 층층 봉우리가 만 겹 천 겹으로 늘어선 것이 마치 천연적으로 절로 이루어진 것처럼 깎거나 다듬은 흔적이 없었고, 고요히 그 자리에 있는 것이 조금도 꾸민 기색이라곤 없었다. 참으로 조물주가 공들여 만들어낸 것이요, 결코 사람의 힘으로 만들 수 있는 것이 아니었다. 그리고 이전의 추악하고 보기 싫은 돌멩이는 도무지 간 곳이 없었다. 내가 처음에는 놀랐다가 뒤이어 깨닫고서, 이전에 뜰에 있던 돌멩이가 지금은 자기 재주를 발휘한 것임을 알게 되었다.

 이 돌이 바다와 강의 물가에 있을 때에는 거센 파도에 부딪치거나 흔들리고, 세찬 물결에 침식되면서 얼마나 오랜 세월을 거쳤는지 알 수 없다. 그러나 물을 건너는 사람은 발에 부딪친다고 성내고, 낚시하는 사람은 낚시바늘이 걸리는 것을 싫어하여, 오직 진흙 속에 깊이 묻히지 않고 빨리 뽑아내지 못하는 것만 걱정하였다. 앞서 말했던 서울의 오물을 뒤집어 쓴 벽돌과는 선인과 범인의 차이에 그칠 뿐만이 아니었다. 그런데 하루아침에 공이 그것을 가져다 그 진흙을 털어내어 씻어버리고 화려한 집 아래에 실어다 놓으니, 구부정하여 속이 파인 것, 꺾이고 깎인 것, 모나거나 검푸른 모습을 각기 그 용도에 맞게 써서 세상에 둘도 없는 삼신산이 되었다. 모난 것은 변하여 삼엄한 모습이 되었고, 검푸른 것은 변하여 푸른 색깔이 되었으며, 하늘까지 솟은 벼랑의 깎아지른 형세는 깎이고 꺾인 데서 말미암았고, 바위 골짜기의 깊숙하고 그윽한 모습은 구부정하고 속이 파인 데서 말미암았다. 아득한 바다 밖의 삼신산이 거북이 등에 실려 표류하다가 동해의 동쪽으로 흘러와 이 뜰에 오게 되었다. 저 깎고 다듬은 섬돌과 주춧돌이나 분칠한 담장에 비한다면 감상하고 즐길 만하게 된 차이가 천 배 백 배에 그치지 않을 것이다.

 아아! 때를 만나고 만나지 못하는 것은 하늘의 뜻이요, 재주가 있고 없고는 물건의 탓이다. 그러므로 훌륭한 장인은 버리는 재목이 없고, 성인이 다스리는 조정에는 버려진 선비가 없는 법이다. 저 강과 바다에 버려진 쓸모없는 물건도 오히려 이와 같이 때를 만났거늘, 하물며 사방의 선비들 가운데 모습은 추하지만 마음은 아름답고, 말은 어눌하지만 행실이 방정한 자들을 모은다면, 유독 요순 시대의 치적을 이루지 못할 이유가 있겠는가? 공은 이 산을 완성하자마자 서쪽으로 행차하게 되었다.

『해금집海錦集』 권2

國家昇平四百年, 京師無事, 士大夫日以人巧相上下, 盡意於園林第宅, 雖溺池糞港之甃, 莫不砥礱騈磨光澤輝閃, 咸有以悅目而可愛. 漆原尹公之第, 在於明禮洞, 亦其一也. 乙丑冬, 余新入京, 以舊邑客, 間嘗往拜, 粉墻繚繞, 階礎削平, 未嘗有一木一石麁厲粗頑者, 而庭下獨有數百枚怪石狼藉分列, 或曲而中竇, 或屈而外剝, 其色黝黑而可惡, 其性稜硬而可厭, 是皆窮海滄江之一棄物, 而公反鳩致於庭若以爲可寶者然, 余竊心怪而未之問. 丙寅春, 聞公承西邑之命, 更往賀焉, 公乃岸巾前扇, 往目南墻, 墻內有三山聳出縹緲, 卓犖層峰, 列嶂萬重千疊, 天然自成, 而無雕琢之痕, 窈然自在, 而無粧點之態, 眞造化翁劬勞噓出, 決非人力之所可爲者, 而向之可惡可厭之石, 都無去處矣. 余始而驚繼而悟, 乃知爲向者庭下之石, 今而逞其能也. 夫是石之居於窮海滄江之濱, 駭波之所擊撞, 激浪之所囓食, 不知經幾千浩劫, 而涉夫怒其囓足, 釣翁憎其掣鉤, 惟恐泥之不深, 拔之不猛也, 彼之望京城糞溺之甃, 不啻仙凡之相隔, 而一朝爲公所取, 拂其泥而洗濯之, 輦致於華屋之下, 使曲竇屈剝稜硬黝黑之姿, 各隨其用, 成此不世有之三山, 稜硬者變而爲森嚴, 黝黑者化而爲蒼翠, 穹崖陟絶之勢, 由於剝而屈, 巖谷深邃之形, 由於曲而竇, 依俙海外三丘, 漂轉鰲背, 流於東海之東, 來泊於是庭, 回示階礎粉墻之受削成砥, 其可賞而可翫者, 又不啻千百其間矣, 其遭遇爲何如哉. 噫, 遇不遇, 天也, 才不才, 物也, 故良工無棄材, 聖朝無棄士, 彼以江海上一無用之棄物, 猶能遭遇如此, 況四方之士, 貌醜而心妍, 語訥而行方者, 獨不可聚成唐虞之治耶, 公方成是山, 而啓西行.

평설(評說) 서울 명례동明禮洞에 있는 윤공尹公의 석가산에 대한 글이다. 글쓴이가 처음 윤공의 집을 찾았을 때는 뜰에 수백 개의 괴석이 이리저리 흩어져 있었다. 윤공이 어째서 추하고 쓸모없는 돌덩이를 모아두었는지 궁금하였으나, 미처 물어보지는 못하였다. 이듬해 윤공이 지방관으로 부임하게 되자, 글쓴이는 축하하기 위해 다시 그의 집을 찾았다. 윤공의 집 남쪽에는 삼신산이 솟아 있었다. 이전에 보았던 괴석을 모아 만든 것이었다. 추하고 쓸모없는 돌덩이조차 제때를 만나기만 한다면 기이하기 그지없는 석가산이 될 수 있으니, 외모가 추하고 말이 어눌한 선비들도 저 돌덩이가 모여서 석가산을 이루듯 모여서 태평성대를 만들 수 있을 것이라는 내용이다.

石假山記   석가산기

남용만 南龍萬[29]

활산活山 아래에는 돌이 많다. 작고 큰 것이 들판에 가득하여 밭 가는 사람이 싫어한다. 나는 그 동쪽 언덕에 집을 짓고, 장차 채마밭을 만들어 먹고 살 생각으로 쟁기를 잡고 밀어보았더니 쇠가 부딪치는 소리가 났다. 삽으로 도랑을 파는데, 한번 삽질을 해서 파내는 깊이가 한 치도 되지 않았다. 씨를 뿌려도 단단한 돌에 짓눌려 그 표면을 뚫지 못하니, 싹트는 것이 절반밖에 되지 않았다. 농기구가 항상 부딪쳐서 능숙한 농부라도 달마다 호미를 바꾸어야 했고, 가뭄이라도 만나면 마치 석탄을 쌓아놓은 것처럼 뜨거워져, 벼 뿌리가 타들어갈 지경이었다. 내가 매우 싫어하여 아이와 함께 주워 담아 집 남쪽에다 버려두었다. 얼마 뒤 뜰에 이리저리 흩어져 청소를 하거나 밤에 산책을 하는 데 매우 방해가 되었고, 혹은 발에 부딪쳐 사람을 다치게 하였다. 다른 곳에 버리려고 종놈을 시켜 지고 나르게 하였는데 마을에 이르자 길 가던 사람들이 다들 손사래치고 꾸짖었다. 나머지는 모두 밭이었는지라, 받아주는 사람이 없었다. 종놈은 다시 예전에 있던 곳으로 가져와 던져놓고는 꾸짖고 욕하며 말하길, '이 골치아픈 돌아! 너를 어디다 버릴꼬?' 라고 하였다.

---

29 남용만南龍萬 : 1709(숙종 35)~1784(정조 8). 본관은 영양英陽, 자는 붕로鵬路, 호는 활산活山. 1756년 생원시에 합격하였다. 참봉에 제수되었으나 나아가지 않았다.

나는 그제서야 버려둘 곳이 없다는 것을 생각하고 뜰 한구석에 쌓았다. 먼저 큰 것을 받침으로 삼고, 둘러싸며 높이 쌓았는데, 위로 갈수록 점차 줄어들게 하고, 자잘한 것을 안에다 채웠다. 흙을 섞어 메워서 무너지지 않게 하였더니 크기는 두 아름 정도 되고, 높이는 세 자 반쯤 되었다. 마침내 '가산'이라 이름하고 아침저녁으로 창가에 기대어 보았다. 평지에 우뚝 솟은 모습을 보면 장엄하여 기울어진 곳이 없고, 몸체가 모나지 않고 둥글어 마치 모서리가 없는 것 같았다. 돌 표면은 이지러진 것이 많아 마치 굳세어 세속과 영합하지 않으려는 뜻이 있는 듯하다. 이에 그 꼭대기에 구기자를 심고, 또 틈이 벌어진 곳은 덩굴풀이 자랄 만하여, 때를 만나면 푸르게 되고 때를 만나면 꽃이 피기도 하였는데, 새하얀 모습은 변한 적이 없었다. 나는 그런 뒤에야 매우 좋아하게 되었다. 또 말하길, '예전에 밭에 있던 너를 옮겨다 뜰 곁에 두었고, 다른 곳에 버리려다가 다시 제자리에 돌려놓았으니, 나에게 미움을 받은 지가 오래되었다. 지금은 쌓아서 산과 같이 만들었더니 도리어 사랑을 받는구나.'

아! 전이나 지금이나 모두 돌인데, 애증이 변한 것은 무엇 때문인가? 그대를 일러 다른 이름을 빌어다 산을 좋아하는 이에게 아부하였다고 한다면, 산을 만든 것도 사람이요, 억지로 이름 지은 것도 사람이니, 어찌 기꺼이 이렇게 되기를 구하겠는가? 산이 만들어지자 기록하는 것은 느낀 바가 있기 때문이다.

『활산문집活山文集』

活山之下多石, 小大遍野, 治田者病之, 余廬於其東皐, 將爲圃以自養, 執耒而推之, 鐵過鏗鏗而鳴, 錘以爲溝, 一蹴深不一寸, 所敷種戴堅不能坼其甲, 爲苗者每居其半, 田器常觸破, 良農月更鉏. 遇旱焦爛如積炭, 爍及禾根, 余甚惡之, 與童子捲被而拾, 委之於廬之南, 旣而散漫庭中, 甚妨於掃除夜步, 或躓足傷人, 欲棄之他所, 使僕負而至巷, 行路多揮呵, 餘皆民田, 莫肯受者, 僕負還復擲之故處, 恚罵曰, 苦苦石也, 將棄汝何地, 余於是思棄置而無其處, 累之於庭之一邊, 先以大者爲本底, 環積而高, 漸殺其上, 盛其瑣細者於內, 雜土而實之, 使不何頹, 大可兩圍, 崇三尺有半,遂命曰假山, 朝暮倚窓而對, 觀其突峙平地 莊栗無斜側處, 幾體圓而不方, 似若無廉隅者然, 石面多乖崖, 毅然有不同於俗之意, 乃種杞於其顚, 又其隙罅處, 蔓草可生, 能遇時而靑, 遇時而花, 而其鑿鑿然而白者, 未嘗改焉, 余然後甚愛之, 且曰, 嚮爾之在圃中也, 移而委之庭邊也, 及欲棄他所而復還也, 見惡於余者久矣, 今累而似山也, 則又反見愛焉, 噫, 前後皆石也, 愛憎之至變者何也, 謂汝假得他名, 以媚悅於樂山者, 則其造爲山者人也, 强以名者, 亦人也, 如何肯求爲此哉, 山成而記之, 蓋有所感云爾.

평설(評說) 밭에 이리저리 널려 쓸모없는 돌덩이를 주워다 버리고자 하였다. 그러나 아무데도 둘 곳이 없어 뜰 한구석에 쌓아두었다. 큰 것으로 기초를 쌓고 작은 것으로 그 틈을 메우니, 어엿한 석가산이 되었다. 똑같은 돌덩이인데, 전에는 미움을 받고 지금은 사랑을 받는 이유는 무엇인가? 돌덩이는 예나 지금이나 무심하지만, 사람이 그렇게 만들었기 때문이다. 역시 불우한 선비를 알아주는 이가 나타나기를 기대하는 내용이라 하겠다.

石山齋記   석산재기

박사해朴師海[30]

내가 내 방에 '석산石山'이라는 이름을 붙이니, 어떤 이가 힐난하였다.
"자네의 집 남쪽에 석가산이 있으니, 자네는 여기서 따온 것이겠지."
"그렇네."
"그 산은 가짜인데 가짜라고 하지 않았으니, 자네는 그것을 진짜라고 여기는 것인가? 산에는 주인이 있는데 자네가 차지한단 말인가? 그리고 자네 방 어디에서 그 산이 보이길래 자네는 억지로 그렇게 말을 만드는가?"

---

30 박사해朴師海 : 1711(숙종 37)~?. 본관은 반남潘南. 자는 중함仲涵, 호는 창암蒼巖.

내가 기뻐하며 대답하였다.

"산이 가짜이긴 하지만 가짜라도 오래되면 진짜가 된다네. 산에는 주인이 있지만 그 사람은 그 사람이고 나는 나이니, 빼앗은 것도 없고 잃은 것도 없다네. 내 방에서는 그 산이 보이지 않지만 내가 날마다 그 산을 찾아가니, 그 산은 내 소유나 마찬가지 아니겠는가? 아, 나는 평생 바위산 구경하기를 좋아하였다네. 나는 삼각산, 금강산, 천마산, 칠보산 등을 두루 구경하고 너무 좋아하여 마음에 둔 나머지 마치 항상 눈앞에 펼쳐져 있는 것 같네. 그 산들은 모두 나의 바위산이나 마찬가지이니, 어찌 유독 집 남쪽의 것만을 말한 것이겠는가? 이것은 오히려 사소한 이유라네. 책과 그림에서 찾아볼 수 있는 우리나라와 중국의 여러 이름난 산들은 찾아갈 도리가 없다네. 그렇지만 정신은 저 멀리 찾아가 이리저리 둘러보고 거듭하여 어루만질 수 있다네. 그렇다면 천하의 바위로 된 산은 모두 나의 소유가 될 수 있다네. 어찌 유독 금강산이니, 칠보산이니 하겠는가?"

어떤 이가 웃으며 말했다.

"하여간 자네 말은 이렇게 우활하다니까."

『창암집蒼巖集』 권9

余書余室曰石山, 客有難之者曰, 子居之南有石假山, 子是之取爾, 曰然, 山之假而不言假, 子將眞之乎, 山有主人, 子得而專之乎, 於子之室, 何所見玆山, 子彊而爲說者乎, 余欣然曰, 山則假, 假久而眞, 山有主人, 人自人, 吾自吾, 無奪無失, 吾室不能領玆山, 吾杖屨能日于玆山, 山不爲吾有乎, 噫, 吾平生樂觀石山, 凡吾歷觀三角金剛天摩七寶若干山, 酷愛在心, 若常羅列于前, 此皆吾之石山也, 奚特屋南之云乎, 猶然小也. 凡我東中國諸名山, 徵諸書籍圖畵者, 足不及矣, 其神想則浩浩焉俛仰之間, 可再拊之, 然則凡天下以石爲山者, 皆得爲吾之有矣, 其獨曰金剛也七寶也乎, 客笑曰, 有是哉, 子之言之迂也.

평설(評說) 이 글에 등장하는 석가산은 뒤에 보이는 「석가산기石假山記」에서 말한 이복운李復運의 석가산으로 추정된다. 방에 석산石山이라는 이름을 붙이자 누군가 비난하였다. 가산假山임을 나타내지 않았을 뿐만 아니라, 그 방에서는 석가산이 보이지 않기 때문이다. 그러나 주인은 이렇게 말한다. 매일같이 집 남쪽에 있는 석가산을 찾아 노닐 뿐 아니라, 상상의 나래를 펴고 우리나라와 중국의 여러 바위산을 두루 유람하니, 모든 바위산은 내 것과 다름이 없다는 말이다. 석가산을 소유하지 못한 가난한 문사의 석가산 사랑을 알 수 있다.

石假山記   석가산기

박사해

    내가 석가산 아래에 산 지 이제 50여 년이 된다. 그동안 가산의 주인이 몇 번이나 바뀌었는지 모르겠지만 그 중에는 높은 벼슬아치들도 많았다. 지금은 선비 이사명李士明의 소유가 되었다. 가산의 연못과 둔덕, 꽃과 바위도 여러 차례 있다가 없어지기도 하였으나, 사명이 잘 수리하여 예전 모습을 되찾고자 하였다. 나는 그 아래에 살고 있지만, 앞에 집 한 채가 있기 때문에 가려서 보이지 않는다. 봄, 여름, 가을마다 찾아가 소요하는데, 소나무 아래에서 더위를 피하기도 하고, 꽃구경이나 단풍구경을 하기도 한다. 멀리서 바라보면 화산과 백악산, 성궐과 여염집이 하늘로 솟거나 땅에 붙어 있어 구경하느라 정신이 없으니 참으로 기이한 경관이다. 동생이 앞집을 소유하고부터는 날마다 가서 보았는데, 가산의 소나무와 바위, 단풍과 꽃을 바로 앞에서 마주보게 되니, 마치 내 동생의 집을 위한 것 같았다. 사명이 주인이긴 하지만 실은 내 동생의 소유나 다름이 없었다.

    내가 듣기로, 낭원군朗原君[31]이 가산을 매우 좋아하여 건너편 산등성이에 집을 지었다 하는데, 지금은 빈터가 되었다. 어떤 이는 이렇게 말했다.

---

31 낭원군朗原君 : 1640(인조 18)~1699(숙종 25). 본명은 이간李侃. 본관은 전주全州. 자는 화숙和叔, 호는 최락당最樂堂. 선조의 손자인 인흥군仁興君의 아들이며, 효종의 당숙이다.

"인조대왕께서 동대문으로 들어와 석가산을 바라보시고는 누구의 집이냐고 물으셨다. 판서 심지명沈之溟[32]의 집이라고 대답하니, '나는 서궐西闕(慶熙宮)도 아직 다 수리하지 못했는데, 지명은 나보다 더하는구나'라고 말씀하셨다. 지명이 이 말씀을 듣고는 즉시 기다란 행랑채를 헐어버렸다. 그 뒤에 인조께서 또 동대문에서 두견화가 가득 핀 가산을 바라보시고는, '나는 심 아무개가 벼슬하기를 싫어하여 자주 병이 들었다고 하면서 물러나는 것을 괴이하게 여겼는데, 여기에 애착을 가진 나머지 그랬던 것이 아니겠는가?' 하셨다."

예전의 정승은 이 산을 좋아하여 벼슬하기를 싫어할 지경이었는데, 지금의 정승 중에도 이런 사람이 있을까?

사명은 한미한 선비이면서 이 산을 소유하여, 날마다 친구들과 이곳에서 술을 마시고 시를 지었으니, 심공과 같은 애착이 있어 가산의 주인이 되는데 부끄러움이 없다 하겠다. 옛날의 '삼공三公의 벼슬을 주어도 바꿀 수 없다'고 말한 것과 비슷하리라. 사명에게 써주고 벽에 붙여 그의 요구에 답한다. 사명의 이름은 복운復運이다.

『창암집蒼巖集』 권9

余之家于石假山下, 于今五十餘年矣, 假山之易主, 不知其幾, 而中多公卿大夫, 今爲士人李士明所有, 假山之池臺花石, 亦屢經興廢, 士明能經理之, 期以復舊, 余雖家于下, 前有一宅障之不見, 每春夏秋杖屨逍遙, 或避暑松陰, 或玩花觀楓, 遠而望之, 華山白岳城闕間閣, 攢天撲地, 應接不暇, 儘奇觀也, 自家弟有前宅, 日往見之, 假山之松石楓花, 當面相對, 意若爲吾弟宅者, 士明爲主人, 實家弟有之也, 余嘗聞朗原君愛假山, 家于對麓, 今墟矣, 或云仁祖大王入東門, 望見石假山, 問爲誰家, 對以判書沈之溟家, 敎曰, 予則西闕尙未盡葺, 之溟則愈於予矣, 之溟聞此敎, 卽毁去長廊, 其後仁廟又於東門望見假山, 杜鵑盛開, 敎曰, 予怪沈某倦於仕頻告病退處, 無乃愛此而然歟, 古之宰相, 愛此山, 至倦於仕, 今之宰相, 亦有是否, 士明以寒士, 有此山, 日與其友觴詠於

---

32 심지명沈之溟 : 1599(선조 32)~1685(숙종 11). 본관은 청송靑松. 자는 자우子羽, 호는 농암聾巖.

斯, 可謂能有沈公之愛, 而無愧爲假山主人, 古所謂三公不換者, 殆近之, 書與士明, 張之壁, 以塞其求, 士明名復運.

평설(評說)　서울 동대문 어귀에 있는 석가산을 보고 지은 글이다. 조선 초기부터 이 석가산 주위에는 고관대작들의 저택이 많았던 것으로 보인다. 이 글에서 언급한 낭원군朗原君과 심지명沈之溟의 집도 그중 하나이다. 이 글의 내용으로 보건대, 석가산은 비단 소유자의 감상거리가 되는데 그치지 않고, 석가산이 바라다보이는 주변의 모든 집에서 함께 즐기는 대상이 되었던 것으로 보인다. 지금 이 석가산은 한미한 선비인 이복운李復運의 차지가 되어, 그의 손길을 거쳐 예전의 모습을 회복하였다.

輓淸州金僉知 정주淸州 김첨지金僉知를 애도하며

신광수申光洙[33]

人間聞有小蓬萊	인간에는 소봉래[34] 있다는 말 들었는데
此老前身上界來	이 늙은이 전신[35]은 상계[36]에서 왔으리라.
時到翛然乘化去	때가 되어 훌쩍 승화[37]되어 가버렸으니

33　신광수申光洙 : 1712(숙종 38)~1775(영조 51). 자는 성연聖淵, 호는 석북石北 또는 오악산인五嶽山人, 본관은 고령高靈.
34　소봉래小蓬萊 : 봉래蓬萊는 삼신산三神山의 하나로 발해에 있는 신선이 산다는 산이다. 우리나라에서는 여름철의 금강산을 이르기도 한다. 여기서는 김첨지의 집에 있는 가산假山의 이름이 소봉래로 작은 봉래蓬萊 즉, 신선 세계가 김첨지의 집에 있다는 뜻으로 쓴 것이다.
35　전신前身 : 전세에 태어났던 몸, 변하기 이전의 본체本體라는 뜻이다.
36　상계上界 : 상계上界는 불교에서 부처가 있는 곳, 곧 천상계天上界로 하계下界에 대對가 되는 말이다. 그러나 여기에서는 도교적 의미로 옥황상제가 있는 하늘나라의 의미로 쓰였다.
37　승화乘化 : '순수자연順隨自然'으로 자연의 순리를 따른다는 뜻인데, 여기서는 사람이 태어나 나이가 들어 자연의 순리대로 죽는 것을 가리킨다.

人生九十死何哀　인생 아흔 살이거늘 죽음을 슬퍼하랴.

김첨지의 집에 석가산石假山이 있는데, '소봉래小蓬萊'라 불렀다.[金翁家有石假山, 號小蓬萊]

『석북집石北集』 권8

평설(評說)　이 시는 석가산의 모습을 읊은 시가 아니라, 김첨지라는 인물의 죽음을 애도하는 만시輓詩이다. 그러나 첫 구에서부터 소봉래小蓬萊라고 불리웠던 김첨지의 석가산을 언급하고, 이를 즐겼던 김첨지를 신선에 비유하였으며, 그가 다시 신선이 되어 이 세상을 떠나갔다고 하였으니, 석가산을 통해 한 인간의 생평과 인물됨을 상징적으로 나타낸 작품이라 하겠다.

石假山記　석가산기

정범조丁範祖[38]

봉우리는 겨우 여섯 개인데 가파르고 들쭉날쭉하여 다함이 없는 자태가 있고, 골짜기는 겨우 두 곳인데 깊숙하고 텅 비어 끝없는 기세가 있다. 돌을 빌어다 산을 만들었지만 이것을 보는 사람들은 진짜 산인가 의심한다.

대저 사물은 본디 크고 작음이 있다. 그러나 나의 관점이 사물로 인하여 국한되지 않는다면 큰 것이라도 애당초 크다는 것을 알지 못하고, 작은 것이라도 애당초 작다는 것을 알지 못한다. 그렇다면 사물의 크고 작음은 정해진 것이 없으니, 사물의 밖에서 보는 자가 아니라면 능히 할 수 없는 것이다.

지금 낮은 언덕을 거쳐 숭산崇山과 화산華山을 바라본다면, 숭산과 화산이 진실로 아득히 높고 크다는 것을 보게 될 것이다. 그러나 반드시 비웃는 자가 있어 말

---

[38] 정범조丁範祖 : 1723(경종 3)~1801(순조 1). 자는 법세法世, 호는 해좌海左, 본관은 나주羅州. 시호는 문헌文憲이다.

하기를, "어찌 곤륜산崑崙山을 보지 않는가?"라고 할 것이다. 숭산과 화산을 거쳐 곤륜산을 보게 되면, 곤륜산이 진실로 아득히 높고 크다는 것을 보게 될 것이다. 그러나 또 반드시 비웃는 자가 있어 말하기를, "어찌 천지天地를 보지 않는가?"라고 말할 것이다. 이는 다름이 아니라 보는 바가 사물의 안을 벗어나지 못했기 때문이다. 그러므로 사물에 나아가 사물을 보면 그 사물이 큰 것을 감당할 수 없지만, 만약 사물의 밖에서 본다면 천지도 때때로 없어지거늘, 하물며 숭산과 화산과 곤륜산에 있어서랴? 나는 그 숭산과 화산과 곤륜산이 주먹만한 돌과 다른 점을 보지 못하였다. 만약 사물의 밖에서 본다면 주먹만큼 작은 돌이라도 숭산과 화산과 곤륜산처럼 크게 되는데 해로울 것이 없다. 숭산과 화산과 곤륜산처럼 큰 산도 주먹만한 돌이 쌓인 것이기 때문이다.

　　예로부터 우리나라 산 중에서 기괴하고 장대하다 일컬어지는 것으로는 풍악산楓嶽山보다 더한 것은 없다. 그러나 내가 석가산을 소유하고부터서는 풍악산이 크다는 것을 알지 못하겠고, 석가산이 작다는 것도 알지 못하겠다.

　　내가 일찍이 마음을 비우고 생각을 맑게 하고서 난간에 구부리고 그것을 보니, 작은 봉우리와 작은 골짜기가 겹겹이 우뚝 솟고 텅 비어 있는 것이, 풍악산의 일만 이천 봉우리가 높이 우뚝 솟아 있고, 만폭동 폭포의 물이 세차게 솟는 것처럼 보였고, 숭산과 화산과 곤륜산이 천지에 가득 찬 것처럼 보였다. 나는 그것이 항상 크게만 보이는 것은 아니고, 때로는 그것이 없는 것처럼 보이기도 한다.

　　이 돌이 본래는 신씨의 소유였다가 옮겨서 권씨에게로 갔고, 권씨로부터 옮겨서 나에게로 왔다. 그러나 나는 한때의 취미를 붙일 뿐이지, 차지하고서 나의 소유로 여기지는 않았다. 그렇다면 호사가들이 찾아와 이것을 구한다면 옮겨서 다른 사람에게로 가고, 그리하여 끝내 무無로 돌아가지 않을 줄을 또 어찌 알겠는가? 그렇다면 또 어찌 크고 작은 구별이 있겠는가? 크고 작은 구별은 사물의 안에서 생기는 것이다. 그러나 내가 사물을 볼 때에는 사물의 밖에서 본다. 그러므로 큰 것은 작게 여기고 작은 것은 크게 여기니, 애당초 크고 작음이 있지 않았으며, 다시 사물이 없는 것으로 귀결시키는 것이다.

『해좌집海左集』 권23

峰纔六而嶙峋晻暎, 有不盡之態, 洞纔二而嵌空蔽虧, 有無窮之勢. 盖假石爲山, 而人之見之者, 疑爲眞山焉. 夫物固有大小, 而吾之觀不因物而局, 則大未始見其爲大, 小未始見其爲小, 而物之大小無定. 非觀於物之外者, 弗能焉. 今夫迫丘陵而望崇華, 則崇華固見其爲嶪然大也. 而必有笑者曰, 曷不觀夫崑崙乎. 迫崇華而望崑崙, 則崑崙固見其爲嶪然大也. 而又必有笑者曰, 曷不觀夫天地乎. 無他, 所觀不離乎物之內, 故卽物觀物, 而物不勝其大也. 苟觀於物之外, 則天地有時而無, 而況於崇華與崑崙乎. 吾未見其崇華與崑崙之異乎拳石矣. 苟觀於物之外, 則拳石之小, 而未害其爲崇華與崑崙之大也. 崇華與崑崙之大, 拳石之積也. 故山東土而號爲奇壯者, 莫過於楓嶽. 然而自吾有石假山, 而楓嶽未見其爲大, 而石假山未見其爲小也. 吾嘗虛心澄慮, 俯檻而眄焉, 則小峰小洞之嶙峋嵌空者, 見以爲楓嶽萬二千峰之嵯峨, 萬瀑水之洶湧也. 見以爲崇華崑崙之塞天地也. 然吾未嘗恒見其爲大, 而有時而見其無也. 是石也, 本申氏之有, 而移而之權氏, 自權氏移而之吾. 而吾固寓一時之好, 而未嘗據以爲吾有, 則好事者從而求之. 又安知不移而之他人, 而終歸於無乎. 則又何大小之辨乎. 大小之辨, 生於物之內, 而吾之觀物, 觀於物之外. 故於其所大而小之, 於其所小而大之, 而抑未始有夫大小, 而復歸之無物也.

평설(評說) 정범조가 자신의 소유가 된 석가산에 대해 기록한 글이다. 크고 작음은 상대적인 것이다. 중국의 명산인 숭산崇山과 화산華山도 전설 속의 산인 곤륜산崑崙山에 비하면 작은 언덕에 불과하고, 곤륜산도 온 천지에 비하면 보잘것없음을 깨닫게 된다. 따라서 사물의 겉모습에 구속되지 않는 사람은, 주먹만한 돌을 커다란 산과 다름없이 생각한다.

정범조는 이러한 이치를 깨달았기에, 정원에 가져다 놓은 석가산과 우리나라 최고의 명산 금강산의 크고 작음을 알지 못하겠다고 하였다. 그러나 이 석가산이 다른 사람들의 소유였다가 자신에게 돌아왔듯이 다시 다른 사람의 소유가 되고, 필경 무無로 돌아가게 될 것이라 하였다. 석가산을 통해 사물의 이치를 깨달고 집착과 편견을 버리겠다는 내용이다.

石假山　　석가산

정범조

烟浪浮來石	안개 낀 물결에 떠다니던 돌이
階除忽地山	섬돌 가에서 홀연 산이 되었네.
深窺難盡窟	깊이 뚫린 구멍은 끝없는 동굴이요
爭出不勝巒	다투어 솟은 모습 산봉우리 같구나.
歷歷花枝上	역력한 꽃가지 위
靑靑簟席間	푸른 대자리 사이라네.
旁邊尤異態	가장자리의 더욱 기이한 자태는
那得一峯删	어찌 하나의 깎은 봉우리와 같은가.

『해좌집海左集』 권4

평설(評說)　물속에서 이리저리 굴러다니던 돌을 주워와 정원에 놓으니, 갑자기 섬돌 옆에 버젓한 산이 솟은 듯하다. 수많은 돌의 구멍은 산속의 동굴과 같고, 들쭉날쭉한 모양은 봉우리 못지않다. 이러한 석가산을 정원의 꽃나무 곁에 두고 대자리에 앉아 감상하노라니, 마치 깎아지른 봉우리의 모습이 눈앞에 펼쳐져 있는 듯하다는 내용이다.

蓮池石假山　연지석가산

정약용丁若鏞[39]

沙灣怪石聚爲峯	모래벌판의 괴석 모아 봉우리 만드니
眞面還輸飾假容	진짜 산보다 만든 산이 더 멋있구나.
巉嶭巧安三級塢	가파른 곳 묘하게 삼층으로 앉히고
谽谺因揷一枝松	오목한 곳 모양따라 한 그루 소나무 심었네.
蟠廻譎態蹲芝鳳	서리고 휘감긴 묘한 모습 지봉석을 쭈그리고 앉힌 듯
尖處斑文筆擎龍	뾰족한 곳 얼룩 무늬 죽순이 치솟은 듯
復引山泉環作沼	다시 산에서 흐르는 물을 끌어 빙 둘러 연못을 만드니
靜看水底翠重重	고요히 물밑을 바라보면 푸른 산빛이 어렸구나.

내가 처음 다산으로 왔던 다음해에 문거文擧(尹奎魯)와 함께 걸어서 정자로부터 신부 둑까지 갔다. 거기서 돌아와 농어 낚시터까지 들어갔다. 따라온 사람이 6, 7명이었다. 바닷물이 침식한 곳에 기이하고 이상한 돌이 많았다. 사람들이 수십 덩이를 주워다가 배에 싣고서 돌아왔다. 뒤에 그것으로 석가산을 만들었다.

『다산사경첩茶山四景帖』

余始至茶山之明年, 與文擧步自池亭至新婦埭, 轉至鱸魚磯, 從者六七人, 潮水之所齧, 多詼譎奇詭之石, 人拾數十枚, 船載而歸, 遂作石假山.

평설(評說)　다조茶竈, 정석丁石, 약천藥泉과 더불어 다산사경茶山四景의 하나인 연지석가산蓮池石假山을 읊은 시다. 다산은 1801년 신유사옥辛酉邪獄에 연루되어 장기로 유배되었다가, 다시 강진으로 이배되었다. 그리고 그는 1808년 다산

---

[39] 정약용丁若鏞: 1762(영조 38)~1836(헌종 2). 본관은 나주羅州. 소자는 귀농歸農, 자는 미용美庸, 호는 다산茶山. 당호는 여유與猶.

초당으로 거처를 옮겼다. 부기된 주석의 내용으로 보아, 이 시는 그 이듬해에 지은 것으로 보인다. 지금도 강진의 다산초당에 가면 연지석가산을 볼 수 있다.

次金汝一詠石假山韻 석가산을 읊은 김여일의 시에 차운하다

저자미상

김여삼金汝三의 집에 석가산을 쌓았는데, 기이한 꽃과 진귀한 풀을 심어 아름다웠다.
[金汝三家築石假山, 植奇花瑤草之美]

幽人自有樂山志	숨어사는 사람이라 절로 산 좋아하는 마음 있어
數點屛顔戶外靑	몇 점의 험한 모습 문 밖에 푸르구나.
萬古奇珍來底所	오래되고 기이한 물건 어디선가 와서
千金光價倍斯庭	이 정원의 값어치를 천 금으로 만들었네.
得非方丈雲邊無	방장산 구름 결에 간 것이 아니겠는가
態乃天台齋後形	형상은 천태산 개인 후의 모습이라네.
吾亦林泉探勝客	나 또한 산수에서 승경 찾는 나그네인지라
擬將蒼翠慰殘齡	푸른 산 구경하며 남은 세월 위로하려 하네.

『언지집言志集』

평설(評說) 제목의 김여일金汝一은 누구인지 알 수 없다. 석가산을 소유한 김여삼金汝三이라는 이 역시 누구인지 알 수 없으나, 두 사람은 형제 간으로 추정된다. 김여삼은 세상을 피해 숨어사는 은자이다. 산을 좋아하여 정원에 석가산을 쌓으니, 정원의 값어치가 곱절로 뛰었다. 이 석가산은 삼신산의 하나인 방장산과도 같고, 불가의 성지인 천태산과도 같다. 이곳을 찾아와 함께 석가산을 즐기며 여생을 보내겠다는 내용이다.

石假山序   석가산서

심정탁沈廷鐸

산을 돌이라고 이름 지은 것은 가짜임을 기록한 것이다. 왕재王宰의 송죽과 종병宗炳의 산수는 진짜 그림이지 가짜가 아니다. 나는 소옹蘇翁의 석가산에서 비로소 그것이 실제로 있다는 것을 알게 되었고, 여기에 뜻을 둔 지가 여러 해 되었다. 이해 봄, 마침 멀리서 온 손님이 짧은 지팡이와 가벼운 나막신을 신고 한 걸음 한 걸음 마루로 올라왔는데, 옷과 갓이 매우 컸고, 하는 말이 보통 사람과 달라 봄날의 달이나 버들가지처럼 깨끗하였으니, 신선 세계의 사람이라 할만 했다. 손님이 말했다.

"나는 한양에서 바다를 따라 북쪽으로 오면서 여러 곳의 명승을 두루 보았으나, 풍악산만한 장관은 없었소. 풍악산은 하늘이 만들어낸 기이하고 빼어난 경치로, 소옹의 석가산보다 못하지 않소. 그러나 석가산은 기이한 경관을 온축하였으니, 왕재와 종병의 그림에 비한다면 도리어 훨씬 나을 것이오."

나 또한 기뻐하며 손님에게 말했다.

"여기에 뜻을 둔 지가 오래입니다. 당신도 석가산의 기이함을 아십니까?"

손님이 웃으며 말했다.

"양의 정원에 삼신산의 모습을 본떠 만든 것도 그것(풍악산)입니다. 무슨 어려움이 있겠습니까?"

이날 기괴한 돌을 채집해다 모아서 산을 만드니, 가득 쌓인 모습과 기괴한 형상을 말로 표현할 수가 없었다. 중국에 사는 사람도 대부분 석종石種이 어떤 것인지 모른다. 만약 중국 사람이 듣는다면 반드시 "금강산은 차치하더라도 용처럼 서리고 범처럼 걸터앉은 모습은 바로 조물주의 신이한 공력이요, 봉황처럼 춤추고 난새처럼 너울거림은 도리어 화가의 묘한 솜씨와 같도다. 푸른빛이 이리저리 어리비치고 오래된 절벽에는 이끼가 끼어 있는데 높고 낮음이 똑같지 않다. 까마득한 절벽에는 늙은 소나무가 있고 생각지 못한 곳에 암자가 있으니 첫째는 대월암待月菴이요, 둘째는 석암石菴이다. 적막한 부처의 회포는 이미 상전벽해桑田碧海의 오랜 세월을 거쳤고, 여여如如한 스님의 말은 함부로 법천法天의 공화空花를 보았다. 위에는 솟아나는 샘물이 있어 중간은 높은 산에서 쏟아져 내리는 폭포로 끊겨 있고, 아래에는 용소龍沼가 있어 때때로 깊은 골짜기에서 맑은 날 우렛소리가 들린다. 대나무를 쪼개 물을 끌어들이니 육의六宜의 도움이 없지 않고, 소나무를 심고 거문고 소리 들으니 절로 상산象山의 소리가 들린다. 동쪽으로는 푸른 오동나무와 붙어 있어 달이 뜨면 값을 더하고, 서쪽으로는 흰 매화를 마주하여 맑은 향기가 뼛속까지 스며든다. 남쪽으로는 푸른 병풍과 가까우니 아지랑이가 피어오르고, 북쪽으로는 한미한 선비와 이웃하였으니 시 지을 생각이 떠오르게 된다. 이것이 석가산의 장관이다. 아! 소옹이 죽은 지 800년 만에 그를 따라 만든 것은 나다. 훗날 누군가가 나와 같은 뜻을 가지고 이어서 흙을 쌓는다면 이 산은 무너지지 않으리라.

『소오고小梧藁』

山以石名, 誌假也. 王宰之松竹, 宗炳之山水, 眞畵也, 非假也. 余於蘇翁之石假, 始知其實有, 志於斯者, 亦有年矣. 是歲之春, 適有遠客, 短笻輕屐, 步步升堂, 衣冠甚偉, 談論殊凡, 濯濯如春月楊柳, 亦可謂神仙中人也. 客曰, 余自洛城遵海而北, 周觀諸處名勝, 而無如楓嶽之壯觀也. 楓嶽者, 天造奇絶, 不下於蘇翁之石假, 然而石假之蘊藉奇觀, 譬如王宗之圖畵, 則反復勝耶. 余亦欣然而謂客曰, 有志於斯者久矣. 客亦知否. 石假山之奇也哉. 客笑曰, 漢苑中移像三神山亦此也, 何難之有. 是日也, 採石之奇怪者, 聚之爲山, 磅礴之態, 奇妙之狀, 不可語言焉相道者也, 處於中國, 大不知石種爲何如, 若使中華人聞之, 必曰金崗姑舍矣, 龍盤虎踞, 此乃造化之神功, 鳳舞鸞趍, 返如畵工之妙手, 蒼翠交映, 古壁苔蘚, 高低不同, 懸崖松老, 奇處有菴, 一曰待月, 二曰石菴, 寂寂佛懷, 已經滄桑之浩劫, 如如僧話, 妄見法天之空花, 上有湧泉, 中斷高山之飛瀑, 下春層確,時聞陰壑之晴雷, 破竹引水, 不無六宜之所助, 種松聽琴, 自有象山之皆響, 東接碧梧, 新月添價, 西挹白梅, 淸香徹骨, 南近翠屛, 烟縷嬝女+耶, 北隣寒士, 詩懷唐突, 此則石假之壯觀也. 嘻, 蘇翁後八百年, 因而成之者, 余也. 後之人與我同志, 嗣而簀之, 庶可斯山之不頹也哉.

평설(評說) 풍악산을 유람하고 온 손님의 말을 듣고, 풍악산을 본떠 석가산을 만들었다. 이 석가산은 비교적 정교해 보인다. 이끼가 끼고 소나무가 자란 이 석가산에는 두 개의 암자가 있으니, 하나는 대월암待月菴이고 다른 하나는 석암石菴이라 이름 붙였다. 대나무 통으로 물을 흘려보내어, 윗부분에서 샘물이 솟아나 폭포가 되어 아래로 떨어지게 만들었다. 이 석가산은 동서남북으로 아름다운 경치에 둘러싸여 그 운치를 더한다.

▌石假山記   석가산기

심규택沈奎澤[40]

고을 북쪽에는 괴석이 많다. 올해 봄에 나는 친구 몇 명과 함께 곡수회曲水會를 열고, 그중에 가장 괴이한 것을 가져다 석가산을 만들었다. 너비는 몇 보 정도 되는데 모두 서른여섯 봉우리였다. 이에 몸을 기울여 바라보면 숲처럼 촘촘한데, 무성하게 우뚝 솟은 것도 있고, 불룩하여 둥근 것도 있다. 돌아보며 말하는 듯한 것도 있고, 고개 숙여 듣는 듯한 것도 있다. 큰 것은 어른과 같고, 작은 것은 아이와 같은데 서로 안고 서로 안은 것이 마치 나를 향하여 기이함을 바치고자 하는 것 같았다. 나는 오랫동안 잠자코 보다가 탄식하였다.

"기이하도다, 산이여. 누가 눈 깜짝할 사이에 이렇게 눈앞에 솟아오를 줄이야 생각이나 했겠는가? 노천옹老泉翁(蘇洵)의 목가산과 백중伯仲이 되겠구나. 이것은 기

---

[40] 심규택沈奎澤 : 1812(순조 12)~1871(고종 8). 본관은 청송靑松, 자는 치문穉文, 호는 서호西湖.

록하지 않을 수 없다."

어떤 이가 옆에서 비웃으며 말했다.

"심하구나, 그대가 괴이함을 좋아하고 평범한 것을 알지 못함이. 평범한 것은 바른 이치요, 괴이한 것은 삿된 물건이다. 이 때문에 성인은 평범한 것을 말했지 괴이한 것을 말하지 않았다. 그런데 저 소씨는 목가산을 기록하여 널리 알렸으니, 이미 호사자라 하겠다. 그런데 그대가 또 그 뒤를 따라 잘못을 본받으려 하니, 천하 사람들을 이끌고 괴탄한 짓을 하는 데 가깝지 않겠는가?"

내가 깜짝 놀라 일어서서 옷깃을 여미고 사죄하였다.

"그대가 나를 경계한 것과 같은 그런 점이 있습니다. 그대가 아니었더라면 나는 괴이한 짓을 하는 사람이 되어 성인에게 죄를 저지르고 후세의 비웃음거리가 됨을 면치 못했을 것입니다. 어찌 위태롭지 않았겠습니까? 비록 그렇지만 저 괴이한 돌도 특이한 물건임에 틀림없습니다. 수천 수백 년 동안 흙속에 묻혀 있는 바람에 사람들에게 발견되지 않았을 때는 그저 평범한 버려진 물건이었는데, 지금 우리들을 만나 비로소 그 기이함을 드러내게 되었으니 어찌 이 돌에게 다행한 일이 아니겠습니까? 선비들 중에 뛰어난 재주와 덕을 가졌으나 불우하여 드러나지 못하다가 때를 만나 세상에 나가 공업을 이루는 자가 있으니, 이와 비슷하지 않겠습니까? 나는 이 돌이 알아주는 사람을 만나고 만나지 못한 것에 대해 감동하였을 뿐이지, 정말로 괴이한 것을 좋아하고 평범한 것을 몰라서가 아닙니다. 하물며 그 변치 않는 지조와 움직이지 않는 기상과 범할 수 없는 기색 같은 것은 누가 이 돌처럼 항상 가지고 있겠습니까? 모습이 괴이하다고 해서 배척하여 도외시해서야 되겠습니까?"

그가 대답하지 못하였다. 마침내 돌아와 그 일을 기록하고 지금 세상의 돌 좋아하는 사람을 기다린다. 해는 적양赤羊(丁未) 3월의 상사일上巳日이다.

『서호문집西湖文集』 권5

州之北, 多怪石. 是歲春, 余與數盆, 爲曲水會, 因取其最怪者, 作石假山, 互可數武許, 而總三十六峯也. 於是側身而望之, 林林叢叢, 有矗而尖者, 有突而圓者, 有如回顧而語者, 有如俛首而聽者, 大如丈人, 小如穉子, 相抱相拱, 若將向余而獻其奇者. 余嘿視良久而歎曰, 異哉山也, 孰料夫轉眄之頃, 得此眼前突兀也, 可與老泉翁之木假山相伯仲也, 是不可以無記. 客有從傍而哂曰, 甚矣, 子之好怪也, 亦不知其常也. 夫常者, 理之正, 而怪者, 物之邪也. 是故聖人語常而不語怪, 彼蘇氏記木假而張皇之, 已可謂好事者, 而子又欲踵而效尤焉, 不幾於率天下之人而樂爲怪誕者耶. 余乃蹶然而起, 斂衽而謝曰, 有是哉, 子之警我也. 非子則吾將不免爲行怪之人, 而得罪于聖門, 貽譏於後世矣, 寧不殆哉. 雖然, 彼石之怪者, 亦物之異者也. 幾千百年埋沒於塵土之中, 而不見取於人, 爲尋常之一棄物, 今遇吾輩而始現其異焉, 亦豈非石之幸也哉. 士有非常之才與德, 而沈冥不顯, 遇時得行, 以成其功業者, 亦無乃類乎. 余特有感於其遇不遇, 而非眞好怪而不知常者也, 而况其不可變之操, 不可拔之氣, 不可犯之色, 則孰有如斯石之常者乎, 其可以形之怪而斥外之耶. 客無以應, 遂歸而記其說, 以俟今世之石友. 歲赤羊暮春之上巳日也.

평설(評說)　괴석을 모아 석가산을 만드니, 어떤 이가 비난하였다. 성인은 괴이한 것보다 평범한 것이 중요하다고 말하였는데, 글쓴이가 괴이한 것만 좋아하여 석가산을 탐닉한다는 것이다. 그러자 글쓴이는 이렇게 변명한다. 괴이한 것을 좋아하여 석가산을 사랑하는 것이 아니라, 흙속에 묻힌 돌덩이가 사람의 눈에 띄어 이렇게 좋은 구경거리가 되었다는 점에 감동하였기 때문이라는 것이다. 세상의 인정을 받지 못한 불우한 선비의 신세를 석가산에 비기는 내용이다.

石假山記　석가산기

안정회安貞晦[41]

　능성綾城의 남쪽 40리에 조산朝山이 있으니, 고故 효자孝子 광산김씨光山金氏 대인大仁의 묘가 그 산자락에 있다. 그리고 석가산이라 하는 것도 역시 그 옆에 있다. 그의 족종질族從姪 학현學鉉이 나에게 기문을 짓게 하며 말했다.

　"효자는 천성이 순수하고 지극하여 평소 어버이의 뜻과 몸을 봉양하는 데 정성을 다하였습니다. 3년 동안 시묘살이 하면서 호랑이가 와서 지켜주는 감응이 있었고, 송충이가 자취를 감추는 기이한 일이 있었습니다. 효자는 일찍이 병이 들었을 때 꿩고기가 먹고 싶었는데, 집에서 기르던 개가 꿩을 잡아와 바쳤습니다. 효자는 일찍이 선영 곁의 깊이 파인 곳에 그 앞에 물이 새어들어오는 것을 싫어하여 성묘하러 갈 때마다 돌 하나를 품고가서 메웠습니다. 이렇게 4, 50년을 했더니 바위산이 만들어졌습니다. 고을 사람들은 칭송하여 석가산이라 하고는 그 일을 노래하였는데 책을 이룰 정도였습니다. 효자의 맏아들 응현應鉉은 집안을 이어받고 법도를 계승하여, 어버이가 병이 들자 얼음판에서 자라가 나오고 참새가 집으로 날아드는 기이한 일이 있었습니다."

　나는 이에 옷깃을 여미고 말했다.

　"『예기禮記』에 이르기를, '조상에게 덕이 있음을 아는 것이 지혜로움이요, 알고서 전하는 것이 어짊이다.'라 하였다. 여기서 영지靈芝와 예천醴泉에 뿌리와 근원이 있음을 알 수 있다. 군 또한 효자의 무리이다. 대저 효가 사물을 감동시키면 닭이 개에게 밥을 먹여주고 고양이가 서로 젖을 주는 등의 일이 있었으니 예로부터 그러하였다. 지금 효자에 대해서 어찌 탄식해 마지않을 수 있으랴. 옛날 소노천蘇老泉이 목가산을 얻고 삼부자의 문장에 비유하였다. 문장도 그러하거늘 하물며 효가

---

[41] 안정회安貞晦 : 1830(순조 30)~1898(광무 2). 본관은 순흥順興, 자는 의민義敏, 호는 관산管山.

쌓인 것에 있어서랴? 전해질 만한 일이 있는데도 전해지지 않는다면 후세 사림의 책임이다. 내가 비록 사림에 끼기는 부족하지만 감히 책의 말미에 이름을 적는 것을 영예롭게 여겨 붓을 적셔 쓴다."

『관산유고管山遺稿』 권2

綾城之南四十里, 有朝山, 故孝子光山金氏大仁之親墓在其尾, 而石假云者, 亦棲其傍. 其族從姪學鉉命余而記之曰, 孝子天性純至, 居常養志體, 無不盡誠, 廬墓三年不櫛不盥, 冬月當故因着綿過二十七朔, 髮盡脫衣若漆, 此非餘人所能及也, 而不病而壽, 至八十七歲, 廬墓時有虎衛之感, 松蟲遁形之異. 孝子嘗病中思生雉炙, 家犬獵雉來獻焉, 孝子嘗於親山傍坑險處, 厭若濼水之嚙其前, 每省掃行往, 懷一石而墳之, 如是者四五十年因起石山, 州之人士稱之曰石假山, 歌詠其事, 積成卷帙. 孝子之長胤應鉉, 承襲家庭, 傳述柯則, 親病亦有氷鱉雀入之異也. 余乃斂袵而言曰, 記云有先德而知之明也, 知而傳之仁也, 是知靈芝醴泉有根有源, 君亦孝之徒也. 大抵孝之感物, 有董之鷄哺狗馬之猫相乳, 從古然矣. 今於孝子歎尙曷已. 昔蘇老泉得木假山, 比之三父子文章, 文章且然, 而況孝之積成者乎. 盖聞可傳而不傳者, 後生士林之責也. 余雖不足齒於士林, 敢以託名於卷帙之末爲榮而泚筆焉.

평설(評說) 이 석가산은 매우 특이하다. 감상을 위해 만든 것이 아니라, 효자가 어버이의 무덤을 보호하기 위하여 4, 50년에 걸쳐 차츰차츰 쌓은 것이기 때문이다. 글쓴이는 소순이 「목가산기」에서 목가산의 세 봉우리를 소순, 소식, 소철 삼부자의 문자에 비유했던 일을 거론하며, 효자의 자손들도 대대로 효孝라는 덕목을 지킬 것이라 말하였다.

제 5 장 목가산

木假山. 戲用蘇雪堂梅宛陵韻
목가산. 장난삼아 소식蘇軾과 매요신梅堯臣의 운韻을 쓰다

김안로金安老[1]

好事收奇輒汗牛	호사자들이 기이한 것 모아 소가 땀을 흘릴 정도인데
云初得之湖上洲	말하기를 '호숫가 섬에서 얻었다' 하네.
水齧沙蝕不記秋	오랜 시간 동안 물에 부딪치고 모래에 갈리며
舂撞走石隨洪流	큰 물길을 따라 달리는 돌에 부딪치고 찧었네.
三峯幻出非人鎪	황홀한 세 봉우리는 사람이 새긴 솜씨 아니요
左右戈劍尊豪酋	좌우에서 창칼을 들고 우두머리를 높이는 듯.
玩好爭同溝斷棄	완호품이 어찌 도랑에 버려진 나무토막[2]과 같겠는가
化質天全少悔尤	천연의 바탕을 온전히 하여 허물이 적네.

---

[1] 김안로金安老 : 1481(성종 12)~1537(중종 32). 조선 중종 때의 권신權臣. 자는 이숙頤叔, 호는 희락당希樂堂・용천龍泉・퇴재退齋, 본관은 연안延安.

[2] 도랑에 버려진 나무토막 : 『장자莊子』「천지天地」에 다음과 같은 말이 있다. "백년 된 나무를 쪼개어 제기祭器를 만들어 색칠하여 꾸미고, 잘라낸 나머지 토막은 도랑에 버린다百年之木, 破爲犧尊, 靑黃而文之, 其斷在溝中." 제기와 버려진 나무토막은 아름답고 추한 차이가 있으나, 버려진 나무토막이 오히려 그 본성을 온전히 지니고 있다는 뜻이다.

도랑에 버려진 나무토막은 진실로 완호품으로 삼기를 바라지 않는다. 그리하여 천연의 형태를 온전히 가지고 있어서 아로새기는 고통을 받지 않았으니, 또한 후회하는 잘못이 없는 것이다[溝中之斷 誠不願爲玩具 然化形全天 不受雕鏤之苦 亦無悔吝之咎矣].

窈焉盤谷高石廩　그윽한 반곡³에 높다란 석름봉⁴

석름은 형산의 다섯 봉우리 중 하나이다.[石廩 衡山五峯之一]

彷彿釣瀨中羊裘　조뢰암의 양가죽 옷 입은 이와 비슷하네.

부춘산에 조뢰암이 있는데, 엄자릉嚴子陵(嚴光)이 양가죽 옷을 입고 은거하였다[富春山 有釣瀨 嚴子陵以羊裘隱焉].

籠鷄帶犢試往尋　닭을 조롱에 넣고 송아지를 데리고 시험삼아 찾아가

請茅爲蓋林爲樵　띠를 구해 지붕 잇고 숲으로 땔감 삼고 싶네.

盤旋安得老其下　어떻게 하면 그 아래서 배회하며 늙을 수 있을까

橘中亦自藏丹丘　귤 속에도 단구⁵가 감춰져 있는 법이라네.

큰 귤 속에 늙은이가 있어 서로 마주하여 장기를 두고 있었다. ○ 귤 속의 즐거움이 상산商山보다 적지 않은 법인데⁶, 하물며 이 가산이 어찌 신선의 자취를 붙이기에 부족하겠는가[大橘中有老叟 相對象戲 ○ 橘中之樂 不減商山 矧此假山 豈不足以寄仙迹乎].

『희락당고希樂堂稿』 권4

평설(評說)　사람들이 호숫가 모래톱에서 기이한 나무 등걸을 하나 구해왔다. 오랜 세월 물살과 모래에 침식되고 바위에 부딪쳐 기이한 모습을 지니

3　반곡盤谷 : 골짜기 이름. 지금의 하남성河南省 제원현濟源縣 북쪽에 있는데, 당나라 이원李愿이 이곳으로 은거하러 갈 때 한유가 「送李愿歸盤谷序」를 지었다.
4　석름봉石廩峯 : 형산衡山에 있는 봉우리 이름이다. 이 봉우리 모양이 창름倉廩과 비슷하여 이렇게 이름 붙였다.
5　단구丹丘 : 신선이 산다는 전설 속의 땅이다.
6　귤 속의 …… 않다는데 : 옛날에 파공巴邛 사람이 자기 집 뜰에 있는 큰 귤나무의 열매를 따서 쪼개 보니, 그 안에서 두 노인이 바둑을 두면서 즐거워하고 있었는데, 한 노인이 말하기를 "귤 속의 즐거움이 상산商山보다 적지 않네."라 했다는 고사에서 나온 말이다.

고 있기에 목가산으로 삼았다. 목가산에는 우뚝 솟은 세 개의 봉우리가 있는데 마치 좌우에서 창칼을 들고 호위하는 듯 날카롭기 그지없었다. 아무리 뛰어난 인공의 솜씨로 새긴 완호품이라 하더라도, 오랜 세월 동안 자연의 힘을 빌어 천연의 기괴한 형상을 지니게 된 이 목가산만 하겠는가? 그 모습은 마치 중국 반곡의 석름봉과도 같고, 엄광이 숨어 살았다는 부춘산의 조뢰암 같기도 하다. 이처럼 기이한 경치가 실제로 있다면 닭과 소를 가지고 그곳으로 가서 집을 짓고자 한다. 귤 속에도 신선이 사는 세계가 있다 하니, 이 목가산 속에서 살면서 여생을 보내고 싶다는 내용이다.

木假山　　목가산

송순宋純[7]

枯柟一夜落洪流	메마른 녹나무가 하룻밤 새 큰 물길에 떨어져
幾年埋沒魚龍洲	몇 년 동안 어룡[8]이 사는 섬에 묻혀 있었나.
殘肌弱理盡消磨	연약한 살결은 다 갈려 없어지고
只餘堅骨工雕鎪	이리저리 아로새겨진 강한 뼈만 남았네.
江神欲與好事者	강의 신령이 호사자에게 주려고 하여
飄浮故令魚翁收	어부가 거두도록 일부러 떠오르게 하였네.
携將一入市道間	이를 들고 시장으로 한번 들어가자마자
少年爭出千金求	젊은이들 천금을 내놓으며 다투어 구하였네.
承諸玉盤置花欄	옥쟁반에 받쳐서 꽃 핀 난간에 두고 보니

---

7 송순宋純 : 1493(성종 24)~1582(선조 15). 자는 수초遂初 또는 성지誠之, 호는 기촌企村 또는 면앙정俛仰亭, 본관은 신평新平.
8 어룡魚龍 : 물고기와 용. 넓은 뜻으로 물에서 사는 동물을 가리킨다.

參差雪嶺映紅樓	들쭉날쭉한 흰 봉우리가 붉은 누각에 비치누나.
金鞭白馬繫長柳	금 채찍에 흰 말을 긴 버들에 매어 두고
酒歌朝朝看不休	아침마다 권주가 부르며 쉬지 않고 보노라.
空山虛老棟樑材	동량 재목이 빈산에서 부질없이 늙기는 하나
終年幸避斧斤憂	다행히 죽을 때까지 도끼에 베일 걱정은 피한다네.
堪從理數歸漸毁	운수 따라 사라지는 것을 견딜 수 있으랴마는
假名取寵吁可羞	가짜라는 이름으로 총애를 구함이 매우 부끄럽구나.

『면앙집俛仰集』 권1

평설(評說) 녹나무 한 그루가 물속에 떨어져 오랜 세월 침식되어 기이한 형상을 이루었다. 어느 날 어부의 그물에 걸려 시장에 나오니, 그 기이한 모습을 본 사람들은 다투어 거금을 내어 사고자 하였다. 한 사람이 이를 구입하여 옥쟁반에 담아 정원에 두니, 귀공자들이 이곳으로 모여들어 술 마시고 노래하며 목가산을 구경하였다. 그렇지만 차라리 산속에서 늙어죽을지언정, 이 목가산처럼 사람들의 구경거리가 되는 것은 부끄럽다는 내용이다.

假山　　가산

김인후金麟厚

手聚枯槎疊作山	손수 마른 나무 등걸을 모아 산을 쌓으니
苔尖鬚鬢翠煙鬟	이끼 낀 봉우리가 푸른 쪽진 머리 같구나.
呀呀嵌竇開生面	텅 비고 깊은 구멍 낯선 모습 드러내니
一任龍鍾相對閒	그저 못생긴 나와 함께 한가로이 마주하네.

『하서전집河西全集』 권7

> **평설(評說)** 김인후가 스스로 만든 목가산을 읊은 시다. 손수 마른 나무 등걸을 모아 산 모양으로 쌓으니, 이끼가 끼어 높이 솟아 마치 쪽진 머리처럼 풍성하고 짙푸르다. 목가산 봉우리와 골짜기의 기이한 모습을 한가로이 바라보는 사람은 다름이 아니라 목가산처럼 늙고 쭈글쭈글한 자기자신이다.

▌窓外梅峯 偏受氷雪 有作　　장밖의 매화 봉우리가 두루 눈서리를 맞아 시를 짓다

일찍이 매화나무 등걸로 가산을 만들었다.[曾以梅槎爲假山]

김인후

氷凝山下水	산 아래 물에는 얼음 얼었고
雪積水中山	물 가운데 산에는 눈이 쌓였네.
不用經丘壑	산과 계곡을 지나갈 필요도 없이
蕭然枕席間	이부자리 사이가 시원하구나.

『하서전집河西全集』 권5

> **평설(評說)** 손수 만든 목가산을 읊은 시다. 눈 내리는 추운 날, 목가산 아래의 물에는 엷은 얼음이 끼었고, 물 위에 솟은 목가산에도 눈이 쌓였다. 일부러 산수를 찾아가지 않아도 좋다. 눈 쌓인 목가산이 바로 곁에 있기 때문이다.

▌木假山　　목가산

김인후

梅根朽其盤	매화 등걸 그 밑둥이 썩었지마는
磨洗遂爲山	갈고 닦아 마침내 산을 만들었네.

| 巘崿生眞態 | 봉우리 낭떠러지 진면목 생겨나니 |
| 森然萬古顔 | 분명 태곳적 모습이로다. |

『하서전집河西全集』 권5

<u>평설(評說)</u>   역시 스스로 만든 목가산을 읊은 시다. 매화나무 등걸을 갈고 닦아 목가산을 만들었다. 그리고 보니 봉우리와 낭떠러지가 진짜 산과 흡사하여 마치 태곳적 모습을 간직하고 있는 듯하다.

▌梅峯   매화 봉우리

매화나무 등걸로 목가산을 만들었다以梅槎爲木假山.

김인후

梅兄風骨本超塵	매형의 풍골은 본디 속세를 초탈하여
枯槁猶難得此眞	마르고 말라도 이러한 진면목 얻기 어렵네.
鐵石肝腸巖壑面	철석간장[9]에 바위 골짜기의 모습 지녀
不煩氷雪露精神	얼음과 눈도 필요 없이 정신을 드러내네.[10]

『하서전집河西全集』 권7

<u>평설(評說)</u>   매화나무 등걸로 만든 목가산을 읊은 시다. 매화는 선비의 지조志操를 상징하는 꽃으로, 본디 탈속脫俗의 정취가 있다. 철석간장은 바짝 말라 굳어버린 매화나무 등걸의 굳은 내면을 비유한 말이며, 암학의 얼굴이란 그

---

9 철석간장鐵石肝腸 : 철석심장鐵石心腸과 같은 말. 당나라 송경宋璟(자 : 廣平)은 철석鐵石같이 굳은 심장의 소유자였으므로 아름다운 문장은 짓지 못할 줄 알았는데, 그가 지은 「매화부梅花賦」는 지극히 아름다웠다는 고사를 인용한 것이다.
10 얼음과 …… 드러내네 : 흔히 맑은 정신을 얼음과 눈에 비유한다.

겉모습이 마치 산의 모양과 같다는 뜻이다. 눈 속에서 피어난 매화는 고결한 지조를 나타내는데, 이 매화나무 등걸은 얼음도 눈도 필요 없이 그 정신이 절로 드러난다는 내용이다.

挽李上舍 이 진사를 애도하며

김인후

早脫塵銜水石間	일찍 속세의 굴레 벗어나 수석 사이에 살며
一身無事伴鷗閒	한 몸에 일이 없어 한가롭게 갈매기를 짝하였네.
已臨曲浦開新宇	이미 굽이진 포구 앞에 새 집을 지었고
旋取枯槎作假山	마른 등걸 구해서 가산을 만들었네.
濯纓到處觀魚樂	갓끈 씻는 곳에서는 물고기 노는 모습 볼 수 있고
策杖歸來詠鳥還	지팡이 짚고 돌아오며 둥지 찾는 새[11]를 읊었네.
愁殺昔年吟嘯地	시름겹구나, 지난 날 읊조리던 곳에는
至今遺迹夢班班	지금까지 남은 자취 꿈에서도 또렷하네.

『하서전집河西全集』 권10

평설(評說) 이 진사라는 사람이 누구인지는 알 수 없으나, 시의 내용으로 보아 가산을 만들어 즐긴 인물임은 분명하다. 포구 앞의 집에서 마른 등걸로 가산을 만든다고 하였으니, 물속에서 건져낸 나무토막을 건조시켜 목가산을 만들었던 것으로 여겨진다. 가산에 대한 언급은 짤막하지만, 이를 통해 은자로

---

11 둥지 찾는 새 : 원문은 조환鳥還. 도연명陶淵明의 「귀거래사歸去來辭」에 "새가 날기에 지쳐 돌아올 줄 안다.[鳥倦飛而知還]"라는 문구에서 온 말로 벼슬에 권태를 느껴 그만두고 돌아왔다는 뜻을 가지고 있는 말이다.

살아간 이 진사의 생평을 압축적으로 나타내었다.

沉香恠石　　침향沉香[12] 괴석

유희경劉希慶

一片沉香角	한 조각 침향목 모서리
何年落世間	어느 해에 세상에 떨어졌나.
幸因老師手	다행히도 노련한 장인의 솜씨로
巧作數重巒	공교롭게 겹겹의 산등성이를 만들었네.
亂壑苔痕古	어지러운 골짜기엔 이끼 흔적 예스럽고
尖峯劍氣寒	뾰족한 봉우리엔 칼 기운 오싹하네.
葛洪如可遇	갈홍[13]같은 신선을 만날 수 있다면
留與鍊金丹	머물러 함께 금단[14]을 만들리라.

『촌은집村隱集』 권1

평설(評說)　침향목으로 만든 목가산을 읊은 시다. 침향목 한 토막이 노련한 장인의 손을 거쳐 아름다운 목가산이 되었다. 여러 개의 산등성이가 솟아

---

12 침향沉香 : 침수향. 침향沉香의 별칭임. 향목의 굳은 목심木心 부분으로 물에 가라앉는 것이 향기가 짙은 것으로 알려져 왔다. 향료로 쓰는 수지樹脂이다. 홍만선洪萬選의 〈괴석怪石〉(『산림경제山林經濟』)을 보면, "이끼[蘚苔]가 알록달록하게 끼여 흡사 침수향沈水香 같기 때문에 침향석沈香石이라고 하는데 참으로 천하에 다시없는 보배이다"라고 쓰여 있다.

13 갈홍葛洪 : 『진서晉書』 〈갈홍전葛洪傳〉에 나오는 진대晉代 사람. 호는 포박자抱朴子. 도적을 평정한 공으로 관내후關內侯에 봉해졌으나 신선의 도양술導養術을 좋아하여 교지交趾에 단사丹沙가 난다는 말을 듣고, 그 영令이 되기를 자원하여 나부산羅浮山에 들어 연단煉丹하였다.

14 금단金丹 : 『포박자抱朴子』 〈금단金丹〉에 선인仙人이 복용하는 불로불사약이다. 아홉 차례나 제련해서 만든 도교道敎의 단약丹藥를 구전금단九轉金丹이라 하는데, 이를 복용하면 3일 만에 신선이 된다고 한다.

있는데 골짜기에는 이끼가 끼어 있고 봉우리는 칼처럼 날카롭다. 마치 갈홍葛洪이 숨어 살았다는 나부산羅浮山과 같으니, 이 목가산 속에 살면서 금단金丹을 만들어 신선이 되고 싶다는 내용이다.

偶題小木假山, 贈造工安天克

우연히 작은 목가산에 시를 지어 이것을 만든 공인工人 안천극安天克에게 주다

안천극은 서인庶人이다.[天克庶人也]

이식李植[15]

木有不才者	나무 중에 쓸모없는 것이
溝中尺朽殘	구렁에 던져져 썩고 있었네.
幸因工斲手	다행히 유능한 공인의 손을 만나
雕作小丘巒	조그만 언덕과 봉우리를 이루었네.
衣被玄黃飾	검고 누런 장식한 옷을 덮고
安排案俎寬	널따란 책상 위에 올려놓았네.
人生在遭遇	인생은 지우知遇에 달려 있으니
榮辱本無端	영욕은 본래 정해진 실마리가 없다네.

안천극이 자못 궁중의 은총을 받고 있기에 이렇게 말한 것이다.[安頗承內眷故云]

『택당집澤堂集』 권3

 목가산을 만든 장인 안천극에게 준 시다. 쓸모없는 나무가 재주있는 장인의 손을 거쳐 아름다운 목가산이 되었다. 이 목가산에 검고 누런

---

15 이식李植 : 1584(선조 17)~1647(인조 25). 본관은 덕수德水. 자는 여고汝固. 호는 택당澤堂·남궁외사南宮外史. 시호는 문정文靖.

비단으로 만든 덮개를 씌우고, 넓은 책상 위에 올려놓았으니, 목가산과 이를 만든 장인의 영예가 극진하다 하겠다. 그러나 영욕은 본시 무상한 법이니 조심해야 한다는 내용이다.

▮ 詠木假山   목가산을 읊다

장유張維[16]

나의 아우가 유수留守로 있으면서 목가산 하나를 얻었다. 형상이 자연의 진면목을 그대로 가지고 있어 새기거나 다듬은 것이 아니었다. 절강浙江 사람 주규경朱葵卿이 이에 대해 아주 자세하게 기록하였다. 나도 시를 지어 그것의 기괴함을 빠짐없이 설명하였는데, 끝에서는 지극한 이치로 결론을 내렸으니, 대체로 내 아우가 기괴한 것을 좋아하는 습관習慣과 성벽性癖이 있음을 풍자한 것이다.

舍弟留守得一木假山, 眞狀自然, 不假刻畫, 浙人朱葵卿記之甚詳. 余爲賦焉, 極陳其奇怪, 而終折之以至理, 蓋以風其好奇之癖云.

木生深山中	깊은 산에서 나고 자란 나무는
蟠根絡嵒石	바위를 둘러 뿌리 내린 채로
千霜與百霆	수많은 서리와 벼락 맞으면서
老大歲月積	오랜 세월 지나 고목 되었네.
匠斧取其幹	장인이 도끼로 몸통을 베어가니
獨留根盤礴	뒤엉킨 뿌리만이 홀로 남았네.
山靈特好事	산신령 일 벌이기 몹시 좋아해
搏弄供戲劇	주물러서 만들어낸 희극일레라.

---

16 장유張維 : 1587(선조 20)~1638(인조 16). 자는 지국持國, 호는 계곡谿谷・묵소默所, 본관은 덕수德水. 시호는 문충文忠이다.

幻出山岳形	산악의 모습으로 만들어내니
物像非一族	물상은 한결같지 않구나.
何煩運刮剮	번거롭게 칼날을 대지 않아도
巧勝倕班斲	수반[17]을 능가하는 절묘한 작품
唯有蟄龍知	숨어 있는 용만 알고 있을 뿐
世人那得識	세상의 사람들은 어찌 알리오.
洪流一夕發	하룻밤 사이 홍수가 일어나
山谷互翻覆	산과 계곡 서로 뒤집어지고
漂查隨怒濤	노한 물결 따라서 떠가는 등걸
勢欲輸海若	해약[18]에게 넘어갈 뻔하였지만
異物自有主	기이한 물건이란 절로 주인 있는 것
江神爲護惜	강신이 보호하고 아껴 두었네.
吾季眼孔開	내 아우는 안목이 열렸던지라
早學張華博	장화의 박물지[19]를 일찍 읽었지.
舟行忽遇之	배를 타고 가다가 우연히 만났는데
似有紫氣冪	자줏빛 기운이 덮여 있는 듯하여
攬置沙洲上	모래 섬 위에다가 건져 놨다가
輸將一牛力	소 한 마리 힘으로 실어 날랐네.
淸流刷滌盡	맑은 물로 깨끗하게 씻어 놓고는
旋付秋陽曝	이내 가을볕에 말리니

17 수반倕班 : 요堯 임금 때의 공수工倕와 춘추 시대의 공수반公輸班으로 모두 이름난 장인匠人이었다.
18 해약海若 : 해신海神. 북해약北海若이라고도 한다. 『초사』 「원유遠遊」 및 『장자』 「추수秋水」에 보인다.
19 장화張華의 박물지博物志 : 장화는 진晉나라 혜제惠帝 때 광록대부光祿大夫를 지냈으며 박학다식하여 참위讖緯와 방기方技에 관한 글에 이르기까지 상세하게 보지 않은 것이 없었다. 『박물지』는 현존하는 그의 유일한 저서이다.

森然眞骨露	삼엄한 진면목이 드러나는데
諦視吁可愕	자세히 살펴보니 더욱 놀라운 것은
雙峯屹並峙	두 봉우리 우뚝하게 솟아 있는데
其一是雄伯	그 중의 하나는 패자霸者의 모습이요
次者勢稍卑	다음 것은 형세가 조금 낮아서
遜挹不敢角	겨루려 하지 않고 다소곳하네.
參差列崗巒	묏부리 들쭉날쭉 늘어서 있고
窈窕分洞壑	골짜기 아득하게 나뉘었는데
蹲者類虎豹	웅크린 건 범이나 표범과 같고
伏者似麋鹿	엎드린 건 고라니나 사슴 같았네.
牙角乍可分	언뜻언뜻 보이는 뿔과 송곳니
儼若相拏攫	금새 서로 잡고 싸울 듯했고
詭恠千萬狀	기괴한 수만 가지 형상들은
畫筆描不得	그려내려고 해도 할 수가 없네.
吾季性好奇	내 아우의 성품은 기이한 것 좋아해
得此大愜適	이것 얻고는 크게 기뻐하였지.
薦以小石床	자그마한 돌 받침에 옮겨 놓고서
不離几案側	책상 옆을 떠나지 아니하였네.
吾觀造化妙	내가 조물주의 오묘함을 살피건대
觸目儘奇特	보이는 것 모두가 기이하고 특이하여
山川自流峙	산은 절로 솟아 있고 물은 절로 흐르며
蟲獸各形色	수많은 생물들도 각기 형색 달랐으니
細思眞大巧	세밀히 생각건대 참으로 교묘하니
問是誰雕飾	묻노라, 누가 새겨 꾸민 것인가

木石或肖似	혹시 비슷한 나무나 돌이 있어도
幻相非眞的	가짜일 뿐 진짜는 아니라겠네.
眞者滿天地	진짜는 하늘땅에 가득하지만
幻者偶一獲	가짜는 우연히 한번 얻는 것이니
眞者厭其常	진짜는 늘 보아서 싫증이 나고
幻者喜其獨	가짜는 독특함을 좋아들 하니
眞幻取舍間	진짜와 가짜를 선택하는 사이에
世情同一惑	세태와 인정은 똑같이 미혹된 것
安得金箆手	어찌하면 쇠칼 쓰는 솜씨를 얻어
爲君刮眼膜	그대 위해 눈꺼풀을 긁어낼 수 있을까.
洞然觀照力	환하게 관조하는 힘이 생겨서
不爲諸幻隔	여러 가지 가짜에 속지 않을 것이니
仍將此朽楂	인하여 이 썩은 나무 등걸을
付與壯士擲	장사에게 주어서 버리게 하고
悠然對南山	한가로이 남산을 마주 대하면
爽氣長在目	상쾌한 기운 길이 눈에 남으리.

『계곡집谿谷集』 권25

평설(評說) 목가산을 읊은 시다. 이 목가산은 나무의 뿌리 부분이 자연스럽게 산의 형상을 이룬 것으로, 사람의 손을 거치지 않았다. 이 글을 쓴 장유의 아우는 배를 타고 강화도로 가다가 이 나무뿌리가 떠내려오는 것을 보고 건져올렸다. 소 한 마리가 끌어야 할 정도였다 하니, 상당히 큰 것이었음이 분명하다. 이 나무뿌리를 햇빛에 말려 목가산으로 삼았는데, 봉우리 두 개가 있고 골짜기는 여러 가지 기괴한 형상을 이루었다.

장유는 가짜 산인 목가산을 좋아하는 아우에게 이렇게 말한다. 조물주가 만들어낸 만물은 그 자체로 충분히 기이한 것이지만 사람들은 그것을 소홀히 여기고, 산수를 닮은 기괴한 모양의 돌과 나무를 좋아한다. 이처럼 진짜를 버리고 가짜를 취하는 세상 사람들은 미혹된 것이다. 이러한 이치를 깨달으면 가짜에 속지 않게 될 것이니, 목가산을 버리고 진짜 산인 남산을 보라고 하였다.

檀龍枕序　단룡침檀龍枕의 서문

김득신金得臣[20]

요전에 내가 상당上黨(淸州) 동쪽의 산속에 사는 홍원구洪元九[21]를 방문하니, 원구는 기뻐 웃으면서 집안으로 맞이하였다. 서로 마주하여 이야기를 나누다가 집안에 있는 두세 자 정도 되는 고목枯木을 보았다. 가지와 줄기가 구불구불하여 마치 호랑이와 표범이 뛰어오르는 듯하고 규룡虯龍이 싸우는 듯하였다. 또 그 줄기 끝을 조각하여 용머리를 만들었다. 내가 놀라고 괴이하게 여겨 원구에게 물었다.

"이 나무는 마디가 부풀어 오르고 구불구불한데, 무슨 소용이 있소?"

원구가 대답했다.

"이 나무는 자단紫檀인데 용머리를 조각하였기에 '단룡침檀龍枕'이라 이름 하였지요. 밤이면 내가 이것을 베고 자지요."

또 물었다.

"이 나무를 어디에서 얻었소?"

원구가 대답했다.

---

20 김득신金得臣 : 1604(선조 37)~1684(숙종 10). 본관은 안동安東. 자는 자공子公, 호는 백곡柏谷.
21 홍원구洪元九 : 원구元九는 홍석기洪錫箕의 자. 1606(선조 39)~1680(숙종 6). 본관은 남양南陽. 호는 만주晩洲. 시호는 효정孝定.

"이 나무는 우리 동네 친구 집 뜰 곁에 서 있었는데, 내가 일찍이 그것을 보고 그 구불구불하여 기괴한 모양을 매우 좋아했지요. 작년에 두 명의 어린 아이와 함께 도끼를 들고 가 그것을 베도록 허락해 달라고 부탁하여 싣고 왔지요. 가지를 자르고 껍질을 벗기니 구불구불한 형체가 더욱 기이하더군요. 그것을 베개로 만들어 베고 누우니 정말로 잠자기에 편하더이다."

나는 이 말을 듣고 느끼는 바가 있어 마침내 이 베개를 원구에 비유하니, 원구는 듣기 바란다.

무릇 사물은 주인이 있는 법이다. 옛날에 소노천蘇老泉[22]이 목가산木假山을 얻어 자기 자신에 비유하였다. 지금 원구가 단룡침을 얻었으니, 이 또한 원구가 스스로를 비유하는 물건이 아니겠는가? 어째서 그러한가? 베개의 모양이 구불구불하니, 이를 보면 사람도 역시 굽히는 경우가 있으므로 비길 만하다는 것을 알 수 있다. 베개의 모양이 날아 솟구치는 것 같으니, 이를 보면 사람도 또한 펼치는 경우가 있으므로 비길 만하다는 것을 알 수 있다. 무릇 굽혔다가 펴지는 것은 공통된 이치이며, 펴졌다가 굽혀지는 것은 일정한 이치이다. 원구가 이 베개를 얻은 것은 우연이 아니다. 반드시 조화옹造化翁이 원구로 하여금 그 구불구불하고 날아 솟구치는 모양을 취하여, 굽으면 펴지는 공통된 이치와 펴지면 굽는 일정한 이치를 깨닫게 하고자 해서이다. 나의 말로 인하여 깨우친다면 괜찮지 않겠는가? 그리고 베개를 조각하여 용머리 모양을 만들었으니, 용은 굽혔다 펴졌다 하는 신이神異한 동물이다. 아마도 조화옹이 또 원구에게 베개에 용머리를 조각하여 그 굽혔다 폈다 하는 뜻을 비유코자 함일 것이다. 그러므로 원구가 굽히고 펴는 것을 이 베개에서 징험할 수 있을 것이니, 이 베개를 얻은 것은 우연이 아니며 이 베개가 구불구불하고 날아 솟구치는 모양 또한 우연이 아니다. 그러니 원구도 우연한 사람이 아님

---

22 소노천蘇老泉 : 111쪽 주석 7 참조.

을 헤아릴 수 있다. 원구가 나에게 서문을 써달라고 하기에 서문으로 삼는다.

『백곡집柏谷集』 책5

日者, 余往訪洪元九於上黨之東山中, 元九忻然而笑迎入于堂, 相對而語, 見其堂中有數三尺枯木, 枝榦卷曲, 如虎豹之騰, 若虯龍之戰. 且鐫刻其榦之端, 以成龍頭. 余驚愕之, 奇怪之, 問之元九曰: "是木擁腫何用爲?" 元九曰: "是木紫檀, 刻其龍頭, 故其名檀龍枕, 夜則我枕之." 又問曰: "是木從何地而得來?" 曰: "是木立於吾州友人家庭畔, 我曾見之, 甚憐其盤屈奇詭之狀. 去年與兩鴉頭持斧去, 乞其許斫取馱來. 翦其枝, 削其皮, 蜿蜒之體尤奇. 以爲枕而枕之, 則誠便於寢矣." 余聞而有所感也夫, 遂以是枕, 譬之於元九, 元九聽之可乎. 凡物有其主矣, 昔蘇老泉得木假山以自況. 今者元九得檀龍枕, 此亦豈非元九自況之物耶? 何者, 枕之狀卷曲, 觀於此, 知人之亦有屈而可以況也. 枕之狀飛騰, 觀於此, 知人之亦有伸而可以況也. 凡屈而伸, 理之通也. 伸而屈, 理之經也. 元九之得是枕者, 非偶爾也. 必造化翁使元九取其卷曲飛騰之狀, 欲覺其自己之屈而伸之有通, 伸而屈之有經矣. 因吾言而警之, 不亦可乎. 且琱刻於枕而象龍頭, 則龍者或屈或伸之神物. 意者造化翁又使元九刻龍頭於枕, 以喩其旣屈且伸之義耶. 然則元九之屈且伸, 可徵於是枕. 是枕之得非偶爾, 而是枕之卷曲飛騰之狀, 亦非偶爾. 則元九之亦非偶爾之人, 蓋可揣矣. 元九俾余序之, 以爲序.

평설(評說) 자단紫檀에 용머리 문양을 새겨 만든 베개인 단룡침檀龍枕에 대한 기록이다. 홍석기洪錫箕는 충북 청주에 있는 친구의 집에 기이한 고목이 있는 것을 보고, 그것을 베어와 베개를 만들었다. 김득신은 단룡침의 모습을 사람에 비유하여 이 글을 썼다. 단룡침이 굽은 모습은 사람이 불우하여 자기의 뜻을 굽힌 것과 같고, 단룡침이 날아 솟구치는 듯한 모습은 사람이 때를 만나 자기의 뜻을 펼치는 것과 같다. 용 또한 굽혔다 펴졌다 하는 동물이니, 홍석기가 이 베개에 용을 새긴 뜻 또한 우연이 아니라고 하였다.

木假山記   목가산기

박장원朴長遠[23]

나무이면서 산인 것은 가짜가 아니고 무엇이겠는가? 그 모양이 산과 비슷하다 하여 비록 나무이지만 산이라고 하는 것이 가능한가. 그 모양이 비슷하다 하여 나무를 산이라고 한다면 이 또한 여황빈모驪黃牝牡[24]처럼 이름과 실상을 어지럽히는 데 가깝지 않겠는가. 살아있는 나무, 말라죽은 나무, 얽혀서 맺힌 것은 모두 그것의 본성이다. 그렇다면 살아있는 나무가 말라죽는 것은 진실로 이미 변화한 것이다. 말라죽은 것이 얽혀서 맺힌 것과 비슷하다고 하여 산이라고 말하는 것이 어찌 나무가 원하는 바이겠는가. 나무가 원치 않으면서 가짜라는 이름을 얻게 된 것은 또한 사람으로부터 비롯된 것이니, 어찌 천성을 보전한 것이겠는가. 이 산과 이 나무는 불행하게도 우뚝 솟은 형체를 썩어 문드러진 물건에 가탁假託하였다. 또한 다행스럽게도 몇 자밖에 되지 않는 썩어 문드러진 나무가 아홉 길이나 되는 높은 산의 이름을 얻었다. 나무는 원치 않는데도 산의 이름을 얻었고, 산은 알지 못하는데도 나무에 이름을 가탁하였다. 나무와 산이 모두 불행한 것인가. 그 다행과 불행은 또한 그 사이에 운명이 존재한다. 내가 다행이다 불행이다 말하는 것을 어찌 나무가 알겠는가. 이름을 가탁한 나무도 알지 못하는데, 저 하늘과 땅 사이에 충만한 기운이 어찌 거기에 관여하였겠는가. 그렇다면 산이 나무에 이름을 가탁한 것과 나무가 산이라는 이름을 얻은 것은 모두 사람이 한 것이지 하늘이 한 것이 아니다. '사람이 한 것이지 하늘이 한 것이 아니다'라고 말하는 것은 또한 하늘이면서 사람인 것인가, 사람이면서 하늘인 것인가. 하늘과 사람이 하나라고 말한

---

[23] 박장원朴長遠 : 1612(광해군 4)~1671(현종 12). 본관은 고령高靈. 자는 중구仲久, 호는 구당久堂·망천輞川. 시호는 문효文孝이다.
[24] 여황빈모驪黃牝牡 : 성별性別과 색깔, 사물의 본질이 아닌 표면 현상의 비유. 진秦나라 목공穆公의 명으로 준마를 구하러 간 구방고九方皐가 말의 골격·품성 등에만 주의를 기울이고 성별이나 색깔에는 소홀하여 검정색 암말을 구해 놓고도 누런 수말이라고 보고했다는 이야기가 있다.

다면 옳을 것이니, 이치에 어찌 둘이 있겠는가.

이웃에 사는 정생鄭生이 나무꾼 아이에게 말라비틀어진 나무를 얻었다. 그것을 질그릇 항아리에 담고 흙을 넣은 뒤 여러 가지 풀을 앞뒤의 빈틈에 심고서 가산假山이라 이름 지었다. 그리고 나에게 주어 한가한 가운데 눈요깃거리로 삼도록 했다. 나는 처음에 그것이 산이지 나무가 아니라고 의심하였다. 가까이 가서 자세히 살펴본 뒤에야 그것이 산을 닮은 나무라는 것을 알았다. 더욱 좋은 것은 때때로 끓는 물 몇 모금을 그 몸통에 적시면 마치 그 사이에서 안개가 피어나는 것 같았다. 이것은 진짜가 아니니, 가산이라고 말하는 것이 마땅하다. 사람은 사람으로 태어나서 천성天性을 실천[25]하지 못하는 것을 부끄러워한다. 나 또한 불행히도 이와 비슷하다. 그러므로 기록하여 스스로를 경계하고 다른 사람을 경계하고자 한다.

『구당집久堂集』 권15

木而山, 非假而何. 其形類於山, 則雖木也而謂之山可乎. 指其形似而謂木爲山, 則無亦近於驪黃牝牡之眩於名實者耶. 其植也, 其枯槁也, 其融而結也, 皆其性也, 則植者而枯槁, 固已化矣. 謂枯槁而類於融結者而曰山者, 豈其所願哉. 其所不願而得假之名, 亦由於人, 豈全於天哉. 之山也, 之木也, 其亦不幸, 而以巍然之形, 而假之於朽然之物也. 其亦幸, 而以數尺之朽, 而被之以九仞之名也. 木之不願而得山之名, 山之不知而假名於木. 木與山, 皆不幸者耶. 其幸不幸, 亦有數存焉於其間者耶. 余謂幸不幸也者, 豈木之所知耶. 假名之木而旣不知焉, 則彼磅礴於乾坤而已者, 亦豈所與哉. 然則山之以木也, 木之以山也, 皆人也非天也. 謂之人也非天也者, 亦天而人歟, 人而天歟. 謂之天與人爲一則斯可矣, 理豈有二哉. 隣居鄭生得木之枯槁而離奇者於蕘豎, 盛之瓦盆而傅以土, 植以雜草於前後空隙, 名之曰假山, 而贈余, 要作閑中寓目之資. 余始而疑之山也, 非木也. 迫而諦觀之然后, 知其爲似山之木也, 所可愛者. 時以數呷湯水, 沾潤其體, 則若有煙霧生其間者. 此雖亦非眞, 而謂之假山也亦宜. 且人之爲人, 而有愧於踐形. 惟肖者其亦不幸而類於是, 故聊記之, 以自警警人云.

---

25 천성을 실천 : 원문은 천형踐形. 『맹자』 「진심상盡心上」에 "孟子께서 말씀하였다. '形色은 天性이니, 오직 聖人인 뒤에야 形色을 실천할 수 있는 것이다.'[孟子曰: '形色, 天性也, 惟聖人然後, 可以踐形']"라는 말이 보인다.

평설(評說) 목가산은 산과 비슷하게 생겨 산이라는 이름을 얻었다. 그러나 목가산은 본디 말라죽은 나무로, 그 본질은 나무임이 틀림없다. 그런데도 산이라는 이름을 얻게 된 것은 사람 때문이다. 나무가 산의 이름을 얻은 것은 다행이라고도 불행이라고도 할 수 없다. 목가산에 산의 이름을 붙인 것도, 목가산을 즐기는 것도 사람이기 때문이다.

이웃에 사는 정생鄭生이 고목을 얻어 항아리에 담고 흙을 넣은 뒤 여러 가지 풀을 심고 가산을 만들어 박장원에게 주었다. 때로 뜨거운 물을 부으면 연기가 나는데, 그 모습이 마치 진짜 산에서 안개가 피어나는 듯하다. 그렇지만 이것은 나무의 본성이 아니다. 사람은 본디 본성에 따라 자연스럽게 선하게 살아야 하지만, 대부분의 사람들은 목가산에 끓는 물을 부어 안개를 만드는 것처럼 억지로 욕심을 이기고 선하게 살려고 노력한다. 목가산을 거울삼아 인성人性을 회복하여 자연스러운 경지에 이르러야 한다는 뜻이다.

家奴取薪, 有一老査雜於其間. 從弟世集持歸, 以爲木假山, 置於案側, 仍賦五言律來示, 戲次其韻

집의 하인이 땔나무를 해왔는데 그 사이에 오래된 등걸[老査] 하나가 섞여 있었다. 사촌동생 세집世集이 그것을 가져와 목가산木假山을 만들어 책상 곁에 두고서는 오언율시를 지어 보여주기에 장난삼아 그 시에 차운次韻하다

박세채朴世采[26]

| 何心循假號 | 무슨 마음으로 가짜라는 이름을 따랐는고 |
| 無地見眞顔 | 진면목을 볼 수 있는 여지가 없구나. |

---

26 박세채朴世采 : 1631(인조 9)~1695(숙종 21). 본관은 반남潘南. 자는 화숙和叔, 호는 현석玄石·남계南溪.

每歎身同物	늘상 나 자신이 남과 같아짐을 탄식하다가
還嫌木作山	도리어 나무로 산을 만드는 것을 싫어하였네.
材非宗榱際	재목이야 들보와 서까래 사이에 있을 것이 못되지만
榮愈几牀間	영화는 책상과 평상 사이에 있어 더 낫네.
老我知斯免	늙은 나는 여기서 벗어날 줄 알아
應絶俗眼慳	아까워하는 속된 눈은 응당 버렸다네.

『남계집南溪集』 권2

평설(評說) 박세당의 사촌동생 박세집은 교묘하게 생긴 나무 등걸이 땔감으로 되고 마는 것을 안타깝게 여긴 나머지 목가산으로 만들어 완상하였다. 그러나 박세채는 자신이 이러한 세속적인 안목에서 벗어나 있다고 말하였다.

▌答鄭叔向 정숙향[27]에게 답하다

이형상李衡祥[28]

흐리고 비 내리다 어느새 개이고 양기陽氣가 점점 왕성하여지니, 돋아나는 싹과 피어오르는 구름이 모두 한가로이 거처하는 멋입니다. 뜰을 산보하다가 문득 찾아가고 싶어도 갈 수가 없어 한탄하게 됩니다. 문을 두드리는 소리가 나더니 시찰詩札[29]이 갑자기 떨어졌습니다. 황망히 꺼내어 받들고 완미하니 비단 어금니와 뺨 사이에서 향기가 나는 데 그치지 않았습니다. 다만 저의 강개한 회포는 이미

---

27 정숙향鄭叔向 : 숙향叔向은 정규양鄭葵陽(1667~1732)의 자. 호는 지수篪叟이다. 경상도 영천 출신.
28 이형상李衡祥 : 1653(효종 4)~1733(영조 9). 본관은 전주全州. 자는 중옥仲玉, 호는 병와甁窩·순옹順翁.
29 시찰詩札 : 시가 담긴 편지.

백형伯兄³⁰께 보낸 편지에 다 말한지라 비록 거듭하지는 않겠습니다만, 일을 따라 강론講論하는 것이 어찌 자신을 닦는 데 도움이 되지 않겠습니까. 이것은 이미 직접 실천해보았습니다. 책 속에서 얻은 것은 비록 꿰뚫어 안 것 같지만, 나가서 시험해보면 군색한 모양이 여러 가지로 나옵니다. 의술 같은 작은 기술도 삼세三世의 경력을 귀중히 여기는 것이 이 때문입니다.

천하의 사물은 복잡다단하고 이 한 몸의 대응은 지극히 미묘하니, 선배들이 하나하나 공력을 기울인 것은 대개 미루어 나가 지극한 앎에 이르고자 한 것입니다. 이제 제가 경전의 뜻을 논한 것이 비록 반드시 하나하나 다 틀리다고는 하지 못하더라도, 그것이 본래의 뜻과 현격한 차이가 있음을 생각하면 죄를 진 것처럼 부끄럽습니다. 형께서 반드시 맹렬히 꾸짖고 고쳐주시리라 생각했는데, 평론하신 것은 다만 '지智'에 대한 풀이 한 구절뿐이고, 옳고 그름에 대해서는 한 말씀도 없으셨습니다. 그저 칭찬하는 율시律詩만을 보내주시니, 아마도 어진 사람이 사람을 사랑하는 방법이 반드시 이렇게 좁지는 않으리라 생각합니다. 어찌 부끄럽고 부족함을 감당할 수 있겠습니까. 세 분 선생이 논하신 바는 삼가 일러주신 대로 채록하여 고증할 근거의 하나로 삼도록 하겠습니다. 그러나 발문跋文에서 '갑자기 그만두었다'고 말씀하신 것은 넌지시 풍자하여 영원히 참람한 말을 감추었음을 알게 하려는 것이 아닙니까.

그런데 전에 모았던 것은 가을 매미와 봄 꾀꼬리가 스스로 울고 스스로 즐기는 것처럼 했던 것으로, 본래 책을 엮고자 생각한 것이 아니었습니다. 그러니 다시 어떻게 서문을 바랄 수 있겠습니까. 부끄러움을 잊고 보내주신 시에 감히 화답하거니와 그중에 기아시飢鴉詩³¹는 사실 그 뜻이 어디에 있는지 알 수가 없어 더욱 화답을 할 수 없습니다. 원래 글이란 뜻을 말하는 것이 귀중한 것이니 '오이충복吾

---

30 백형伯兄 : 정규양의 형 훈수塤叟 정만양鄭萬陽(1664~1730)을 가리킨다.
31 기아시飢鴉詩 : 굶주린 까마귀를 읊은 시.

爾充腹'이라는 말은 비속한 말 같고, '연화구식煙火口食'³²이라는 말은 신선의 맛이 나는데 청창晴窓에서의 읊은 바는 꼭 이렇게 하지 않아도 될 것입니다.

김령金令이 나에게 목가산木假山을 보내왔는데 이것은 금강산에서 떠내려온 것입니다. 그 연이어진 나뭇결이 진귀합니다. 저는 지금 구름을 바라보는 생각³³과 긴 이불과 큰 이불을 덮고 잤던 형제들에 대한 그리움³⁴이 있으니, 이러한 뜻을 써서 화답하여 바치니, 당돌하게도 고체古體³⁵의 변례變例로 하였습니다.

『병와집甁窩集』 권8

陰雨乍霽, 陽氣漸王, 抽芽潑雲, 無非閑居趣味. 散步庭除, 輒有往從無由之歎. 剝啄一聲, 詩札遽降, 忙坽擎玩, 不特牙頰之生香而已. 第此愾然之懷, 已悉於抵伯兄書, 雖不疊床, 隨事相講, 獨非自治之一助乎. 此物亦已履歷矣. 卷中所得, 雖若有以通透, 出而試之, 窘態百出. 小技如醫, 亦以三世爲貴者此也. 天下之事物多端, 一身之酬酢至眇, 先輩之段段致工者, 槩欲推而至於知至也. 今此講義所論, 雖不必箇箇皆非, 想其逕庭, 懲恧如罪. 謂兄必有所猛鐫, 所評者, 只智訓一句, 無一言及於是非. 泛惠以褒揚之律, 竊恐賢者愛人, 必不當如是狹隘也. 曷任歉缺. 三先生所論, 謹當如戒採入, 以備考據之一. 而跂語旋止之敎, 毋乃諷之, 使知其萬古藏僭語耶. 然前之所集, 有如秋蟬春鶯, 自鳴自樂, 本非自擬於成書者, 序文又何可望也. 惠韻, 忘懲攀和, 而若其飢鴉詩, 實未曉命意之攸在, 尤不敢關弦. 元來鉛槧, 貴在言志. 吾爾充腹似鄙語, 烟火口食涉仙味, 晴窓所詠, 抑不必如此耶. 金令惠我以木假山, 是自金剛漂到者, 其連理可貴. 弟方有看雲之思長被之戀, 述意和呈, 唐突古體之變例.

---

32 연화구식煙火口食 : 도가道家의 벽곡辟穀 수행법에서 익힌 음식을 이르는 말. 연화식煙火食이라고도 한다.
33 구름을 바라보는 생각 : 어버이를 그리워하는 것을 말한다. 당나라 때 적인걸狄仁傑이 태항산太行山에 올라 하양河陽 위의 구름을 바라보며 "저 아래 우리 아버지가 계신다."라고 한 데서 유래한 말이다.
34 큰 이불을 …… 그리움 : 긴 베개와 큰 이불. 형제의 정을 말한다. 당唐 현종玄宗이 우애가 깊어 긴 베개와 큰 이불로 형제들과 함께 잤다는 고사에서 나왔다.
35 고체古體 : 당 이후의 근체시에 상대하여 수나라 이전의 시를 이른다. 자수字數나 구수句數에 제한이 없고 압운 평측에도 일정한 법칙이 없이 자유롭다. 사언四言·오언五言·칠언七言 또는 장단구長短句가 있다.

> **평설(評說)** 이형상이 정규양에게 쓴 답장으로, 가산에 관련된 내용은 말미에 있다. 금강산에서 떨어져 나온 나무 등걸로 만든 목가산을 받았다. 나뭇결이 아름다워 참으로 진귀한 것이다. 이에 감사하며 벗을 향한 그리움에 시를 지어 보낸다는 내용이다.

▌木假山記 목가산기

임창택林昌澤[36]

어떤 나무꾼이 천 년 묵은 나무뿌리를 뽑아, 땔나무와 함께 실어다 와서는 마침 내 집에 팔았다. 집사람이 그것을 쪼개어 불을 때려 하는데 내가 멈추게 하고 정원 가운데에 두었다. 높고 구불구불하며 가파르고 우뚝한 것이 마치 산의 형상과 같았다. 산의 옆에는 소나무가 우뚝 솟아 있고 대나무가 성글게 심어져 있어서 나무와 줄기가 살아 움직인다. 그러나 사람들이 오면 반드시 썩은 뿌리에 눈길이 멈추니, 사람들은 진실로 범상한 것을 싫어하고 진짜를 귀하게 여기지 않는다. 나 또한 가짜를 좋아하는 것을 면치 못하고 있으니 괴이하구나.

『숭악집崧岳集』 권2

> 有樵夫, 拔千歲根, 混薪載至, 適市余家. 家人將剖而爨之, 余止之, 置諸園中, 嶄巖盤鬱, 巃嵷崛嵸, 若山狀. 山之傍, 松峙竹疎, 柯葉活動. 然人至必于朽根爲寓目, 人固厭常不貴眞, 余亦未免好假, 可怪也已.

> **평설(評說)** 나무꾼이 땔감으로 팔았던 기괴한 모양의 오래된 나무뿌리를 정원에 두어 목가산으로 삼았다. 목가산 주위에는 싱싱한 소나무와 대나무가 있지만, 찾아온 사람들은 소나무와 대나무를 마다하고 목가산에만 관심을 기울

---

[36] 임창택林昌澤 : 1682(숙종 8)~1723(경종 3). 자는 대윤大潤, 호는 숭악崧岳, 본관은 나주羅州.

인다. 사람들이 진짜보다 가짜를 좋아하고 범상한 것보다 괴이한 것을 좋아하는 이유가 무엇인지 반문하였다.

　이 글을 지은 임창택은 개성의 남산南山 아래 대활동大闊洞에 살았다. 개성 사람이라는 태생적 한계 때문에 불우한 일생을 보낸 인물이다. 사람들이 기괴한 모습에 속아 가짜인 목가산을 진짜 나무보다 좋아하는 것을 보고, 자신의 불우한 처지에 비겨 이 글을 쓴 것으로 여겨진다.

■ 初度日汝成諸君皆有詩 和之
　　회갑날에 여성汝成 등 제군諸君들이 시를 지었는데, 여기에 화답하다

남유용南有容[37]

人皆嗟老我知閒	사람들 모두 늙음을 탄식하지만 나는 한가로움 알아서
夢想箕山潁水間	기산과 영수의 사이[38]를 꿈속에도 그리워하네.
杞菊祇堪支晚景	구기와 국화[39]로 늘그막을 버틸 수 있으니
丹砂郁得住頹顔	어찌 단사[40]로 늙어가는 얼굴을 멈추게 하랴.
流年又値桑弧夕	세월이 흘러 또 상호[41]의 저녁을 만나게 되니

37　남유용南有容 : 1698(숙종 24)~1773(영조 49). 본관은 의령宜寧. 자는 덕재德哉, 호는 뇌연雷淵·소화小華. 시호는 문청文淸이다.
38　기산箕山과 영수潁水의 사이 : 중국 고대 요堯 때의 고사高士 허유許由와 소보巢父의 고사이다. 116쪽 주석 16 참조.
39　구기枸杞와 국화菊花 : 당나라 학자 보리선생甫里先生 육귀몽陸龜蒙이 집이 몹시 가난하였는데 집에 기국杞菊을 심어서 먹었다는 고사가 있다. 또 송나라 소식蘇軾이 국화와 구기자를 양식으로 삼으면서, 봄에 나오는 싹, 여름의 이파리, 가을의 꽃·열매, 겨울의 뿌리를 달게 먹었다는 고사도 있다. 여기서는 가난을 견디어 낸다는 뜻으로 쓰인 것이다.
40　단사丹砂 : 도가道家에서 주사朱砂를 고아 만든 선약仙藥을 말함.
41　상호桑弧 : 『예기禮記』「사의射義」편에 "남자가 태어나면 뽕나무 활 6개, 쑥대 살 6개로 천지사방을 쏜다[男子生 桑弧六 蓬矢六 以射天地四方]."는 말이 있다. 여기서는 생일을 뜻한다.

老淚重沾木假山	늙은이 눈물은 거듭 목가산을 적시는구나.
偶有小罇能醉客	마침 작은 술동이 있어 손님을 취하게 할 수 있으니
揮毫燭畔未言還	촛불 곁에서 붓을 휘두르며 돌아가지 않는다네.

『뇌연집雷淵集』권8

평설(評說) 노년에 접어드니 기산箕山과 영수潁水에 숨어 살았다는 허유許由와 소부巢父처럼 한가로운 생활을 즐길 수 있게 되었다. 가난해도 화훼를 즐기며 노년을 보낼 수 있으니, 굳이 선약仙藥을 구해 젊어지기를 바라지 않는다. 세월이 흘러 다시 생일을 맞이하니, 어느덧 늙어버린 자신을 돌아보고 곁에 있던 목가산에 눈물을 떨군다. 그래도 손님들과 함께 술을 마시며 시를 짓는다는 내용이다.

題朴孝伯讀蘇老泉木假山記後
박효백朴孝伯의 「소노천蘇老泉의 목가산기木假山記를 읽고」 뒤에 쓰다

안정복安鼎福[42]

옛 사람이 말하기를, "곤궁한 사람이 시를 잘 짓는다."라고 하였다. 시는 뜻을 말하는 것이다. 곤궁한 사람은 경험한 바가 많아서 눈앞의 사물이 모두 자기의 마음에 보존되어 있다. 그렇기 때문에 그것을 꺼내어 시를 지으면, 사람들이 형용하기 어려운 사물을 능히 형용해 내고, 사람들이 말하지 못하는 말을 능히 말할 수 있다. 이것이 시를 잘 짓게 되는 까닭이다.

동네 친구인 박효백朴孝伯은 곤궁한 사람이다. 70년 동안이나 글을 읽으며 문장

---

[42] 안정복安鼎福 : 1712(숙종 38)~1791(정조 15). 자는 백순百順, 호는 순암順菴·한산병은漢山病隱·우이자虞夷子, 본관은 광주廣州.

으로 스스로 기약했지만, 한 번도 과거에 합격하지 못하였다. 비록 몹시 가난하고 궁색했지만 하늘을 원망하거나 다른 사람을 탓한 적이 없었다. 우연히 소순蘇洵의 「목가산기木假山記」를 읽고 느낌이 있어 글을 짓고는, 자기의 뜻을 붙여 이르기를, "하나의 이치가 빽빽하게 둘러싼 채 동정動靜에 따라 배태胚胎되는 것은 이치[理]이고, 하나의 기운이 빙빙 돌면서 길흉吉凶을 나누고 끊임없이 순환하는 것은 운수이다. 번갈아 펼쳐지고 생겨나니 세력으로 면할 수도 없고 지교智巧로 바랄 수도 없다. 오직 하늘이 명하는 바를 듣고 순순히 받아들이며 조용히 기다릴 뿐이다."라고 하였다.

아! 이 사람은 곤궁하면서도 의義를 잃지 않은 자이다. 곤궁하면서도 의를 잃지 않는다면 곤궁함이 나와 무슨 상관이 있겠는가? 곤궁한 자가 시를 잘 짓는다는 말은 과연 거짓이 아니다. 나 또한 감탄하여 그 뒤에 쓰고 이로써 스스로 권면한다. 그리고 곤궁하다고 해서 운명을 편히 여기지 못하고 함부로 이런저런 말을 하고자 하는 자에게 보여주고자 한다.

『순암집順菴集』 권19

古人曰, 窮者能詩. 詩所以言志也, 窮者閱歷多, 而眼前物事, 無非吾心之所存. 故發而爲詩, 能狀人所難狀之物, 能道人所未道之語, 此其所以能詩也. 洞友朴孝伯窮者也. 讀書七十年, 以文章自期, 而一未售於有司. 雖貧窶瑣尾之甚, 而未嘗有怨尤於天人. 偶讀蘇明允木假山記, 有感而爲之說, 自寓其意, 而乃曰, 一理叢匝, 隨動靜而胚胎者, 理也. 一氣斡旋, 分吉凶而回薄者, 數也. 互發相生, 不可以勢力免而智巧希. 惟當聽天所命, 順受之, 靜竢之而已. 嗚呼. 是窮而不失其義者也. 窮而不失其義, 則窮於我何有. 窮者能詩之言, 果不誣矣. 余亦感歎而題其後, 聊以自勉, 又欲以示夫窮而不安其命, 妄欲有云云者.

평설(評說)　소순은 강가의 모래밭에서 산 모양의 나무뿌리를 얻어 집에 가져다 놓고 「목가산기木假山記」를 지어 모든 것이 운명이라 하였다. 70세의 불우한 문인 박효백은 이 글을 읽고서 세상의 모든 일은 이理와 기氣의 작용에 의한 것이니, "오직 하늘이 명하는 바를 듣고 순순히 받아들이며 조용히 기다릴 뿐"이라는 자신의 뜻을 밝혔다. 안정복은 그야말로 곤궁하면서도 의義를 잃지 않은 사람이라고 평하였다.

木假山記 목가산기

김약련金若鍊[43]

우리 집안에는 옛것을 좋아하는 선비가 있으니 스스로 호를 귀동거사龜東居士라고 하였다. 거사는 귀성龜城의 북쪽 홍주興州 땅의 당남촌塘南村에 살고 있다. 옛날에 효자가 살았기에 일명 효자촌이라고도 한다. 그 땅은 태백산과 소백산이 교차하는 곳인데, 거사는 이렇게 생각하였다. '태백산은 영남의 진산鎭山이며, 소백산은 호서와 호남에 있는 여러 산의 조산祖山이다. 그곳에 맺힌 기운이 두텁고 쌓인 정기가 깊으니, 반드시 신령하고 괴이한 물건이 혹은 첩첩 산중이나 궁벽한 골짜기 속에 숨어 있거나 혹은 시냇가의 나무하고 꼴 베는 곁에 묻혀 있을 것이다. 하늘이 아끼고 땅이 숨겨두었다가 알아보는 자를 기다렸다가 나타날 것이다.'

이에 높은 곳에 올라가 그 기운을 바라보고 강물을 따라 그 자취를 찾아보며, 낮이면 생각하고 밤이면 꿈을 꾸면서 항상 간절하게 마음속에 간직하고 있었다. 그러자 산의 개울가 모래 쌓인 곳에서 괴이한 물건을 만났다. 돌로 보면 돌인 것 같고, 흙으로 보면 흙인 것 같았는데, 지나가면서 본 사람이 수천 수백에 그치지 않았겠지만 한 사람도 기이하게 여기지 않았다. 거사가 한번 보더니 기이하게 여기며 이렇게 말했다.

"이것은 목가산이다. 암석 사이에 뿌리를 내린 나무는 솟아나고자 하지만 돌

---

[43] 김약련金若鍊 : 1730(영조 6)~1802(순조 2). 본관은 예안禮安, 자는 유성幼成, 호는 두암斗庵 또는 인수忍叟. 1774년 문과에 급제하여 관직은 좌부승지에 이르렀다.

에 눌리고, 돌아나고자 하지만 바람에 방해를 받아, 가로로 뻗기도 하고 거꾸로 자라기도 하고 줄어들기도 하고 감아돌기도 하여 널찍하게 응축되거나 구불구불 휘어버린다. 그래서 수천만 년이 지나도록 기운을 뻗치거나 가지를 자라게 하여 하늘을 찌를 듯한 형세를 이룰 수가 없다. 결국은 바위 꼭대기나 돌 틈에서 함께 재앙을 당하여 시냇가를 이리저리 굴러다니다가 모래와 돌 사이에 묻혀 몸통은 썩고 뼈만 남게 된다. 기이한 모습을 감추고 더러운 오물을 뒤집어 쓴 지가 또 몇 십, 몇 백 년이 되는지 알 수 없으나 주인을 만나지 못하였으니, 누가 그 먼지와 오물을 털어 그 형상을 드러나게 해줄 수 있겠는가?"

그리하여 옮겨다 정원에 갖다놓고 칼로 때를 벗겨내고 송곳으로 막힌 곳을 뚫었다. 그 사이에 끼어있던 모래와 돌을 모두 제거하고 깨끗이 씻으니, 완연히 우뚝 솟은 기이한 산이 되었다. 거사가 말했다.

"아! 세상에 상서롭고 진귀한 물건은 짝 없이 혼자이거나 이웃 없이 외로운 것은 없다. 수컷 봉황이 있으면 암컷 봉황이 있고, 수컷 기린이 있으면 암컷 기린이 있으며, 간장干將이 있으면 막야莫邪가 있는 법이다. 바다에 신선의 산이 셋 있으니, 이 산이라고 해서 어찌 하나뿐이겠는가?" 하고는 또 찾아다니기를 그만두지 않아, 마침내 세 개의 목가산을 얻었다. 하나만 있어도 이미 기이한데, 두 개, 세 개에 이르렀으니 더욱 기이하였다. 마침내 삼신산의 이름을 따서 이름을 지었다.

두암옹斗庵翁이 그 이야기를 들었으나 한 번도 보지 못한 지가 이미 3년이 되었다. 단알單閼[44]의 해 1월 19일, 두암옹은 백운동白雲洞으로부터 거사의 집을 방문하였다. 봉래산과 방장산이 그 좌우에 함께 솟아 있었으니, 아아! 기이하도다. 천하의 물건은 항상 그 이름이 그 실상보다 못하기 때문에, 눈으로 보면 반드시 귀로 듣던 것만 못하다. 그러나 이 산은 실상이 그 이름보다 빼어났기에 눈으로 보는

---

44 단알單閼 : 고갑자古甲子로, 묘년卯年을 가리킴. 정확한 연도는 알 수 없다.

것이 귀로 듣던 것의 갑절이나 된다. 기기괴괴하여 그 형상을 묘사할 수가 없으니 경악스럽고 해괴하였다. 한참 있다 보니, 우뚝한 것은 봉우리가 되고 움푹한 것은 골짜기가 되며, 큰 것은 바위가 되고 작은 것은 돌멩이가 되었다. 위태롭기가 검문劍門과 같고 그윽하기가 도원桃源과 같은데, 오백 나한五百羅漢처럼 줄지어 있고 멈춘 구름처럼 뭉쳐 있었다. 겹겹의 봉우리처럼 높았고 첩첩 산중처럼 깊었는데, 잠깐 보면 여기에 있다가 다시 보면 저기에 있어, 보면 볼수록 더욱 기이하고 오래 볼수록 더욱 새로웠다. 크기는 대여섯 아름을 넘지 않으나 깊이는 헤아릴 수 없을 것만 같고, 길이는 두어 자가 되지 않으나 높이는 오르기 힘들 것만 같다. 남산의 쉰 두 개 봉우리라도 그 기이함을 다하기에 부족하고, 금강산의 만 이천 봉우리와 그 수를 비교할 수 있을 것 같으니, 참으로 조물주의 기이한 창조물이고 우리들의 장관이었다. 오직 영주산 하나만은 잠깐 이웃 친구가 빌려갔는데, 처음에는 미생微生처럼 다른 사람에게 빌려온 물건을 빌려주었고, 다음에는 골짜기에 숨겨놓은 배처럼 찾기 힘들어졌다. 지금은 수백 리 밖에 있으니 두암옹이 볼 수 없는 것은 운수이다. 그러나 하나의 모퉁이를 들면 나머지 셋을 알 수 있는 것처럼, 지금 내가 그중 둘을 보았으니 나머지 하나는 미루어 알 수 있다.

거사에게 물으니 "세 개의 산은 각기 장단점이 있다."고 하였고, 다른 이에게 물으니, "봉래산은 마씨馬氏 집안에서 가장 뛰어난 마량馬良과 같고, 방장산과 영주산은 진씨陳氏 집안의 진기陳紀와 진심陳諶처럼 난형난제이다."라고 하였다. 두암옹이 거사에게 말했다.

"봉래산은 처음에 얻은 것인데 품질이 으뜸이니, 그대가 그 주인이 되는 것이 마땅하다. 비록 나라 하더라도 어찌 감히 달라고 하겠는가? 소순蘇洵은 세 봉우리를 은연중에 자기들 부자에게 비유하였지만 나는 그렇다고 믿지 않았다. 그러나 지금 방장산의 위에 솟은 두 봉우리를 보니, 듬직하고 예스러워 조금도 부드러운 모습이 없으니 참으로 이것이야말로 나와 당신에게 비유할 수 있겠소. 나와 당신은 불행히 남북으로 떨어져 사느라 아침저녁으로 마주하지 못하는데, 그대가 만약 방장산을 나의 집에 옮겨놓게 해준다면 이는 그대와 내가 다시 한 곳에 모이는 것과 마찬가지요."

거사가 말했다.

"좋소."

두암옹은 마침내 그것을 안고 돌아가 두암에 모셔두고는 함께 늙으려 하였다. 그러자 어떤 이가 비난하였다.

"물건은 진짜가 있음을 귀하게 여기고 일은 거짓되지 않아야 하는 법이오. 그대는 가짜 산에서 무엇을 취하려는 것이오?"

두암옹이 말했다.

"그렇지 않소. 가짜를 가지고 진짜를 보면 모든 것이 가짜요, 진짜를 가지고 가짜를 보면 가짜도 진짜라오. 옛 사람 중에는 그림을 보고서 갑자기 밭을 사고 싶어진 이도 있고, 구름을 보고서 절이 있을 것이라 의심한 사람도 있었지요. 진실로 마음에 맞아 멋을 이루고 눈으로 보기에 즐거워 흥을 담는다면, 그림과 구름에 어찌 진짜 산의 구별이 있겠소? 만약 산에 오르고도 그 멋과 흥을 모르고, 산을 내려와 곧 그 형상을 잊어버린다면 이것은 사실 가짜라오. 누가 진짜라고 하겠소? 그렇다면 그림과 구름은 가짜로 보아서는 안 된다오. 그렇지만 그림이란 그 앞면만 볼 수 있으므로 뒷면은 보지 못하고, 구름이란 여름에는 알맞지만 겨울에는 알맞지 않소. 그러니 어찌 앞면이나 뒷면이나 차이가 없고 겨울이나 여름이나 변하지 않으며 아침저녁으로 보면서 멋과 흥이 끝없는 이 산과 같겠소이까? 소씨는 나무가 베어져 대들보가 되는 것이 다행이라 여겼고, 호사자가 가져다가 목가산으로 만드는 것은 더욱 다행이라 여겼지요. 나무는 본디 마음이 없으니 어찌 다행과 불행을 알겠소? 그리고 나 또한 이해에 관심이 없는 사람이니 어느 것이 다행이고 어느 것이 불행인지 어찌 알겠소?"

옛날에 창려씨昌黎氏(韓愈)가 다른 사람에게 인물화를 주면서 그 형상과 숫자를 기록하였는데, 때때로 보면서 스스로 마음을 풀었다. 나는 거사의 마음이 아직도 풀리지 않았을까 걱정하여 이 기문을 지어 그의 마음을 풀어준다.

『두암집斗庵集』

吾家有好古之士, 自號龜東居士, 居士寓居于龜城之北界興州地之塘南村, 古有孝子居之, 一名孝子村, 其地在太小白兩山之交, 居士以爲太白吾南之鎭, 而小白爲湖西南諸山之祖, 其鍾氣厚而蓄精深, 是必有靈怪之物, 或隱於疊嶂窮壑之中, 或伏於磎澗樵牧之傍, 而天慳而地秘之, 以待其知者而後見之者, 於是登高而望其氣, 沿流而尋其迹, 晝思夜夢, 憧憧在心目間, 乃於山磎沙堆中, 遇怪物焉, 石視則石, 土視則土, 過而視者不止爲幾千百人, 而未嘗有一人以爲奇也. 居士一見而異之曰, 此木假山也, 木之根於巖石間者, 或欲出而爲石所壓, 或欲抽而爲風所困, 或橫或倒或縮或纏, 鬱結磐礴, 雍閼屈曲, 歷幾千萬歲而終不能伸其氣長其枝, 以成干雲之勢, 及至巖顚石泐而同被其災, 轉泊磎澗, 埋沒沙石, 肉朽而骨餘, 藏奇而蒙汚者, 又未知幾十百歲, 而不遇其主人, 孰能拂拭其塵穢而露出其形象哉. 乃移而置之庭, 刀以刮其垢, 錐以剔其塞, 凡沙石之介于其間者, 無不刊去而洗滌之, 完然成特地奇巒, 居士曰, 噫, 世之爲瑞爲珍者, 未有隻而不雙, 孤而不隣者, 有鳳則有凰, 有麟則有麒, 有干將則有莫邪, 海中之仙山有三, 是山豈獨有一哉, 又求之不已, 竟得三木山, 一之已奇, 而再而至於三, 尤亦奇哉, 遂移三神山之名而名之. 斗庵翁聞其事而未一見者已三年, 歲單閼之端月旣生魄越翌日, 翁自白雲洞訪居士之居, 蓬萊方丈並峙其左右, 吁噫乎, 其異矣, 天下之物名之每浮其實, 目之必損其耳, 惟此山, 實過於名, 目倍於耳, 怪怪奇奇, 不可摸狀, 愕爾駭爾. 久而後視之, 兀而爲峯, 窪而爲壑, 巨而爲巖, 細而爲石, 危如劍門, 幽如桃源, 列如羅漢, 凝如停雲, 鱗鱗而高, 疊疊而深, 俄視有此, 復視有彼, 看看愈奇, 久久愈新, 大不過五六圍, 而深若不測, 長不滿二許尺, 而高若難攀, 南山之五十二, 或不足以盡其奇, 金剛之萬二千峰, 若可以較其數, 眞造物之奇産而吾人之壯觀也. 獨瀛洲一山, 暫許隣友之分山, 而一轉而爲微生之乞, 再轉而爲堅舟之負, 今去數百里之外, 翁之不得見, 數也, 然擧一可反其三, 今吾見其二, 其一可推而知也. 問之居士曰, 三山互有短長, 問之他人曰, 蓬萊爲馬氏之最良, 而方瀛卽陳家之二難云. 翁謂居士曰, 蓬萊之山, 得之最初而品爲第一, 君宜其主人也, 雖吾何敢請, 老蘇以三峯隱然自比於其父子, 吾不信其爲然, 然今觀方丈二峯, 對峙其上, 骯髒樸古, 無一分軟巽媚嫵之態, 此眞可比於翁與君, 翁與君不幸而分居南北, 不能朝夕相對, 君能使方丈移在翁庵, 是君與翁復合於一處也. 居士曰, 諾. 翁遂抱而歸奠之斗庵, 將與之同老焉, 客有難之者曰, 物貴有眞, 事要不假, 翁奚取於山之假也, 翁曰, 不然, 以假觀眞則物皆假也, 以眞觀假則假亦眞也, 古之人有觀於畵而徑欲置田, 有觀於雲而便疑有寺, 苟能適於心而成趣, 悅於目而寓興, 則畵與雲, 何別於眞山, 若或登山而不知其趣興, 下山而便忘其形象, 是誠假耳, 誰謂之眞哉, 然則畵與雲, 亦不可以假觀, 然畵也見其面而不見背, 雲也宜於夏而不宜冬, 又豈若玆山之無間於面背, 不變於冬夏, 而朝看暮看, 趣興無窮者哉, 蘇氏以木之伐而爲棟樑爲幸, 以好事者取而爲山爲最幸, 夫木無心, 安知其爲幸與不幸, 而翁亦無心於利害者也, 又安知孰爲幸而孰爲不幸也哉, 昔昌黎氏贈人以人物畵, 記其狀與數, 而時觀之以自釋, 吾恐居士之心猶有不釋然者, 作此記以釋其心.

평설(評說) 이 목가산의 주인 귀동거사龜東居士가 사는 곳은 지금의 경상북도 영풍군이다. 거사는 태백산과 소백산이 만나는 곳의 흐르는 냇가에서 괴목 하나를 얻어 목가산으로 삼았다. 거사는 이처럼 기이한 물건이 또 있을 것이라 생각하고 계속 찾아다닌 끝에 마침내 세 개의 목가산을 얻어 삼신산으로 삼았다. 이 글의 저자 김약련은 거사를 찾아가 목가산으로 만들어진 삼신산을 구경하고자 하였으나, 이미 거사의 벗이 영주산을 빌려가 돌려주지 않았기에 나머지 둘만 보게 되었다. 김약련은 거사에게 나머지 둘 가운데 방장산을 자기에게 달라고 하였다. 거사와 늘 떨어져 지내는 것을 안타까워한 나머지, 거사 대신 방장산을 바라보며 외로움을 달래고자 했던 것이다. 거사의 허락을 받은 김약련은 방장산을 가지고 집으로 돌아왔다. 어떤 이가 가산을 즐기는 김약련의 행태를 비난하자, 그는 이렇게 대답하였다. 마음에 맞기만 하다면 가짜와 진짜의 구분은 무의미하다. 그리고 나무에게는 목가산이 되고 안 되고가 아무런 상관이 없는 것처럼, 자신도 이익과 손해에 관심을 두지 않는 사람이라고 하였다. 혹시 거사에게 아까워하는 마음이 남아 있을까봐 이 글을 짓는다 하였다.

木假山記　목가산기

신필흠申弼欽[45]

산을 가짜라고 이름한 것은 어째서인가? 생각을 기쁘게 하고 마음에 맞는 물건이 있으면 모두들 항상 마주 대하며 잊지 않기를 원한다. 현안玄晏이 책을 좋아했던 것, 중산中散이 거문고를 가까이 했던 것, 원장元章이 돌을 모았던 것, 완부阮孚가 밀랍 칠한 나막신을 신었던 것은 그들 모두가 매우 좋아하였기 때문인데, 날마다 항상 대하며 얻기 쉬운 것이었으므로 가짜가 없더라도 충분하였던 것이다.

지금 안탕산雁蕩山의 온천과 구화산九華山의 연못, 깊은 선도산仙都山과 기이한 여산廬山은 천하의 빼어난 장관이긴 하지만 일상생활에서 접할 수 있는 것이 아니다. 그리하여 옛 사람은 그것을 사랑하여 잊지 않고자 문자로 기록하고 그림으로 그렸다. 그리고 글과 그림으로는 부족하여 가산이 만들어지게 되었다.

나의 삼종숙부 서벽공棲碧公은 평소 산수를 좋아하였으나 사는 곳이 궁벽하여 천하의 승경을 두루 보지 못하여 한스러워했다. 작년 여름, 우연히 여울물에 떠내려 온 괴목을 얻었는데, 구불구불하고 울퉁불퉁한 것이 엄연히 산 모양이었다. 공이 말했다.

"이것은 목가산이라 이름 짓는 것이 좋겠다."

내가 다시 공에게 말했다.

"사물이 드러나고 숨는 것은 운수입니다. 나무가 움텄을 때 죽지 않고 한 움큼 되었을 때에도 죽지 않아 먼지와 모래를 벗고 도끼와 자귀를 멀리하여 사람들에게 감상을 받게 되는 일은 소순蘇洵이 세 봉우리 목가산에 대해 이미 기이한 만남이라고 하였습니다. 수천, 수백 년이 흘러 다시 공을 만나 지기知己가 되었으니 그 사이에 운수가 있는 것이 아니겠습니까? 비록 그렇지만 천하에는 수만 가지

---

[45] 신필흠申弼欽 : 1806(순조 6)~1866(고종 3). 본관은 평산平山, 자는 백한伯翰, 호는 천재泉齋.

물건의 이름이 있는데, 그것이 가짜라고 해서 가짜로 여긴다면 모두 가짜라고 하겠습니다. 우뚝 솟고 펑퍼짐하며 장중하고 가파르며 기이하기를 구하지 않아도 기이하고 가짜이길 구하지 않아도 가짜인 것은 나무와 산의 관계와 같은 것은 없습니다. 공이 취한 바는 반드시 느낀 바가 있고 공경하는 바가 있어서이겠지요."

공은 이에 먼저 오언절구五言絶句를 지어 친구들에게 두루 보여주었고, 나는 그의 뜻을 헤아려 기록한다. 신묘년 9월, 족자族子 필흠弼欽은 삼가 쓴다.

『천재문집泉齋文集』

山以假名, 何哉, 凡物苟可以娛意適情, 則皆欲其常接而不忘, 玄晏之於書, 中散之於琴, 元章之於石, 阮孚之於蠟屐, 彼皆好之篤, 故日常接求而得之易, 故無待於假而足也, 今夫溫之雁蕩, 池之九華, 仙都之幽, 廬阜之奇, 固天下之殊觀絶勝, 而非可以飮食起居而接, 則古人之愛之欲不忘者, 厥或記之以文字, 形之以圖畵, 而文與畵之不足, 此假山之所由作也, 吾三從叔父樓碧公, 雅愛佳山水, 恨所居僻左, 無以盡天下之殊觀, 往年夏, 偶得怪木於湍沙漂沒中, 輪囷魁礌, 儼然一山樣, 公曰, 是宜名木假山, 余復于公曰, 物之顯晦, 數也, 夫木之蘗不殤拱不殀, 脫泥沙, 遠斧斤, 而見賞於人者, 自老蘇氏三峰, 已自謂奇遇而歷幾千百年, 乃復得公爲知己, 庸非有數存乎其間歟, 雖然, 凡天地之間, 號物萬數, 因其假而假之, 則皆可以假爲也, 其魁岸磅礴莊重刻削, 不求奇而奇, 不求假而假, 未有如木之於山, 則公之所取, 其必有所感而亦必有所敬也, 夫公於是首爲韻五絶, 遍誦于親友, 余因推其意以記云, 辛卯菊秋族子弼欽謹書.

평설(評說) 글쓴이의 삼종숙부 서벽공樓碧公이 우연히 물가에서 괴목을 얻어 목가산이라 이름 붙였다. 글쓴이는 이렇게 말한다. 일찍이 소순蘇洵은 「목가산기木假山記」에서 나무가 죽거나 베이지 않고 요행히 사람들의 감상거리가 되는 것은 매우 기이한 일이라고 하였다. 그로부터 수백 년 뒤인 지금, 서벽공이 목가산을 만나게 되었으니 이 또한 운명과도 같은 일이다. 목가산이 비록 가짜 산이긴 하지만, 이 목가산은 저절로 산의 모습을 갖추게 된 것이니 굳이 가짜라고 할 필요가 없다는 내용이다.

木假山說 목가산설

이호우李浩祐[46]

　태산泰山인가 화산華山인가, 광산匡山인가 여산廬山인가? 태산과 화산은 내가 올라본 적이 없고, 광산과 여산 또한 찾은 적이 없다. 이곳에 대해 생소한 나그네가 어찌 진면목이 어떠한지 알 수 있겠는가? 그러나 내 눈이 하루라도 태산과 여산에 있지 않은 적이 없으니, 책상에 책이 있기 때문이다. 요사이 조물주가 내 눈을 어둡게 하여 책을 덮어두었기에 볼 수가 없으니, 산을 보지 못한 것도 오래되었다. 그런데 우연히 산과 비슷한 것을 하나 얻게 되었으니, 한 덩어리 나무토막인데 길이는 한 자도 되지 않고 크기도 한 아름이 되지 않는다. 그러나 남다른 모습과 기이한 형상은 실로 하늘이 만들고 귀신이 보관해 둔 것이다. 다듬어 책상 옆에 두고 묵묵히 바라보노라니, 일찍이 책에서 보던 것이다.

　둥글고 높아 하늘을 받칠 만하여 해가 뜨는 모습을 먼저 바라볼 수 있는 것은 일관봉日觀峯이다. 우뚝 서 있으면서도 구부정하여 마치 도道가 있는 사람의 기상과 같은 것은 장인봉丈人峯이다. 머리는 벗겨지고 빙 둘러 서 있으며 마치 읍하는 것처럼 몸을 굽힌 것은 오로봉五老峯이다. 기울어진 커다란 바위 벼랑으로 마치 집처럼 둥그스름한 것은 백석암白石庵이다. 그 밖에 괘천폭掛天瀑, 향로봉香爐峯, 옥정玉井, 석려石閭와 비슷한 것을 일일이 헤아릴 수가 없다. 산은 나를 떠나지 않고 나는 산을 떠나지 않으니, 어느덧 자후子厚(柳宗元)의 모습으로 변하여 여러 봉우리의 위로 올라가 속세를 아득히 저 앞에 두고서, 성인의 자취가 어느 봉우리에 남아 있으며 이백이 쇠절굿공이를 갈던 곳이 어느 곳인지 또렷이 보이는 것 같았다. 지금 천년이 지나 만 리 떨어진 곳에서 문 밖을 한 걸음도 나가지 않고 아침저녁으로 성인을 만나며 앉으나 누우나 시인을 마주한 것 같고, 마치 진경眞境에 들어가 진기

---

[46] 이호우李浩祐 : 1826(순조 26)~1892(고종 29). 본관은 순천順天, 자는 치수致壽, 호는 소산素山.

한 유람을 하는 것과 같다. 그리하여 그전까지 책에서 보던 것은 모두 가짜였다는 것을 깨닫게 되었다. 어떤 이가 나를 조롱하며 이렇게 말했다.

"주먹만한 썩은 나무토막이 비록 갖가지 기이한 모습을 갖추고 있다 하더라도 어찌 태산과 여산의 만분의 일이라도 비슷하겠소? 그것이 정말 진경이라면 어찌 진짜 산이라 하지 않고 가짜 산이라 하는 것이오?"

아아! 내가 어찌 진짜와 가짜를 구별하지 못하여 진짜를 가짜로 잘못 알고 가짜를 진짜라고 속이겠는가? 그러나 진짜를 진짜로 여겨 사물에 이름을 붙인다면 그 뜻이 드러나고, 가짜를 진짜로 여겨 사물에 이름을 붙인다면 그 뜻이 심원한 것이다. 무릇 사물이 똑같지 않은 것은 사물의 본성이다. 나무에는 나무의 본성이 있고 산에는 산의 본성이 있다. 무성한 나무를 보면 누가 그것이 나무라는 것을 알지 못하겠으며, 높은 산을 보면 누가 그것이 산이라는 것을 알지 못하겠는가? 만약 나무에 나무라는 이름을 붙이고 산에 산이라는 이름을 붙인다면, 다른 것 중에도 같은 점이 있고, 같은 것 중에도 다른 점이 있으며 멈추지 않고 변화하는 묘리를 알지 못하는 것이다.

옛적에 노천老泉이 기문을 지을 때 자기와 두 아들에 비유하였으니, 이는 가짜를 진짜로 여기고 다른 것을 같다고 여겼던 것이다. 나는 후세에 태어나서 태산에 올라 옛 성인의 자취를 따르려 하였으나 그렇게 하지 못하였고, 여산에 올라가 쇠절굿공이를 갈고자 하였으나 따를 수가 없다. 옛 일을 생각하며 지금의 모습을 슬퍼하노라면 나무가 많고 산이 쌓였다 하더라도 세상을 바라보면 모두 개미둑이나 조개껍질과 같다. 그리하여 산이 아닌 것에서 산의 모습을 취하여 억지로 산이라 이름 붙인 것이요, 또 비유할 수 없는 태산과 여산에 비유한 것은 그저 태산과 여산을 올라볼 수 없어 한스럽고, 성인과 시인을 이 세상에서 다시 볼 수 없어 탄식하였기 때문이다.

가짜라는 것은 진짜의 반대이다. 산이 실제로 있다면 진짜나 가짜나 모두 똑

같은 산이다. 빼어나고 아름답고 굳세고 튼튼한 것이 있는가 하면, 비스듬하고 기울어지고 가늘고 조그마한 것이 있다. 굳세고 튼튼한 것이 진짜라면 가늘고 조그마한 것은 가짜이다. 한 번만 본다면 누가 이것이 진짜이고 저것이 가짜라는 것을 알지 못하겠는가? 비록 가짜임을 숨기고 진짜라고 속이려 한들 될 수 있겠는가? 산도 그러하거늘 하물며 인간세상에서 시서詩書를 이야기하고 경륜經綸을 일삼는 자가 고수賈竪를 꾸며 반고班固와 사마천司馬遷이라 하고, 아첨하는 자를 가지고 관중管仲과 제갈량諸葛亮을 현혹하며, 겉은 유자儒者이면서 속은 승려인 육자陸子(陸九淵), 한漢나라에 자취를 두고서 마음은 위魏나라에 가 있는 순공荀公(荀彧)과 같은 이가 많다. 이 산의 재질은 나무이니, 비록 산의 형체는 있지만 산의 실체는 없다. 그런데 진짜 산이라 한다면 이는 소에게서 말의 본성을 찾고 양에게서 표범 가죽을 구하는 것과 같다. 그러므로 나는 목가산이라고 하여 세상 사람들에게 가짜 때문에 진짜를 어지럽힐 수 없음을 보이는 것일 뿐이다.

『소산집素山集』 권6

太華歟, 匡廬歟, 太華吾非不歟, 匡廬亦未屐於玆也. 到處生客, 安能知眞面目如何也. 然而眼未嘗一日不在於泰廬者, 案有書以也. 邇來造物者霧我眼而靄然蔽書不可見, 而山亦不見者久, 偶得山也, 似一塊木長不尺大不抱, 而殊形奇狀, 實天造而神護, 舁而置之案書之傍, 默看而分點於書中曾所見焉. 圓高撐天, 先得日輪之始出者, 日觀峯也. 所立卓爾, 偃蹇有道者氣象者, 丈人石峯也. 頭童環立, 鞠躬如損者, 五老峯也. 側厓巨巖, 如屋穹窿者, 白石菴也. 若其他掛天瀑, 香爐峯, 玉井間之依俙者, 難可歷歷標榜, 而山不離於我, 我不離於山, 悠然化子厚之身, 而散在於諸峯之上, 杳茫前塵, 灼灼更覷, 聖轍住於何峯, 李杵磨於何處. 今歲隔千里距萬也, 而不出門外地一步, 朝暮遇聖人, 坐臥對文章, 如入眞境而采眞遊, 還覺向見於書中者, 皆假也. 人有嘲余曰, 一拳朽査, 雖有百奇千怪之隱約非常, 何能彷彿於泰廬之萬一, 而苟爲眞境也, 則何不直曰眞山, 而名之爲假也. 噫, 余豈不辨眞假而謬眞爲假誣假爲眞哉. 然眞其眞以號於物者, 其志露眞, 其假以名其物者, 其趣深. 夫物之不齊, 物之性也. 木有木之性, 山有山之性, 菀然而茂者, 孰不知其爲木蒼然而高者, 孰不知其爲山. 若以木名木, 以山名山, 則無以見異中有同, 同中有異, 變化無定之妙者矣. 昔老泉之爲記也, 切切取譬於己與二子, 是眞其假而同其異也. 余生也後, 志欲登泰山, 而轍古莫攀, 行欲到廬山, 而杵朽難追, 懷古悲今之歎, 木如多山如積, 而擧目於世, 則皆蟻封也, 螺列也, 所以取山外之山, 於木强名爲山, 又擬之於不可擬之泰廬者, 特恨泰廬之不可登, 而益歎夫聖與文章之不可復見於斯世也. 夫假者眞之反也, 山實有眞假, 均是山也, 而有秀麗雄健者, 有斜仄疲爾者, 雄健者眞也, 疲爾者假也, 一見孰不知此眞彼假, 而雖欲掩假誣眞得乎山, 亦猶然, 而況於人世之談詩書業經綸者, 飾賈竪以名班馬矯侫夫, 以眩管葛卒之爲外儒內禪之陸子, 迹漢心魏之荀公者衆矣. 是山也, 其質木也, 雖有山之形, 未有山之實, 而遽謂之眞山, 則是責牛於馬性求羊於豹韟. 余故曰木假山, 以示世之假不可亂眞云爾.

평설(評說) 작자는 산과 비슷한 모양의 나무토막을 얻자 약간 다듬은 뒤 감상하였다. '길이는 한 자도 되지 않고 크기도 한 아름이 되지 않는다'고 하였으니 그 크기를 대략 짐작할 수 있다. 이 글의 작자 역시 가짜 산을 진짜 산으로 여기는 것이 잘못이라는 혹자의 질문에 답하고 있다.

木假山說   목가산설

도한기都漢基[47]

세상의 물건에는 진짜와 가짜가 있다. 사람들은 모두 이렇게 말한다. "형체가 없는 것은 가짜로 만들기 쉽다. 사람이 진짜와 가짜를 구별하기 어렵기 때문이다. 형체가 있는 것은 가짜로 만들기 어렵다. 사람이 반드시 그것이 진짜가 아님을 확인하기 때문이다." 이 말은 그럴 듯하지만 나는 이렇게 말한다. 형체가 있는 것은 가짜로 만들기 쉽고, 형체가 없는 것은 가짜로 만들기 어렵다. 어째서인가? 형체가 있으면 그 형체를 본떠 모방하여 비슷하게 하면 된다. 형체가 없으면 그 형체

---

[47] 도한기都漢基 : 1836(헌종 2)~1902(광무 6). 본관은 성산星山, 자는 예숙禮叔, 호는 관헌管軒.

를 알 수 없어 망연자실한다. 이기理氣로 말하자면, 기氣는 형체가 있으므로 사람들이 그 모습을 빌어 형용하기 쉽다. 이理는 형체가 없으므로 사람들이 진짜와 비슷하게 본뜨기가 어렵다. 그런데 지금 사람들은 형체도 없는 이理에 대해 이야기하는 것은 좋아하면서 도리어 형체가 있는 기氣에 대해서는 소홀히 여기니, 이는 그것이 형체가 없기 때문에 사람들이 함부로 그 옳고 그름을 논할 수 없기 때문이다. 형체가 있으면 사람들이 그 옳고 그름을 분명히 밝힐 수 있다.

    산 또한 형체가 있는 것 중에 하나이다. 그것을 가짜로 만들기 어려운 줄 안다면, 감히 그 만분의 일이라도 모방하여 그려낼 생각을 하지 못할 것이다. 그러나 한 사람이라도 그것을 가짜로 만들기 쉽다는 것을 안다면 붓으로 그려낼 것이니, 이는 그 형체를 가짜로 만들어내기 쉬운 것이다. 당唐·송宋의 사람들은 돌을 가지고 비슷한 것을 만들어내기가 조금 어렵다는 사실을 알고 있었으나 옛날의 정승들 중에 취향이 있는 자는 종종 돌로 가짜 산을 만들었다. 정승 배도裵度, 정승 사공도司空圖가 이런 사람이다. 그리고 한창려韓昌黎, 전희성錢希聖 같은 사람들은 시를 지어 찬미하였다. 이는 모두 사람의 힘으로 교묘히 만들어낸 것이다.

    목가산이라는 명칭은 노천老泉 소순蘇洵에게서 시작되었다. 그는 황강荒江의 모래사장 속에서 강물에 침식된 나무를 얻었는데, 그 형체가 산을 닮은 것이지 사람의 힘으로 가짜로 만들어낸 것은 아니다. 이는 조물주가 만들어낸 것이니 가짜라고 말할 수는 없다. 그러나 그 본체는 산이 아니고 나무이며, 그저 산의 형체를 닮은 것일 뿐이다. 그러므로 산이라고 하지 않고 가산假山이라고 하였으니, 가짜 중의 진짜요, 쉬운 것 중의 어려운 것이라 하겠다.

    수동洙洞에 사는 파석坡石 이병서李秉緖는 박학다식하여 사물의 이치에 대해 통달하지 않은 것이 없었다. 그러나 형체가 없어 이야기하기 어려운 것에 대해서는 애당초 다른 사람에게 말한 적이 없었다. 그러나 글 짓는 여가에 간혹 사물을 관찰하고 지혜를 내어 기이하고 공교로운 재주를 부렸다. 하루는 우연히 나무토막 하나를 얻었는데, 그 모습이 기괴한 것이 마치 노천의 세 봉우리 목가산과 같았다. 진흙을 털어내고 껍질을 벗겨내어 조금 손질하고 다듬었더니 완연히 하나의 가산이었다. 마침내 책상에 두고 기문과 시를 지어 아침저녁으로 그 우뚝하고 튼튼한 기운을 상상하였다. 나는 젊은 시절에 그 분을 찾아뵙고 깊은 사랑을 받았는데 재주가 뛰어나다고 칭찬해주시며 문장과 행실을 닦도록 권장하셨다. 그리고 거짓을 버리고 참된 경지에 나아가라는 뜻을 말씀하고는 가산을 보여주며 말씀하셨다.

"이것은 산이라고 하면 거짓이지만 나무라고 하면 진짜라네. 세상 사람들이 꾸미고 다듬어 만든 것과는 다르다네."

나는 이 산의 형체가 기묘한 것을 보고, 공의 물외物外에 초연한 모습에 감복하였다. 그 뒤 공이 또 손수 옥돌 네 조각을 새겨 나에게 주셨는데, 거기에 "산 하나, 물 하나, 거문고 하나, 술병 하나를 가진 흰 머리 선비"라고 썼다. 이날 나는 공경히 받아가지고 돌아와 생각해보니, 네 조각에 새긴 것은 모두 용감히 자연으로 물러나 살라는 뜻이었다. 나는 보잘것없고 어리석어 기미를 알지 못하였기에 발걸음을 돌려 물러나 살지 못하였는데, 공이 갑자기 세상을 떠나시니 더 이상 가르침을 받을 수 없어 그저 탄식하고 그리워할 뿐이었다. 갑오년(1894), 동학東學의 무리가 고을을 불태워 재산이 모두 사라져버렸고, 네 조각 돌 또한 이를 면하지 못하였다. 이해 겨울, 나는 인산仁山으로 거처를 옮기고, 나의 제질弟姪은 수동에 있는 공의 아들 응로應老 공의 옆집으로 옮겨 살았다. 내가 공에게 말하기를,

"예전에 그대의 아버님께서 주신 조각돌을 잘 보관하지 못하여 이제 없어져버렸다네. 공의 집에 전하는 가산은 혹시 손상되지 않았는가?"

하니, 공이 말하기를,

"겨우 온전히 보존하고 있습니다."

하였는데, 감개한 심정이 있는 듯하였다. 이듬해 봄, 나는 자못 기이한 감나무 뿌리를 얻어 이것을 아로새겨 산으로 만들고자 하였다. 그런데 돌이켜 생각해보니,

지난날 이공이 매번 거짓을 버리고 참된 경지로 나아가라고 하신 말씀이 떠올랐다. 이제 이 감나무 뿌리를 교묘하게 다듬어 형체를 만든다면 비단 가짜 산일 뿐만 아니라 장차 가짜 나무가 될 것이다. 그리하여 멈추고 내버려두었다. 그러던 어느 날 어떤 아이가 등에 산 하나를 짊어지고 왔기에 깜짝 놀라 자세히 살펴보니 바로 수동의 목가산이었다. 응로공이 내가 감나무 뿌리를 얻어 목가산을 만들려 한다는 이야기를 듣고, 내가 지난날 목가산에 대해 물어본 뜻을 생각하여 이 산을 보내주어 산을 좋아하는 소원을 이루게 하려는 것이었다. 그리하여 옛 일을 생각하며 어루만지다가 연못에 씻어 먼지와 때를 제거하고 이끼를 떼어내었더니 파란 물과 푸른 산, 기이한 꽃과 괴이한 돌이 어리비치며 광채를 내게 되었다. 마침내 운韻을 뽑아 시를 짓고 또 산을 어루만지며 말하였다.

"인仁은 오행五行에서 목木에 해당한다. 나무를 가지고 인산仁山에 살고 있는데 다 좋은 친구들이 있지만, 사는 곳이 속세에 가까워 물외物外에서 참된 경지를 닦는 데는 부족함이 있다. 나는 월전月田에 탁래정濯來亭이라는 정자가 있는데 작은 누각에 천 권의 책을 보관해두고 늙어서 쉴 곳으로 삼았다. 산이여, 산이여, 마음에 들겠는가? 내가 장차 수동으로 가서 허락을 받고 너를 이 누각에 보관하여, 이공이 하신 말씀처럼 진짜와 가짜를 구분하며 거짓을 버리고 참된 경지로 나아갈 것이다. 다만 나는 겉으로는 독서하는 사람이라는 이름을 빌었지만 실제로는 한 공부가 없다. 그러니 그저 가짜 산만 보고 진짜 나무를 보지 못한다면 어찌 이 산에 부끄러움이 없겠는가? 이것이 내가 깊이 두려워하는 까닭이다. 그리하여 글을 지어 스스로 경계하고 응로공에게 보인다."

『관헌집管軒集』 권15

凡天下之物, 有眞必有假. 人皆曰, 無形者易假, 以其人莫明其眞假, 有形者難假, 以其人必證其非眞也, 此言似矣, 而余則曰有形者易假, 無形者難假, 何也. 有形則借其形而摹似之, 無形則昧其形而恍惚焉, 如以理氣言之, 氣則有形也, 故人尙易於假其狀而形容之, 理則無形也, 故人最難乎逼其眞而摸寫焉, 奈今之人好論其無形之理, 而反有疎於有形之氣者, 亦以其無形, 則人不能輕議其可否, 有形則仁或可辨明其得失也. 山亦有形之一也, 知其假之難者, 固不敢生意於摹畵其萬一, 而一有知其假之易者, 則或以筆而繪寫之, 尙屬於易假其形, 而唐宋人之用石假象, 稍爲較難, 古卿宰家有趣尙者, 往往以石假山, 如裵相公度司空相公圖是已, 而韓昌黎錢希聖作詩而美之, 此皆人工之所巧造也, 至於木假之名, 昉於老泉蘇公, 其得也在於荒江湍沙之間, 激射齧食之餘, 其形貌象山, 非人工之所假做也, 卽化翁之所造成, 則似不當以假言之, 而惟其本體非山伊木, 但假借山之形, 故不直曰山, 而曰假山, 則亦可謂假中之眞易中之難也, 洙洞坡石李公(秉緖)博學多識於事物之理, 靡不透得, 而以其無形而難言也, 故初不尙人明說, 文墨之暇, 乃或有覽物發智, 騁奇奪巧之事, 一日偶得一木塊之狀貌怪瑰, 髣髴乎老泉之三峰者, 脫其泥刮其皮, 稍加磨削而裁節焉, 悅然一假山也, 遂置諸几案, 以記以詩, 朝夕想像其魁岸端重之氣焉, 漢基於少年, 獲拜屛軒, 垂愛逈深, 稱譽才警, 勸奬文行, 勉之以捨假趨眞之意, 且示假山而語之曰, 此物於山, 則難假而於木則乃眞也, 非若世人之刻飾假做者也, 余愛其山體之奇妙, 深有服於工之物外超然之像矣, 其後公又以手刻玉石四片付之, 其文曰, 山一水一琴一壺一, 白首玄士, 此曰中流也, 余擎手拜受, 歸而思之, 則四片所刻, 皆是勇退居之意也, 而顧此葳劣, 昧於見機, 未克拔武退居, 而公遽謝世提誨仍邈徒切歎慕矣, 至甲午秋, 因東匪燒邑産什沒灰四片石刻亦未免焉, 是歲冬余則卜居仁山弟姪則移寓洙洞與公之胤應老公隣比焉, 余言於公曰, 昔日先公所賜之片刻不能謹藏今已歸虛矣, 公之家傳假山幸無瑕損否, 公曰僅爲保完云, 而似有感慨底意矣, 翌年春, 余得枾根之頗奇者, 欲雕畵爲山, 又反思之則昔日李公之戒, 每以捨假趨眞爲言, 而今此枾根, 若爲巧則成形, 非但爲山之假也, 亦將爲木之假也, 仍爲停閣矣, 忽於一日有童背負一山而來, 驚怪審視, 乃洙洞木假山也, 盖應老公聞余枾根擬做之說, 且念余前日問山之意, 負送此山, 欲遂癖山之願也, 仍爲感舊摩挲, 名塘洗塵, 滌去舊汚, 點摘靑紫, 於是乎綠水靑山, 奇花異石, 隱映生耀矣. 遂拈一韻而各賦之, 且撫山而語曰, 仁是五行之木也, 以木居仁, 朋類雖好, 而奈村近囂塵, 有欠於物外修眞之計也, 吾有一亭於月田, 名曰濯來, 方貯千卷書于小酉之閣, 爲老年棲息計, 山乎山乎, 未知合於心否乎, 吾將躬往洙洞, 如蒙頷可, 則藏汝於此閣, 庶圖辨析眞假捨假趨眞如李公之戒, 而但余外假讀書之名, 未有做工之實, 只得山之假而未覷木之眞, 則豈不有愧於玆山耶, 此余之所深懼, 故仍爲說以自警, 兼以示應老公.

평설(評說) 이병서李秉緖라는 사람이 기괴한 나무토막을 얻어 손질하고 목가산으로 삼았다. 글쓴이 도한기는 젊어서 그를 만난 적이 있는데, 은거하여 살아가려는 그의 뜻에 감복하였다.

얼마 후 동학농민운동이 일어나자 마을은 모두 잿더미가 되었다. 목가산의 안부가 궁금해진 도한기는 이병서의 아들 응로에게 그 행방을 물었다. 다행히 목가산은 그대로 남아있었다. 도한기는 뜻하지 않게 이 목가산을 얻게 되자 옛일을 생각하며 이렇게 말하였다. 항상 목가산을 곁에 두어 사물의 진실과 거짓을 구분하고, 거짓을 버리고 진실을 추구할 것이다. 글의 내용으로 보아 이 목가산은 경북 영풍에 소재한 것으로 보인다.

▮ 木假山銘　　목가산명

　　박삼국朴三國 군이 목가산 하나를 가지고 있는데, 무너진 벼랑 사이에서 얻은 것이다. 오래된 나무 등걸이 기이하고 구불구불하여 산과 비슷하였다. 여러 차례 나에게 글을 하나 써 달라고 부탁하기에, 마침내 이 글을 지었다.[朴君三國, 蓄一木假山. 蓋得之崩崖間, 而古樝奇崛, 有似乎山者也. 屢請余一言, 遂作此]

　　　　　　　　　　　　　　　　　　　　허훈許薰[48]

海嶽靈根	바닷가 산이 신령스러운 뿌리를
深藏萬祀	만 년토록 깊이 감추고 있었네.
奇不終閟	기이함을 끝내 숨길 수 없어
一朝崖圮	하루 아침에 벼랑이 무너졌다네.
始露崩沙	비로소 무너진 모래 사이에 드러나니
臃腫頑鄙	옹이지고 단단하고 거칠어서

---
48 허훈許薰 : 1836(헌종 2)~1907. 본관은 김해金海. 자는 순가舜歌. 호는 방산舫山.

不宜于爨	땔나무로 쓰기에도 마땅치 않고
不入于市	시장에 들여 놓을 수도 없었다네.
慧眼賞識	지혜로운 안목과 감상하는 식견으로
因形剪裁	모양을 따라 자르고 다듬었더니
兩臂如拱	두 팔은 껴안는 듯하고
雙角之嵬	양 뿔은 우뚝 솟았네.
空洞大腹	커다란 산허리에 텅 빈 골짜기
谽砑衆穴	깊고 공허한 수많은 동굴
縱橫紃文	가로세로 아롱진 무늬
隨厥幻相	그 환상적인 모습을 따라
山號假之	산이라는 이름을 가탁하였네.
禹穴雲門	우혈[49]과 운문산[50]이며
太華峨嵋	태화산[51]과 아미산[52]
鉅細奚論	크고 작음을 어찌 논할 것인가
具體則然	형체를 갖춘 것은 그러하다네.
置諸室堂	그것을 방 안에 두었더니
若生雲煙	구름과 안개가 피어오르는 듯하네.
不費攀躋	오르는 수고를 들이지 않고서도
目擊巑岏	우뚝하게 솟은 산을 직접 볼 수 있으니
洵乎古哉	진실로 예스럽구나.
座則奇觀	자리 곁의 기이한 경관이여

---

49 우혈禹穴 : 우禹임금의 유적 이름. 중국 절강성 소흥현紹興縣 회계산會稽山에 있는 완위산宛委山이다.
50 운문산雲門山 : 중국 절강성 소흥현 남쪽에 있는 산 이름이다.
51 태화산太華山 : 중국 협서성陝西省 화음현華陰縣의 남쪽에 있는 화산華山을 말한다.
52 아미산峨嵋山 : 서천성西川省 아미현 서남쪽에 있는 산 이름이다.

然余獻規	그러나 나는 경계를 드리나니
凡世間物	모든 세간의 사물은
怪不若常	괴이한 것은 평범한 것만 못하며
斲不若樸	깎아낸 것은 투박한 것만 못하네.
樸故葆眞	투박하기에 참된 모습을 보존할 수 있고
常故守正	평범하기에 바른 모습을 지킬 수 있다네.
正則閑邪	바르면 사악함을 막을 수 있고
眞惟養性	참되면 본성을 기를 수 있네.
所以君子	이 때문에 군자는
而怪之黜	괴이함을 물리치는 법
宜爾勉旃	그대는 마땅히 힘써서
斯言毋忽	이 말을 소홀히 여기지 말지어다.

『방산집舫山集』 권18

평설(評說) 바닷가 산에 오랜 세월 감추어져 있던 고목 하나가 벼랑이 무너지면서 모래벌판에서 발견되었다. 울퉁불퉁하고 구불구불하여 땔나무로 쓸 수도, 시장에 내다 팔 수도 없었다. 그리하여 뛰어난 예술적 감각을 발휘하여 약간의 손질을 가하니, 산의 모습을 갖춘 목가산이 되었다. 목가산의 산세는 두 팔로 껴안듯이 주위를 빙 두르며, 봉우리 두 개가 우뚝 솟았다. 산허리에는 골짜기가 있고, 여기저기 보이는 구멍은 동굴과 같다. 게다가 종횡으로 흐르는 듯한 나뭇결이 절로 무늬를 이루고 있어 그 환상적인 모습을 따라 산이라고 이름 붙였다. 저 중국의 이름난 우혈, 운문산, 태화산, 아미산과 비교하자면, 비록 크고 작음은 다르지만 그 형체 자체는 비슷한 점이 있다. 목가산을 방 안에 두니, 마치 구름과 안개가 피어오르는 듯하다. 힘들게 산에 오르지 않더라도 예스럽고 기이한 명산의 모습을 감상할 수 있다. 그러나 여기에는 경계해야 할 점이 있다. 괴이한 것보다 평범한 것이 낫고, 사람의 힘으로 이리저리 아로새긴 것보다 자연의 모습 그대로 투박한 것이 낫다. 투박한 것은 참되며, 평범한 것은 바르다. 바르면 사악함을 막을 수 있고 참되면 본성을 기를 수 있다. 때문에 예로부터 군자는 괴이한 것을 물리쳤다. 그러니 괴이한 목가산의 모습을 탐하다 완물상지玩物喪志에 빠지지 않도록 주의하라는 말이다.

次洪七何木假山韻   홍칠하洪七何의 목가산 시에 차운하다

허훈

手裏長年綠玉間   여러 해 동안 푸른 옥 사이를 손바닥처럼 완상했기에
不須選勝費躋攀   명승지를 찾아 오르는 수고를 할 필요 없었다네.
奇根好作巉屼勢   기이한 뿌리는 곧잘 가파른 산세를 만들었으며
傲骨羞爲媚嫵顔   오만한 골격은 고운 얼굴 만들기를 부끄럽게 여겼네.
斧霹剝來靈隱石   벼락 같은 도끼로 영은산[53]의 돌을 가르고
罡風吹落洞庭山   북쪽에서 불어오는 거센 바람이 동정산[54]을 떨어뜨렸네.
假形亦足添眞趣   가짜의 형상 또한 참된 흥취를 더하기에 족하니
雅癖知應未易刪   평소의 벽을 쉽게 버릴 수 없다는 것을 알겠네.

『방산집舫山集』 권5

평설(評說)   손 안에 푸른 옥 같은 목가산이 있으니 일부러 힘들여 이름난 산수를 찾을 필요가 없다. 기이하게 뻗은 뿌리는 가파른 산세를 만들고,

---

53 영은산靈隱山 : 중국 절강성 항주시杭州市 서쪽에 있는 산 이름으로 무림산武林山이라고 한다.
54 동정산洞庭山 : 중국 강소성江蘇省 태호太湖 가운데 있는 산 이름이다.

나무의 골격은 아름답기보다 수척하지만 그 나름의 멋이 있다. 마치 중국의 영은산을 잘라 가져온 듯하고, 거센 바람이 동정산을 날려 이곳에 떨어뜨린 듯하다. 비록 가짜 산이지만 진짜 산에 오르는 흥취를 더해주니, 평소 산수를 사랑하는 벽을 쉽게 버릴 수 없기 때문이다.

제6장 옥가산

謝鄭寒岡述送玉假山

옥가산玉假山을 보내준 한강寒岡 정구鄭逑[1]에게 감사드리며

도가道可가 성천부사成川府使로 있으면서 옥가산을 만들어 보냈다. 우연히 『간재집簡齋集』[2]을 보다가 '소옥산小玉山'이란 시에 차운하여 그에게 주다.[道可宰成川, 造送玉假山. 偶閱簡齋集, 次小玉山韻贈之.]

김우옹金宇顒[3]

故人知我戀邱園	친구는 내가 고향을 그리워하는 것 알고
擬作東岡七點顔	동강의 칠봉을 본떠 만들었네.
試取巫川一片玉	무천[4]에서 한 조각 옥돌을 캐어다가
宛成壺裏九華山	완연히 병 속의 구화산을 이루었네.
朝霞暮靄精神在	아침 노을 저녁 안개 속에 정신이 있고
白鶴蒼松意思閒	흰 학과 푸른 소나무는 마음을 한가롭게 하네.

---

1 정구鄭逑 : 1543(중종 38)~1620(광해군 12). 본관은 청주淸州. 자는 도가道可, 호는 한강寒岡. 성주星州 출신의 김우옹과 함께 '양강兩岡'으로 불린다.
2 간재집簡齋集 : 송나라 시인 진여의陳與義의 문집.
3 김우옹金宇顒 : 1540(중종 35)~1603(선조 36). 본관은 의성義城. 자는 숙부肅夫, 호는 동강東岡 또는 직봉포의直峰布衣. 시호는 문정文貞.
4 무천巫川 : 여기서는 성천成川을 가리킨다.

| 安得黃冠兼野服 | 어찌하면 황관[5]에다 야복[6]까지 얻어서 |
| 置身巖壑翠微間 | 바위 골짜기와 푸른 산 사이에 몸을 둘런지. |

『동강집東岡集』 권1

평설(評說) 1589년, 김우옹은 정여립鄭汝立의 옥사에 연루되어 함경도 회령會寧으로 유배되었다. 이때 김우옹과 절친했던 정구는 평안도 성천부사를 지내고 있었다. 정구는 유배지에서 고향을 그리워하는 벗의 마음을 알고, 김우옹의 고향에 있는 동강東岡 칠봉七峯의 모습을 본떠 옥가산玉假山 하나를 만들어 보내왔다. 옥가산을 받아본 김우옹은 은자가 되어 이런 곳에 숨어살고 싶다는 뜻을 말하였다.

玉假山記   옥가산기

연적이 산의 모양을 하고 있어서 이렇게 이름 지었다.[硯滴象山形 故名]

유도원柳道源[7]

옥가산玉假山은 소옹素翁 김정지金定之가 보관하고 있던 것이다. 어리석은 나는 산을 옮기고자 한 지가 오래되었는데, 금년 겨울에 소옹이 옥가산을 짊어지고 노애蘆厓를 찾아와 나에게 주었다. 나는 절하여 받고 완상하였다.

산은 모두 다섯 봉우리인데 가운데 있는 것은 가파르고 높았다. 양 옆으로 가면서 조금씩 낮아지며 빼어난 모습을 겨루는 것이 넷이었다. 사면에는 기암괴석奇巖怪石이 이루 헤아릴 수 없이 많았고, 바위틈과 돌 구멍에는 때로 사찰을 두기도

---

5 황관黃冠 : 노란빛의 관. 야인野人 또는 도사道士가 썼다.
6 야복野服 : 도사나 은자들이 입는 옷.
7 유도원柳道源 : 1721(경종 1)~1791(정조 15). 자는 숙문叔文, 호는 노애蘆厓, 본관은 전주全州.

하였다. 그 가운데를 비워 물 한 되를 담을 수 있게 하고, 동쪽과 서쪽 두 봉우리에 물이 들어오고 나가는 구멍이 있다. 때때로 물이 나와 흐르면 마치 높은 산에서 떨어지는 폭포를 방불하였다. 완상하며 음미하노라니, 냉산冷山(백두산)의 장백폭포長白瀑布와 향로봉香爐峯의 비류폭포飛流瀑布를 앉아서 보는 것 같았다.

나는 평소 산수에 대한 벽癖이 있었지만 만년에 기거하는 곳에는 즐길 만큼 아름답고 빼어난 산수가 전혀 없었다. 다행히 이 옥가산을 얻어 문을 나가지 않고도 두 가지 즐거움을 갖추게 되었으니, 옛 사람이 와유臥遊할 밑천으로 삼았던 것에 그치지 않는다.

비록 그렇기는 하나 소옹이 나에게 옥가산을 준 것이 어찌 그냥 한번 해본 일이겠는가? 바로 그 높은 산등성이의 쏟아지는 폭포를 끌어다가 늙은이의 마른 창자를 윤택하게 하여, 문필文筆에 종사하기를 바래서일 것이다. 글 짓는 곳에서 노니는 일은 내가 잘 하는 바가 아니다. 잘하는 바가 아닌데도 함부로 받는 자나, 사람을 가리지 않고 함부로 주는 자가 옳은지 알지 못하겠다. 우선 짧은 글을 지어 어질고 지혜로운 선생의 변론을 기다린다. 병오년丙午年(1786) 12월에 장난삼아 기록한다.

『노애집蘆匡集』 권7

玉假山者, 素翁金定之之所藏也. 以余之愚, 欲移山者久矣, 今年冬, 素翁委訪蘆厓, 負之而贈焉, 余拜受而玩之. 山凡五峯, 而中者崒崔而高, 兩傍漸低, 而競秀者四. 四面奇巖怪石, 殆不可數計, 巖罅石竇, 往往置寺刹. 虛其中, 容水一升, 吐納之穴, 在東西兩峯. 時出而注之, 怳若高山懸瀑然. 苟玩而味之, 則冷山之長白, 香爐之飛流, 可坐而見也. 余素有山水之癖, 而晚景所居, 絶無佳山勝水可以娛玩, 幸而得此, 不出戶而二樂具焉, 不啻若古人臥遊之資也. 雖然素翁所以貽余者, 豈徒然哉. 正欲其引高岡之飛瀑, 潤老生之枯腸, 從事筆硯之間, 遊戲翰墨之場, 則非余之所能也. 非其能而冒受者, 固非不擇人而輕與者, 亦未知其可也. 姑作小記, 以俟仁智先生者辨焉. 丙午臘月, 戲書.

|평설(評說)| 이 글에 등장하는 옥가산은 옥으로 만들어진 연적硯滴이다. 따라서 그다지 크지 않았던 것으로 추측되나, 봉우리가 다섯이나 되며 중간중간 사찰의 모형이 있는데다 물을 담고 뺄 때마다 폭포처럼 흐르게 하였으니 대단히 정교한 것이었음을 알 수 있다. 옥가산의 용도가 본디 연적이니만큼, 아름다운 연적을 사용하여 아름다운 글을 지으라는 벗의 성의를 감사히 받아들이는 내용이다.

제7장 | 괴 석

苔封怪石　이끼로 덮인 괴석

김수온 金守溫

物有異常者	보통과 다른 물건이 있으면
人皆以怪稱	사람들 모두 괴이하다 말하지.
風扣坳有穴	바람이 두드려 패인 곳은 구멍이 있고
雨洗峭成稜	비에 씻겨 깎인 곳은 모가 나 있네.
剝落千年態	천년의 세월에 벗겨진 모양이고
巉巖大古層	가파른 바위는 태곳적에 쌓인 것이네.
無由究終始	처음과 끝을 궁구할 길 없고
只見綠苔凝	그저 푸른 이끼 엉긴 것만 보이네.

『식우집 拭疣集』 권4

평설(評說)　사람들은 보통과 다른 물건을 보면 괴이하다고 한다. 따라서 괴석怪石이라는 것은 범상한 바위와 다르기 때문에 붙여진 이름이다. 이 괴석은 바람에 패였는지 구멍이 나 있고, 비에 깎였는지 모서리가 뾰족하다. 오랜 세월을 거치면서 뜯겨져 나가고 쌓인 것이니 어떻게 이런 모습이 생겨났는지 알 도리가 없다. 그저 푸른 이끼에 덮여 있는 지금의 모습만 볼 수 있을 뿐이라 하였다.

苔封怪石　　이끼로 덮인 괴석

박상朴祥

神斤斲鑿信嶔崎	귀신이 도끼로 깎고 뚫은 듯 참으로 울퉁불퉁한데
特乞山齋好怪叟	괴이한 것 좋아하는 산에 사는 늙은이가 특별히 구해왔네.
骨瘦含秋移積翠	뼈가 수척하여 가을 기운 품은 채 짙푸른빛 보내오고
苔鬖對雷噴微流	길게 자란 이끼는 낙숫물 받아 가는 물줄기 뿜어내네.
氤氳欲結雲嵐暝	자욱한 모양은 마치 구름과 안개 덮여 어두운 듯하고
窈窕眞開洞壑幽	그윽한 모습은 흡사 깊은 골짜기 열려 있는 듯하네.
醉眼朦朧天地小	술 취한 눈 몽롱하여 하늘과 땅이 조그맣게 보이는데
香爐曉勢認能侔	마치 향로봉의 새벽 모습 같구나.

'수叟' 자는 의심스럽다.[叟可疑]

『눌재집訥齋集』 권4

평설(評說)　산에 사는 노인이 기이한 모양의 괴석을 주워 왔다. 괴석의 골격은 마르고 날카로운데, 그 위에 이끼가 짙푸르게 자라고, 낙숫물 밑에 놓으니 가느다란 물줄기가 흘러내린다. 취한 눈으로 바라보니 마치 중국 여산의 향로봉에 새벽 안개가 피어오르는 듯하다.

投丹山守, 乞山芥海青怪石

단산丹山(丹陽) 원님에게 보내어 산개山芥, 해청海青[1], 괴석怪石을 청하다

박상

春郭無人獨撫琴	봄이 온 성에 사람이 없어 홀로 거문고 어루만지며
滿盤山芥酒頻斟	쟁반 가득한 산개 안주에 술을 자주 따라 마신다.
桃花開遍須相報	복숭아꽃 두루 피어 서로 알리는 듯하니
要聽參差好鳥吟	들쑥날쑥한 고운 새 울음소리 들으라 하네.

海青何日下天衢	해동청은 어느 날 하늘에서 내려왔나
馴作山楹赤羽奴	길들여서 산가의 붉은 깃털 가진 종[2]으로 삼았네.
支遁愛鷹聊復爾	지둔[3]은 본디 매를 좋아하였거니와
夢魂頻入白雲呼	꿈결에 자주 흰 구름 속으로 들어가 울부짖네.

汨沒湖塵今幾年	속세에 골몰한 지 이제 몇 해나 되었는가
蓬萊何處訪群仙	어느 곳에서 봉래산의 신선들을 찾으리오.
倩君一片沈沙石	그대에게서 모래 속에 파묻힌 한 조각 돌을 빌려오니
玄圃閬風轉眼邊	현포 낭풍을 눈앞에 옮겨온 듯하네.[4]

『눌재집訥齋集』 권4

---

1 해청海青 : 해동청海東青, 매의 일종.
2 붉은 깃털 가진 종 : 보라매의 가슴털 색깔이 담홍색이므로, 해동청을 이렇게 부른 것이다.
3 지둔支遁 : 진晉나라의 승려. 자는 도림道林. 『양고승전梁高僧傳』에 다음과 같은 일화가 전한다. 어떤 이가 지둔에게 학鶴을 보내주었는데, 차츰 날개가 자라는 것을 보고는 날아가지 못하도록 꺾어버렸다. 날개가 상한 학이 축 처져서 울먹이는 듯한 모습을 보이자, 그만 안 된 생각이 들어서 "하늘을 나는 천성을 어찌 사람의 이목을 위해 희생시키겠는가." 하고는, 날개가 낫도록 잘 길러서 날려 보냈다.
4 현포玄圃 낭풍閬風 : 신선이 사는 곳으로 곤륜산崑崙山 꼭대기에 있다고 한다.

평설(評說) 산개山芥 나물과 해동청海東靑, 그리고 괴석怪石을 함께 읊은 시다. 어느 봄날 홀로 산개 나물 안주에 술을 마신다. 꾀꼬리의 지저귐을 들으라 하는 듯, 복숭아꽃은 활짝 피어있다(제1수). 해동청을 길들여 산속에 사는 자신의 종으로 삼았다. 그러나 하늘을 나는 본성은 그대로 간직한지라, 꿈속에서나마 흰 구름 속으로 날아올라 울부짖는 듯하다(제2수). 오랜 세월 속세에 파묻혔기에 봉래산 신선들을 찾을 기약이 없다. 그렇지만 한 조각 기이한 바위를 빌려오니, 신선이 산다는 현포와 낭원이 눈앞에 있는 듯하다.

怪石 괴석

임억령林億齡

人如麋鹿衣冠狀	사람은 사슴에 옷 입히고 갓 씌운 형상과 같은데
石似猿猱醉舞容	돌은 원숭이가 취하여 춤추는 모양과 같았네.
萬口喧喧稱怪物	뭇 사람들 괴이한 물건이라고 시끄럽게 떠들지만
吾將還汝海山中	나는 장차 너를 바닷가 산 속으로 돌려보내리라.

『석천시집石川詩集』 권7

평설(評說) 초야에 묻혀 사는 자신의 모습은 마치 사슴에 옷을 입히고 갓을 씌운 것처럼 소박한 모습이고, 괴석은 마치 원숭이가 술에 취해 춤추는 것처럼 기이한 모양이다. 사람들은 모두 신기하다고 떠들지만, 괴석을 바닷가 산 속의 원래 있던 자리로 돌려보내기로 한다.

■ 次友人求怪石 친구의 괴석을 구하는 시에 차운하다

황준량黃俊良[5]

道士囚巖著薜荔	도사가 산속에 살며 벽려[6]를 입고
伏菟飮羽眠苺苔	복토[7] 무성한 이끼 위에서 잠을 자네.
平泉若要鳩淸玩	평천장[8]에 좋은 구경거리 모으려 한다기에
一遣詩奚帶雨來	시 받으러 온 아이 종[9] 비 맞으며 왔구나.

『금계집錦溪集』권5

평설(評說)   도사처럼 벽려의 薜荔衣를 입고 이끼 위에서 잠을 자고 있는데, 아이 종 한 명이 찾아왔다. 벗이 정원에 괴석을 구해놓았으니 와서 구경하라는 소식을 전한다. 벗의 정원을 평천장平泉莊에 비유한 것으로 보아, 대대로 물려받은 집인 듯하다. 비 맞고 온 아이 종이 불쌍하여 시 한 편을 주어 보낸다.

■ 怪石   괴석

최립崔岦

| 窓間一蝨懸 | 창문에 매달린 이 한 마리가 |
| 目定車輪大 | 수레바퀴처럼 커 보인다더니 |

---

5 황준량黃俊良 : 1517(중종 12)~1563(명종 18). 본관은 평해平海. 자는 중거仲擧, 호는 금계錦溪.
6 벽려薜荔 : 나무 덩굴 이름으로, 이것으로 은자隱者가 옷을 지어 입는다고 한다. 『초사楚辭』「이소離騷」에 "벽려의 떨어진 꽃술 꿰어 몸에 두른다貫薜荔之落蘂." 고 하였다.
7 복토伏菟 : 약초 이름.
8 평천장平泉莊 : 당나라 때의 명재상 이덕유의 별장 이름이다. 여기서는 도사가 거처하는 공간을 말한다.
9 시 받으러 온 아이 종 : 원문은 시해詩奚. 당나라 때 이하李賀가 밖에 나갈 때마다 해노奚奴(아이 종)에게 주머니를 들게 하여 따르게 하고, 시를 짓는 대로 그 주머니 속에 넣게 하였다.

| 自我得此石 | 내가 이 돌을 얻은 뒤로부터는 |
| 不向花山坐 | 화산을 향하여 앉지 않노라. |

『간이집簡易集』 권6

평설(評說) 『열자列子』에 다음과 같은 이야기가 있다. 활쏘기에 뛰어난 예羿라는 사람은 남에게 활쏘기를 가르칠 때, 이 한 마리를 창에 매달아놓고 삼년 동안 쳐다보게 하였다. 그러면 이 한 마리가 수레바퀴처럼 커 보이게 되는데, 그 다음에 활을 쏘게 되면 아무리 작은 표적이라도 백발백중이었다 한다. 시인이 얻은 괴석은 조그만 것이지만, 활쏘기를 배우는 사람이 이 한 마리를 응시하듯 바라보니, 괴석이 진짜 산처럼 커 보이게 되어, 더 이상 진짜 산을 볼 필요가 없게 되었다는 뜻이다.

怪石   괴석

次棨兒韻   아들 절棨10의 시에 차운하다

홍가신洪可臣11

庚庚一丈石	줄무늬 가로지른 한 길짜리 돌이
歲久苔成錦	세월이 오래되어 이끼가 비단결 같네.
尊嚴長者樣	높고 가팔라 어른의 모습인 듯하고
微側如酣飮	조금 기울어 마치 술에 취한 듯하네.
崖崩兩竇穿	벼랑이 무너지자 양쪽 구멍 뚫리어

---

10 절棨 : 홍가신의 셋째아들 이름이다.
11 홍가신洪可臣 : 1541(중종 36)~1615(광해군 7). 본관은 남양南陽. 자는 흥도興道, 호는 만전당晩全堂・간옹艮翁. 시호는 문장文壯이다.

屈曲難俯瞰	구불구불하여 굽어보기 어렵네.
窮奇更殫險	지극히 기이하고 또 지극히 험하니
造物戲之甚	조물주의 장난이 심하기도 하구나.
田蹊任埋沒	밭두렁에 아무렇게나 묻혀 있었으니
樵牧誰相諗	나무꾼 소몰이 누가 알아보리오.
老眼奪天慳	노련한 눈으로 하늘이 아끼는 걸 빼앗으니
眞宰不得禁	진재[12]도 금할 방법이 없었네.
氍包費推輓	담요로 싸서 힘껏 밀고 끌어오느라
九牛汗流瀋	아홉 마리의 소가 땀을 뻘뻘 흘렸네.
未煩愚公移	우공[13]처럼 힘들여 옮기지 않고도
突兀當我寢	내 침실 바로 앞에 우뚝 솟게 놓았네.
荒庭纔半畝	황량한 뜰 겨우 반 이랑쯤인데
花竹散淸蔭	꽃과 대나무가 맑은 그늘 드리웠네.
濯以淸冷泉	맑고 차가운 샘물에 씻으니
孱顔欻映枕	험한 모습 갑자기 베개 맡에 비추네.
病拙宦遊懶	병들고 졸렬하니 벼슬하기도 싫어져서
歸林已三稔	고향으로 돌아온 지 이미 삼년이 되었네.
相對可終年	마주 대하고 여생을 마칠 만하니
行藏自此審	이제부터 행장[14]을 신중히 하리.

『만전집晩全集』 권1

---

12 진재眞宰 : 『장자莊子』 「제물론齊物論」에 나오는 말로, 우주 만물의 주재자主宰者.
13 우공愚公 : 132쪽 주석 65 참조.
14 행장行藏 : 벼슬길에 나가는 것과 물러나 숨어 사는 것.

|평설(評說)| 괴석은 가파른 봉우리가 약간 기울어진 모양이며, 골짜기에 두 개의 구멍이 있다. 밭두둑 사이에 묻혀 있던 것을 힘들여 집으로 가져다 놓았다. 벼슬에서 물러난 몸인지라, 이 석가산을 마주 대하며 조용히 여생을 보내겠다는 내용이다.

▌次崔同知䃡石假山韻 동지사 최립의 석가산 시에 차운하다

성문준成文濬[15]

秋毫竝泰山	가을 터럭이 태산과 똑같으니
至人齊小大	지인은 크고 작음 같게 여기네.
雲根鏤屛顔	흰 바위로 높은 산 아로새겨서
盡日供宴坐	온종일 조용한 자리에 이바지하네.

『창랑집滄浪集』 권1

|평설(評說)| 앞서 본 최립의 「괴석怪石」이라는 시에 차운한 작품이다. 속세의 구속을 초탈한 지인至人은 크고 작은 것을 똑같이 보기에, 가을 터럭도 태산과 같게 여긴다. 따라서 흰 바위를 깎아 만든 가산도 진짜 산과 다름이 없다. 하루종일 한가로이 앉아 이를 바라본다고 하였다.

---

15 성문준成文濬 : 1559(명종 14)~1626(인조 4). 자는 중심仲深, 호는 영동永同·창랑滄浪, 본관은 창녕昌寧.

次嘉平道中怪石　　가평嘉平으로 가는 길에 괴석怪石 시에 차운하다

이수광李睟光[16]

五丁當日啓金牛	오정[17]이 그 옛날 금송아지로 길을 여니
片石巍然地擧頭	조각돌이 땅에서 불쑥 머리를 들었네.
收拾宜歸異物志	주워 모아 특이한 물건으로 기록하였고
品題還遇列仙遊	품평하니 여러 신선들 만난 것 같네.
奇形硉兀羊疑化	기이하고 우뚝한 형상은 양이 변한 듯하고[18]
古色玲瓏雪見羞	고색창연한 빛깔은 흰 눈도 부끄러워하겠네.
臨路傴身應有意	길가에서 몸을 구부리는 것도 뜻이 있으니
學人西拱帝王州	서쪽으로 황제의 나라 향해 읍하는 사람 모습 배웠으리라.

『지봉집芝峯集』 권19

평설(評說)　이 시는 자연 상태의 괴석을 읊은 것이다. 이 괴석은 험하기로 유명한 중국의 촉도蜀道에서 나온 것 같다. 아마 기이한 물건을 기록하는 책에도 실려 있을 것이요, 신선들의 모습과 비슷하다고 품평할 만도 하다. 마치 신선이 양을 돌로 변화시킨 것 같고, 고색창연하여 흰 눈보다도 아름답다. 그리고 서쪽으로 기울어진 모양이 마치 중국을 향해 절하는 형상과 같다는 내용이다.

---

16 이수광李睟光 : 1563(명종 18)~1628(인조 6). 본관은 전주全州. 자는 윤경潤卿, 호는 지봉芝峯.
17 오정五丁 : 142쪽 주석 86 참조.
18 양이 변한 듯하고 : 돌을 꾸짖어 양이 되게 했다叱石成羊는 고사를 인용한 것이다. 진晉나라 갈홍葛洪의 『신선전神仙傳』에 다음과 같은 이야기가 있다. 황초평黃初平이 열다섯 살 때에 양을 치는 일을 하고 있었다. 어떤 도사가 그를 데리고 금화산金華山의 석실石室 안으로 들어갔다. 그의 형 초기初起가 산을 다니면서 찾은 지 여러 해 되었으나 찾을 수가 없었다. 그 후 시중市中에서 도사 한 사람을 만났는데 그 도사가 말하기를, 금화산 중에 양을 치는 아이가 있는데 당신의 아우임이 틀림없다고 하였다. 초기가 즉시 가서 만난 후, 양이 어디에 있느냐고 물으니 가까운 산의 동쪽에 있다고 하였다. 형이 가보니 하얀 돌만 있고 양은 볼 수 없었다. 초평이, "양들아, 일어나라."하니 흰 돌이 모두 수만 마리 양으로 변하였다고 한다.

石假山說　석가산설

박진경朴晉慶[19]

어떤 사람이 산을 가리켜 산이냐고 물으면 산이라고 한다. 돌을 가리켜 돌이냐고 물으면 돌이라고 한다. 그렇다면 산을 돌이라고 하는 것이 옳은가? 옳지 않다. 돌을 산이라고 하는 것이 옳은가? 옳다. 어째서인가? 돌이라는 것은 흙의 정기이며 산의 뼈이다. 이 때문에 돌과 같은 흙은 없지만 산과 같은 돌은 있다. 세상 사람들이 돌을 빌려다 산의 이름으로 삼는 것은 거기에 담긴 뜻이 깊기 때문이다.

아아! 산은 천지에서 가장 큰 물건이며, 사람은 천지에서 가장 신령한 물건이다. 산 중에는 곤륜산이 있으니, 곤륜산은 산의 조상이다. 사람 중에는 성인이 있으니, 성인은 사람의 표준이다. 산을 관찰하려면 반드시 곤륜산을 보아야 하니, 그 다음에야 산을 관찰할 수 있다. 사람을 관찰하려면 반드시 성인을 보아야 하니, 그런 다음에야 사람을 관찰할 수 있다. 그러나 곤륜산은 세상에 많지 않으니 어떻게 볼 수 있겠으며, 성인은 세상에 항상 있는 것이 아니니, 또 어떻게 볼 수 있겠는가? 곤륜산은 천하의 서북쪽에 있는데 이곳과 거리가 몇 천, 몇 만 리나 떨어져 있고, 성인은 요순시대와 춘추시대에 죽었으니, 지금과 몇 천, 몇 만 년이나 떨어져 있다. 곤륜산은 멀고, 성인은 아득하다. 그러나 성인의 도는 삼분三墳·오전五典·시서詩書·육경六經 속에 있으니 책을 깊이 연구하여 상상해볼 수 있다. 곤륜산의 형태는 우리나라의 자그마한 산과는 매우 다르니, 어디서 그것을 상상하며 그 크고 높은 모습을 볼 수 있겠는가?

그러나 산을 관찰하는 데에는 방법이 있으니, 멀리서 찾을 필요 없다. 천하의 이치는 하나로 관통하니, 작은 것을 보면 큰 것을 알 수 있고, 낮은 것을 보면 높

---

[19] 박진경朴晉慶 : 1581(선조 14)~1665(현종 6). 본관은 밀양密陽, 자는 명술明述, 호는 와유당臥遊堂. 영숭전참봉永崇殿參奉 및 제릉참봉齊陵參奉을 역임하였다.

은 것을 알 수 있다. 멀리서 찾지 않더라도 먼 것이 가까운 곳에 있으며, 저기서 찾지 않더라도 저것이 여기에 있으니, 천리만리 떨어진 것을 가져다 눈앞에 두는 것이 산을 좋아하는 방법이다. 지금 우리 선생께서는 이를 터득한 것이리라.

선생께서는 일찍이 청주靑州의 괴석 하나를 얻어다 책상 위에 두고 곤륜산의 크고 높은 모습을 상상하고자 하였으나 얻지 못하였다. 지금 임금의 부름을 받아 길을 떠나게 되었는데, 중도에 병이 나서 상소를 쓰고 발걸음을 돌려 강물을 따라 남쪽으로 돌아가다가 월암月巖을 지나며 우연히 돌 하나를 얻었다. 아마도 하늘이 선생의 숙원을 보상해준 것이리라. 그 돌을 보니, 기기괴괴하여 가파르게 우뚝 솟았는데 봉우리도 있고 골짜기도 있고 동굴도 있고 암혈도 있었다. 길이는 한 자를 넘지 않고 둘레도 몇 자 되지 않았다. 암벽은 가파르고 골짜기는 그윽한데 몇 자 되는 소나무 한 그루가 벼랑에 자리 잡고 있으며, 얼룩덜룩한 이끼가 절벽에 붙어 있었다. 그 커다랗고 육중한 모습이 쟁반의 안을 벗어나지 않으니, 그 중후하고 흔들리지 않는 기상을 볼 수 있었다. 가파르고 드높은 형태가 눈길을 주는 가운데 있어, 비온 뒤 가만히 바라보고 싶은 생각이 들었다. 구름과 비를 일으키고 보배를 만드는 능력과, 놀랍고 경악할 만하며 기뻐하고 슬퍼할 만한 모습을 모두 여기서 느낄 수 있었다. 이것이 바로 선생께서 이른바 '누가 만 리 떨어진 곳의 흥취를 알겠는가? 여기서 가만히 상상하여 불러온다'는 것이다.

그렇다면 선생께서 산을 관찰하는 것은 마음으로써 하는 것이지 외물로써 하는 것이 아니요, 가까운 것으로 하는 것이지 먼 것으로 하는 것이 아니며, 이치로써 하는 것이지 형체로써 하는 것이 아니다. 이것으로 인하여 저것을 추측하고, 작은 것으로부터 큰 것을 보니, 집 밖으로 나가지 않더라도 천지를 노니는 것과 같다. 이것이 바로 방외方外·물외物外·형외形外·상외象外가 우리 선생의 마음속에 있지 않음이 없으며, 보이지 않는 것에서 진리를 관찰하며, 노닐지 않는 가운데 진정한 유람의 의미를 찾는 것이다. 어찌 세상 사람들이 엿보거나 헤아릴 수 있는 것이겠는가?

　아! 돌을 빌어다 산을 만드는 것은 세상 사람들의 술책이요, 산을 빌어다 산을 관찰하는 것은 선생의 관찰이다. 반드시 태산을 오르지 않더라도 천하를 작게 여기는 뜻이 저절로 눈으로 보는 사이에 나오며, 남악을 노닌 적이 없다 하더라도 승경을 찾으려는 마음이 상상하는 가운데 비동한다. 이는 더욱더 내가 함부로 입을 놀릴 수 없는 것이다.

　나는 때때로 아이 종에게 채찍을 들게 하고 옥산玉山에 가서 선생을 찾아뵙곤 하였는데, 그때마다 기둥과 처마 사이에 있는 괴석을 우러러보았으니, 어찌 생각이 없었겠는가? 그 산봉우리가 우뚝 솟은 모습을 보면 나의 기상을 우뚝 세울 수 있고, 그 모서리가 날카롭고 깎아지른 것을 보면 내 마음을 단단히 할 수 있다. 견고하게 확립된 것은 내가 덕을 바탕으로 삼은 것이요, 우뚝 솟은 것은 내가 인을 쌓은 것이다. 돌을 가지고 산을 보며, 산을 가지고 사람을 관찰하니, 형체는 비록 뭉툭하지만 본받을 점이 많다. 선생께서 이 돌을 얻은 것이 하늘의 뜻이 아닌 줄 어찌 알겠는가?

　아! 돌이라는 것은 기氣의 핵심이다. 진흙에 묻히고 흙에 엉겨 있다가 몇 해가 지나서야 형체를 갖추게 되었으며, 또 몇 해가 지나도록 모래와 자갈 속에 묻혀 있다가 사람에게 발견되었는가? 너는 본디 흙이었지만 돌로 변하였고, 돌로 변하였다가 또 산으로 변하였으니, 흙이었다가 돌로 변한 것이 무슨 물건이며, 돌이었다가 산으로 변하게 한 것이 누구인지 알 수 없다. 천지 사이에서 다 알기 어려운 것은 사물의 이치요, 헤아리기 어려운 것이 조물주의 마음이다. 하늘이 이왕 볼만한 물건을 없애지 않고 사람으로 하여금 얻게 하였으며, 또 선생에게 돌아가도록 하였고, 선생은 이것을 얻어 아침저녁으로 마주하니, 이는 그 사이에 운수가 있는 것이지 사람이 할 수 있는 일이 아니다. 내가 이에 기록한다.

『와유당문집臥遊堂文集』

人有指山而問曰山乎? 曰山. 指石而問曰石乎? 曰石. 然則以山爲石可乎? 曰不可. 以石爲山可乎? 曰可. 曰何者? 石者, 土之精也, 山之骨也. 是以無土如石, 有石如山. 世之人假其石名於山者, 其寓想之意深矣. 嗚呼, 山於天地爲物最大, 人於天地爲物最靈, 山有崑崙, 崑崙山之祖宗也, 人有聖人, 聖人人之標的也, 觀山必於崑崙, 然後可以觀山, 觀人必於聖人, 然後可以觀人, 然崑崙不多有於天下, 則何以觀之, 聖人不常有於天下, 則亦何以觀之哉, 崑崙在於天下之西北, 距此幾千萬里, 聖人沒於唐虞與春秋, 距今亦幾千萬世, 崑崙遠矣, 聖人亦邈矣, 而聖人之道, 在於三墳五典詩書六經之中, 猶可以沈潛想像於編簡之上, 崑崙之形勢, 隔絶於海東偏邦邱垤之中, 則於何寓其像而觀其大見其高乎, 然觀山有術, 不必遠來, 天下之理, 一以貫之, 則見小可以知其大矣, 見卑可以知其高矣, 不求遠而遠在爾, 不求彼而彼在此矣, 收千萬里擧在目前者, 是亦樂山之術也, 今我先生其有得於斯乎, 先生嘗欲得靑州怪石, 一置之於几案之上, 以想崑崙之爲大爲高, 而莫得焉, 今於承召之行, 中路疾作, 裁疏旋行, 順流南歸, 過嶧月巖, 偶得一石, 其亦天償其先生之夙願者乎, 觀其石焉, 奇奇怪怪, 巃嵸嶔崯, 有峯焉, 有壑焉, 有窟焉, 有穴焉, 長不過一尺, 周不滿數尺, 嚴如欹隆, 谷多寥邃, 數寸孤松, 棲崖盤谷, 班痕蒼蘚, 帶壁醉濕, 磅礴磊塊之狀, 不出承盤之內, 而可想厚重不遷之氣像, 崒嶂峻拔之形, 只在顧眄之中, 而自著雨後靜看之意思, 興其雲雨, 殖其貨寶之功用, 及其可驚可愕可喜可悲之模樣, 皆於此有感焉, 則此先生所謂誰知萬里趣黙想於焉格者也, 然則先生之觀山以心不以物, 以近不以遠, 以理不以形, 因此而推諸彼, 自小而見諸大, 不出戶庭, 眞遊天地, 此所以方外物外形外象外者, 無非我先生心上區域, 而大觀於不觀之中, 大遊於不遊之中也, 豈世人所可得以窺測哉, 噫, 以石假山者, 世人之術也, 假山觀山者, 先生之觀也, 不必登泰山而小天下之意, 自發於目擊之際, 不曾遊南嶽而探勝迹之心, 飛越於追想之餘, 此尤小子之不敢容一喙者也, 小子時或以僮鞭, 至于玉山, 侯拜先生於簷榮之下, 仰覩怪石於楹廡之間, 則亦豈無思乎? 觀其巒岳削立, 則可以壁立吾氣, 觀其稜角斬截, 則可以廉劌吾心, 其所以堅確者, 吾之基乎德也, 岌嶪者吾之積乎仁也, 以石而觀山, 以山而觀人, 形雖頑然, 取則者多, 安知玆石之得於先生者, 豈非天乎, 吁! 石者氣之核也, 埋於泥, 凝於土, 幾年而化爲形質, 又幾年而沒於沙石之裏, 見得於人也, 爾本土而化爲石, 化爲石而又化爲山, 未知化土爲石者何物, 化石爲山者亦何人也, 天地之間, 難悉者物理, 而亦難料者造化之心也, 天旣不廢其可觀之物, 使人得之, 而又使歸之於先生, 先生得之相對乎晨夕, 則此莫非有數於其間, 而非人之所能爲也, 小子於是乎說.

평설(評說) 석가산은 돌로 만들어진 것이다. 그런데 사람들은 왜 그것을 산이라 부를까? 돌은 산의 뼈이므로 산과 비슷하기 때문이다. 산을 보려면 모름지기 곤륜산과 같은 큰 산을 보아야 한다. 그러나 곤륜산은 아득히 먼 곳에 있으니 어떻게 볼 수 있겠는가? 천하의 이치는 하나로 관통하니, 먼 곳에 있는 높은 곤륜산이나 가까운 곳에 있는 작은 돌덩이나 마찬가지다.

선생은 평소 산을 닮은 괴석을 갖고 싶었으나 뜻을 이루지 못했다. 그러다 우연히 괴석을 얻게 되자, 집에다 두고 이치를 관조하는 대상으로 삼았다. 글쓴이는 선생의 집에서 이 석가산을 보고 깨닫는 바가 있었다. 높은 산봉우리를 보고 원대한 기상을 지닐 각오를 다지고, 날카로운 모서리를 보며 내 마음을 가다듬는다. 그리고 굳센 모습과 우뚝 솟은 모습을 보며 덕과 인을 닦아야 한다. 흙이 돌이 된 것, 돌이 산이 된 것, 그리고 선생이 이 석가산을 얻은 것은 모두 운수에 따른 것이니, 거기에 깊은 뜻이 있을 것이라 하였다.

▌乙未二月二十三日夢, 怪石一株特奇巧植, 古松枝榦纏繞, 雜翠蒙羃,

余號其峯曰獨秀. 翌日遊許亭, 見其新致醜石, 悉如夢中所見.

乃知塊然寢于室中者非眞我也, 范氏子出神覘西虜, 亦是道耶.

　　을미년(1655) 2월 23일 꿈에 괴석 하나가 특이하고 교묘하게 세워져 있었는데, 오래된 소나무 가지와 줄기에 얽히고 얽혀, 푸른빛이 가득하였다. 나는 그 봉우리를 '독수봉獨秀峯'이라 불렀다. 다음날 허정許亭에서 노닐다가 새로 가져온 못생긴 돌을 보았는데, 모두 꿈에서 본 것과 똑같았다. 이에 아무 생각 없이 방에서 자고 있었던 것이 진짜 내가 아니라는 것을 알겠다. 범씨자范氏子가 꿈에서 서쪽 오랑캐를 엿보았던 것이 역시 이런 것이었던 듯하다.

　　　　　　　　　　　　　　　이민구李敏求

我夢靈鷲山	나의 꿈에 영취산[20]이
飛來落庭宇	날아와 정원에 떨어졌네.
巉巉古巖骨	가파르고 오래된 바위 골격은
矗矗勞斤斧	거듭하여 도끼질 한 듯했네.
中峯號獨秀	가운데 봉우리 독수봉이라 이름 지으니
縹氣通玄圃	푸른 기운이 현포와 한가지라네.
兩支次低昂	양쪽 줄기 차례대로 들쭉날쭉하여
左右相佐輔	좌우에서 서로 부축하는 듯했네.
春陰潤金碧	봄 그늘이 금빛과 푸른빛 적시니
峭壁含雲雨	높다란 절벽이 구름과 비를 머금었네.
不謂嵌竇內	생각지도 못했는데 깊은 굴 안에
尚有徑寸土	한 치 정도의 땅이 남아 있구나.
千年柏葉松	천 년된 백엽송이

---

20 영취산靈鷲山 : 석가모니가 불법佛法을 설했던 중인도中印度의 산 이름이다.

盤屈翠虯舞	구불구불 서려 푸른 용이 춤추는 듯
老幹埋駁蘚	오래된 줄기는 얼룩덜룩한 이끼에 묻히고
交柯纏細縷	엇갈린 가지는 실 가닥같이 얽혀 있네.
雜以九畹芳	구완[21]의 향기가 섞이고
葱蒨被綦組	초록빛으로 덮여 있네.
遽然小須彌	놀랍게도 작은 수미산[22]이
現滅隨仰俯	보는 데 따라 나타나고 사라지니
枕席失煙霞	잠자리에 안개와 노을을 찾지 못하더라도
無異遊天姥	천노[23]에 노는 것과 다름이 없네.
豈知石丈人	어찌 알았으랴 석장인[24]께서
乃在君堂廡	바로 그대 행랑채에 있다는 것을.
歷歷經目趣	역력히 전에 보던 느낌인지라
早覺精神聚	정신이 모인 것인 줄 알게 되었네.
所遇孰爲眞	과연 어느 것이 진짜인가
眞吾已曩睹	참으로 내가 전에 보았던 것이라네.

---

21 구완九畹 : 『이소離騷』에, "난초를 자라게 하는 구완九畹이다." 하였는데, 이것은 난초 심은 동산을 말한 것이다. 『초사楚辭』에도 '구완九畹의 난초'란 구절이 있는데, 밭 30묘畝가 1완畹이므로, 구완은 이백칠십묘이다. 후세의 문인들은 구완을 '난초 심는 밭'으로 쓰기도 하였다.

22 수미산須彌山 : 불서佛書에 의하면, 세계 중앙에 있는 산인데, 꼭대기에는 제석천帝釋天이 살고 중턱에는 사천왕四天王이 살며, 높이는 물 위로 8만 유순由旬(1유순은 40리)이고 물 속도 8만 유순이며, 가로의 길이도 이와 같다. 금·은·유리·파리玻瓈로 되어, 북은 황금, 동은 백은白銀, 남은 유리, 서는 파리인데, 달과 해가 그 주위를 돌며 광채를 반사하여 허공을 물들인다.

23 천노天姥 : 동천복지洞天福地 중의 하나다. 북송北宋 초기에 집대성된 도교의 일체경一切經인 『운급칠첨』에 수록되어 있다.

24 석장인石丈人 : 송나라의 화가 미불米芾은 기이한 돌을 매우 좋아하였다. 그는 관직에 올라 관청에 나아갔다가 관아에 매우 기이한 돌이 있는 것을 보고는, 매우 기뻐하여 말하기를 "이 돌은 충분히 나의 절을 받을 만하다." 하고, 드디어 예복禮服을 갖추고서 그 돌에 절을 하였으며, 그 돌을 매양 석장石丈이라 불렀다. 이 때문에 그는 탄핵을 받아 파직을 당하기까지 하였다.

莊周與蝴蝶	장주와 나비는[25]
誰賓又誰主	누가 손님이고 누가 주인이었나.
因持三昧法	그래서 삼매법[26]을 가지고
一夢付亭午	대낮의 꿈에 붙여보노라.

『동주집東州集』 권20

평설(評說) 꿈에 괴석을 보았는데, 다음날 그 괴석을 실제로 보게 되었다. 괴석의 모습을 묘사하고, 유명한 장자와 나비의 고사를 들어 꿈과 현실 중에 어느 것이 진짜인지 반문하는 내용이다.

許亭又致怪石一株, 與前石竝立, 再賦短律

허정虛亭에 또 괴석 하나를 가져다가 이전에 있던 돌과 나란히 세워 놓았다. 다시 짧은 율시를 짓는다

이민구

石丈舍貞德	석장[27]이 바른 덕을 품어
亭亭必有隣	우뚝 솟아 있으니 반드시 이웃 있으리.[28]
二難齊月評	난형난제[29]처럼 월평[30]은 똑같고

---

25 장주莊周와 나비 : 『장자莊子』「제물론齊物論」에 나오는 유명한 고사이다. 장주莊周가 꿈에 나비가 되어 훨훨 하늘을 날다가 깨어났다. 그러자 장주가 꿈에 나비가 된 것인지, 지금의 장주가 나비의 꿈인지 알 수 없었다는 이야기.
26 삼매법三昧法 : 불교어佛敎語로, 산란한 마음을 한곳에 모아 움직이지 않게 하고 마음을 바르게 하여 망념妄念에서 벗어나는 것을 말한다.
27 석장石丈 : 바위의 미칭美稱.
28 반드시 이웃 있으리 : 『논어論語』「이인里仁」에 "덕이 있는 사람은 외롭지 않고 반드시 이웃이 있다.[德不孤 必有隣]"는 말이 있다.
29 난형난제 : 『후한서後漢書』 권62에 나오는 난형난제難兄難弟라는 말로 형제가 서로 우열이 없이 덕

孤竹竝天倫	고죽국[31]에서처럼 천륜을 함께 했네.
入貢應緣禹	공물로 바친 것은 응당 우 임금 덕택일 테고
驅來不爲秦	진시황 때문에 내몰린 것은 아니라네.[32]
高齋悅淸翫	서재에서 맑은 구경 즐기며
蒼翠日相親	푸르른 빛을 날마다 가까이하네.

『동주집東州集』 권20

평설(評說) 두 개의 괴석을 비교하는 내용이다. 어느 것이 뛰어나다고 할 수 없어 난형난제이고, 백이伯夷와 숙제叔齊처럼 둘 다 훌륭하다. 아마도 저 옛날 우 임금이 천하의 돌을 바치게 했을 때 들어온 것이지, 진시황 때 동해바다에 던져 넣은 돌이 아닐 것이다. 서재에서 이를 감상한다는 내용이다.

행이 똑같이 뛰어남을 말한다. 후한後漢 때 진식陳寔의 여섯 아들 가운데 기紀와 심諶 두 아들이 가장 덕행이 뛰어났는데, 진식이 그들을 평하기를 "원방元方(기의 자)은 형 되기가 어렵고, 계방季方(심의 자)은 아우 되기가 어렵다."고 한 데서 온 말이다. 여기서는 여러 돌들을 가리키는 것이다.

30 월평月評 : 월단평月旦評에서 온 말로, 인물人物을 품평品評하는 것을 말한다. 『후한서後漢書』「허소전許劭傳」에 허소許劭가 허정許靖과 함께 높은 명망이 있었는데 그들은 향당鄕黨의 인물을 핵론覈論하되 매월 그 등급을 고쳐 나갔고, 여남汝南 사람들이 이를 두고 '월단평'이라고 하였다 한다.
31 고죽孤竹 : 여기서는 은나라 말기에 고죽군孤竹君의 아들이었던 백이伯夷와 숙제를 가리킨다. 백이·숙제는 은나라 고죽군의 아들로 무왕武王이 은나라 치는 것을 말렸으나 듣지 않자, 주周나라의 곡식을 먹을 수 없다 하여 수양산首陽山에 들어가 고사리를 캐 먹다가 죽었다. 이 글에서는 굳은 절개를 지킨 대명사로 알려진 이들을 비유하면서 돌의 꿋꿋한 기상을 말하는 것이다.
32 진시황秦始皇 …… 아니라네 : 진시황이 돌다리[石橋]를 만들어 바다를 지나서 해가 뜨는 곳을 보려고 하였다. 이때에 신인神人이 돌을 몰아다가 바다에 넣는데, 돌이 빨리 가지 않으면 신인이 매로 때려 피를 흘렸기 때문에 붉지 않은 돌이 없었다고 한다.

詠怪石　　　괴석을 읊다

하홍도河弘度[33]

屛顔顰感似含酸	험악하고 찡그린 것이 흡사 신맛을 머금은 듯
有底悲歡感至頑	무슨 기쁨과 슬픔 때문에 그렇게 완고한가.
虎發曾傷飛將羽	호랑이 나와 해칠 것 같고 날개 돋아 날아갈 듯하니
擬尋虞帝謝深山	우나라 순 임금을 찾아 깊은 산을 떠나온 듯하구나.

『겸재집謙齋集』 권1

평설(評說)　험악하기 그지없이 생긴 괴석이 있다. 무슨 이유로 그렇게 험악한지는 알 수 없지만, 저 태곳적 순임금이 다스리던 시절 깊은 산에서 나온 듯하다고 하였다.

怪石　　　괴석

허목許穆[34]

石江石渚怪石	바위 곁으로 흐르는 강가의 괴석에
蒼然苔蘚老	푸르른 이끼가 곱게 자라있는데
其高不盈數尺長	그 높이는 몇 척 되지도 않으면서
奇形詭狀若螭若虎	기이한 형상이 교룡 같기도 하고 호랑이 같기도 하여
頭顙崛岉誇强梁	머리와 이마를 치켜들고 강한 모습 자랑하네.
傍有嵌竇谽然中開	곁에 휑하니 뚫린 깊은 구멍이 있는데

33　하홍도河弘度 : 1593(선조 26)~1666(현종 7). 본관은 진주晉州. 자는 중원重遠, 호는 겸재謙齋.
34　허목許穆 : 1595(선조 28)~1682(숙종 8). 본관은 양천陽川. 자는 문보文甫·화보和甫, 호는 미수眉叟. 시호는 문정文正이다.

照耀日月之容光	햇빛 달빛 들어와 환하게 비치네.
喁喁虛籟響虛牝	바람 소리 빈 골짜기에 울려퍼지니
陽烏閃閃箕簸揚	해 속의 까마귀[35] 퍼득퍼득 날개를 치고
蟾蜍玉女參翶翔	달 속의 옥녀도 더불어 노니는 듯
異哉混元流形	기이하구나 혼원[36]의 변화하는 모습
礨空硙硙神靈聚	구멍 속에 신령들이 모여 있는 듯하네.
山魃木魅辟易皆走藏	산도깨비 나무 도깨비 두려워 모두 달아나 숨으니
我得移之石鹿傍	내가 얻어 석록산 곁으로 옮겨 놓았네.
摩弄千年雲霧裡生黯色	천년 동안 구름 안개 속에서 생겨난 빛깔 어루만지니
心慘愴追鴻荒	마음 서글퍼져 홍황[37]을 추억하네.

『기언記言』 별집別集 권1

평설(評說) 강가에 괴석이 하나 있다. 몇 척 되지 않는 작은 돌이지만 기이한 형상이 용이나 범 같다. 괴석에는 구멍이 뚫려 있어 햇빛과 달빛이 비치고, 바람이 불면 그 소리가 골짜기에 울려 퍼진다. 이를 집에 가져다 놓으니, 마치 태초의 옛 모습을 간직하고 있는 듯하다.

---

35 해 속의 까마귀 : 해 속에 세 발 달린 까마귀가 있다는 전설에 따라 태양의 별칭으로 쓰인다.
36 혼원混元 : 천지 개벽의 처음. 전하여 천지天地의 총칭이다.
37 홍황鴻荒 : 태고太古, 혼돈混沌이 처음 열리던 세상을 뜻한다.

詠潘君家怪石　　　반군潘君의 집에 있는 괴석을 노래하다

김휴金烋[38]

君家蒼石若天剡	그대 집의 푸른 돌은 하늘이 깎은 듯
何處能偸鬼所慳	어디서 귀신이 아끼는 걸 훔쳐왔는가.
尺地松盤千丈勢	작은 땅에 서린 소나무는 천 길의 기세이고
片池山秀百層頑	조각 연못에 솟아난 산은 백 층인 양 험하네.
會稽萬壑軒窓內	회계산[39] 뭇 골짜기가 창문 안에 있는 듯하고
太華三峯几席間	태화산 세 봉우리가 자리 옆에 있는 듯하네.
始信臥遊非必畵	비로소 와유는 그림이라야 할 필요 없음을 믿게 되었으니
箇中眞趣勝躋攀	그 속의 참다운 취향은 올라가서 보는 경치보다 낫구나.

『경와집敬窩集』 권2

평설(評說)　작은 괴석이지만 그 기세는 천 길의 소나무가 솟은 듯하고, 백 층의 산이 쌓인 것 같다. 마치 중국의 회계산會稽山이나 태화산太華山과 같다. 그림을 걸어놓고 와유臥遊를 즐겼다는 종소문宗少文의 흥취도 이보다 못했을 것이다. 오히려 직접 산을 오르는 것보다 이 괴석을 감상하는 것이 낫다고 하였다.

---

38 김휴金烋 : 1597(선조 30)~1638(인조 16). 본관은 의성義城. 자는 자미子美 또는 겸가謙可, 호는 경와敬窩.
39 회계산會稽山 : 중국 절강성 소흥현에 있는 산 이름이다. 하나라 우禹 임금이 여기에서 제후들을 모아 계공計功했기 때문에 생긴 이름이다.

寓齋小記　　우재소기

채유후蔡裕後[40]

만물은 하늘과 땅 사이에 깃들어 살지 않는 것이 없다. 나 역시 만물 중 하나이다. 한성漢城의 동쪽에 조그만 땅을 얻어 살고 있으니, 이곳이 나의 집이다. 또 옹기장이의 집에서 흙으로 만든 작은 질그릇을 얻어 침상에 놓으니, 이곳이 질그릇의 집이다. 박씨朴氏의 우물에서 물을 길어다가 질그릇에 부으니, 이곳이 물의 집이다. 한 자루의 부채를 주고 하나의 석가산으로 바꾸어 질그릇의 물에 세워놓으니, 이곳이 돌의 집이다. 한 그루 작은 소나무를 그 꼭대기에 심었으니, 이곳이 나무의 집이다. 몇 떨기 가느다란 풀을 그 산허리에 심으니, 이곳이 풀의 집이다. 아이 종에게 앞 개울에서 붕어를 잡아다 물속에 풀어 놓게 하였으니, 이곳이 물고기의 집이다. 아! 진실로 세상 사람들로 하여금 어느 곳이든 집이 아닌 곳이 없다는 것을 알게 하고, 사는 곳에 따라 즐기게 한다면, 어디를 간들 집을 얻지 못하겠으며 또 어찌 이 즐거움을 다툴 일이 있겠는가?

『호주집湖洲集』 권5

夫萬物者, 莫不寓於天地之間, 余亦物之一也. 於漢城之東, 得一隙地而居之, 余之寓也. 又得小瓦盆於陶氏之家而置之牀上, 盆之寓也. 汲取朴氏之井之水而盛之於盆, 水之寓也. 以一把扇, 換一石假山而峙之乎盆之水, 石之寓也. 以一株矮松植其顚, 木之寓也. 以數叢細草栽其腹, 草之寓也. 使小奚生致前川婢魚而放之乎水中, 魚之寓也. 噫! 誠使世之人, 皆知其莫非爲寓也. 隨所寓而樂之, 安往而不得其寓, 而亦安有爭是樂者乎.

평설(評說)　괴석을 물 담은 질그릇에 두어 석가산으로 삼고, 이를 통해 거처[寓]에 대해 논한 글이다. 어떠한 곳에 처하더라도 마음을 편안히 먹고 그

---

[40] 채유후蔡裕後: 1599(선조 32)~1660(현종 1). 본관은 평강平康. 자는 백창伯昌, 호는 호주湖洲. 시호는 문혜文惠.

자리에 있는 것을 즐겨야 한다고 하였다.

飛飛亭雙怪石記　　　비비정쌍괴석기

이기발李起浡[41]

진산津山 구씨舅氏께서 나에게 당堂에 앉아서 남쪽 창문을 열고 뜰을 보라 하였다. 무너진 담장 아래에는 전에 없던 키가 몇 자쯤 되는 것이 서로 마주 서 있었다. 나는 그것이 무슨 물건인지 알 수 없었다. 날짐승인가 하고 보면, 새하얀 학이나 푸른 송골매가 구만 리 푸른 하늘을 다투어 올라가다가 중도에 잘못하여 인간 세상에 떨어지자 양 어깨를 움츠리고 우러러보면서 다시 날아오르려 하는 모습 같았다. 들짐승인가 하고 보면, 놀란 표범이나 성난 호랑이가 밤이면 인가로 내려왔다가 해가 뜨면 감히 사람들을 접하지 못하고 용맹함을 감추고 구석진 곳으로 가서 웅크리고 앉아 사람들이 알까 두려워하는 모습 같았다. 나무의 그루터기인가 의심해보면, 꺾인 흔적이 있고, 벌레 먹은 흔적이 있었으니 곤륜산崑崙山의 오래된 소나무가 천 년의 오랜 풍상을 겪어 가지와 줄기는 바람에 떨어지고, 뿌리와 밑둥은 물에 잠겼으나 남아있는 몸통은 다 썩지 않고 두 겹의 이끼가 끼어 무늬가 겹겹으로 깊고 얕게 얽혀 자연스런 모습이 있는 것 같았다. 늙은 사람인가 하고 보면, 머리와 정수리가 있고 배와 등이 있으며, 허리는 구부러지고 얼굴에는 때가 끼어 무릉도원武陵桃源의 신선이 진산津山의 산수 경치가 좋다는 말을 듣고 그 친구와 함께 찾아왔다가, 이윽고 신선과 보통 사람들의 풍도가 달라 속세 사람들과는 만날 수 없는지라 갈 곳 없는 사람처럼 묵묵히 마주앉은 듯하였다. 그것이 작은 줄도 잊은 채 산이라 여겨 바라보면, 층층의 봉우리가 구부정하고 깎아지른

---

[41] 이기발李起浡 : 1602(선조 35)~?. 본관은 한산韓山, 자는 패연沛然, 호는 서귀西歸.

절벽이 서 있으며 바위와 산등성이가 줄지어 서 있고 골짜기가 깊고 그윽하여 마치 아름다운 풀이 무성하고 푸른 안개가 생겨나는 듯하였다. 나는 무슨 물건인지 알지 못하여 마침내 손으로 어루만져본 뒤에야 날짐승도 길짐승도 뿌리가 있는 것도 신령한 것도 산도 아니고, 그저 두 개의 딱딱한 바위라는 것을 알았다. 그런 뒤에야 그 모양이 매우 괴이하다는 것을 알게 되었고, 그런 뒤에야 구씨가 당 앞에다 갖다놓은 까닭을 알게 되었다.

『서귀유고西龜遺稿』 권6

津山舅氏, 要余坐堂開南窓見庭. 頹牆下, 有前所無, 丈可數尺許者, 相對立, 不知爲焉. 余不知爲何物, 疑禽而視之, 似是白鶴靑鶻爭上九之蒼蒼, 中塗而誤落人間. 於是, 竦兩肩仰眷, 而更欲飛騰於時者也. 疑獸而視之, 似是驚豹怒虎, 夜投人居, 日出不敢交乎人, 戢其勇, 斂其猛, 就僻處, 同蹲而恐爲人知者也. 疑木之木査者, 有摧之痕, 有蠧之跡, 得非崐山老松, 自閱千霜之久, 枝幹落乎風, 根本揭乎水, 有餘體, 不盡朽介, 而爲二重苔, 疊紋纏深淺, 而有天然狀度者乎. 疑人之老者, 有頭頂也, 有服背也, 曲腰而垢浮其面, 得非武陵仙翁, 聞津山山水之勝, 共其友來訪. 旣來仙凡殊風, 不得與世人容接, 嘿嘿然相對而無所歸者乎. 忘其小以爲山焉而視之, 層峯宛焉, 斷壁依焉, 巖巒列如洞壑幽, 如佳草森翠烟生. 余不知爲何物. 遂手摩然後, 知不飛不走不根不靈不爲山, 而兩箇頑然也. 然後知其形甚怪也, 然後知舅氏之所以置諸堂之前也.

평설(評說) 글쓴이가 장인을 찾아가니, 장인이 창문을 열고는 뜰을 보라고 하였다. 이미 날이 어두워졌는지 무엇인지는 알 수 없지만 괴이한 형상의 물체 두 개가 있었다. 날짐승 같기도 하고 길짐승 같기도 하고, 나무 그루터기 같기도 하고, 나이 든 사람의 모습 같기도 하다. 또 산이라고 생각하면서 바라보면 봉우리와 골짜기의 모습이 역력히 보이는 것 같기도 하다. 직접 만져 본 뒤에야 비로소 두 개의 바위라는 것을 알게 되었다는 내용이다. 인식認識에 대한 화두를 던지는 글로 여겨진다.

怪石   괴석

강백년姜栢年[42]

遠從深峽至	멀리 깊은 협곡에서 찾아와
却入小庭來	작은 정원으로 가져왔구나.
宛帶神仙窟	완연히 신선굴을 지닌 듯하고
猶封太古苔	아직도 태곳적 이끼가 덮였네.
雲當幽處吐	구름은 그윽한 곳에서 솟아나고
花傍瘦容開	꽃은 야윈 모습 옆에서 피었네.
絕勝晉三品	빼어난 모습 진나라 삼품[43]보다 나은데
千年抛草萊	천년 동안 풀더미 속에 버려져 있었네.

『설봉유고雪峯遺稿』 권8

평설(評說) 깊은 산속에서 괴석을 찾아 정원에 가져다 놓았다. 괴석의 구멍은 신선굴 같고, 괴석에 덮인 이끼는 태곳적부터 붙어 있었던 것만 같다. 한편에서는 안개가 피어나고, 수척한 괴석 옆에 꽃이 피니 그 모습이 매우 아름답다. 이처럼 빼어난 괴석이 오래도록 풀더미 속에 버려져 있었다니 탄식이 절로 나온다.

---

42 강백년姜栢年 : 1603(선조 36)~1681(숙종 7). 본관은 진주晉州. 자는 숙구叔久, 호는 설봉雪峯·한계閒溪·청월헌聽月軒. 시호는 문정文貞이다.
43 삼품三品 : 세 품종의 괴석을 말한다.

山梔一盆, 送晦谷曺守而, 要換栽松怪石

산 치자나무 화분 하나를 회곡晦谷 조수이曺守而에게 보내어 소나무를 심은 괴석과 바꾸자고 요청하다

김익희金益熙[44]

不惜山薝蔔	아깝지 않노라! 산 치자나무의
新抽碧玉枝	벽옥처럼 새로 돋아난 가지.
平生太湖癖	평생의 태호석[45]에 벽[46]이 있어
要看九華奇	구화[47]의 기이한 모습 보려 한다네.

『창주유고滄洲遺稿』 권7

평설(評說)   산 치자나무에 벽옥과 같은 새 가지가 돋았다. 귀하디 귀한 것이지만 아깝지는 않다. 평소 괴석에 벽癖이 있었기에, 소나무를 심은 괴석과 바꾸어 구화산과 같은 기이한 모습을 감상하고자 하기 때문이다.

---

44 김익희金益熙: 1610(광해군 2)~1656(효종 7). 본관은 광산光山, 자는 중문仲文, 호는 창주滄洲. 시호는 문정文貞이다.
45 태호석太湖石: 태호太湖, 즉 동정호洞庭湖에서 생산되는 유명한 수석水石을 말한다.
46 벽癖: '벽'은 의학적으로는 오른쪽 갈비뼈 아래 비장脾臟에 나쁜 기운이 쌓여 있는 상태를 말한다. 그러나 낭비벽浪費癖·도벽盜癖·방랑벽放浪癖이란 말에서도 보듯 어떤 것에 대한 기호나 집착이 너무 지나쳐서 이성적으로 도저히 억제할 수 없는 병적인 상태를 가리킬 때 흔히 사용하였다.
47 구화九華: 호중구화석壺中九華石. 소식蘇軾의 「호중구화시서壺中九華詩序」에 "호구湖口 사람 이정신李正臣이 이석異石을 가졌는데 아홉 봉우리가 영롱玲瓏 완전宛轉하여 창령窓櫺과 같았다. 그래서 나는 1백 금金으로 그것을 사서 구지석仇池石과 짝을 지으려 했는데 남쪽으로 옮기게 되어 미처 뜻을 이루지 못하고 이름을 호중구화라 하고 시로써 기록한다."라 하였다.

題怪石   괴석에 쓰다

이하진李夏鎭[48]

小椎欹石幻奇峯	작은 망치로 돌 깎아 기이한 봉우리 만드니
人巧能參造化功	사람의 재주가 조물주의 권능과 비슷하구나.
便有巖巒生咫尺	문득 바위와 산봉우리 지척에 생겨나고
更疑雲霧眩西東	다시 구름과 안개가 동서를 어지럽히네.
臥遊還在丹靑外	그림 아닌 것으로 와유를 즐기노라니
心賞都輸想像中	상상 속에서 마음으로 감상한다네.
蠟屐靑鞋無處用	밀랍 바른 나막신, 푸른 짚신 쓸 곳이 없으니
從今不必訪瀛蓬	이제부터 영주산 봉래산 찾을 필요 없으리라.

『육우당유고六友堂遺稿』권1

평설(評說)   대개의 경우 괴석 감상은 자연적으로 생겨난 기괴한 모양의 괴석을 선호한다. 그러나 수련首聯에서 알 수 있듯이 이 괴석은 인공人工을 가하여 산 모양으로 깎아 만든 것이다. 밀랍 바른 나막신은 남조南朝 송宋의 사령운 謝靈運이 임천내사臨川內史로 있을 때 미끄러지지 않도록 밀랍을 바른 나막신을 신고 산에 오르기를 좋아하였다는 고사에서 따온 것이다. 그리고 푸른 짚신은 두보杜甫의 「봉선류소부신화산수장가奉先劉少府新畵山水障歌」의 "나만 홀로 어찌 속세에 묻혀 있으랴, 푸른 짚신과 베버선 차림이 이제부터 시작일세[若耶溪 雲門寺 吾獨胡爲在泥滓 靑鞋布襪從此始]"라는 구절에서 따온 말로, 역시 산수 유람을 뜻한다. 괴석이 진짜 산을 대신할 수 있으므로 아무리 뛰어난 명승이라도 직접 유람할 필요가 없나며 호기를 부리고 있다.

---

[48] 이하진李夏鎭 : 1628(인조 6)~1682(숙종 8). 본관은 여주驪州. 자는 하경夏卿, 호는 매산梅山 또는 육우당六寓堂.

僑寓醫監, 庭有花木. 華翁來賞, 許贈怪石, 詩以促之

의감醫監[49]에 얹혀 살았는데, 정원에 꽃나무가 있었다. 화옹華翁이 와서 감상하곤 했는데, 괴석을 주기로 허락하였기에 시를 써서 재촉한다

남용익南龍翼[50]

桂萼棠花妬艶容	계수나무 꽃과 해당화가 요염한 자태를 투기하고
綠槐陰下繫飛龍	푸른 홰나무 그늘 아래에 나는 용을 매달아 놓았네.
庭前更欲添顏色	정원 앞에 다시 색채를 더하려 하니
要借金華石一峯	금화산[51] 봉우리 하나 빌려주시오.

이때 임금께서 하사한 말이 마침 왔다.[時賜時賜馬適至]

『호곡집壺谷集』 권8

> **평설(評說)** 시제의 주석으로 보건대, 2구의 '나는 용'은 임금이 하사한 말을 비유한 것인 듯하다. 이 시를 지은 장소가 전의감典醫監이므로, 말은 임금의 병을 치료한 수고로 하사받은 듯하다.
>
> 계수나무 꽃과 해당화가 핀 정원의 홰나무 그늘 아래 임금이 하사한 말을 매달아 놓았다. 여기에 아름다움을 더하고자 하니, 금화산 봉우리처럼 생긴 괴석을 보내달라는 내용이다.

---

49 의감醫監 : 전의감典醫監으로 궁중의 어약을 공상하고 하사하는 일을 맡아보는 관아다.
50 남용익南龍翼 : 1628(인조 6)~1692(숙종 18). 본관은 의령宜寧. 자는 운경雲卿, 호는 호곡壺谷. 시호는 문헌文憲이다.
51 금화산金華山 : 신선 적송자赤松子가 도를 얻었다는 산 이름이다.

怪石　　괴석

남구만南九萬[52]

馳名可擬太湖灣	태호만[53]과 비슷하다는 소문이 돌았는데
遇賞還同小華山	만나보니 도리어 소화산[54]과 똑같구나.
瘦骨半摧煙火裏	수척한 골격은 연화[55] 속에서 반쯤 꺾였고
淸標忽映戶庭間	깨끗한 모습은 문득 뜰 사이에 비치는구나.
朝霞暮靄看何厭	아침 노을 저녁 안개 보아도 싫증나지 않고
疊嶂重巒對自閒	겹겹의 산봉우리 대하니 절로 여유롭구나.
滿面泥沙須洗盡	표면에 가득한 진흙 모래 다 씻어내고
且敎留著錦苔斑	비단 같은 얼룩 이끼 남겨놓으리라.

『약천집藥泉集』 권1

평설(評說)　동정호洞庭湖에서 나는 괴석과 같다는 소문을 들었는데, 직접 보니 소화산小華山과 같은 모습이다. 수척한 골격은 세상에 나온 뒤로 반쯤 부러졌는데, 뜰에 놓고 보니 시원한 풍치가 있다. 아침저녁 보아도 싫증나지 않

52　남구만南九萬 : 1629(인조 7)~1711(숙종 37). 본관은 의령宜寧. 자는 운로雲路, 호는 약천藥泉 또는 미재美齋. 시호는 문충文忠이다.
53　태호만太湖灣 : 중국의 안휘성安徽省 영벽현靈璧縣 경석산磬石山과 평강부平江府 태호太湖, 즉 동정호洞庭湖이다. 『후한서後漢書』 「풍연전馮衍傳」 주註에, "태호太湖 부근에 있는 5개의 호수로 격호滆湖·조호洮湖·사호射湖·귀호貴湖 및 태호 등"을 말하였고, 『서언고사書言故事』 「지명류地盟類」에는, "파양鄱陽·청초靑草·동정洞庭·단양丹陽·태호 등"으로 말하였다. 이곳에서는 유명한 수석壽石이 많이 나는데, 백거이白居易의 「태호석기太湖石記」에 "옛날 달인達人들은 모두 특별히 즐긴 것이 있다. 현안선생玄晏先生(현안은 진晉나라 황보밀黃甫謐의 호)은 글을 즐겼고, 혜중산嵇仲散(중산은 진나라 혜강嵇康이 중산대부中散大夫를 지냈으므로 이름)은 거문고를 즐겼고, 도정절陶靖節(정절은 진나라 도잠陶潛의 시호)은 술을 즐겼고, 승상丞相 기장공奇章公은 돌을 즐겼다"라고 하였다.
54　소화산小華山 : 『산해경山海經』 「서산경西山經」에 중국 섬서성陝西省 화양현華陽縣 남쪽에 있는 화산華山은 사방이 깎아지른 듯하고 그 높이가 5천 인仞이나 되어 조수鳥獸도 살지 못한다 한다고 하였다. 그 남쪽을 태화산이라 하고, 그 서쪽을 소화산少華山이라 한다.
55　연화煙火 : 속세를 뜻한다.

고 층층 산봉우리 같은 모습을 보니 여유롭기 그지없다. 표면의 진흙과 모래는 다 씻어내었지만, 비단 같은 이끼는 그대로 남겨두고 감상한다는 내용이다.

| 前畜怪石, 今不復收, 戲述 |
전에 간직했던 괴석을 지금에 다시 거두지 않았으므로 장난삼아 쓴다

임상원任相元[56]

長江西走峽門析	장강이 서쪽으로 달려 협곡 입구 터진 곳에
十里平湖瑩如鏡	십 리나 되는 평평한 호수 맑기가 거울 같네.
江邊石臺麏龍嵷	강변에는 석대와 험준한 산들이 빽빽한데
質疏理赤苔文淨	바탕은 성글고 결은 붉으며 이끼 무늬는 깨끗하네.
寒樓使君無長物	광한루 사또는 남는 물건 없고[57]
斷取一塊供淸詠	깎아 만든 한 덩어리를 시 읊을 거리로 삼네.
渾淪一德貴天成	질박하고 한결같은 덕은 천성을 귀히 여기어
岢嶱公庭間花竹	관청 뜰의 꽃과 대나무 사이에 높이 솟았네.
浪痕㶁㶁蝕雙趾	물결 흔적 찰랑찰랑 두 다리를 적시고
雲氣纖纖籠半腹	구름은 가느다랗게 산허리를 감싸네.
不須雕琢出奇峯	깎거나 다듬지도 않았는데 기이한 봉우리 나왔고
山野之姿自驚目	산과 들의 자태는 절로 사람 눈을 놀라게 하네.

---

56 임상원任相元 : 1638(인조 16)~1697(숙종 23). 본관은 풍천豊川. 자는 공보公輔, 호는 염헌恬軒. 시호는 효문孝文이다.
57 남는 물건 없고 : 절약하고 검소하게 사는 청빈한 생활을 뜻한다. 장물長物은 두 개 이상의 여유 있는 물건을 말한다. 『세설신어世說新語』, 「덕행德行」에 진晉나라 왕공王恭이 숙부인 왕침王忱의 요청을 받고 단 하나밖에 없는 돗자리를 주었는데, 나중에 그 사실을 알고 왕침이 미안하게 생각하자, "숙부께서 나를 잘 이해하지 못해서 그런 것일 뿐입니다. 저는 원래 남는 물건을 갖고 있지 않습니다."라고 대답한 고사가 있다.

君不見	그대는 보지 못했는가
洞庭之産靈壁奇	동정에서 생산되는 기이한 영벽은[58]
方舟擊轂輸朱門	배와 수레로 고관대작 집에 실어 나른다네.
平泉丞相癖且愚	평천장의 승상[59]은 벽이 있고 어리석어
身後尙欲貽子孫	죽은 뒤에 항상 자손에게까지 남겨놓고자 하였네.
何如使君暫把翫	어떠한가, 사또가 잠깐 동안 가지고 놀다가
擲置不啻浮雲如	뜬구름만도 못하게 여기고 던져버리는 것과
欲效鬱林壓載歸	울림석 가득 싣고 돌아간 일[60] 본받고자
隨身卷軸已五車	지니고 다니는 책과 두루마리가 이미 다섯 수레라네.

『염헌집恬軒集』 권7

평설(評說) 　임상원은 남원부사를 지낼 때 기이한 괴석을 두고 구경거리로 삼았다. 그러나 그곳을 떠날 때 미련없이 내버리고 갔다. 고관대작의 집에서 다투어 동정호에서 생산되는 괴석을 모아들인 일이나, 이덕유가 평천장을 자손에게 대대로 물려주려 한 일은 다 부질없는 것으로, 청렴하게 관직생활을 했던 육적陸績을 본받아 책만 잔뜩 싣고 돌아간다는 내용이다.

---

58 동정洞庭에서 생산되는 영벽靈壁 : 영벽은 중국의 안휘성安徽省 영벽현靈壁縣 경석산磬石山으로, 동정호洞庭湖에서 생산되는 유명한 수석壽石을 말한다.
59 평천장平泉莊의 승상丞相 : 당나라 때 낙양에서 30리 거리에 있는 평천장이라는 별장을 가진 유명한 재상 이덕유를 가리킨다. 수석의 아름다움이 천하 제일이며 기화이초奇花異草와 진송괴석珍松怪石이 그 사이에 늘어 있어 유명해졌다.
60 울림석鬱林石 …… 싣고 돌아간 일 : 육적陸績이라는 사람이 울림태수鬱林太守를 지냈는데, 벼슬을 그만두고 돌아갈 때 짐이 없어서 배가 뒤집힐 위험이 있으므로 돌을 실어 갔다고 한다. 청렴함을 상징한다.

兒輩植稚松數株於堂下, 置怪石於其間, 因以松石名堂, 漫吟

아이들이 당 아래에 작은 소나무 몇 그루를 심고, 그 사이에 괴상하게 생긴 돌을 두었다. 그래서 당 이름을 송석이라 하고 아무렇게나 읊는다

오도일 吳道一

翠葉參差護綺紋	푸른 잎사귀 들쑥날쑥 화려한 무늬를 지키어
堂名松石孰斷斷	당 이름 송석으로 삼으니 어찌 꿋꿋하지 않으리오.
柯纔徑寸堪凌雪	가지는 겨우 한 치쯤 되지만 능히 눈을 이기고
體不盈拳解釀雲	몸뚱이는 한 주먹이 되지 않아도 구름을 빚어낼 줄 아네.
幾日濃陰留月影	어느 날에 달 그림자 머물러 짙은 그늘 드리웠나
何年異狀閱天斤	어느 해에 하늘의 도끼에 맞아 기이한 모습 되었나.
閒哦朝暮供幽事	아침저녁 한가로이 읊으며 조용히 살면서
便欲從今謝世紛	어지러운 세상사 물리치고자 하노라.

『서파집西坡集』 권2

평설(評說) 소나무와 괴석이 있는 송석당松石堂에 부친 시다. 키 작은 소나무와 작은 괴석이 있어 집의 이름을 송석당이라 하였다. 소나무는 한 치밖에 안 되지만 눈 내리는 겨울에도 푸른빛을 잃지 않고, 돌은 한 주먹밖에 되지 않지만 아침이면 구름이 피어나는 듯하다. 이곳에서 한가로이 노닐며 세상일을 잊고자 한다는 내용이다.

怪石記   괴석기

한태동韓泰東[61]

풍뢰자는 집에 있을 때 달리 좋아하는 것은 없고, 꽃과 돌을 가지고 스스로 즐겼다. 친척이 괴석 두 개를 가지고 있다는 말을 듣고, 그 하나를 손수레에 싣고 와서 보니 모양이 심히 기이하였다. 높고 뾰족하며 가파르고 험준한 것이 산과 매우 비슷하였다. 풍뢰자는 기뻐하며 마침내 분지盆池에 옮겨두어 여러 가지 꽃을 심어놓고 뜰에 놓아두었다. 매일 그 사이를 왕래하며 매우 아꼈다. 그런데 얼마 되지 않아 돌은 메마르고 갈라졌으며, 심은 꽃은 병들고 시들었으며, 물은 막혀서 통하지 않았다. 풍뢰자가 이상하게 여겨 가까이 가서 살펴보니, 이 돌은 몸체가 조밀하고 결이 강하여, 검푸르며 견고하고, 딱딱하며 치밀하여, 성질이 물을 싫어하므로 세상 사람들이 가진 것과는 매우 달랐다. 이는 겉모습만 보고 가져왔다가 잘못된 것이다.

풍뢰자는 어쩔 수 없이 치워버리려다가 다만 그 불쑥 솟은 모습이 기이하여 싫증내지 않고 아끼며 버리려다가도 다시 갖다 두고는 손질할 방법을 생각하였다. 마침내 그 표면을 벗겨내고 막힌 흙을 걷어내었으며, 그 속을 쪼개어 견고한 정도를 줄였다. 그리고 망치로 치고 칼로 도려내어 트이게 하고 손질하였다. 산허리에 구멍을 내어 물이 흐를 수 있게 만든 길이 세 군데였다. 비록 우禹임금이 용문龍門을 뚫고[62] 오정五丁이 촉산蜀山을 열었던 것도 이보다 부지런하지 않았을 것이다. 일을 마치고 다시 뜰 곁에 두고 맑은 물로 적시니, 습기를 머금어 촉촉하였다. 돌이 우뚝 솟은 모양이 사람이 서 있는 것 같았으며, 빼어나고 커다란 것이 거만한 아

---

61 한태동韓泰東 : 1646(인조 24)~1687(숙종 13). 본관은 청주淸州. 자는 노첨魯瞻, 호는 시와是窩.
62 우禹 임금이 용문龍門을 뚫고 : 『서경書經』, 「우공禹貢」편에 우禹가 용문산龍門山을 굴착掘鑿해서 구하九河를 끌어들인 것[夾河積石 至于龍門]을 말하는 데, 용문산龍門山은 중국 산서성 하진현河津縣 서북쪽에 있고, 구하는 중국 산동성 덕현德縣 이북에서 하북성 천진하天津河까지 수백 리 되는 지역 내에 있었던 아홉 줄기 강을 말한다.

이 같았다. 그 주위를 두른 창포菖蒲, 석채石菜 및 심어놓은 모든 풀이 그 사이를 이리저리 뒤덮으니, 빽빽하게 우거지고 무성하게 그늘져서 푸르고 향기를 풍기는 것이 대략 이와 같았다.

나는 이에 느끼는 바가 있었다. 이전에 메말랐던 것이나 지금의 윤택한 것이나 하나의 돌이다. 이전에 막혔던 것이나 지금의 통하는 것이나 하나의 물이다. 이전의 시들었던 것과 지금의 무성한 것은 하나의 화초이다. 그런데 그 앞뒤를 따져보면 마치 다른 물건인 듯하니, 인력人力으로 조화造化를 빼앗을 수 없다는 말을 나는 믿지 않는다.

아! 사물은 본디 이러하건마는 사람 또한 이러한 경우가 있다. 아마도 영롱한 구멍을 뚫고, 영원靈源의 물을 대며, 우산牛山의 나무[63]를 자라게 한 사람이 있다면 과연 내가 그를 일러 항인恒人이라 하지 않겠는가?

『시와유고是窩遺稿』 권4

風雷子居家, 無所嗜, 以花石自娛. 聞族人畜二怪石, 輦其一以來, 貌甚奇, 巑岏嶻嶪, 甚類於山. 風雷子悅之. 遂安以盆池, 揷以雜卉, 用充庭實, 日往來其中, 其恩之特甚, 無幾何. 石槁而燥, 植瘁而腓, 水壅而不達矣. 風雷子異之, 迫而察之, 則之石也, 肉密而理硬, 黝然而堅, 頑然而緻. 性拒水, 與世之所畜者甚反, 盖貌取而失之耳. 風雷子戍然不得. 將紃而髦弁之特奇其狀, 其愛之未怠也. 將去而復置, 謀所以攻治之者, 遂洗其膚, 決去壅土, 斧其心, 摧殺堅剛. 乃椎乃刃, 疏之理之, 凡穴腹導水者, 三道焉. 雖大禹之鑿龍門, 五丁之排蜀山, 不是勤也. 厥功旣成, 植之庭除, 以淨水漬之, 含津孕液, 淋漓然也. 石狀欱然, 人立蹄股, 挺特魁梧, 倨肆兒育, 其列被之菖蒲石菜衆草凡植, 經緯其間, 鬱然邃, 蒼然陰, 蔥蘢翁葧, 搖漾芬郁, 其大都如此. 余於此竊有感焉. 夫向之槁, 今之澤, 一石也. 向之壅, 今之達, 一水也. 向之痿淬, 今之葼楸, 一卉草也. 詰其前後, 若異物然, 謂人力不能奪造化, 吾不信焉. 噫! 物固然矣, 人亦有之, 其有鑿, 玲瓏之穴注靈源之水,

---

63 우산牛山 : 우산은 중국 산동山東 치박시淄博市 동쪽에 있는 산 이름으로, 춘추시대 제齊나라 영내에 있었다. 『맹자孟子』「고자告子 상上」에 "우산牛山의 나무가 아름다웠는데 서울의 근교가 되는 바람에 도끼와 자귀의 침해를 받게 되고, 또 시간이 흘러 비와 이슬에 젖어 곁순이 돋아나도 소와 염소가 뜯어 먹기 때문에 저와 같이 민둥산이 되었다."라는 구절이 있다.

長牛山之木者乎. 果能是吾不謂之恒人也.

평설(評說)　괴석을 얻어와 물을 담은 질그릇에 넣어두고 여러 가지 화초를 심었다. 그런데 얼마 되지 않아 괴석이 마르고 갈라지며 화초가 시드는 일이 생겼다. 무르고 물을 잘 흡수해야 감상용으로 적당한 법인데, 이 괴석은 성질이 그렇지 않기 때문이었다. 그래서 내다버리려다가 기이한 모습이 아까워 약간 손질하였더니, 윤택한 모습을 갖추게 되었다. 여기에 비유하여 사람 또한 본연의 선한 성품을 회복하려는 노력을 기울여야 한다고 하였다. "인력人力으로 조화造化를 빼앗을 수 없다는 말을 나는 믿지 않는다."는 말에서 인간의 노력을 강조하는 글쓴이의 생각을 알 수 있다.

怪石後記　괴석후기

한태동

나는 돌을 좋아하여 이것을 모아놓은 사람이 있으면 반드시 부탁하여 가져왔다. 요새 두 개를 얻었는데, 하나는 가운데가 비어 있고 바깥이 부드러워 물을 잘 흡수하였다. 국자로 물을 부으면 하루종일 습기로 젖어 있는 것이 마치 입에 있는 혀와 같았다. 그러나 그 형상은 둥글고 평평하여 기괴하거나 특별한 모습이 없었다. 다른 하나는 물을 흡수하는 정도는 약간 떨어지지만 형상은 특이하고 기괴하였다. 크기는 한 자도 되지 않고, 둘레는 한 주먹도 되지 않았다. 그러나 늠름히 솟아났고 구불구불 산등성이를 이루었기에 모두 보물처럼 보관하였다.

바둑판처럼 배열하고 별처럼 늘어 세운 것이 쌓여 뜰에 가득한데, 큰 것은 곰이 달려가는 듯, 호랑이가 엎드려 있는 듯하고, 작은 것은 까치가 사납게 울고 새가 도망가는 것 같았다. 혹은 물건 같기도 하고 혹은 사람 같기도 하며 혹은 꿇어

앉은 듯한 것도 있고 걸터앉은 듯한 것도 있어, 들쭉날쭉한 것이 서로 도와 기이한 모습을 보여주는 듯하였다. 여기에 기이한 풀과 아름다운 꽃을 옆이나 위에 심으니, 구름에 가려지고 촘촘히 모여 있으며 푸른빛이 울창하여 바람에 흔들리면 운치가 있고, 비에 젖으면 그늘이 지는데 책상 아래에서 모두 재주를 보여주었다.

항아리 속에 기르는 물고기가 10여 마리쯤 된다. 비늘과 수염이 다 보여 마치 공중에서 헤엄치는 것처럼 유유히 왔다갔다 하며 가까이 가도 놀라지 않았다. 그리하여 나는 기뻐하고 웃고 아끼고 즐거워하며 내버리지 못하였다. 비록 산천과 숲의 모습이나 물가의 대나무, 냇가의 바위라 하더라도 바꿀 수 없었다.

그러다가 가만히 슬퍼하였다. 하늘과 땅 사이에는 만물이 어지럽게 섞여 있다. 크고 작은 것과 정밀하고 거친 것, 곱거나 더럽거나 아름답고 추한 것, 이런 종류는 매우 많고 그 호칭도 많아진다. 그러나 이 돌만은 기운을 받음이 중도를 잃었기에, 마침내 그 천성을 손상시켜 이지러지고 울퉁불퉁하며 쭈그러들고 구불구불하여 위축되어 이루어지지 못하고 어렵게 되어 펴지지 못하니, 이것은 기운을 받음이 편벽된 것이지 어찌 돌의 천성이겠는가? 그런데 세상 사람들은 이를 가리키며 괴석이라고 한다.

무릇 선비가 세상을 살아감에 혼란스러운 때를 만나면 불우하고 답답하여 몸을 굽히고 걷다가 넘어지기도 한다. 허리를 굽히고 다니거나 땅에 엎어지며 기괴한 행동을 하고, 언어로 표현한 것은 허탄하고 황당하여 꾸짖을 수도 없으며, 문장으로 표현한 것은 기괴하고 껄끄러워 캐물을 수 없게 된다. 이것은 본시 좋지 못한 때를 만난 것이지, 어찌 사람의 본성이겠는가? 그러나 세상 사람들은 그를 가리키며 괴인怪人이라고 한다. 이것은 정상인 것을 좋아하고 기괴한 것을 싫어하는 사람들이 힘쓸 바이니, 또 말할 것이 무엇이겠는가? 이에 돌을 두드리면 탄식하였다.

"아! 세상은 비루하고 좁아서 받아들일 수가 없구나. 나는 차라리 너를 데리고 큰 산의 울퉁불퉁한 바위 밑에 가서 괴인으로서 괴석과 함께 하리라. 기뻐하며 괴상한 말을 노래하고, 거침없이 괴이한 문장이나 지으면서 제멋대로 살아가며 만물을 업신여겨도 괜찮지 않겠느냐?"

옆에 어떤 사람이 있다가 빙그레 웃으면서 다가와 말하였다.

"선생께서 괴이한 것을 매우 좋아하시니 고칠 수가 없겠습니다. 청컨대 저는 선생님께서 가시기를 기다렸다가 괴이한 것을 좋아하는 것이 심하여 바꿀 수 없으시니, 제가 선생께서 돌아가기를 기다리겠습니다. 무염無鹽[64]과 모모嫫母[65]로 하여금 선생의 건즐巾櫛[66]을 받들게 하고, 키가 작은 난장이 지리支離[67]에게 명령하여 선생의 심부름을 맡게 하며, 구부러지고 비틀어진 것으로 그릇을 만들고, 특이한 작은 벌레로 음식을 만들어 선생의 장수를 기원하면 어떻겠습니까?"라 하였다. 선생은 웃고 이를 기록한다.

『시와유고是窩遺稿』 권4

余旣嗜石, 人有畜此者, 必丐而取, 俄獲二焉. 其一則疎中脆外, 善受水, 注以勻水, 則終日淋濕, 若舌之在口焉. 然其形團圓平易, 無奇詭瓌異之觀. 其一則受水差劣, 而形特奇, 長無尺焉, 絜無拳焉. 而凜然峭拔, 曲成峯巒. 余皆寶畜之, 碁布星列, 壘壘盈庭, 大者熊奔虎伏, 小者鵲厲鳥竄. 或物或人, 或跪或踞, 嶔崎攢嶪, 相輔效奇. 爰有奇草美卉, 側種危植, 掩靄叢聚, 綠縟薈蔚, 風搖而韻, 雨浥而蔭, 几案之下, 咸來獻技. 盆中所畜, 魚可十許頭, 鱗鬐, 畢見若在空游悠. 爾往來迫之不驚. 余於是喜笑愛悅樂, 而不捨. 雖山川林麓之觀, 水竹泉石之適, 不與易也. 因竊悲天地之間, 萬類紛錯, 洪纖精麤, 姸媸美惡, 厥類旣博, 厥號慈多. 而是石也, 受氣失中, 遂虧厥

---

64 무염無鹽 : 종리춘鍾離春이라는 여자로 제齊나라 무염無鹽이라는 고을에서 태어났기에 무염인無鹽人이라고 불렀다. 제선왕齊宣王의 부인이 되었는데, 덕이 있었으나 인물은 추하였으므로 추녀를 뜻한다.
65 모모嫫母 : 『전국책戰國策』, 「초사楚策」에 황제黃帝의 제4비妃로 얼굴은 아주 못생겼어도 마음씨는 매우 착했다는 여자가 나온다. 추녀를 뜻한다.
66 건즐巾櫛 : 수건과 빗. 여자가 남편 섬기는 것을 건즐을 받든다고 한다.
67 지리支離 : 『장자莊子』 「인간세人間世」에 나오는 꼽추 지리소支離疏처럼 세상의 해침을 받지 않고 자신의 덕을 온전하게 보존하며 사는 사람을 말한다.

天, 癃欹結澁, 縮戹拘曲, 拳躄而不逞, 艱難而不敍, 斯固受氣之偏也. 豈石之性哉. 而世且指以 爲怪石. 夫士之處世, 遭時昏亂, 塞困鬱積, 屈其身體, 仆其步武, 僂行蹟伏, 偃仰卓詭, 形之於言 語, 則縱誕荒肆而莫可詰, 發之於文章, 則奇澁聱牙, 而不可窮, 斯固遭時之非也. 豈人之性哉. 而 世且指以爲怪人 是其貪, 常紲奇者之所務, 而又何說焉. 乃叩石而歎曰, 唉, 世陋狹矣, 莫可容矣. 吾寧挈汝之大山崱巖之下, 以怪人伴怪石. 煕然而歌怪辭, 浩然而摛怪文, 俯仰恣睢縱傲, 萬物不 亦可乎. 傍有客莞爾而進曰 先生之嗜怪甚, 不可以革矣. 小子請候先生之歸也. 飾無鹽嫫母, 奉先 生巾櫛, 命侏儒支離, 充先生給使, 離奇輪囷以爲器, 奇異輪蟲以爲饌, 爲先生壽則何如. 先生笑 而記之.

평설(評說) 한태동은 괴석을 수집하길 좋아하였다. 최근에 괴석 두 개를 얻었는데 그 모습이 매우 기이하고 성질이 좋아 보물처럼 아꼈다. 그러나 가만히 생각해보니, 이 괴석은 하늘의 기운을 제대로 받지 못하여 이처럼 기괴하게 된 것이다. 때를 만나지 못한 사람이 기괴한 문장을 짓고 이상한 행동을 하는 것과 무엇이 다르겠는가? 그런데 사람들은 괴석은 좋아하지만 괴인은 좋아하지 않는다. 세상 사람들의 안목은 이처럼 모순되니, 괴석과 함께 세상을 피해 숨고자 한다. 그러자 어떤 사람이 묻는다. 세상에 드문 기괴한 추녀가 당신을 모시고, 기괴한 난장이가 당신의 심부름을 하며, 기괴한 그릇에 기괴한 음식을 먹어도 좋겠는가? 기괴한 것을 좋아하면서도 평범한 것이 아니면 살아갈 수 없는 모순에 대해 논하는 내용이다.

續怪石記　속괴석기

한태동

내 친구 정계鄭啓에게는 남에게 빌려준 괴석이 있었는데, 내가 정군에게 달라고 하여 허락을 받았다. 그리하여 아이 종을 보내서 지고 오게 하였는데, 빌려간 사람이 아까워하여 주지 않았다. 세 번이나 왔다갔다 하였는데, 갈수록 더욱 숨기는 것이었다. 내가 몰래 아이 종에게 일러주었다.

"네 모습을 감추고 몰래 찾아보거라. 마치 개 짖는 소리를 잘 내는 식객이 진秦나라에 들어가 호백구狐白裘를 훔친 것처럼 하여라.[68]

어떤 사람이 나에게 몰래 말해주는 사람이 있었다.

"조趙나라의 병부는 항상 왕의 침실에 있으니, 여희如姬가 아니면 훔칠 수 없네. 내가 그것을 따라해 보겠네."

아이 종이 그 방법대로 해서 마침내 해냈다. 저 보관한 사람은 스스로 굳게 지키고 있다 생각하겠지만, 밤중에 힘있는 사람이 이미 짊어지고 달아난 줄도 모를 것이다.

돌의 모양은 매우 기이한데 물을 잘 먹고, 여러 가지 아름다움이 모두 갖추어져 있었다. 내가 모아놓은 것이 비록 여러 개이지만 모두 보잘것없고, 이것이 으

---

[68] 호백구狐白裘 :『사기史記』권75「맹상군전孟嘗君傳」에 따르면, 전국시대 제齊나라 맹상군인 전문田文은 제후諸侯의 유사遊士들을 불러 들여 대접을 잘 하고 있었으므로 식객食客들이 수천 명이나 되었다. 진秦나라에 구류되어 죽게 되었을 때, 진왕秦王이 사랑하는 여인 행희幸姬에게 석방하게 해줄 것을 요청하였다. 행희는 맹상군이 가지고 있던 호백구를 주면 도와주겠다고 하자, 그 호백구는 이미 진왕에게 바쳐서 없으므로 낭패를 느꼈다. 이때 그의 식객 가운데 한 사람이 있었는데, 진나라 궁중의 창고에 개처럼 들어가 호백구를 훔쳐 가져와서 행희에게 주었다. 그것을 진나라 왕이 총애하는 궁녀에게 뇌물로 주고 일단 풀려난 다음, 말을 달려 도망가다가 밤중에 함곡관函谷關에 이르러 나가지 못할 때 또 다른 식객 하나가 닭울음소리를 내어 다른 닭들이 따라서 일제히 울자 문지기가 날이 새는 줄로 알고 문을 열어주어 위기를 모면하였다는 데서 나온 말이다. 여기서 인용한 것은 식객이 진왕에게 있던 호백구를 몰래 훔쳐 왔던 것처럼 괴석을 훔쳐 가지고 오라는 뜻을 말한다.

뜸이었다. 이전의 돌은 애당초 기괴한 것이 아니었고 기괴한 것은 여기에 모여있 다는 것을 알게 되었다. 이에 기록한다.

『시와유고是窩遺稿』 권4

余友鄭君啓有怪石借諸人. 余從鄭君求之得諾矣. 送奚背來, 則借者, 靳不與. 凡三往三返, 愈益秘之. 余密飭奚曰, 竄而形, 秘而視, 效狗吠客入奏藏, 取狐白裘爲也. 客有爲余密媒之者曰, 趙符常在臥內, 非如姬, 不能竊, 吾請效之. 奚賴而售其技, 彼藏者, 自以爲固矣. 不知夜半有力者, 已負而走也. 石品奇甚, 善飮液, 衆美咸備. 余所畜者, 雖衆皆前魚之, 而以是爲甲. 於是知向之石未始怪, 而怪於是乎鍾也, 是爲記.

평설(評說) 친구가 남에게 빌려준 괴석을 받기로 하였다. 그런데 빌려간 이가 아까워하며 내놓질 않았다. 결국 『사기』에 나오는 맹상군의 이야기처럼 몰래 들어가 훔쳐나왔다. 괴석을 살펴보니, 이전에 모아놓은 어떤 것보다도 좋은 것이었다. 괴석을 구하게 된 에피소드를 해학적으로 쓴 글이다.

▎板池怪石歌, 寄蕉窓   판지괴석가. 초창蕉窓[69]에게 보내다

홍세태洪世泰

突兀一拳石	우뚝 솟은 한 줌의 돌이
遙含萬里意	멀리 만 리의 뜻을 품었네.
盈盈板池上	판지 위에 가득하게
森列九峰翠	빽빽이 늘어선 아홉 봉우리 푸르네.
九峰低昂面勢同	높고 낮은 아홉 봉우리 면세面勢는 똑같고

---

69 초창蕉窓 : 김시민金時敏의 호. 1681(숙종 7)~1747(영조 23). 본관은 안동. 자는 사수士修, 호는 동포東圃 · 초창焦窓. 경기도 양주에서 살았다.

水脉包絡巖頂通	휘감아 도는 물줄기는 바위 정상과 통해 있네.
上有雙檜根着危	위에는 두 그루의 회나무 뿌리가 위태롭게 붙어 있고
虯枝屈曲皆倒垂	구불구불한 가지는 모두 거꾸로 늘어져 있네.
谽谺嵌竇水吞吐	휑하니 뚫린 골짜기는 물을 삼켰다 토해내고
魚伏黑處時可窺	어두운 곳에 엎드린 물고기 때때로 엿볼 수 있네.
我得此石如在野	내가 이 돌을 얻어 마치 산야에 있는 것과 같으니
令我心神日蕭灑	나의 마음과 정신을 날로 맑고 깨끗하게 하네.
斡旋天地四壁內	네 벽 안에서 천지를 두루 돌아다니고
疏鑿江山一床下	한 평상 아래에 강산을 만들어 놓았네.
微茫太湖闊	넓은 태호처럼 아스라하고
隱約蓬島小	작은 봉래섬처럼 희미하다네.
時看明月來靜夜	때때로 밝은 달이 고요한 밤에 찾아옴을 보고
每有白雲生淸曉	매일 흰 구름이 맑은 새벽에 일어남이 있네.
聞道君家亦有此	듣건대 그대의 집에도 이런 것이 있다 하는데
獨少靑巒照秋水	다만 가을 물에 비추는 푸른 봉우리는 없다지.
誰知大觀無是非	누가 알랴, 크게 보면 옳고 그름이 없고
不分須彌與芥子[70]	수미산과 겨자[70]를 구분하지 않는다 하네.

『유하집柳下集』 권3

평설(評說) 판자로 막아놓은 연못에 돌을 쌓아 아홉 개의 봉우리가 있는 석가산을 만들었다. 물줄기는 바위 꼭대기에서부터 흘러나오며, 정상에는 두 그루의 구불구불한 회나무가 있다. 골짜기 사이로 물이 드나들며, 물고기가

---

[70] 수미산과 겨자 : 수미산과 겨자씨의 구분에 대하여 『유마경 불가사의품維摩經 不可思議品』에는 부분 속에 전체가 들어 있다는 뜻으로 불가佛家 용어로 사용되고 있다.

노닌다. 이 석가산만 있으면 마치 산속에 있는 것처럼 마음이 깨끗해지며 천하의 강산을 두루 보는 것만 같다. 비록 작고 만들어진 산이지만 통달한 사람의 입장에서 보면 옳고 그름도 크고 작음도 없으니 실제의 큰 산과 다름이 없다는 내용이다.

怪石   괴석

이하 여덟 수의 율시는 과제課題이다. 최립의 은대銀臺를 노래한 20수 중 8번째 제목에 따라 시를 짓는다.[以下八律課製, 擬次崔岦銀臺二十詠中八題][71]

권두경權斗經[72]

嵌空幾劫太湖潛	텅 빈 굴이 몇 겁[73]이나 태호에 잠겨 있었나
鬼鑿神剜逞巧銛	귀신이 파고 신이 깎아 교묘함과 날카로움 다하였네.
鐵網劈分陰獸觜	철망[74]에 쪼개져 나뉜 것은 짐승의 부리와 같고
銀臺移峙碧巉尖	은대에 옮겨 세우니 푸른빛이 높고 뾰족하다네.
池淸盆面靈泉溢	연못처럼 맑은 동이에서 신령한 샘물 넘쳐나고
天近峯頭瑞露沾	하늘에 가까운 봉우리 끝에는 상서로운 이슬 젖었네.
巖洞依俙烟霧起	바위 동굴에서 아련하게 안개 피어오르니

---

71 최립의 은대銀臺를 노래한 20수 : 최립의 『은대이십영銀臺二十詠』을 말한다. 이 시는 직부전시直赴殿試에서 출제된 운에 따라 응제하여 올린 시이다. 그 시에는 괴석怪石, 고목古木, 만년향萬年香, 사계화四季花, 노송老松, 오죽烏竹, 홍련紅蓮, 백련白蓮, 해류海榴, 산류山榴, 서향화瑞香花, 동정귤洞庭橘, 창포菖蒲, 부평浮萍, 풍楓, 리梨, 목등경木燈檠, 동관분銅盥盆, 석정石鼎, 지로地爐를 읊었다. 그 중에서 권두경은 '괴석'에 나오는 운을 따라 지은 것이다.
72 권두경權斗經 : 1654(효종 5)~1725(영조 1). 본관은 안동安東. 자는 천장天章, 호는 창설재蒼雪齋.
73 겁劫 : 범어梵語에서 온 말로 헤아릴 수 없는 시간의 단위. 여러 가지 비유를 들어 설명하는 말 중 불석겁이 있는데, 사방 사천 리 되는 돌산을 천인天人이 무게 3수銖나 되는 천의天衣를 입고 백 년마다 한 번씩 스쳐 그 돌산이 닳아 없어질 때까지의 기간을 말한다고 한다.
74 철망鐵網 : 철사로 엮어 만든 그물. 옛날에 그 그물을 바다 속에 넣어 산호珊瑚가 자라도록 한 다음 건져 올려 채취하였다고 한다.

總疑台嶽在櫳簾　참으로 태악[75]의 들 창가에 있는 듯하네.

『창설재집蒼雪齋集』 권6

평설(評說)　승정원에 있는 괴석을 노래한 시다. 물속에 잠겨있던 괴석을 꺼내보니 신령이 조각한 듯 교묘하고 날카롭다. 철망에 쪼개졌다고 하였으니, 감상용으로 일부러 만든 괴석으로 보인다. 물 담긴 동이에 넣어두니 괴석의 표면에 촉촉하게 이슬이 맺히고, 괴석의 구멍에서 안개가 피어오르는 듯하다. 창문으로 이 모습을 바라보니, 태악台嶽을 바라보는 것 같다.

怪石呼韻　괴석. 운을 불러 짓다

정내교鄭來僑[76]

誰將拳石大	누가 주먹만한 크기의 돌을 가지고
巧斲數峯尖	몇 개의 뾰족한 봉우리를 교묘하게 깎았는가.
兀立非無地	우뚝 설 곳이 없는 것 아니지만
相依故近簷	일부러 처마 가까이에 서로 의지해 있네.
着楂通氣活	등걸을 붙여 공기를 통하게 하고
注水洽身霑	물을 부어 온 몸을 흠뻑 적시네.
最喜吟詩席	가장 좋은 것은 시를 읊는 자리에
從今一美添	이제부터 좋은 경치 하나를 보탠 것이라네.

『완암집浣巖集』 권2

---

75 태악台嶽 : 중국 절강성浙江省 천태현天台縣 북쪽에 있는 산으로, 575년 지의智顗(531~597)가 입산하여 한 종宗을 세웠기 때문에 천태종天台宗의 도량道場으로 유명하다.
76 정내교鄭來僑 : 1681(숙종 7)~1757(영조 33). 자는 윤경潤卿, 호는 완암浣巖, 본관은 하동河東.

평설(評說) 주먹만한 괴석에는 마치 산과 같은 뾰족한 봉우리가 몇 개 있다. 달리 둘 곳이 없는 것은 아니지만, 가까운 처마 곁에 두고 이를 감상한다. 나무 등걸로 괴석의 아래를 받치고, 물을 부어 윤기를 더하니, 사람들과 함께 시를 짓는 자리에서 좋은 소재로 삼아 읊기에 알맞다는 내용이다.

假山   가산

오광운吳光運[77]

鬖鬣蔽蓬萊	수풀은 봉래산을 가렸고
雲霓黲天姥	구름은 천모산을 덮었네.
神往夢亦迷	정신이 나가니 꿈 또한 어지러워
閟眞以終古	오랜 세월 참모습을 감추었네.
惟石出滄海	괴석이 푸른 바다에서 나오니
水嚙疑鬼斧	물결에 쓸린 흔적 귀신의 도끼 자국 같네.
巨靈失其掌	거령의 손에서 빠져나온 듯[78]
夸娥借其股	과아가 다리를 빌려준 듯[79]
縹緲若吐霧	높고 멀어 안개를 토해낼 듯
窅窱如藏虎	깊고 멀어 호랑이를 감춘 듯

---

[77] 오광운吳光運 : 1689(숙종 15)~1745(영조 21). 자는 영백永伯, 호는 약산藥山, 본관은 동복同福. 시호는 충장忠章이다.
[78] 거령巨靈의 손에서 빠져나온 듯 : 거령巨靈은 하수河水의 신령神靈 이름이다. 화산華山은 본래 하수 연안에 위치하였는데, 하수가 통과하면서 굽이쳐 흘러가므로 하수의 거령신이 화산을 손으로 떼밀고 발로 차서 둘로 쪼개버렸는데, 거령신의 발자국이 지금도 바윗돌에 그대로 남아 있다고 한다. 여기서는 석가石假이기 때문에 그 손바닥 자국이 없다는 뜻으로 말한 것이다.
[79] 과아夸娥가 다리를 빌려준 듯 : 과아夸娥는 신의 이름으로, 옛날에 우공愚公이 집 앞을 가로막고 있는 산을 옮길 때 하늘의 상제가 우공의 정성에 감동하여 과아를 내려보내 산을 옮기게 하였다고 한다.

一拳有多少	주먹만한 돌 여럿 있으니
造化無精粗	조물주에게는 정밀하고 거친 구분 없다네.
仁智在所遇	어질고 지혜있는 자는 만나는 것마다
玄對窮宇宙	우주 끝까지 고요히 대면하리라.

『약산만고藥山漫稿』 권2

평설(評說) 『유거잡영幽居雜咏』 8수 가운데 하나이다. 오랜 세월 물속에 잠겨 있던 괴석을 발견하였다. 물결에 휩쓸려 기이하게 된 모습은 마치 신령이 조각해놓은 것 같다. 작은 돌이지만 안개가 피어오르는 산봉우리의 모습과 호랑이가 숨어있는 골짜기의 모습을 모두 갖추고 있다. 조물주에게는 크고 작은 구분이 없듯이, 어질고 지혜있는 자는 어떤 사물을 보더라도 그 이치를 궁구한다고 하였다.

▌怪石, 次放翁韵. 二首   괴석怪石. 방옹放翁[80]의 시에 차운하다. 두 수

이광덕李匡德[81]

病廢杯觴懶賦詩	병든 몸으로 술만 마시고 시 짓기 게을리 하는데
暮年何物慰衰遲	늘그막에 어떤 물건이 병든 나를 위로하리오.
向遊海岳曾餘債	예전에 바다와 산을 유람할 때 빚을 남겨두었더니
晚得盆山且少嬉	늦게서야 분산[82]을 얻어 조금 즐기네.

---

80 방옹放翁 : 송나라 시인 육유陸游의 호號. 자는 무관務觀.
81 이광덕李匡德 : 1690(숙종 16)~1748(영조 24년). 본관은 전주全州. 자는 성뢰聖賴, 호는 관양冠陽.
82 분산盆山 : 정원 안에 인공人工으로 만든 산·축산築山·조산造山이라고도 한다. 가산은 중국 송宋나라 때 생긴 말로 분경盆景·분산盆山을 뜻하며 '가산뢰假山頪'라는 문구가 『고려사高麗史』에 나온다. 조원수법造園手法으로서 가산을 만드는 이유는 대자연을 주거환경 안으로 편입시켜 소우주를

顏氏體微存彷彿	성인의 전체를 가졌지만 미약했던 안연[83]과 비슷하고
中郞形似接襟期	중랑과 비슷한 모습[84] 흉금으로 대하는구나.
燕磁滑膩春泉潔	매끄러운 중국 도자기에 맑은 봄물 담겨 있으니
更是珠潭雨氣滋	바로 진주담에 비 내려 불어난 것과 같구나.

진주담은 지금 금강산 속에 있다.[眞珠潭, 今在於金剛山中也]

此丈無言意更閒	이 어른은 말도 없고 마음도 한가로운데
苔花照凉几牀間	이끼 꽃은 탁자 사이를 서늘하게 비추네.
中開萬古仇池穴	그 사이에 오래된 구지혈 열렸으니
上學三峯太華山	위의 세 봉우리는 태화산을 닮았네.
裊繞縷香仍起霧	길고 가늘게 피어오르는 향 연기는 안개가 일어나는 듯하고
縈回勺水自成灣	굽이굽이 감도는 한 잔의 물은 절로 물굽이 이루었네.
房櫳尙愜膏肓疾	방안에서 고황의 질병[85] 충분히 만족하니
屐齒高尋不已艱	나막신 신고 높은 곳 올라가는 일은 어렵지 않겠는가.

『관양집冠陽集』 권1

만드는 데 있었다. 삼국시대에는 궁궐 안에 연못을 파고 여기서 나오는 흙으로 산을 만들어 짐승과 화초를 길렀다고 하며, 조선시대에는 문신인 성임의 '석가산'이 알려져 있다. 대표적인 유적지로는 경복궁 교태전 뒷산인 아미산峨嵋山, 경회루 연못 가운데 있는 두 섬, 소쇄원瀟灑園·성락원城樂園의 가산 등이 있다.

83 성인의 …… 안연顔淵 : 『맹자孟子』「공손추公孫丑」에 "자하·자유·자장은 모두 성인의 한 지체를 가졌고 염우·민자건·안연은 그 전체를 소유하였으되 광대하지 못하였다.[子夏子游子張皆有聖人之一體 冉牛閔子顔淵 則具體而微]"라 하였다.

84 중랑中郞 : 정5품 무관직으로, 중앙군에 있어서 장군 다음가는 계급이다. 문인 학사를 일컫는 말일 때도 있는데, 한漢나라 때 사마상여司馬相如와 채옹蔡邕이 중랑장中郞將을 지냈던 데에서 연유한 것이다.

85 고황膏肓의 질병 : 산수를 향한 마음이 고질병이 되어 고칠 수 없는 것을 천석고황泉石膏肓이라 한다. 고황은 본디 고칠 수 없는 중한 병을 말한다. 『좌전左傳』「성공成公 10년」에 보면, 춘추 시대 진 경공晉景公이 병들었을 때, 두 아이[二豎子]가 고황膏肓(심장과 격막의 사이)으로 들어가는 꿈을 꾸었는데, 그 후 의원을 데려왔으나 의원은 병이 고황에 들어 고칠 수 없다고 하였다.

평설(評說) 늙고 병들어 술만 마실 뿐 시도 짓지 않는다. 젊은 시절 못다한 산수 유람에 생각이 미치자, 괴석을 얻어 즐기게 되었다. 공자孔子의 제자 안연顏淵이 성인聖人의 전체를 갖추었으되 조금 미약했던 것처럼, 이 괴석 역시 작을 뿐이지 산의 모양을 다 갖추었다. 물 담긴 도자기에 괴석을 넣어 두니, 마치 금강산 진주담에 비가 내린 모습과 같다(제1수). 이끼 낀 괴석을 탁자 위에 두고 한가로이 바라본다. 물이 고인 골짜기는 구지혈仇池穴과 같고, 봉우리는 태화산太華山과 같다. 향을 피워놓으니 안개가 피어나는 듯하고, 물을 부어 놓으니 절로 물굽이를 이루었다. 이 괴석만 있으면 방안에서 천석고황泉石膏肓의 질병을 치유할 수 있으니, 굳이 험한 곳을 찾아갈 필요가 있겠느냐는 내용이다(제2수).

| 怪石植黃菊一叢, 數夜被雪吐花絶好
괴석에 노란 국화 한 그루를 심었더니, 며칠 밤이 지나자 눈에 덮인 채 꽃을 피우니 매우 아름다웠다

남유용南有容

石仄危能附	괴석이 기울어져 위태로운데도 잘 붙어 있고
宵寒弱更支	밤이 춥고 가지가 약한데도 더욱 잘 지탱하네.
及秋先作意	가을이 되자 먼저 작정하고
戴雪益生奇	눈을 맞으니 더욱 기이하네.
羇旅人相伴	떠도는 사람과 서로 짝이 되어
淸高心共持	맑고 높은 마음을 함께 지니네.
南山也在矚	남산이 또한 눈앞에 있으니
觴詠不爲疲	술 마시고 시 짓느라 피로하지 않네.

『뇌연집雷淵集』 권4

평설(評說) 국화를 괴석에 심으니, 기울어진 괴석에 위태롭게 붙은 채 꽃을 피웠다. 국화는 도연명陶淵明과 같은 지조있는 은사隱士를 상징하는 꽃이다. 게다가 남산이 눈앞에 있으니 괴석과 국화를 감상하며 시주詩酒를 즐기느라 지루한 줄도 모른다는 내용이다.

怪石記 괴석기

권재운權載運[86]

강동江東 사람이 돌 한 덩이를 말에 실어 보내왔는데, 그 모습이 기이하고 그 재질 역시 보통과 달라, 뼈와 같은데 구멍이 많았다. 멀리서 보면 마치 흙덩이가 깎인 듯하여, 조금만 비가 오면 부스러질 것만 같았다. 그러나 두드려보면 딱딱한 소리가 나고, 그 위에 물을 떨어뜨리면 흘러들어가 저절로 스며드는데 한 말 정도 되는 물이 거의 다 들어간다. 아마도 그 속이 텅 비어서 받아들일 수 있는 것 같았다. 그 모습은 마치 종묘의 술그릇을 앉혀놓은 것 같기도 하고 늙은 원숭이가 걸터앉아 있는데 새끼들이 둘러싸고 달라붙어 있는 것과 같았다. 목과 등, 무릎, 다리 부분이 반쯤 드러나고 반쯤 숨겨져 있으니 참으로 돌 중에서 기이한 것이다.

내가 듣기로 이 돌은 운수굴雲水窟에서 캐어 왔다고 하는데, 운수굴은 약산藥山과 낙연落淵 사이에 있다. 그곳에는 예전에 숭정처사崇禎處士가 살던 곳이며 강산이 모두 아름다운 곳이다. 돌이 이곳에서 나왔으니 그 또한 신령하고 괴이한 것이리라. 돌을 보내준 사람이 말하기를, 동굴에서 돌을 캘 때 무게가 매우 무거워 사람 2, 30명이 힘을 썼는데, 그것을 끌어내자 물이 쏟아지더니, 한 손으로도 들 수 있

---

[86] 권재운權載運 : 1701(숙종 27)~1778(정조 2). 안동安東의 이서吏胥 출신으로, 고재顧齋 이만李槾에게 수학하였다.

을 정도였다고 한다. 그 또한 괴이한 일이로다.

그러나 내가 이 돌에서 취하는 점은 여기에 있는 것이 아니다. 종묘의 술그릇과 같은 모습을 보면 효孝를 취하고, 어미 원숭이가 새끼들을 데리고 있는 듯한 모습을 보면 그 자애로움을 취한다. 형체는 흙과 같은데 딱딱한 소리가 나니, 그 견고함을 취할 만하고, 속이 비어 물을 받아들이면서도 흔적이 없으니, 그 도량을 취할 만하다. 어찌 괴이하다고 여기겠는가? 예전 하후씨夏后氏 때에는 청주青州에서 괴석을 바쳤는데, 그 형체와 재질은 후세에 전해지지 않는다. 그러나 성인이 괴이한 것을 좋아할 리가 없으니, 아마도 그때 취한 것은 내가 이 돌을 좋아하는 까닭과 같을 것이다. 이에 기문을 쓴다.

『풍설헌유고風雪軒遺稿』

江東人駄送一塊石, 其形可異, 其質亦不類, 如骨而多孔, 望之如土塊剝落者然, 雨過數頃, 若將渙散, 而叩之則硜硜然有聲, 滴水于上, 不見其流入, 而自然浸漬, 容盡一斗水, 蓋其中心虛而能受者也. 其狀或如宗彛蹲坐, 或如老猴中據, 衆雛環附, 項背膝脚, 半露半秘, 儘石中之奇者也. 吾聞是石採於雲水窟, 窟在藥山落淵之間, 此地曾有崇禎處士, 江山皆奇勝處也. 石出於是, 其亦靈怪矣哉. 送石人言, 方採石於窟也, 斤甚重, 費人力二三十, 及其拯出水落, 隻手可扛云, 其亦怪底矣. 然余取於石者, 不在是, 見其如宗彛, 則取其孝, 見其如母猴率群雛, 則取其慈, 形如土而硜硜有聲, 則其堅可取, 心能虛而受水無痕, 則其容可取, 豈以怪爲哉. 昔夏后氏貢怪石於靑州, 其形與質, 後世無傳焉. 然聖人無好怪之理, 意者其所取者, 亦如吾之愛是石者耶. 是爲記.

평설(評說) 이 글에는 괴석의 생김새와 재질이 비교적 자세할 뿐 아니라 괴석을 채취하는 과정에 대한 기술도 주목할 만하다. 그러나 작자는 괴이한 모습을 완상하기 위해 이 괴석을 아끼는 것이 아니라, 그 모습이 형상하는 바에 따라 각기 다른 도덕적 가치를 떠올릴 수 있기 때문에 아끼는 것이라고 주장하며 도덕적 의미를 부여하였다.

怪石詩跋   괴석시 뒤에 부치다

김이안金履安[87]

하유노옹何有老翁이 하루는 산금헌散襟軒의 남쪽 정원에 서 있었다. 지팡이가 부딪치는 곳에 딸그락거리는 소리가 나기에 그곳을 팠더니 두 개의 돌을 얻었다. 영롱하고 기괴하였으며 교묘한 무늬가 둘러싸고 있었다. 흙을 털어버리니 돌의 몸통이 드러났고, 샘물을 부으니 색깔이 나타났는데, 마치 흐드러진 꽃으로 이어진 듯하였다. 그리하여 무늬를 옻칠한 탁자에 받쳐 놓고, 주인이 먼저 시를 짓고 나서 손님들에게 화답시를 짓도록 하고, 또 내게도 글을 지어 돌과의 만남을 축하하도록 하였다.

나는 괴이하다는 생각이 들었다. 이 돌은 생김새가 괴이하니, 사람들의 구경거리가 된 지 오래되었을 것이다. 그런데 그것이 궁벽한 낭떠러지나 멀리 떨어진 시냇물, 황폐한 빈터나 황량한 숲과 같은 데에 있지 않고, 아침저녁으로 이 정원을 거니는 자들이 밟고 지나가는 곳에서 갑자기 하유옹何有翁의 손에 발견되었다. 이것이 이른바 '그 사람을 기다려서 나온 것'인가? 이 돌이 두터운 흙 밑에 묻혀 오랜 세월을 거치면서도 사람들이 알지 못하였는데, 하루아침에 드러나 기이함을 뽐내게 될 줄 스스로 생각이나 했겠는가? 대개 천하의 만물은 쌓이는 것이 있으면 드러나지 않는 것이 없다. 다만 빠르고 느린 때가 있을 뿐이다.

이해 하유옹이 돌아가셨다. 내가 슬퍼하는 것은, 이 돌이 사람을 만나기 어려움이 이와 같았고, 또 기이한 것을 좋아하는 하유옹 같은 분을 얻어 주인으로 삼았다가 갑자기 잃게 되었다는 사실이다. 가령 돌에도 지각이 있다면 마땅히 망저군望諸君[88]이나 제갈무후諸葛武侯[89]와 함께 천고千古에 애도哀悼할 것이다.

---

87 김이안金履安 : 1722(경종 2)~1791(정조 15). 본관은 안동安東. 자는 원례元禮, 호는 삼산재三山齋. 시호는 문헌文獻이다.
88 망저군望諸君 : 전국시대 연燕나라의 장수 악의樂毅. 망저군은 봉호封號.

『삼산재집三山齋集』 권8

何有老翁, 甞立於散襟軒之南庭. 杖之所觸, 鏗如也, 掘之, 得二小石. 玲瓏譎詭, 綺文繚繞. 土剔而骨露, 泉灌而色發, 絡以紛披之卉. 乃擎文漆之几. 主人首賦詩, 屬客和之, 且使余爲之說, 以賀其遭. 余獨惟是石, 其賦形瓌奇, 宜爲人玩久矣, 且其所托. 不于窮崖絶礀廢墟荒林, 朝夕之步武是庭者, 履以過之, 卒發於何有翁之手, 豈所謂待其人而出者歟. 方其沉埋於厚土之底, 閱歷歲年而人不知, 豈自意一朝披豁呈露. 以自見其奇耶. 蓋天下之物, 未有蘊而不發, 特遲速有時焉耳. 是年, 何有翁歾, 余又悲是石其遭遇之難如此, 且得好奇如翁爲之主而遽失之. 使其有知當與望諸君諸葛武侯, 相吊於千古矣.

평설(評說) 이 글의 하유옹何有翁은 어떤 사람인지 알 수 없다. 하유옹의 뜻을 풀이하자면 '어찌 그런 늙은이가 있겠는가'라는 뜻이니, 가상의 인물일 수도 있다.

하유옹은 땅속에서 기괴한 모양의 돌 두 개를 얻었다. 흙을 털어내고 물을 부으니, 아름다운 문양이 나타났다. 그리하여 탁자에 올려놓아 구경거리로 삼고는 여러 사람들에게 시문을 부탁하였다. 정원의 땅속에 묻혀있다가 발견된 괴석과 하유옹의 만남은 천재일우千載一遇라 할 수 있다. 이처럼 어렵게 이루어진 괴석과 하유옹의 만남은, 하유옹이 세상을 떠남으로써 다시 무산되었다. 김이안은 괴석이 하유옹과의 어려웠던 만남을 생각한다면 반드시 그를 위해 애도할 것이라 하였다.

"천하의 만물은 쌓이는 것이 있으면 드러나지 않는 것이 없다. 다만 빠르고 느린 때가 있을 뿐이다"라는 말은, 우遇와 불우不遇에 대한 김이안의 생각으로서, 재주를 품고도 불우한 사람을 염두에 두고 한 말인 듯하다.

---

89 제갈무후諸葛武侯 : 촉한蜀漢의 재상宰相 제갈량諸葛亮. 무후는 시호.

寄贈雲巖吳侍郞景三西厓柳相國親寫水雲亭帖, 仍乞丹丘怪石歌

운암 시랑 오경삼[90]에게 서애 유성룡 상국이 직접 쓴 수운정첩[91]을 주고, 단구괴석가를 지어달라고 부탁하였다

정범조 丁範祖

西厓先生間世姿	서애 선생은 세상에 드문 재주를 가진 분으로
天爲東國扶顚危	하늘이 우리나라 위해 전복되는 위험을 부축케 하였네.
經術文章聳夷夏	경술과 문장은 중국과 오랑캐에 드높았고
重恢大業垂鴻熙	나라를 회복한 대업은 영원히 전해지리라.
身處巖廊戀邱壑	몸은 조정에 있었지만 산수를 그리워하여
小亭曾築三僊麓	일찍이 작은 정자를 삼선산 기슭에 지었다네.[92]
簾櫳色射玉笋白	들창에는 하얀 옥순봉이 비치고
枕席影盪龜潭綠	자리에는 구담의 푸른 그림자 일렁이네.
葛筆寫作扁楣字	칡붓[93]으로 편액에 붙일 글씨를 쓰니
古栢鬱律蒼虬戱	오래 묵은 잣나무 무성하여 푸른 용이 노니는 듯
雲容㴱艶硯心凝	구름 모습 넘실넘실 벼루에 엉겨있고
水氣玲瓏紙面漬	물 기운은 영롱하여 지면을 적시었네.

---

90 오경삼吳景三 : 경삼景三은 오대익吳大益의 자이다. 생몰미상이나 정약용의 『다산시문집』제14권 「수운정첩水雲亭帖에 쓰다」을 보면, 정약용과의 교제가 나온다.

91 수운정水雲亭 : 충청도 단양丹陽에 있는 유성룡의 정자 이름이다. 정약용의 『다산시문집』제1권 「단양에서 지은 절구 다섯 수丹陽絶句五首」를 보면, 그 경정을 알 수 있다. 또 정약용의 『다산시문집』제14권 「수운정첩水雲亭帖에 부침」에 보면, "위의 '수운정水雲亭'이란 세 글자는 서애 유문충공柳文忠公이 손수 쓴 필적筆蹟이다."라 하였다.

92 삼선三僊 : 선僊은 선仙과 같다. 세 사람의 신선 또는 세 사람의 한림학사翰林學士라는 호칭으로 쓴 말인데, 유성룡의 정자가 있는 산 이름이다.

93 칡붓 : 칡뿌리를 잘라 끝을 두드려 붓 대신에 쓰는 물건. 정약용의 『다산시문집』제1권 「단양에서 지은 절구 다섯 수丹陽絶句五首」에서 "철사줄 은갈구리 마모될 수 없다鐵索銀鉤磨不得"라 하였다. 수운정水雲亭 세 자는 곧 유성룡의 친필로 매끄럽고 꽂꽂한 필치가 남아있다고 한다.

二百年來桑海變	이백 년이 지나 뽕나무밭이 바다로 변하니
寶墨零落虫絲冒	귀중한 필적에 쓸쓸히 거미줄이 끼었네.
我適得之重琬琰	나는 이를 얻자 보배로운 옥처럼 소중히 여겨
開篋一日三流眄	상자를 열고 하루에도 세 번씩 살펴보았네.
曠世分明典刑挹	오랜 옛날 모습이 분명히 다가오고
迴燈颯爽精神見	다시 등불을 드니 정신이 상쾌하게 보이네.
雲巖學士我故人	운암학사는 나의 친구인지라
文彩風流暎朝紳	문채와 풍류가 벼슬아치 사이에 전해졌다네.
偶辭靑瑣非三黜	우연히 조정을 사직했을 뿐 세 번 쫓겨난 것 아니니
深臥丹丘已十春	단구(丹丘:丹陽)에 깊이 누운 지 벌써 십 년이 되었다네.
先生故基幾易主	선생의 옛 터는 몇 번이나 주인이 바뀌었던가
折券不惜千金珍	천 금 보배도 아끼지 않고 사들였다네.
棟宇江山似往日	집과 강산은 예전 그대로이니
此間合置先生筆	이곳에 선생의 필적 두는 것이 마땅하다네.
十襲齋封附烏樻	열 겹으로 싸고 깊이 감추어 두었는데
祥輝浮動潛蛟窟	상서로운 광채가 숨은 교룡의 굴 위를 떠도네.
始知晉璧還舊府	비로소 진나라 구슬[94]이 옛 창고로 돌아온 것을 알았으니
寧將楚弓論得失	어찌 초나라 화살[95]의 득실을 논할 것이 있으랴.

[94] 진晉나라 구슬 : 『춘추좌전春秋左傳』 2년 5월조에 다음과 같은 이야기가 있다. 진나라의 순식荀息이 굴산屈山에서 나는 좋은 말과 수극垂棘에서 나는 좋은 구슬을 우虞나라에 주고 괵虢나라를 치러가는 길을 빌리려 하니, 진공晉公이 진나라의 보배를 줄 수 없다고 반대하자, 순식이, "만약 그것을 주어 길을 빌려 괵을 쳐서 진나라의 영향력이 우나라에 미칠 수 있다면, 그곳에 있는 보화는 우리의 궁중에 있는 창고의 것을 바깥 창고로 옮겨놓은 것과 같습니다." 하였다.

[95] 초楚나라 화살 : 『공자가어孔子家語』 「호생편好生篇」에 다음과 같은 이야기가 있다. 초나라 공왕恭王이 사냥 나갔다가 오호烏號의 활을 잃어버리자, 수행원들이 찾을 것을 권했다. 초왕은 "그만두어라, 초나라 왕이 잃은 활은 초나라 백성의 것이니 다시 구해서 무엇 하겠는가?"라고 하였다. 이 말을 들은 공자가 말하기를, "어찌 그리도 도량이 좁은가. 사람이 잃은 것을 사람이 얻을 것

僕亦年來擬乞閒	나 또한 요사이 한가로운 시간을 빌어서
新誅茅屋滄江灣	맑은 강가에 초가집을 새로 지었다네.
性癖常耽米家石	성품에 벽이 있어 항상 미가의 돌[96]을 탐하였는데
階庭欲設蘇氏山	뜰에 소씨의 산[97]처럼 세우려고 하였네.
舊聞仙洞絶垢氛	예전에 들으니 선동은 속된 기운 전혀 없다는데
鍾結雲根狀不羣	심어져 맺힌 운근[98] 모양이 남다르구나.
或爲嵌窟藏白蝙	흰 박쥐가 깃들어 있는 깊은 동굴 되었다가
散作崗巒逗靄雲	흩어지면 구름에 싸인 묏부리 되네.
願乞溪傍六六峰	원컨대 시냇가의 서른 여섯 봉우리 청하여
載歸幽栖對朝曛	외딴 집으로 싣고 돌아가 아침저녁으로 마주하리라.
君不見	그대는 보지 못하였는가
黃庭眞帖換白鵝	황정경 진첩과 흰 거위를 바꿨다는 옛 이야기를
奇事不獨王右軍	기이한 일은 왕우군[99]뿐만이 아니라네.

『해좌집海左集』 권13

평설(評說) 운암학사는 오대익吳大益을 가리키는데 충청도에 있는 수운정에서 유성룡과 오대익이 오랫동안 함께 지낸 듯하다. 정약용의 『다산시문집』 제14권 「단양산수기丹陽山水記」에 의하면, "옛날에 승지承旨 오대익이 이 바위 꼭대이다."라고 하였다.

[96] 미가米家의 돌 : 미가는 송나라의 화가 미불米芾을 말한다. 자는 원장元章, 호는 해악외사海嶽外史 또는 녹문거사鹿門居士. 미불이 무위군無爲軍의 지사知事로 있을 때, 매우 기이하고 큰 돌을 보자 의관을 갖추고 절을 하면서 형님이라 일컬었다는 고사가 전한다.
[97] 소씨蘇氏의 산 : 소순의 「목가산기木假山記」에 나오는 가산을 가리키는 말이다.
[98] 운근雲根 : 깊은 산에서 구름이 이는 곳으로 산에 있는 돌을 가리킨다.
[99] 왕우군王右軍 : 우군장군右軍將軍을 지낸 왕희지王羲之를 말한다. 『진서晉書』「왕희지전王羲之傳」에 따르면, 왕희지가 어느 집에 좋은 흰 거위가 있다는 말을 듣고 『황정경』을 써주고 거위를 받아 돌아왔다고 한다.

기에서 나무학[木鶴]을 타고 백우선(白羽扇 : 흰 새의 깃으로 만든 부채)을 잡은 채 밧줄을 소나무에 붙들어 매고 노복 두 사람에게 서서히 놓으라고 하여 맑은 연못 위에 내려왔는데, 그것을 '선인[仙人]이 학을 타는 놀이[仙人騎鶴之遊]'라고 하였다."고 한다.

▌怪石跋   괴석발

이복휴李福休[100]

옛날 동파東坡(蘇軾)는 구지仇池 구십천九十泉의 꿈을 꾸고 마침내 한만汗漫한 유람을 기록하였다. 정신이 집중된다면 꿈이 진짜 경치가 아니라는 것을 어찌 장담하겠는가? 나는 성품이 수석水石을 좋아하고, 특히 검푸르고 구멍난 오래된 돌을 더욱 좋아한다. 지금 선비 상지尙之의 집 뜰에서 하나를 얻었는데, 햇빛이 비치는 구멍은 넓고도 밝아 마치 대방계大方界와 광명경光明鏡의 기상이 있는 듯하다. 빗방울 떨어지는 홈은 물이 고여 뚝뚝 떨어지니 마치 오래된 소나무 곁으로 흐르는 물소리가 들리는 듯하고, 구름 나지막한 도주刀州(益州)의 나무 같기도 하고 눈 내린 뒤 하늘에 높이 솟은 아미산峨眉山 같기도 하다. 직접 구지산을 발로 밟는 것과 같으니 어찌 반드시 꿈이어야만 하겠는가? 비록 그렇지만 천지의 물건은 공공의 것으로 좋아하는 사람이 주인이 되는 것이다. 달은 공공의 것이지만 채석강采石江의 달은 이백李白이 주인이 되었고, 적벽강赤壁江의 달은 동파가 주인이 되었으며 설루雪樓의 달은 엄주弇州(王世貞)가 주인이 되었다. 그렇다면 그대의 돌을 나보다 앞서 좋아한 사람이 있는가? 나보다 앞서 좋아한 자가 있지 않았던가? 좋아하긴 했지만 정신을 집중하지 않았다면 내가 주인이라 하더라도 좋을 것이다. 주인이 베개에 기대어 웃노라.

---

[100] 이복휴李福休 : 1729(영조 5)~1800(정조 24). 본관은 여주驪州, 자는 경용景容 또는 사엄士儼, 호는 한남漢南·담촌澹村.

『한남집漢南集』

昔東坡夢仇池九十泉, 遂記汗漫遊, 精神會處, 亦安知夢非眞境界耶. 余性嗜水石, 尤好古石之蒼然而嵌空者, 今於尙之之階而得之, 日照之, 穴曠而明, 有大方界光明鏡氣象, 雨滴之, 曰滙而落, 丁丁然有古松流水聲, 雲垂之刀州遠樹也, 雪過之峨眉天半也, 於是乎足敵百仇池, 何必夢而已. 雖然, 天地之物, 公也, 嗜者爲主, 月是一公物, 采石之月, 李白主之, 赤壁之月, 東坡主之, 雪樓之月, 弇州主之, 然則子之石, 其果嗜之而不以精神會者, 則雖吾亦主人可也, 主人欹枕而笑.

盆池小石記   분지소석기

이종휘李種徽[101]

사물事物에는 종류가 같더라도 크고 작음이 같지 않은 경우가 있다. 그러나 통달한 사람은 이들을 하나로 본다. 그러므로 붕새와 비둘기, 소와 살쾡이는 같은 종류이고, 태산泰山과 개미둑, 바다와 웅덩이 역시 같은 종류이다. 비둘기와 살쾡이가 있기 때문에 붕새가 길쭉하고 소가 크다는 것을 알 수 있고, 웅덩이와 개미둑이 있기 때문에 태산이 높고 바다가 깊음을 알 수 있다. 그러니 큰 것을 좋아한다고 해서 작은 것을 버려서는 안 된다.

우임금께서 오악五嶽과 사독四瀆[102]을 다스렸는데, 천하의 큰 산과 깊은 물로 이보다 더한 것은 없다. 그러나 『산해경山海經』에 이르기를, "곤륜산은 그 높이가 삼천 리이고, 미려수尾閭水는 그 깊이가 구지九地에까지 통한다."라고 하였다. 불가의 말에는, "달이 대지大地를 감싸고 있는데 그 달 속에 있다고 하는 두꺼비, 토끼, 계수나무는 바로 산천의 그림자이다."라고 하였으니, 이는 또 대지를 산천으로 여긴 것이다. 그렇다면 곤륜산과 미려수조차 그 높이와 깊이를 논할 만한 것이 못 된

---

101 이종휘李種徽 : 1731(영조 7)~1797(정조 21). 자는 덕숙德叔, 호는 수산修山・남천자南川子.
102 사독四瀆 : 장강, 황하강, 회수, 제수.

다. 이로 미루어보건대, 큰 것은 절로 커서 큰 줄을 모르고, 작은 것은 절로 작아서 작은 줄을 모른다. 이 어찌 장자가「제물론齊物論」을 지은 까닭이 아니겠는가?

나는 일찍이 우울증이 생겨 마음을 둘 곳이 없었다. 그래서 물을 담은 동이 안에 돌 두 개를 놓았는데, 하나는 봉우리가 둘이라 세 봉우리의 형세가 자못 높다랗고 기이하였다. 바위틈에 작은 소나무 두세 그루를 심고 사이사이에 석죽石竹도 심었다. 또 이끼를 덮으니 푸르고 윤기나서 즐길 만하였다. 그 바닥을 비워서 몇 개의 구멍을 만들고 작은 물고기 십여 마리를 그 속에 집어넣으니 때때로 마름풀 사이에 나와서 노닐었다. 물을 마시기도 하고 내뱉기도 하면서 이리저리 다니다가 갑자기 한꺼번에 사라지기도 하니, 마치 강호의 흥취가 있는 것 같아 보는 사람들이 기이하다고 말하였다.

나는 평생 먼 곳을 여행하지 못했다. 그러나 일찍이 남쪽으로 계룡산雞龍山과 속리산俗離山을 보았고, 동쪽으로는 여주驪州의 청심루淸心樓에 올랐으며, 동남쪽으로는 영남으로 나가 배를 타고 낙동강을 유람하다 비파산琵琶山에 올라 망우당 곽재우의 옛 집을 보았으며, 마지막으로 부산의 큰 바다를 마주하여 고래와 대마도를 보고 돌아왔다. 당시에는 자못 눈과 마음이 상쾌해지는 것을 느낄 수 있었지만 지금은 다시 기억하지 못한다. 그리고 그 마음을 이리로 옮겨 아침저녁으로 마주하며 뜻맞는 대로 즐기니 또한 예전에 보았던 것과 어느 것이 더 좋은 줄을 알지 못하겠다. 그러니 크고 작음의 차이가 있는 줄을 어찌 알겠는가?

옛 사람이 말하기를, '사람의 욕심은 끝이 없고 나의 욕심을 채울 수 있는 물건은 한정되어 있다.'[103]고 하였다. 이런 까닭에 크고 작은 것을 분별하느라 마음속에서 다투게 되고, 취하고 버리는 것을 선택하느라 눈앞에서 뒤섞이게 되니 마음이 거기에 부림을 받아 종신토록 편안하지 못하게 된다. 그러므로 관문關門을 지

---

103 사람의 욕심은 …… 한정되어 있다. : 이 구절은 송나라 소식의 「초연대기超然臺記」에 보인다.

키며 목탁을 치는 미천한 일을 마다하고, 음악을 울리며 산해진미를 먹기를 바라며, 작은 집을 싫어하고 큰 집을 좋아하며, 누더기 옷을 부끄러워하고 가벼운 갓옷을 탐하며, 작은 수레를 물리치고 네 마리 말이 끄는 높은 수레를 찾으니, 모두가 큰 것을 좋아하고 작은 것을 싫어하는 잘못이다. 얻지 못했을 적에는 슬퍼하고, 얻고 나면 그것을 잃을까 걱정하니 어찌 매우 애처로운 일이 아니겠는가? 이런 까닭에 통달한 사람은 한결같이 보는 것이다. 내 비록 통달한 사람이 되기엔 부족하지만, 원하는 바는 스스로를 중히 여기고 외물을 가벼이 보며, 욕심을 줄여서 구하는 바를 쉽게 얻는 것이니, 응당 물 담은 동이에 있는 작은 돌을 보면서 시작하리라. 이에 기문을 짓는다.

『수산집修山集』 권3

物有同類而小大不齊. 然達人視之如一. 故鯤鵬之於鷾鳩, 犛牛之於狸狌, 類也. 泰山之於丘垤, 河海之於潢潦, 亦類也. 是以, 自有鷾鳩狸狌, 而知鯤鵬之脩, 犛牛之大, 自有潢潦丘垤, 而知泰山之高, 河海之深, 未有慕其大而廢其小也. 禹治五嶽四瀆, 天下之大山深水, 無過於是. 然山海經曰, 崑崙之山, 其高三千里, 尾閭之水, 其深下通於九地. 佛家之言曰, 月包大地, 其中所謂蟾免桂樹者, 乃山河影. 是又以大地爲山河也. 然則崑崙尾閭, 又不足以論其高深也. 推此類也, 大者自大, 未見其大, 小者自小, 未見其小. 斯豈非莊生所以齊物者歟. 余嘗有幽憂之病, 無所寓意, 爲置二石盆池中, 其一雙峙, 有三峰之勢, 頗奇峭偃蹇. 巖罅小松三二株, 石竹間之, 又被以苔蘚, 蒼潤可愛. 空其底, 爲數穴, 小魚十數尾潛其中, 時出游萍藻之間, 噞喁撥剌, 往來翕忽, 如有江湖之趣, 觀者稱奇. 余平生不能壯遊. 然嘗南望雞龍俗離, 東登淸心樓, 東南出嶺嶠, 舟遊洛東, 上琵琶山, 觀郭忘憂古居, 遂臨釜山大海, 見鯨魚出沒, 平望對馬洲而歸. 當時頗覺心目爽豁, 今復不能省記, 而移其情於此間. 朝夕相對, 其適意寓樂, 亦不知與昔觀孰勝否也. 又惡知小大之所在, 古人言人之所欲無窮, 而物之可以足吾欲者有盡, 是以大小之辨戰乎中, 而去就之擇交乎前, 心爲其役, 終身不寧. 故凡辭抱關而求鐘鼎, 厭丈屋而樂榱題, 恥縕褐而耽輕裘, 退款段而進軒駟, 皆喜大而惡小之過也. 方其未得之也, 戚戚以悲, 旣得之也, 又恐失之, 豈不大哀乎. 是以, 達人一視, 余雖不足爲達人, 其所願者, 自重而輕物, 寡欲而易求, 當自觀小石始. 是爲記.

평설(評說) 이종휘는 동이에 물을 담아 두 개의 돌을 놓고, 소나무와 석죽 몇 그루를 심고 이끼를 덮어 가산으로 삼았다. 그리고 동이에 물고기를 넣어 기르니, 마치 강호江湖의 모습을 보는 듯하였다. 이것으로 유람의 흥취를 대신하고자 했던 것이다.

사물에는 크고 작은 것이 있다. 그러나 큰 것이 있기 때문에 작은 것이 있고, 작은 것이 있기 때문에 큰 것이 있다. 따라서 통달한 사람은 이를 한결같이 본다고 하였다. 그렇지만 사람들이 큰 것을 좋아하고 작은 것을 싫어하는 것은 욕심 때문이다. 가산을 통해 이러한 이치를 되새기며 외물을 가볍게 보고 욕심을 줄이겠다고 다짐하는 내용이다.

太湖石記　　태호석기

정조正祖[104]

동정호 서쪽에서 나는 돌을 태호太湖라 한다. 바탕은 단단하고 빛깔은 검푸르며, 치밀하고 윤이 나는 것은 마치 옥돌과 같고, 날카롭게 깎인 모양은 마치 뾰족한 창과도 같으며, 우뚝 솟은 것은 산봉우리 같고, 늘어선 것은 병풍 같으며, 괴상한 것은 동물이 쭈그리고 앉아 있는 듯하고, 튀어나온 것은 사람이 서 있는 것 같기도 하며, 매끄러워 기름이 흐르는 듯하고, 옻칠을 한 듯 검으며, 색깔이 현란하고 모습이 기괴하여, 안개, 구름, 눈, 달, 시내, 다리 등의 형상이 영롱하게 뒤섞이고 혼연히 천연으로 이루어져서, 그림 솜씨가 뛰어나더라도 그 기묘함을 빼앗을 수가 없다. 그러니 미원장米元章(米芾)이 절하고 석장石丈이라 부른 일에서는 사람과 돌이 서로 잘 만났음을 볼 수 있거니와, 소인묵객騷人墨客들이 한가로이 읊조리며

---

[104] 정조正祖 : 1752(영조 28)~1800(정조 24). 조선 제22대 왕. 재위 1777~1800. 본관은 전주全州. 이름은 산祘. 자는 형운亨運, 호는 홍재弘齋.

노니는 데에 있어서는 두씨杜氏의 『석보石譜』가 없어도 알 수 있다.

내가 이것을 매우 열심히 구해오다가, 갑오년(1774) 봄에 이것을 고원古苑에서 얻어 깨끗이 씻어 밝은 창문 앞에 놓아두니, 약관藥罐·향구香甌·문왕정文王鼎·선덕로宣德爐와 함께 이 주먹만한 크기의 돌 하나가 천산만락의 승경을 담고 있었다.

돌이란 천지의 지극히 정밀한 기운이다. 기운이 돌을 만들어내는 것은 마치 사람의 힘줄과 골격이 같으므로, 옛 사람들이 돌을 중히 여겨 서책에 기록한 지가 오래되었다. 그래서 괴석怪石은 『서경書經』 우공禹貢에 보이고, 이석異石은 『좌씨전左氏傳』에 보인다. 태호석은 천하의 기이한 물건이므로, 크게는 정원이나 집을 꾸밀 수 있고, 작게는 책상을 꾸밀 수 있으며, 물에도 잘 어울리고, 산에도 잘 어울린다. 공자孔子가 "어진 사람은 산을 좋아하고, 지혜로운 사람은 물을 좋아한다." 하였는데, 어진 사람과 지혜로운 사람이 좋아하는 것을 정원에서 한꺼번에 얻을 수 있는 것은 오직 태호석뿐이다. 이것이 바로 내가 태호석을 취한 까닭이다. 어찌 소인묵객의 완호품이라고 하겠는가.

『홍재전서弘齋全書』 권4

石之産洞庭西者曰太湖, 質堅剛而色蒼黛, 縝潤如圭璋, 剔削如矛猗, 矗立者爲峯, 羅列者爲屛, 怪者物蹲, 竦者人立, 滑而肪, 黝而漆, 晶彩絢異, 狀類奇詭, 凡烟雲雪月溪橋樓臺之形, 玲瓏錯落, 渾然天成, 雖工於畫者, 莫能奪其妙, 米元章之拜呼爲丈者, 可見人與石之相遇, 而騷人墨客嘯傲棲息, 不待杜氏之譜, 可知爾, 余求之甚勤, 歲甲午春, 得之古苑, 薰而沐之, 置之晴窓之前, 與藥罐, 香甌, 文王之鼎, 宣德之爐, 儼然幷列, 斯一拳之大也, 能蘊千巖之秀, 夫石者, 天地至精之氣也, 氣之生石, 猶人之筋絡與爪牙, 故古人重石, 編於書尙矣, 怪石見於禹貢, 異石著於左氏, 若太湖之石, 又天下之瓌奇, 大而可飾園館, 小而可賁几案, 或宜於水, 或宜於山, 子曰, 仁者樂山, 智者樂水, 仁智之樂, 得之庭宇, 唯太湖石爲然, 此余所以取之者也, 豈騷人墨客之玩好云哉.

族父吏部公山莊 賦得庭前怪石

족부 이부공[105] 산장에서 뜰 앞의 괴석을 보고 시를 짓는다

정약용丁若鏞[106]

夫子不好怪	공자는 괴이함을 좋아하지 않으셨는데[107]
胡爲蓄怪石	어찌하여 기이한 돌을 쌓으셨는고.
卑險莫如禹	낮추고 검소함은 우 임금만한 이 없었으나
猶然充貢額	그래도 공물의 일정액을 채웠고
鬱林亦廉士	울림[108] 또한 청렴한 선비였으나
鎭船非瓦礫	배에 실은 것은 기와나 조약돌이 아니었네.
譎詭多竅穴	진기하게 많은 구멍 뚫리고
離奇有骨骼	기이한 골격이 있네.
雲根侵淸泉	뿌리 부분 맑은 샘에 잠기어
淋淋帶蒸液	방울방울 물방울이 맺혀 있다네.
觚稜潑淺紫	모서리엔 옅은 자줏빛이 돌고
苔髮滋鮮碧	이끼는 더욱 곱고 푸르구나.
峯崿森成列	봉우리와 벼랑이 빽빽하게 줄지어 있고
厓谷細相闢	언덕과 골짜기는 미세하게 열려 있네.
泥黏一株松	진흙에 붙어 있는 한 그루 소나무는

---

105 이부공吏部公 : 이부吏部는 이조吏曹를 가리킨다.
106 정약용丁若鏞 : 1762(영조 38)~1836(헌종 2). 자는 미용美庸, 호는 사암俟菴·탁옹籜翁·태수苔叟·자하도인紫霞道人·철마산인鐵馬山人·다산茶山, 당호는 여유당與猶堂, 본관은 나주羅州이다.
107 공자孔子는……않으셨는데 : 『논어』「술이述而」편에, "공자는 괴怪·력力·난亂·신神을 말씀하지 않으셨다子不語怪力亂神."는 말이 보인다.
108 울림鬱林 : 울림은 군명郡名, 여기서는 울림태수鬱林太守였던 삼국시대 오吳나라의 육적陸績을 가리킨다. 그가 울림태수를 그만두고 귀향할 때 배가 가벼워 바다를 건널 수 없으므로 배에 무게를 주기 위하여 해안에서 가져온 큰 돌. 후에 울림석鬱林石이라 하여 청렴한 관리의 전고典故로 쓰인다. 『신당서新唐書』「육귀몽전陸龜蒙傳」참조.

遠勢似千尺	천 자나 되는 듯한 원대한 형세라네.
渾如古木根	마치 오래된 나무뿌리가
擁腫緇褧積	울퉁불퉁 주름진 모습 같다네.
頑肥槩見黜	무디고 두터우면 대개 버려지고
所崇在癯瘠	수척한 것이 좋은 것이라네.
三峯特嶄崒	세 봉우리 특히 높고 험한데
舊載豊川舶	옛날에 풍천에서 배로 실어왔다지.
豊川扼浿口	풍천은 대동강 어귀에 있어
湊集多金帛	재물이 많이 모이는 곳이라네.
黃金與翠石	황금과 푸른 돌 가운데서
智者知所擇	지혜로운 이는 선택할 바 알리라.

『여유당전서與猶堂全書』 제1집 권3

평설(評說) 　석가산은 여러 개의 바위를 쌓고 그 주위에 초목을 심으며 물길을 내는 등 다채로운 방법으로 조성하는 경우도 있지만, 특이한 모양의 바위 하나만으로도 석가산이 될 수 있다. 이 시 역시 정원에 놓아두고 석가산으로 삼은 괴석怪石을 읊은 시다.

　공자는 괴력난신怪力亂神을 말하지 않았다. 따라서 괴석을 즐기는 것은 선비가 할 일이 아닌 듯하지만, 성군聖君이라 불리는 우禹 임금도 바위를 공물로 바치게 하였고, 청렴한 관리로 이름난 오吳나라의 육적陸績도 울림鬱林에서 바위를 싣고 왔으니 그리 탓할 일은 아니다.

　이 괴석은 형태가 기이할 뿐만 아니라 여기저기 구멍이 뚫려 있고, 물에 담가 놓았기에 습기가 맺히고 이끼가 끼어 있었다. 그리고 한 덩어리의 괴석에 수많은 봉우리와 벼랑, 언덕과 골짜기의 모습을 갖추고 있었다. 작은 소나무가 붙어 있지만, 괴석의 형태로 말미암아 마치 천 길의 기세를 자랑하는 듯하다.

"무디고 두터우면 대개 버려지고 수척한 것이 좋은 것"이라는 말에서, 당시 사대부들 사이에서 두툼하고 뭉툭한 바위보다 길쭉하고 날카로운 괴석이 애호되었음을 알 수 있다. 시의 말미를 보면, 이 바위가 황해도 풍천에서 가져온 것임을 알 수 있다. 아울러 정약용은 족부族父가 물산이 풍부한 곳에서 다른 재화를 마다하고 하필 이 바위를 가져온 점으로 보아, 그의 지혜로움을 알 수 있다고 칭송하였다.

제8장

중국 관련 문헌

太湖石記   태호석기

백거이白居易[1]

옛날의 통달한 사람들은 모두 좋아하는 바가 있었다. 현안선생玄晏先生[2]은 책을 좋아했고, 혜중산嵇中散[3]은 거문고를 좋아했으며, 정절선생靖節先生[4]은 술을 좋아했다. 지금의 승상丞相 기장공奇章公은 돌을 좋아한다. 돌은 무늬도 없고 소리도 없으며 냄새도 없고 맛도 없어서 책, 거문고, 술 세 가지와는 같지 않은데, 공이 좋아하는 이유는 무엇인가? 사람들은 모두 괴이하게 여기지만 나 홀로 그 까닭을 알고 있다. 예전에 벗 이약李約이 이렇게 말한 적이 있다. "진실로 나의 뜻에 맞으면 쓸 곳은 많다." 참으로 옳은 말이다. 뜻에 맞으면 그뿐이니, 공이 좋아하는 이유를 알 수 있다.

공公은 사도司徒로 있으면서 하수河水와 낙수洛水를 다스렸다. 집안에는 귀한 재

---

1 백거이白居易 : 당나라의 시인. 자는 낙천樂天, 호는 취음선생醉吟先生·향산거사香山居士.
2 현안선생玄晏先生 : 위진魏秦 시대 황보밀皇甫謐(215~282)을 가리킨다. 황보밀의 자는 사안士安이며, 현안선생은 자호自號이다. 중국에서 가장 오래된 침구鍼灸 전문서인 『침구갑을경鍼灸甲乙經』을 지었다.
3 혜중산嵇中散 : 중산대부中散大夫를 지낸 혜강嵇康(223~262)을 가리킨다. 거문고를 잘 타기로 이름났다.
4 정절선생靖節先生 : 도잠陶潛. 자는 연명淵明, 정절靖節은 시호이다. 술을 좋아하기로 이름났다.

물이 없었고, 자기 자신도 좋은 물건이 없었다. 그저 동쪽 성城에 집 한 채를 두고 남쪽 성곽에는 농막 한 채를 마련하였다. 정성들여 집을 짓고 손님을 가려 만났으며, 구차하게 남들과 부합하려 하지 않는 성품이었기에 평소 찾는 사람이 적었다. 쉬거나 노닐 때에는 돌과 더불어 한 무리가 되었다.

돌에는 종류가 있으니, 태호太湖에서 모은 것이 으뜸이고 나부산羅浮山과 천축天 竺의 것이 그 다음이다. 지금 공이 좋아하는 것은 태호에서 난 최고의 것이다. 이보다 앞서 공의 동료 관리들 중에는 강호江湖를 다스리는 이가 많았는데, 공이 오직 돌만 좋아한다는 것을 알고서 깊은 곳에 있는 것을 끌어내고 먼 곳에 있는 것을 가져와 진귀하고 기이한 돌들을 바친 것이 4, 5년 사이 여러 차례에 이르렀다. 공이 이 물건에 대해서만은 유독 청렴하거나 사양하지 않아서 동쪽 집과 남쪽 농막에 늘어놓았으니 참으로 돌이 많았으며 그 모양도 한결같지 않았다. 구불구불 높이 솟아 영구靈丘에서 피어나는 고운 구름과 같은 것도 있고, 바르고 의젓하게 꼿꼿이 서 있는 것이 도사道士나 신선神仙 같은 것도 있으며, 치밀하고 윤택하며 깎아지른 듯한 것이 홀이나 제기와 같은 것도 있고, 날카롭고 모난 것이 칼이나 창과 같은 것도 있다. 또 규룡虯龍이나 봉황과 같은 것이 있어 웅크리는 듯, 움직이는 듯하거나 날아오르려는 듯, 뛰어오르려는 듯한 것도 있고, 귀신이나 짐승과 같아서 걷는 듯, 달리는 듯하거나 후려치거나 싸우려고 하는 것도 있다. 바람이 거세고 비 내려 어두운 저녁에 골짜기가 열려 구름을 들이마시고 우레를 토해내는 듯 우뚝하여 바라보기에도 두려워할 만한 것이 있는가 하면, 안개가 걷히고 경치가 아름다운 새벽에 바위 낭떠러지에 구름이 잔뜩 껴서 마치 푸른 산기운을 품어내는 것과 같아, 자욱하니 가까이서 즐길 수 있는 것도 있다. 이러한 모습이 아침저녁으로 바뀌어 이름 짓거나 형용할 수가 없었다. 요점만 추려 말하면, 삼산三山과 오악五岳, 수많은 골짜기와 계곡들이 촘촘히 모여 모두 그 안에 있다고 하겠다. 백 길이 한 주먹이 되고 천 리가 일순간一瞬間이 되어 그 자리에서 얻을 수가 있으니, 이것이 그 공의 뜻에 맞는 쓰임이 되는 까닭이다. 항상 공과 함께 가까이서 보고 자세히 관찰하고는 서로 쳐다보며 말하기를, "어찌 조물주가 이 사이에 뜻을 두었겠는가? 아마 혼돈混沌의 사이에 엉기고 맺혀 우연히 이루어진 것이겠지." 라고 하였다.

그러나 저절로 한번 이루어져 변화되지 않은 이래로 몇 천만 년이 흘렀는지 알 수 없지만, 바다 한 귀퉁이에 버려지기도 하고, 호수 밑바닥에 잠기기도 했을 것이다. 높은 것은 거의 몇 길이나 되고 무거운 것은 천 균鈞에 가까운데, 하루아침 사이에 채찍질하지 않았는데도 왔고 다리가 없는데도 도착하여 기이함을 다투고 괴이함을 자랑하여 공의 눈앞에 있는 물건이 되었다. 공은 또 손님처럼 대우하고 어진 이처럼 친애하며 보배로운 옥처럼 중히 여기고 자손처럼 사랑한다. 알 수는 없지만 정의精意가 이끌리는 바가 있기 때문일까? 아니면 진기珍奇한 물건이라 돌아갈 곳이 있기 때문일까? 어찌 아무런 이유없이 온 것이겠는가? 반드시 그 까닭이 있을 것이다.

돌은 크고 작은 것이 있는데 네 등급으로 나누어 갑을병정甲乙丙丁으로 품평品評한다. 품계마다 상중하上中下가 있어 각각 돌 뒷면에, '우씨牛氏의 돌로 갑甲의 상上', '병丙의 중中', '을乙의 하下'라고 새겼다. 아! 이 돌은 천백 년 뒤에 하늘과 땅 사이에 흩어져 굴러다니다가 숨기도 하고 드러나기도 하리라는 것을 누가 다시 알 수 있겠는가? 장래에 나와 기호가 같은 자로 하여금 이 돌을 보고 이 글을 보아, 공이 돌을 좋아하는 유래를 알게 하고자 한다. 회창會昌 3년(843) 5월 정축일丁丑日에 쓴다.

古之達人, 皆有所嗜. 玄晏先生嗜書, 嵇中散嗜琴, 靖節先生嗜酒. 今丞相奇章公嗜石. 石無文無聲, 無臭無味, 與三物不同, 而公嗜之何也? 衆皆怪之, 走獨知之. 昔故友李生名約有云, 苟適吾志, 其用則多. 誠哉是言. 適意而已, 公之所嗜, 可知之矣. 公以司徒保釐河洛, 治家無珍産, 奉身無長物. 惟東城置一第, 南郭營一墅. 精葺宮宇, 愼擇賓客, 性不苟合, 居常寡徒. 游息之時, 與石爲伍. 石有族, 聚太湖爲甲, 羅浮天竺之徒次焉. 今公之所嗜者, 甲也. 先是, 公之僚吏, 多鎭守江湖, 知公之心, 惟石是好, 乃鉤深致遠, 獻瑰納奇, 四五年間, 累累而至. 公于此物, 獨不廉讓, 東第南墅, 列而置之, 富哉石乎. 厥狀非一, 有盤拗秀出如靈丘鮮雲者, 有端儼挺立如眞官神人者, 有縝潤削成如珪瓚者, 有廉稜銳劊如劒戟者. 又有如虯如鳳, 若跧若動, 將翔將踊, 如鬼如獸, 若行若驟, 將攫將鬪者. 風烈雨晦之夕, 洞穴開㘞, 若欱雲欯雷, 嶷嶷然有可望而畏之者. 煙霽景麗之旦, 巖崿霮䨴, 若拂嵐撲黛, 靄靄然有可狎而翫之者. 昏旦之交, 名狀不可. 撮要而言, 則三山五岳, 百洞千壑, 覼縷簇縮, 盡在其中. 百仞一拳, 千里一瞬, 坐而得之, 此其所以爲公適意之用也. 常與公迫視熟察, 相顧而言, 豈造物者有意于其間乎? 將胚渾凝結, 偶然而成功乎? 然而自一成不變已來, 不知幾千萬年, 或委海隅, 或淪湖底. 高者僅數仞, 重者殆千鈞, 一旦不鞭而來, 無脛而至, 爭奇騁怪, 爲公眼中之物. 公又待之如賓友, 親之如賢哲, 重之如寶玉, 愛之如兒孫, 不知精意有所召邪? 將尤物有所歸邪? 孰不爲而來邪? 必有以也. 石有大小, 其數四等, 以甲乙丙丁品之. 每品有上中下, 各刻于石陰, 曰牛氏石, 甲之上, 丙之中, 乙之下. 噫! 是石也, 千百載後, 散于天壤之內, 轉徙隱見, 誰復知之? 欲使將來與我同好者, 覩斯石, 覽斯文, 知公之嗜石之自. 會昌三年五月丁丑記.

木假山記 목가산기

소순蘇洵[5]

나무는 움이 트자마자 죽기도 하고 한 줌 정도 되었을 때 죽기도 하며, 요행히 대들보가 될 만한 크기가 되면 잘리게 된다. 불행히 바람에 부러지거나 물에 떠내려가서 꺾이거나 썩기도 하며, 요행히 꺾이거나 썩지 않으면 사람들이 재목이라 여겨 도끼와 자귀로 찍을 우려가 있다. 가장 다행한 경우는 여울과 모래 사이로 흘러가 잠겨 있다가 수백 년이 지나 물결에 부딪치고 침식된 나머지 산과 비

---

5 소순蘇洵 : 111쪽 주석 7 참조.

숫하게 되어 호사자들이 가져다가 억지로 산이라고 여기는 것이다. 그런 다음에 진흙과 모래를 털고 도끼와 자귀를 멀리하게 되는 것이다. 하지만 넓은 강가에 이러한 것이 얼마나 되겠는가. 그리고 호사자들에게 발견되지 못하여 나무꾼이나 시골 사람들이 땔나무로 쓰게 되는 경우도 이루 헤아릴 수 없다. 그렇다면 가장 다행한 경우 중에서도 불행한 경우가 있는 것이다.

우리 집에는 세 개의 봉우리 모양의 나무가 있는데, 나는 늘상 여기에도 운명이 있는 것이 아닌가 생각한다. 움이 트자마자 죽지도 않았고, 한 줌 정도 되었을 때 죽지도 않았으며, 대들보가 될 수 있었지만 잘리지 않았고, 바람에 뽑히고 물에 떠내려갔지만 꺾이거나 썩지도 않았다. 꺾이거나 썩지 않았는데도 사람들이 재목이라 여겨 도끼나 자귀로 찍지 않았고, 여울과 모래 사이에서 나왔는데도 나무꾼이나 시골 사람들이 땔나무로 쓰지도 않았다. 그런 다음에야 이렇게 있게 되었으니, 그 이치는 우연이 아닌 듯하다.

그러나 내가 이것을 좋아하는 것은 한갓 산과 비슷하기 때문이 아니라 느낌이 있기 때문이며, 비단 느낌이 있기 때문이 아니라 공경할 점이 있기 때문이다. 내가 가운데 봉우리를 보건대 산이 우뚝하고 기세가 장중하여 마치 그 옆의 두 봉우리를 복종하게 하는 듯하다. 두 봉우리는 가파르고 높아 늠름하여 범할 수 없으니, 비록 산세는 가운데 봉우리에 복종하지만 아부하려는 뜻이 없이 꼿꼿이 서 있다. 아, 공경할 만하며, 느낌이 있을 만하지 않겠는가.

木之生, 或蘖而殤, 或拱而夭, 幸而至於任爲棟樑則伐. 不幸而爲風之所拔, 水之所漂, 或破折或腐, 幸而得不破折不腐, 則爲人之所材, 而有斧斤之患. 其最幸者, 漂沈汩沒於湍沙之間, 不知其幾百年, 而其激射齧食之餘, 或髣髴於山者, 則爲好事者取去, 强之以爲山, 然後可以脫泥沙而遠斧斤, 而荒江之濱, 如此者幾何. 不爲好事者所見, 而爲樵夫野人所薪者, 何可勝數, 則其最幸者之中, 又有不幸者焉. 予家有三峰, 予每思之, 則疑其有數存乎其間. 且其蘖而不殤, 拱而不夭, 任爲棟樑而不伐, 風拔水漂而不破折不腐. 不破折不腐, 而不爲人所材以及於斧斤, 出於湍沙之間, 而不爲樵夫野人之所薪, 而後得至乎此, 則其理似不偶然也. 然予之愛之, 則非徒愛其似山, 而又有所感焉, 非徒感之, 而又有所敬焉. 予見中峰, 魁岸踞肆, 意氣端重, 若有以服其旁之二峰, 二峰者莊栗刻削, 凜乎不可犯, 雖其勢服於中峰, 而岌然決無阿附意. 吁, 其可敬也夫, 其可以有所感也夫.

艮岳記　　간악기[6]

장호張淏

송宋 휘종徽宗 정화政和 7년[1117년], 평지에 만세산萬歲山을 만들기 시작하여 어원御苑의 주요한 경관으로 삼았는데, 수도 개봉開封[당시에는 동경東京이라 하였다.]의 동북쪽 모퉁이에 있으므로 '간악艮岳'이라 이름하였다. 선화宣和 4년[1122년] 완공하였다. 겨우 4년이 지나자 금金나라가 침입하여 경성이 함락되자 간악의 누대와 정자는 무너져버려 불을 피우기에 알맞은 땔감 무더기가 되었다.

신기한 꽃과 기이한 바위는 예로부터 원림園林을 꾸미는 장식품이었다. 산을 쌓고 못을 파며 꽃을 옮겨 심고 나무를 심었으니, 한漢·위魏로부터 수隋·당唐에 이르기까지 무수히 이름난 큰 정원을 만들 때에는 모두 그렇게 하였다. 단지 송나라 휘종은 대송大宋의 커다란 강산 한 조각을 잘라내어, 간악은 역사가들의 이야깃거리로 전락하였다. 정사正史를 보지 않은 사람도 『선화유사宣和遺事』·『수호전水滸傳』에서 간악에 기여한 '화석망花石網'에 대해 잘 알 것이다.

강江·회淮 등지에서 수도를 향해 양식과 재물을 수송하는 길을 '망網'이라 불렀다[『송사宋史·식화지食貨志』에 보인다]. 소주蘇州 사람 주면朱勔이 강江·절浙 일대에서

---

6 이 글의 내용과 주석은 다음의 저술을 참고하였다. 邵忠, 『江南園林假山』(中國林業出版社, 2002)

꽃과 바위를 구하는 일을 맡아 전문적으로 구성한 선단船團을 '화석망'이라 이름 지었다.

이 사람은 칙지勅旨를 받들어 교만방자하였으며, 소주에 있을 때 응봉국應奉局을 설치하였는데, 운용한 공금이 수백만을 내려가지 않았고, 중간에 먹은 것도 적지 않았다. 한편으로는 "백성들에게서 거둬들이면서 조금도 보상하지 않았고, 민간에 나무 하나, 바위 하나라도 조금 볼만한 것이 있으면 건장한 졸개를 시켜 곧장 그 집으로 들어가게 하였다." 동남쪽에서 동요가 일어나, 방석方臘이 반란을 일으켰는데, 지명한 죄인의 괴수가 바로 그였다.(『송사宋史·주면전朱勔傳』)

태호太湖의 수석水石을 수만 번 파도에 부딪쳐 교묘한 구멍이 생기게 하는데, 비록 자연스럽게 만들어진 것을 취하였으나 들이는 힘이 적지 않았다. 『계신잡지癸辛雜識』에는, "전대에 바위를 쌓아 산을 만들었으나 널리 드러난 것은 볼 수 없었는데, 선화 연간의 '간악'에 이르러 비로소 큰 공사를 일으켜 배가 연이어 나르고 가마로 실어내어 힘을 남기지 않았다."라 하였는데, 뒤에 강남江南의 정원에 단지 한두 개의 기이한 봉우리가 교묘하게 합한 것만 있더라도 종종 과장하여 '간악'의 그물을 빠져나온 물건이라 하였으니 이미 크게 이름났던 듯하다.

송 휘종은 사방에서 바친 물력에 힘입어 간악을 성대하고 화려하게 지었는데, 그가 지은 「간악기」에 모두 보인다(왕명청王明淸의 『휘진후록揮塵後錄』에 실려 있다). 선화宣和 6년(1124년), '간악'에서 금지金芝가 났다는 말을 듣고, 도교道敎를 존숭하고 방사方士를 예우하였으며 게다가 자호自號를 '도군황제道君皇帝'라고 했던 송 휘종은 참으로 하늘이 내린 길조吉兆라 여겨 '간악'의 이름을 고쳐 '수악壽岳'이라 하였으며, 나중에는 또 '화양궁華陽宮'이라 하였다(『송사宋史·지리지地理志』에는 양화궁陽華宮으로 되어 있다. 정강靖康 원년(1126년) 사천四川의 승려 조수祖秀가 간악에 와서 「화양궁기華陽宮記」

[『동도사략東都史略』에 실려 있다]를 지었는데, 꽃과 바위를 비교적 상세히 기록하였다.

남송南宋의 장호張淏[자는 청원淸源으로 소흥紹興에 살았으며 『회계속지會稽續志』・『운곡잡기雲谷雜記』를 지었다]는 상술한 두 편의 기문에 의거하여, 쓸데없는 말을 제거하고 실경實景의 원문을 남겨두어 따로 『간악기』를 지었는데, 지금 『고금설해古今說海』본에 의거하여 기록한다.

휘종이 등극한 초기에는 황제의 후사後嗣가 많지 않았는데[7], 어떤 방사方士가 말하길, "수도 동북쪽 모퉁이의 땅은 풍수지리에 적합하지만 형세가 약간 낮으니, 조금 높게 만든다면 황제의 후사가 번창할 것입니다."라고 하였다. 성상이 마침내 그 언덕을 북돋우게 하여 예전보다 조금 높게 하였더니, 얼마 뒤 과연 아들이 많이 태어나는 효과가 있었다. 이로부터 세상이 평안하고 조정에 일이 없어 성상이 정원을 만드는 데 자못 뜻을 두게 되었다. 정화 연간에 마침내 그곳에 크게 공사를 일으켜 산을 쌓고 '수산간악壽山艮岳'이라 이름하였으며 환관 양사성梁師成[8]에게 그 일을 주관하게 하였다. 이때 주면朱勔이라는 자가 있었는데 절중浙中[9]의 진기한 꽃과 나무, 대나무와 바위를 가져다 바쳤는데, 이를 '화석망花石網'이라 하고 평강平江[10]에 응봉국應奉局을 설치하니 쓰이는 비용이 수만으로 헤아렸다. 백성들을 징발하여 암석과 숲을 뒤지게 하니 아무리 깊은 곳이라도 버려두지 않았고, 꽃 하나 나무 하나라도 일단 황실의 것이 되면 조금이라도 불손하면 죄를 주었다.[11] 산을 깎고 바위를 날라 강호의 헤아릴 수 없

---

7 원부元符 원년(1100) 정월 휘종이 즉위하였는데 나이는 19세였다. 4월에 맏아들 단亶이 태어났는데, 정강 원년에 휘종과 함께 금나라의 포로가 되어 오국성吾國城에서 죽은 흠종欽宗이다. 나중에 황자皇子를 낳았는데 많게는 32명에 이르렀다. 아래 글의 '상上'은 모두 휘종을 가리킨다.
8 양사성梁師成은 스스로 소식蘇軾의 출자出子(버려진 첩이 낳은 자식)라 하였는데 그 어머니가 원래 희첩姬妾이었는데, 나중에 견책을 받아 외방에서 만나 낳은 자식이다. 문묵文墨에 밝아 휘종의 총애를 받았기에 수도에서 '은상隱相'이라 불리웠다[말뜻이 이중적인데, 거세한 환관을 은궁隱宮이라 하며, 표면상으로는 막후幕後의 재상이라는 뜻으로 이해할 수 있다]. 『송사宋史』 권466에 전傳이 있다.
9 지금 강소江蘇 남부南府 진강鎭江 동쪽으로 상주常州・소주蘇州를 포함한 지금 절강성浙江省 대부분 지역은 모두 양절로兩浙路에 속한다. 그러므로 절중浙中이라 말한 것이다.
10 정화政化 3년(1113) 소주蘇州를 승격하여 평강부平江府로 삼았다.

는 연못이나 힘으로 가져올 수 없는 것이라도 온갖 방법으로 끌어내었으니 심지어 '신운神運'이라고까지 하였다. 선박이 연이어 밤낮으로 끊이지 않았다. 광廣 · 제濟 땅의 네 지휘指揮[12]를 모두 끄는 병사로 충당해도 오히려 넉넉하지 않았다. 이때 동남 지역의 감사監司, 군수郡守, 광동 · 광서의 상선은 모두 납부해야 하는 것이 있었고 또 불시의 명령이 있었다. 진상하는 물건이 수도에 도착하면 환관에게 바칠 것을 계산한다. 영벽靈壁 · 태호太湖의 갖가지 바위[13], 이절二浙[14]의 신기한 대나무와 기이한 꽃, 등登 · 래萊 땅의 문석文石, 호湖 · 상湘 땅의 문죽文

---

[11] 주면朱勔은 부친 충冲을 따라 채경蔡京과 함께 수도에 와서 금군禁軍의 인원에 소속되어 있었다. 처음에는 세 그루 황양목을 바치는 데 불과하였으나 갑자기 황제의 발탁을 받아 차사差使가 되어 민가의 꽃과 바위를 보면 황제에게 바치도록 하였고 따르지 않으면 가지고 달아났다. 원래 주인이 가져가는 데 협조하지 않으면 '대불공大不恭'의 죄명을 범하게 되었다.

[12] 송대의 금군禁軍(중앙에 직속된다]과 상병廂兵의 편제를 통칭하여 지휘指揮라 한다. 병종兵種이 다르거나 그 밖의 원인으로 무슨 무슨 지휘라고 구별하여 부른다. 한 지휘에 정해진 병사의 수는 5백 명이며, 같은 명칭의 지휘는 병사 수의 많고 적음에 따라 또 제일第一 · 제이第二 등의 이름으로 구별된다. 희령熙寧 이후에는 숙주宿州 · 해주海州 · 태주泰州 등지에 주둔하는 회남로淮南路의 상병廂兵과 수군水軍을 광제지휘廣濟指揮라고 이름하였다.

[13] 영벽석靈壁石은 숙주宿州 영벽현靈壁縣에서 출토되는데 지명은 경석산磬石山이다. 두드리면 쨍그랑 소리가 나는데 흙 속에 묻힌 바위를 파낸 뒤에 깎아내고 갈아서 붙은 흙을 제거한다. 출토할 때에 이미 저절로 자연스럽게 하늘로 솟은 봉우리와 같은 모양이 형성되어 있는데 단지 면면의 형성을 모두 갖춘 것은 드물다. 송나라 두관杜綰의 『운림석보雲林石譜』 · 명나라 계성計成의 『원야園冶』에 보인다. 태호석太湖石은 간악에서 대량으로 가져다 썼기에 이름나게 되었다. 다만 당대의 백거이 · 이덕유가 모두 기이한 바위로 보았고[『지상편서池上篇序』 · 『평천산거초목기平泉山居草木記』에 보인다.], 우승유牛僧孺의 낙양洛陽 별장에도 매우 많았다. 백거이가 지은 『태호석기太湖石記』에 "태호가 으뜸이고 나부羅浮와 천축天竺의 것은 다음이다."라고 하여 태호석을 더욱 중시하였으며, "크고 작은 바위가 있는데 네 등급으로 구별하여 갑甲 · 을乙 · 병丙 · 정丁 품평하며, 품마다 상上 · 중中 · 하下가 있어 각각 바위의 표면에 '우씨석牛氏石 갑지상甲之上 · 갑지중甲之中 · 정지하丁之下'라고 새긴다."라고 하였다. 『운림석보』에도 채취하는 방법을 기록하였다. "채집하는 사람은 끌과 정을 가지고 깊은 물 속으로 들어가는데 매우 고생스럽다. 기이하고 교묘함을 헤아려 파내고 큰 새끼줄로 꿴 다음 큰 배를 띄우고 나무 시렁을 만들어 묶어서 꺼낸다. 그 가운데 특이한 모습의 날카로운 바위가 있으면 쪼고 다듬어 교묘하게 만들고 다시 물속에 가라앉히는데 오래되면 바람과 물에 깎이어 바위의 무늬가 마치 살아있는 듯하다." 남송 주밀周密의 『계신잡지癸辛雜識』 전집前集에 또 화석강에서 바위를 운반하는 방법에 대해 기록하였다. "간악에서 바위를 모을 때 크고 길쭉한 것은 운반하다가 반드시 손상될 우려가 있다. 요사이 변경의 노인들에게 들으니, 그 방법은 먼저 아교와 진흙으로 뭇 구멍을 메우고 그 밖은 다시 삼 줄기에 진흙을 섞어 우선 둥글게 만든 다음 햇빛을 쐬어 딱딱하게 만든 다음 큰 나무로 수레를 만들어 배 안으로 운반하여 곧장 수도로 간다. 그 다음에 물 속에 담가 진흙을 제거하면 사람의 힘을 줄이면서 다른 우려가 없게 된다." 하였다.

竹[15], 사천四川의 좋은 과일과 기이한 나무 등이 모두 바다를 넘고 강을 건너거나 성곽을 지나왔다. 나중에는 성상도 그 소란을 알고 조금 금지하였으나 주면과 채유蔡攸[16]에게만은 입공入貢을 허락하였다. 창고에 모아둔 것을 다하고 천하의 기예를 모아 6년 만에 비로소 완성하였다. 이 또한 '만세산'이라 불렀는데 신기한 꽃과 아름다운 나무, 진기한 새와 기이한 짐승[17]이 모두 모이지 않음이 없었다. 날아갈 듯한 누각과 빼어난 집은 크고 아름다워 여기서 극진하였다. 10년 뒤에 금金나라가 대궐을 침범하였는데 큰 눈이 한척 남짓 내리자 백성들에게 마음대로 나무를 베어 장작으로 쓰게 하였다. 이날[18] 백성들이 모여들었는데 무려 십만 명이었다. 누대와 궁실을 모두 다 부수어도 관청에서 금지할 수 없었다. 내가 얼마전 국사國史와 여러 전기傳記를 읽어보고 그 시말이 이와 같다는 것을 알게 되었으나 그 밖의 것은 자세하지 않아 늘 한스러워하였는데, 나중에 휘종의 어제御製 기문記文과 촉蜀 땅의 승려 조수祖秀가 지은 『화양궁기華陽宮記』를 읽어보니 이른바 '수산간악'이라는 것이 분명히 눈에 보이는 듯하였다. 이에 그 대략을 기록하여 빠뜨리는 데 대비한다.

어제御製 『간악기』는 대략 다음과 같다.

이에 지도를 보고 땅을 측량하여 일꾼과 장인을 시켜 흙과 바위를 쌓고, 동정洞庭·호구湖口·사계絲溪·구지仇池와 같은 깊은 연못과 사빈泗濱·임려林慮·영벽靈壁·부용芙蓉과 같은

---

14 이절二浙은 바로 절강浙江의 동로東路와 서로西路를 가리킨다. 나뉘고 합쳐짐이 일정하지 않아 합쳐져 하나의 로가 되었을 때에도 양절로兩浙路라 불렸다. 346쪽 주석 9 참조.
15 등주登州와 내주萊州는 지금 산동山東 봉래현蓬萊縣과 액현掖縣이다. 『운림석보雲林石譜』에는 등주석登州石은 타기도鼉磯島에서 나며, 내주석萊州石은 색깔이 검푸르다고 하였다. 호湖·상湘은 지금 호남湖南 장사長沙 등지를 범칭한다. 문석文石과 문죽文竹은 표면에 무늬가 있는 것을 말한다.
16 유攸는 채경蔡京의 아들로 총애를 받아 현달하여 부자가 정권을 다투는 데까지 이르렀다가 정강靖康 연간에 폄적貶謫되어 죽었다.
17 정원에 새와 짐승을 기르는 일은 역대에 늘 있던 것이지만, 훈련을 거친 조수는 송 휘종 앞으로 나올 때면 어가를 맞이하는 의장대에 영리하게 늘어설 수 있었다. '만세산진금萬歲山珍禽'이라 불렀다. 『풍창소독楓窓小牘』에 보인다.
18 변경汴京이 금나라에 함락당한 것은 정강靖康 원년 윤閏 11월 24일(1127년 1월 9일)이다. 『송사宋史·본기本紀』에 보인다. 이에 앞서 성이 포위된 기간 동안 이미 간악의 바위를 캐어 포炮의 재료로 썼다.

여러 산에서 가장 진기하고 특이하며 아름다운 돌을 모아왔다.[19] 그리고 고소姑蘇·무림武林·명월明越의 땅과 형荊·초楚·강江·상湘·남월南粵의 들판[20]에서 비파나무·등자나무·유자나무·귤나무·감자나무·느릅나무·노송나무·여지荔枝 같은 나무와 금아金蛾·옥수玉荟·호이虎耳·봉미鳳尾·소형素馨·거나渠那·말리茉莉·함소含笑 같은 풀을 옮겨왔다. 토지와 기후가 달랐으나 모두 아로새긴 난간과 구불구불한 울타리에서 자랐났다. 바위를 뚫어 틈을 내고 언덕을 연결하니 동서로 바라다 보이고 앞뒤로 이어져 있어 왼쪽에는 산이, 오른쪽에는 물이 있고 길게 흐르는 개울을 따라 높은 언덕이 맞붙어 있어 산을 삼키고 골짜기를 뒤덮었다.[21]

그 동쪽은 높은 봉우리가 우뚝 서 있고, 그 아래에는 매화 수만 그루를 심어 푸른 꽃이 산 아래를 따라 피어 향기가 풍겨왔는데 산 아래에 집을 짓고 '녹악화당綠萼華堂'이라 이름 지었다. 또 곁에는 승람정承嵐亭과 곤운정崑雲亭이 있다.[22] 또 반달처럼 안은 모나고 밖은 둥근 집이 있었는데 이를 서관書館이라 이름하였다. 또 팔선관八仙館이 있는데 집이 곡자로 그린 듯 둥글었다. 또 자석암紫石巖·기진등祈真磴[23]·남수헌攬秀軒·용음당龍吟堂이 있다. 그 남쪽에는

---

19 원문의 '설設'은 '투投'의 오자인 듯하다. 깊은 물에 들어가거나 높은 산에 올라 기이하고 아름다운 돌을 골라 가져온 것이다. 물에서 가져왔다는 곳은 호남湖南의 동정호洞庭湖와 강서江西 구강九江의 호구湖口이다. 사계絲溪는 산동山東 일조현日照縣 남쪽의 사수絲水를 가리키는 듯하다(『청일통지淸一統志』). 구지仇池는 광동廣東 소주韶州 동남쪽에 있다. 『운림석보雲林石譜』에 '흙속에서 작은 돌이 나오는데 봉우리와 바위의 형상이 매우 기교하다.' 하였다. 산에서 가져온 것 중에 영벽靈璧은 347쪽 주석 13에 보인다. 사빈泗濱은 산동山東의 사수泗水를 가리킨다. 『상서尙書·우공禹貢』에 '사빈에서 경석이 난다' 하였는데, 사수의 물가에 있는 돌로 경석을 만들 수 있다는 것이다. 『운림석보』에 사주泗州[지금의 휘사현徽泗縣] 죽돈진竹墩鎭에서 마노석瑪瑙石이 생산된다고 하였다. 임려석林慮石은 하남河南 안음安陰에서 난다. 『운림석보』에 '교구交口의 흙속에서 나는데, 그 성질이 견고하고 매끄러우며……종유석처럼 아래로 늘어져 있는데 색깔은 푸르다' 하였다. 부용芙蓉은 복주福州의 부용산芙蓉山을 가리키는 듯하다.
20 아래에 나열한 여러 지방에서 초목을 옮겨와 심었음을 말한다. 고소姑蘇 이하는 지금의 소주蘇州·항주杭州·영파寧波·소흥紹興이며, 형荊·초楚는 지금의 호북湖北, 강江은 강서江西, 상湘은 호남湖南, 남월南粵은 광동廣東이다.
21 사방의 기이한 꽃나무가 토양과 기후 조건의 차이를 따르지 않고 모두 옮겨 심었는데도 잘 자라났다는 말이다. 난간 아래에 심은 것이나 바위 틈에서 솟아난 것이 산에 가득하고 곳곳에 이어져 산을 삼키고 골짜기를 감싸며 꽃나무에 파묻혔음을 말하는 듯하다.
22 왕명청王明淸의 『휘진록揮塵錄』에는 송宋 휘종徽宗의 『간악기艮岳記』 외에도 이질李質·조조분曹阻分이 지은 『간악부艮岳賦』와 『간악백영艮岳百咏』이 있어, 『간악기』에 나오는 집과 정자의 이름을 근거하여 고증할 수 있다. 승람정承嵐亭과 곤운정崑雲亭은 각각 하나의 정자이다. 『간악백영』에 보인다.
23 기진등祈真磴은 조수祖秀의 『화양궁기華陽宮記』에 조진등朝真磴으로 되어 있으며, 『송사宋史·지리지

가파른 수산壽山의 두 봉우리가 나란히 솟았는데, 산이 이어져 마치 병풍 같다. 폭포가 안지鴈池로 쏟아져 내리는데, 못물이 맑고 잔잔하여 오리와 물새가 수면에 떠서 헤엄치는데 바위 틈에 사는 것이 이루 헤아릴 수 없이 많다. 그 위에는 옹옹정㶫㶫亭이라는 정자가 있고, 곧장 북쪽에 강소루絳霄樓가 있는데 산봉우리가 천겹 만겹으로 우뚝 솟아 몇십 리나 되는지 알 수 없는데 사방의 너비만 해도 수십 리이다. 그 서쪽에는 삼參과 차조, 구기자, 국화, 황정黃精, 궁궁이가 산과 언덕을 뒤덮었는데, 그 가운데를 '약료藥寮'라 한다. 또 벼, 삼, 콩, 보리, 기장, 콩, 메벼, 차조가 있는데 농가農家처럼 집을 지었기에 '서장西莊'이라 이름하였다. 위에 소운정巢雲亭이라는 정자가 있는데 높이 솟은 봉우리에 있어 아래로 뭇 산봉우리를 내려다보면 마치 손바닥 위에 있는 듯하다. 남쪽으로부터 북쪽으로 산등성이가 두 바위 사이로 몇 리에 걸쳐 뻗어있어 동산과 서로 마주본다. 물이 바위 틈에서 뿜어나와 흩뿌리는 것이 마치 짐승의 얼굴과 같아 '백룡연白龍淵', '탁룡협濯龍峽', '반수蟠秀', '연광練光', '과운정跨雲亭'[24], '나한암羅漢巖'이라 하였다. 또 서쪽 산중턱에 누각이 있는데, '의취루倚翠樓'라고 한다. 푸른 소나무가 빽빽하게 앞뒤로 펼쳐져 있는 곳은 '만송령萬松嶺'이라고 하는데, 위아래로 두 개의 관문關門을 설치하였다. 관문을 나와 평지로 내려가면 크고 네모난 늪이 있는데, 그 안에 연못이 둘 있다. 동쪽은 '노저蘆渚'인데 '부양정浮陽亭'이라는 정자가 있고, 서쪽은 '매저梅渚'이며 '운랑정雲浪亭'[25]이라는 정자가 있다. 못물이 서쪽으로 흐르면 '봉지鳳池'가 되고, 동쪽으로 나오면 '연지硏池'가 된다. 관사館舍 두 채가 그 사이를 나누고 있는데, 동쪽의 것을 '유벽관流碧館', 서쪽의 것을 '환산관環山館'이라 한다. 관사에는 소봉각巢鳳閣과 삼수당三秀堂이 있어 구화옥진안비九華玉眞安妃의 성상聖像을 봉안하였다.[26]

동쪽 연못 뒤의 산 아래에 집을 지어 '휘운청揮雲廳'[27]이라 하였다. 다시 자갈길을 타고 구

地理志』(간악의 대략이 실려 있다)에는 서진등棲眞磴으로 되어 있다. 등磴은 산을 오르는 돌계단을 가리킨다.
24 『풍창소독楓窓小牘』에 실린 『간악송艮岳頌』에 근거하면 '반수蟠秀', '연광練光', '과운跨雲'은 각각 하나의 정자이다. '백룡연白龍淵'은 『간악송』과 『지리지』에 모두 백룡반白龍泍으로 되어 있다.
25 '운랑雲浪'은 『간악송』과 『지리지』에 모두 '설랑雪浪'으로 되어 있다.
26 정화政化 3년 휘종의 유귀비劉貴妃가 죽고, 이듬해 또 주보가酒保家 출신의 유귀비劉貴妃가 총애를 얻었다. 휘종은 도교를 신봉하였는데, 방사方士 임영소林靈素가 그를 천상의 아홉 번째 하늘에 있는 옥청왕玉淸王의 맏아들이며, 두 명의 유귀비는 속세로 내려온 선녀인데, 호가 '구화옥진안비九華玉眞安妃'라 하였다. 선화宣和 3년, 안비가 34세로 죽자 휘종은 간악에 그녀의 유상遺像을 두어 애도의 뜻을 표하였다(『송사宋史·후비전后妃傳·속자치통감장편續資治通鑑長編』).

불구불 바위를 부여잡으며 올라가면 이윽고 산이 끊겨 길이 끝나는데, 나무로 잔도를 만들어 연결하였다. 바위에 의지하여 허공을 헤치며 구불구불 꺾여 있어 촉도蜀道를 가는 어려움이 있다. 오르다보면 개정介亭에 이르게 되는데, 이곳이 가장 높은 산이다. 앞에는 큰 바위가 줄지어 있는데 모두 세 길 정도 된다. '배아排衙'라고 부른다. 기괴하고 가파른 바위에 덩굴이 우거져 마치 용이나 봉황 같아 이루 다 헤아릴 수가 없다. 녹운麓雲과 반산半山이 오른쪽에 있고, 극목極目과 소삼蕭森이 왼쪽에 있다.[28] 북쪽으로 경룡강景龍江을 굽어보면 길게 물결치는 강변이 10여 리에 달한다. 그 상류는 산 사이로 흘러들어 서쪽으로 가서 개울을 이루는데 수옥헌漱玉軒을 지었다. 또 바위 틈으로 가면 연단정煉丹亭, 응관凝觀, 도산정圖山亭[29]이 있다. 아래로 물가를 내려다보면 고양주사高陽酒肆[30]와 청사각淸斯閣이 있다.

북쪽 언덕에는 만 그루 대나무가 있는데 푸르고 무성하여 하늘이 보이지 않는다. 승운암勝雲菴[31], 섭운대躡雲臺, 소간관消間館, 비잠정飛岑亭이 있는데 다른 꽃이나 나무는 없고 사방이 모두 대나무이다. 또 산장山莊, 회계回溪라는 지류가 있다. 산길과 바위틈으로 나뭇가지를 부여잡고 평지로 내려와 가운데 서서 사방을 돌아보면, 바위 골짜기와 동굴, 정자와 누각, 높은 나무와 무성한 풀이 높고 낮고 멀고 가깝고 나오고 들어가고 번성하고 시들며 사방을 둘러싸고 있다. 배회하며 주위를 둘러보면 마치 높은 산꼭대기나 깊은 골짜기 바닥에 있는 것 같아, 서울이 넓고 평탄하다는 것도 알지 못하고 또 성곽에 둘러싸여 복잡하게 가득찼다는 것도 알지 못한다. 참으로 하늘이 만들고 땅이 세우며 신이 도모하고 조화가 힘쓴 것이요, 사람의 힘으로 할 수 있는 것이 아니니, 이것이 그 대략이다.

---

27 『간악백영』에는 '휘운정揮雲亭'이라 하였으며, 또 범설청泛雪廳이 있다고 하였다. 『간악송』과 『지리지』에는 '휘운정'으로 되어 있다.
28 '녹운麓雲' 등은 네 정자의 이름이다. 『간악백영』과 『지리지』에 보인다. 다만 '녹운'은 『지리지』에 '여운麗雲'으로 되어 있다.
29 『간악송』에는 연단煉丹, 응관凝觀, 도산圖山이 세 개의 정자로 되어 있고, 『지리지』에는 '연단응진관도산정煉丹凝眞觀圖山亭'으로 되어 있다.
30 이질李質의 『간악부』에는 '고양주정高陽酒亭'으로 되어 있고, 『간악백영』에는 '고양정高陽亭'으로 되어 있다.
31 조조분曹組芬의 『간악부』에는 '승균정勝筠亭'으로 되어 있다. '아름다운 대나무로 주위를 둘렀다' 하였으니, 균筠이 옳다. 『지리지』에는 '승균암勝筠庵'으로 되어 있다.

조수祖秀의 『화양궁기華陽宮記』는 다음과 같다.

　정화政和 연간 초에 천자가 수도 동쪽 모퉁이에 '수산간악壽山艮岳'을 만들라 명하고 환관에게 그 일을 맡게 하였다. 배에 바위를 싣고 수레로 흙을 나르며 군사 만 명을 풀어 높이 십여 길의 산을 쌓고, 태호太湖·영벽靈壁의 바위를 더하니 가파르고 빼어나 하늘의 조화를 빼앗았다. 바위는 모두 격노하고 부딪치는 듯하여 마치 할퀸 듯 물어뜯은 듯하여 이빨과 뿔, 입과 코, 머리와 꼬리, 손톱과 발톱이 천태만상으로 기괴함을 다하였다. 거기에 구불구불한 나무와 마른 덩굴을 보태고 황양목과 푸른 대나무를 그 위에 덮었다. 또 구불구불한 형세를 따라 바위를 쪼개어 길을 열고 험한 곳에는 돌다리를 설치하고 허공에는 잔도를 놓았으며 꼭대기에는 높은 나무를 더하였다. 먼 지방의 진귀한 재목을 찾아 천하의 빼어난 재주를 다하여 만들었다. 산의 위아래에는 사방의 진기한 새와 짐승을 가져다 놓았는데 걸핏하면 수만으로 헤아렸다. 그래도 미진하다 여겨 연못을 파서 냇물을 만들고 바위를 쌓아 제방을 만들었다. 바위의 괴이한 모양 그대로 깎거나 다듬지 않았고, 그 나머지 땅에 산을 만들었다. 산의 뼈대가 드러나 깎은 듯 뾰족하여 시원한 선경仙境의 모습이 있었는데, '비래봉飛來峰'이라 하였다. 성가퀴보다 높고 큰 고래가 뒤집는 듯하고 허리가 100척 정도 되는 곳에 매화 만 그루를 심고 '매령梅岭'이라 하였다. 그 나머지 산에 단행丹杏과 압각鴨脚을 심고 '행수杏岫'라 하였다. 또 흙과 바위를 쌓고 사이에 틈을 남겨두어 황양黃陽을 심고 '황양헌黃陽巘'이라 하였으며, 산을 쌓아 정향丁香을 심고 그 사이에 바위를 쌓아 험한 땅을 만들고 '정장丁嶂'이라 하였다.

　또 붉은 바위를 가져다 그 자연스런 모습대로 쌓아 산을 만들고 그 아래에 산초나무와 난초를 섞어 심고 '초애椒崖'라 하였다. 물과 맞닿는 곳에는 흙을 쌓아 큰 둑을 만들고 동남 지방의 측백나무를 심으니 가지와 줄기가 무성하여 휘어도 끊어지지 않고, 잎마다 휘장과 난학鸞鶴, 교룡蛟龍의 형상을 이룬 것이 수만 개였는데 '용백피龍栢陂'라 하였다. 수산壽山을 따라 서쪽으로 대나무를 옮겨 심어 숲을 만들고 다시 백 수 걸음에 이르는 작은 오솔길을 내었다. 대나무는 뿌리가 같지만 가지가 다른 것이 있어 이루 다 헤아릴 수가 없는데 모두 사방에서 바친 진기한 공물이었다.

　또 열에 아홉은 대청죽對青竹을 섞어 심고 '반죽록斑竹麓'이라 하였다. 또 자줏빛 바위를 구하였는데 매끄럽고 깨끗하기가 마치 깎은 듯하였다. 면적이 몇 길이나 되는데, 이것으로 인하여 산을 만들어 첩첩의 산을 우뚝 세우고 산 북쪽에는 나무 궤짝을 두었으며 꼭대기에 깊은 연못을 파고는, 어가御駕가 행차하면 수공水工을 몰아 꼭대기에 올라가게 하여 갑문을 열어 물을 쏟아 폭포가 되게 하였는데[32], '자석벽紫石壁'이라 하고 또 '폭포병瀑布屛'이라 하였다. 간악의 산기슭에서 돌을 쪼아 층계를 만들었는데 돌이 모두 윤기나고 매끄러운데 '조진등朝眞磴'이라 하였다. 또 모래톱 위에 꽃나무를 심었는데, 해당海棠을 위에 심었기에 '해당천海棠川'이라 하였다. 수산壽山의 서쪽에는 따로 정원을 만들어 '약료藥寮'라 하였는데 그곳의 궁실과 누정 가운데 널리 알려진 것으로는 '경진전瓊津殿', '강운루絳霄樓', '녹악화당綠萼華堂'이 있다. 천 길 높이의 대를 쌓았는데 도성이 두루 보여 손으로 가리킬 만큼 가까웠다. '벽허동천碧虛洞天'을 만들어 만 개의 산이 빙 둘러싸게 하고 세 골짜기를 만들고 품자문品字門을 세워 앞뒤의 정원으로 통하게 하였다. 그 가운데 팔각정을 세웠는데, 서까래와 창문은 모두 마노석瑪瑙石으로 채웠다. 그 땅을 깎아 용초龍礎를 만들고 경룡강景龍江을 끌어 동쪽으로 안원문安遠門[33]을 나가게 하여 용주龍舟가 동힐경東擷景과 서힐경西擷景 두 정원으로 행차할 때를 대비하였다. 서쪽으로는 배가 '경룡문景龍門'으로 거슬러 올라가 곡강지정曲江池亭에 행차할 수 있게 되어 있다. 다시 '소상강정瀟湘江亭'에서 갑문을 열면 금파문金波門을 통하여 북쪽으로 '힐방원擷芳苑'[34]에 행차하게 되어 있다. 제방 밖에는 보루를 쌓아 보호하였고 물가에는 강도絳桃, 해당海棠, 부용芙蓉, 수양垂楊을 심어 거의 빈틈이 없었다. 또 옛 땅에 소박한 집을 짓고 산기슭에 밭을 만들었다. 동쪽과 서쪽에 두 개의 관문을 내었는데 깎아지른 바위 사이에 있어 길이 좁고 가파르며 뾰족한 바위가 많아 지나는 사람의 마음을 두렵게 하고 다리를 떨게 한다. 모든 정원에서 뭇 봉우리에 오르기 위해 출입하는 곳은 오직 이 두 관문뿐이다. 또 예닐곱 곳의 승경이 있으니, '약룡간躍龍澗', '양춘파漾春陂', '도화갑桃花閘', '안지鴈池', '미진동迷眞洞'이다.

---

32 자줏빛 바위를 쌓아 산을 만들었는데 한쪽 면은 깎아지른 절벽인데 매끄럽고 넓으며, 산꼭대기에 연못을 파서 궤짝에 물을 담아놓았다가 황제가 어가를 타고 올 때에 수공들이 갑문을 열면 궤짝의 물이 아래로 쏟아져 폭포를 이루는 것이다.

33 이하에 기록한 것은 간악의 범위 안에 들어가지 않는다. 변경汴京의 옛 성 북쪽 면에는 문이 세 개 있는데 가운데를 '경룡景龍', 동쪽을 '안원安遠', 서쪽을 '천파天波'라 하였다. 성 밖의 경룡문 다리와 천파문 다리 사이에 경룡강景龍江을 만들었는데, 후에 연장하여 안원문에까지 이르렀다(『송사宋史·지리지地理志』에 동경東京의 연복궁延福宮에 대한 기록의 주注에 보인다).

34 간악艮嶽을 만들기 전인 정화政化 3년에 이미 황궁 북쪽에 어원御苑을 조성하고 '연복궁延福宮'이라 하고 경룡강景龍江을 개통한 뒤 양쪽 물가에 기이한 꽃과 진기한 나무를 심었는데 점점 넓히고 '힐방원擷芳苑'이라 이름 붙였다(『송사宋史·지리지地理志』 연복궁 조의 주注에 보인다).

그 밖의 뛰어난 경치를 이루 다 기록할 수가 없다. 공사를 마치자 상上께서 '화양궁華陽宮'이라 이름하였다.

화양궁은 뭇 산에 둘러싸여 있는데 그 속에 평지 수십 경頃을 얻어 뜰과 밭을 만들고 서쪽에 궁문을 내었다. 들어가는 길은 말 달리는 길보다 넓고 좌우에는 큰 바위가 숲처럼 서 있는데 거의 백여 그루 정도 된다. '신운봉神運峯', '소공봉昭功峯', '부경봉敷慶峯', '만수봉萬壽峯' 등으로 이름 붙였다. 오직 신운봉은 넓이가 백 아름에 높이가 여섯 길이라 '반고후盤固侯'라는 관작을 하사하였는데, 길의 중앙에 있어 바위를 묶어 정자를 만들어 씌웠다. 높이는 50척이며 어제御製 기문記文이 있으며, 친히 쓴 세 길 높이의 비석이 있는데 바위의 동남쪽 모퉁이에 붙여놓았다.

그 나머지 바위는 마치 뭇 신하들이 조정에 입시한 것처럼 용모가 엄숙하여 범할 수 없는 것도 있고 마치 하늘의 위엄을 공경하듯 전율하는 것도 있고 마치 분연히 달려오는 듯한 것도 있고 마치 마치 허리를 구부리고 종종걸음 치는 듯한 것도 있으니 그 괴이한 형상과 넘치는 자태가 사람을 즐겁게 하는 것이 많다. 상上께서 기뻐하시며 모두 호號를 하사하니, 지키는 관리가 모두 바위의 표면에 규장奎章[35]을 새겼으며 그 밖에 정자와 누대, 정원, 길에는 모두 큰 바위가 있어 바둑판처럼 나열하고 별처럼 늘어섰는데 모두 이름을 하사하였다. 오직 신운봉 앞의 큰 바위는 금으로 그 글자를 꾸몄고 나머지는 모두 푸른 칠을 하였을 뿐이다. 이것들은 그 중에 앞을 다투는 것이다. 이에 여러 봉우리에 이름을 지었다.[36]

'조일승룡朝日昇龍', '망운좌룡望雲坐龍', '교수옥룡矯首玉龍', '만수노송萬壽老松', '서하문참루霞捫參', '함일토단銜日吐丹', '배운충두排雲衝斗', '뇌문월굴雷門月窟', '준리좌사蹲螭坐獅', '퇴청응벽堆青凝碧', '금오옥구金鰲玉龜', '첩취독수疊翠獨秀', '서연탄운棲烟驒雲', '풍문뢰혈風門雷穴', '옥수玉秀', '옥두玉竇', '탈운소봉銳雲巢鳳', '조탁혼성雕琢渾成', '등봉일관登封日觀', '봉영수미蓬瀛須彌', '노인수성老人壽星', '경운서애卿雲瑞靄', '치옥溜玉', '분옥噴玉', '온옥蘊玉', '탁옥琢玉', '적옥積玉', '첩옥疊玉', '총수叢秀'이다. 물가에 있는 것은 '상린翔鱗', 강기슭에 서 있는 것은 '무선舞仙', 홀로 모래섬에 걸터앉은 것은 '옥기린玉麒麟', 수산壽山 위에 있는 것은 '남병소봉南屛小峯', 연못

---

35 규장奎章 : 어필御筆. 바위는 모두 송 휘종이 이름 붙인 것인데, 일을 맡은 이가 어필을 대조하여 바위의 표면에 새겼음을 말한다.
36 이하에 붙인 이름들은 자의字義를 살펴보고 일단 구두만 구별하였으니 구두를 떼고 붙이는데 잘못이 있을 수 있다.

가에 붙어 있는 것은 '복서伏犀', '노예怒猊', '의봉儀鳳', '오룡烏龍', 샘으로 쏟아지는 옆에 있는 것은 '유운留雲', '숙무宿霧'라 하고 또 '장연곡藏烟谷', '적취암滴翠巖', '단운병搏雲屛', '적운령積雪嶺'이라 하였다. 그 사이에 정자 곁에 누워있는 누런 바위는 '포독천문抱犢天門'이라 하였고 또 큰 바위 두 개가 있어 신운봉과 짝을 이루되 그 거처를 달리하여 뭇 바위를 짓누르고 있기에 정자를 지어 씌웠는데, 환춘당寰春堂에 둔 것은 '옥경독수태평암玉京獨秀太平巖'이라 하였다. 녹악화당綠萼華堂에 둔 것은 '경운만태기봉卿雲萬態奇峯'이라 하였다.

천하의 아름다움을 담아 고금의 승경을 보관함이 여기에서 다하였다. 정강靖康 원년 윤閏 11월 대량大梁 땅이 함락되자 도성 사람들이 서로 담장을 밀치고 들어가 수산간악의 꼭대기에 올라 적을 피하였다. 이때 큰 눈이 막 그친지라 구릉과 골짜기, 숲과 연못이 마치 그림처럼 빼어나, 천하의 아름다움과 고금의 승경이 모두 거기에 있었다. 나는 여러 날 동안 두루 돌아보고 감탄하며 놀랐다. 참으로 천하의 뛰어난 광경이었으며 하늘이 만든 것도 지극하지 못함이 있었다. 이듬해 다시 화양궁으로 가보았으나 백성들이 무너뜨렸다.

• 인명 찾아보기

【ㄱ】
강백년姜栢年　300
강헌지姜獻之　177
강희맹姜希孟　17, 130
권두경權斗經　317
권벽權擘　161
권재운權載運　323
김득신金得臣　238
김상헌金尙憲　75, 171
김성원金成遠　89
김성일金誠一　12, 76, 162
김수온金守溫　110, 276
김안로金安老　225
김약련金若鍊　251
김우옹金宇顒　272
김응조金應祖　172
김익희金益熙　301
김인후金麟厚　157, 228, 229, 230, 231
김일손金馹孫　150
김종직金宗直　135
김춘택金春澤　188
김휴金烋　296

【ㄴ】
나중경羅重慶　189
남구만南九萬　304
남용만南龍萬　205

남용익南龍翼　303
남유용南有容　248, 322
남하정南夏正　192
노진盧禛　159, 160

【ㄷ】
도한기都漢基　262

【ㅁ】
미원장米元章　70, 334

【ㅂ】
박사해朴師海　207, 209
박상朴祥　152, 277, 278
박세채朴世采　243
박장원朴長遠　241
박진경朴晉慶　31, 285
백거이白居易　339

【ㅅ】
서거정徐居正　14, 116, 121
성국공成國公　주응정朱應禎　77
성문준成文濬　283
성삼문成三問　115

성임成任 14
성현成俔 20, 78, 137, 140
소순蘇洵 78, 342
송순宋純 227
신광수申光洙 211
신숙주申叔舟 115
신필흠申弼欽 257
심규택沈奎澤 220
심의沈義 153
심정탁沈廷鐸 218

이종휘李種徽 19, 331
이하진李夏鎭 302
이형상李衡祥 244
이호민李好閔 167
이호우李浩祐 259
이황李滉 157
임상원任相元 305
임억령林億齡 89, 156, 279
임운林芸 158
임창택林昌澤 247

【ㅇ】

안정복安鼎福 249
안정회安貞晦 223
안평대군安平大君 14
오광운吳光運 319
오달운吳達運 202
오도일吳道一 17, 18, 178, 179, 182, 183
유도원柳道源 93, 273
유호인兪好仁 148
유희경劉希慶 20, 166, 232
윤봉조尹鳳朝 197
윤선도尹善道 173
윤언문尹彦文 14
이광덕李匡德 320
이기발李起浡 298
이격비李格非 13
이만부李萬敷 187
이명한李明漢 176
이민구李敏求 174, 290, 292
이수광李晬光 284
이승소李承召 17, 20, 122, 126
이식李植 233
이익李瀷 198
이정구李廷龜 169
이종묵李鍾默 14

【ㅈ】

장연등張延登 75
장유張維 234
장호張滸 62, 344
정경세鄭經世 168
정내교鄭來僑 318
정범조丁範祖 19, 212, 327, 215
정약용丁若鏞 21, 336
정조正祖 334
정철鄭澈 89, 162
조문명趙文命 193
조백홍曹伯興 18
조수祖秀 67
조욱趙昱 155
조태채趙泰采 186
조현명趙顯命 201
종병宗炳 16
주재성周宰成 84

【ㅊ】

채수蔡壽 14, 17, 149
채유후蔡裕後 297
최립崔岦 165, 280
최항崔恒 109

【ㅎ】
하홍도河弘度　294
한태동韓泰東　308, 310, 314
허목許穆　294
허훈許薰　267, 270

홍가신洪可臣　281
홍귀달洪貴達　136
홍세태洪世泰　185, 315
황준량黃俊良　280
휘종徽宗　13

• 일반 찾아보기

【ㄱ】
가산假山 11
가산 기법 25
간악기艮岳記 13, 62
고려사절요 14
괴석 11
괴석기 95

【ㄴ】
낙양명원기洛陽名園記 13
『노자』 20
노장사상老莊思想 20
『논어論語』 18

【ㄷ】
담양 서하당 석가산 복원도 89
당묘唐墓 13
대선원 76
도교사상 20
도인東園정원 14

【ㅁ】
만물제일萬物齊一 19
만세산萬歲山 13
명기明器 59

명석 70
모모야마桃山시대의 니조성 니노마루 축산 81
목가산木假山 11
목가산기 78, 95
무기연당 84
무로마치시대 다이센인大仙院정원의 축산 81
물처리 기법 24
미국 스탠포드대학 박물관 80

【ㅂ】
복원도 87
봉래산 84
북원北園 14
분지소석기盆池小石記 19
비해당匪懈堂 14

【ㅅ】
사원칙四原則 70
산림경제山林經濟 15
삼신산 89
삼채산지三彩山池 59
서안西安 13
서파西坡 17
석가산石假山 11
석가산폭포기石假山瀑布記 14

일반 찾아보기 359

소주蘇州　70
송석松石　97
수瘦　71
수秀　71
수창궁壽昌宮　14
신선사상　20, 95

【ㅇ】
연적　93
옥가산玉假山　11
옥가산기　95
옥가산 복원도　93
와유臥遊　16
와유지계臥遊之計　17
윤증 고택　85
인자요산仁者樂山　18
『임원십육지林園十六志』　15

【ㅈ】
『장자莊子』　19
정여창 고택　86

존심양성存心養性　18
준浚　71
중용中庸　18

【ㅊ】
채수 석가산 복원도　87
청대의 옥가산　80
축산　13
치석첩산置石疊山　61

【ㅌ】
태호太湖　70
투透　71

【ㅎ】
『한국문집총간』　95
형주荊州 박물관　62
화석망　62
화양궁기華陽宮記　67
황학루黃鶴樓　62